베트남 전쟁의 유령들

베트남 전쟁의 유령들

초판 1쇄 발행 2016년 5월 25일

지은이 권헌익
옮긴이 박충환 이창호 홍석준
펴낸이 강수걸
편집장 권경옥
편집 문호영 정선재 윤은미
디자인 권문경 구혜림
펴낸곳 산지니
등록 2005년 2월 7일 제14-49호
주소 부산광역시 연제구 법원남로15번길 26 위너스빌딩 203호
전화 051-504-7070 | 팩스 051-507-7543
홈페이지 www.sanzinibook.com
전자우편 sanzini@sanzinibook.com
블로그 http://sanzinibook.tistory.com

ISBN 978-89-6545-354-3 93300

＊책값은 뒤표지에 있습니다.
＊이 도서의 국립중앙도서관 출판예정도서목록(CIP)은 서지정보유통지원시스템
홈페이지(http://seoji.nl.go.kr)와 국가자료공동목록시스템(http://www.nl.go.kr/
kolisnet)에서 이용하실 수 있습니다.(CIP제어번호: CIP2016010942)

베트남 전쟁의 유령들
Ghosts of War in Vietnam

권헌익 지음 | 박충환 · 이창호 · 홍석준 옮김

산지니

추천사

　전쟁으로 인해 실종되거나 사망한 그리고 신체적 · 정신적으로 중상을 입은 미국인들의 목소리는 책장 속에 넘쳐난다. 하지만 살아 있든 죽었든 베트남인들의 목소리는 거의 들리지 않는다. 권헌익은 놀라울 징도로 감동적이고 아름다운 책, 『베트남 전쟁의 유령들』을 통해 그들의 목소리가 들리게 한다. 베트남인들에게 베트남 전쟁의 유령은 단순히 은유적인 존재가 아니라 생생한 현전이다. 베트남인들은 이 유령들의 존재를 통해 자신들의 최근 역사를 이해하고 전후에 발생한 모든 것을 성찰하며 현재의 당면한 모순을 해결하려고 시도한다. 이 책이 전하는 이야기들은 독자를 사로잡을 유령 이야기들이다. 당대 베트남에 관해 내가 읽은 어떤 책도 이처럼 철저하고 고통스럽게 그리고 지적인 방식으로 베트남의 현재와 과거를 조명한 책은 없었다. 『베트남 전쟁의 유령들』은 없어서는 안 될 책이다.
-매릴린 영, 뉴욕대학교

　필자는 풍부하고 유연하며 창의적인 분석을 통해 전시와 전후 베트남 사회 곳곳에 유령과 유령 이야기가 존재한다는 사실을 설득력 있게 주장하고 있다. 『베트남 전쟁의 유령들』은 베트남에서의 전쟁과 기억이 갖는 복잡성에 대한 탐구를 통해 베트남에서 치러진 미국전쟁은 물론이고 탈식민화와 냉전 그리고 탈냉전 시대 역사적 기억의 본질에 관한 연구에 의심할 여지없이 중대한 영향을 미칠 것이다. 이 책은 현대의 전쟁과 기억에 관한 필독서 중 하나가 될 것임에 틀림없다.
-마크 필립 브래들리, 노스웨스턴 대학

　권헌익의 책은 탁월하다. 역사학, 인류학, 문학 연구를 아우르는 이 책은 지금까지 어떤 학자도 시도하지 않은 방식으로 베트남 전쟁에 관한 연구를 전개하고 있다. 권헌익은 다양한 형태의 유령들에게 베트남인들의 비극 내에서 마땅히 차지해야 할 장소를 제공함으로써 베트남전쟁과 전후 상황 그리고 오늘날 베트남 사회에서의 죽음, 이탈, 기념의례에 관해 우리가 알아야 할 많은 것을 말해준다.
-오드 웨스타드, 런던정경대학교 냉전연구센터

권헌익은 이 탁월한 연구를 통해 베트남의 보통 사람들이 전쟁의 유령들을 자유롭게 하고 그들에게 적절한 거주 장소를 제공하기 위해 시도하는 노력에 대해 매우 설득력 있고 통찰력 넘치는 설명을 제공한다. 이 책은 냉전 연구에 대한 매우 강력하고 독창적인 개입임과 동시에 도덕적이고 창의적인 실천으로서의 기념행위에 관한 최고의 분석이다. 이 책은 인류학적 통찰의 거의 완벽하고 경이로운 예로서 널리 읽히고 가르쳐질 것이다.
-마이클 램벡, 런던정경대학교 인류학과

이 책은 베트남인들의 전쟁 경험과 기억을 전몰자들의 떠도는 영혼에 관한 대중적 상상력에 초점을 맞추어 조명하는 매우 흥미롭고 획기적인 연구이다. 이들 전쟁의 유령은 전후 베트남의 역사적 서사와 상상 속에서 중요한 부분을 점하고 있다. 권헌익 교수는 오늘날 베트남 사회에서 여전히 살아 숨 쉬는 영면하지 못한 영혼들과의 긴밀한 의례적 결속뿐만 아니라, 이들 숨겨져 있지만 생생한 역사적 실재를 뿌리 뽑힌 사회적 존재양식으로부터 해방시키기를 희망하는 사람들의 행동도 조명한다. 그는 전쟁의 문화사에 대해 독특한 접근방식을 취함으로써 사회적 정의를 외치는 영혼들에 관해, 그리고 유령의 물리적·영적 실재와 씨름하는 자신의 노력에 관해 흥미로운 이야기를 소개한다. 비록 이들의 행동이 터무니없는 환상이라 하더라도, 이 책은 그들의 이야기에 대한 탐구가 베트남 사회 그리고 보다 일반적으로 현대 세계 전체에서 전쟁과 집단기억이라는 중요한 쟁점을 어떻게 조명할 수 있는가를 보여준다.

감사의 말

 이 책을 완성하는 데 오랜 시간이 걸렸다. 그만큼 많은 사람들과 기관에 큰 빚을 졌다. 가장 먼저 베트남의 정보제공자들에게 감사를 표해야 할 것 같다. 그들은 나를 호의적으로 맞아주었고 그들의 과거와 현재에 관한 나의 조사에 동정적으로 참여해주었다. 베트남 전쟁의 잔해와 유해에 관해 그들과 대화하고 함께 활동했던, 때로는 슬프고 때로는 기뻤던 순간들은 내게 너무나 소중한 경험이었다.

베트남 중부 지방에서 수행한 나의 현지조사는 영국학술원 (British Academy)과 경제사회조사위원회(Economic and Social Research Council)의 넉넉한 연구비와 펠로우십이 없었다면 불가능했을 것이다. 베트남에서는 다낭해방전쟁박물관(Da Nang Museum of Liberation War)과 다낭역사학회(Historical Society of Da Nang), 그리고 꽝남 성 (Quang Nam Province) 문화정보부 직원들로부터 많은 도움을 받았다. 이들 기관의 일부 구성원들이 유령 이야기와 유령 관련 문화적 관습에 대한 나의 관심을 달갑지 않게 생각하는 경우도 있었다. 이 책을 통해 내 연구목적이 그들이 애초에 생각했던 것만큼 기괴한 것은 아니라는 점이 드러났으면 한다. 하지만, 이들 중 어느 기관도 내가 이 책에서 베트남 역사와 문화를 분석하는 특수한 방식에 책임이 없음을 분명히 밝힌다.

 전쟁사를 전쟁 유령의 곤경이라는 측면에서 접근하는 나의 관점은 그러한 사고양식이 베트남인들의 문화적 전통과 그들의 일상에 착근되어 있다는 사실에서 비롯된다. 하지만 이는 또한 몇몇 혁신적인 역사학적 연구, 특히 유럽인들의 제1차 세계대전 경험에 관한 제이 윈터(Jay Winter)의 탁월한 연구로부터 영향을 받기도 했다. 윈터의 연구는 당시 유령에 관한 대중적 믿음과 예술 활동을 대규모 상실(mass bereavement)의 고통스러운 과정에 유의미한 독특한 사회적 형태로 접근한다. 이 책을 집필하면서 키스 하트(Keith Hart), 캐롤라인 험프리(Caroline Humphrey), 팀 잉골드(Tim Ingold)의 아이디어에서도 도움을 받았다. 나는 인간의 애니미즘적 실천을 철학적으로 이해해야 한다는 생각을 팀과 공유했고, 캐롤라인에게서는 종교적 관념과 실천을 정치사라는 맥락에서 연구하는 것의 장점을 배웠다. 키스는 어떻게 역사를 인간 존재를 조건화함과 동시에 인간의 비범한 행동과 관계를 가능하게 하는 것으로 이해할 수 있는지를 가르쳐주었다. 함께 연구할 수 있는 영광을 누렸던 이들 세 명의 뛰어난 인류학자에게 이 책을 헌정한다.

이 책을 완성하는 데 걸린 오랜 기간 동안 프랑수아즈(Francoise)와 함께할 수 있었던 것은 행운이었다. 그녀의 일상적인 지원과 끊임없는 비평이 없었다면 기나긴 과정을 어떻게 견뎌내었을지 상상도 할 수 없다. 캠브리지대학교 출판부의 마이클 왓슨(Michael Watson)과 헬렌 워터하우스(Helen Waterhouse)는 매우 탁월하고 공감적인 편집자였고, 익명의 심사자들의 제안과 격려는 각 장의 완성도를 높이고 참고문헌을 확장하는 데 결정적인 도움이 되었다. 집필 초기 단계에 편집상의 유용한 충고를 해준 조나단 잉골드(Jonathan Ingold)와 앨리슨 래(Allison Rae)에게 특별히 감사를 표하고 싶다. 에든버러 대학교의 조나단 스펜서(Jonathan Spencer)는 원고 전체를 읽고 책의 구조를 개선하는 데 유용한 비평을 해주었고, 여타 많은 동료학자들이 원고의 일부를 읽고 제언을 해주었다. 특히 찰스 제드레(Charles Jedrej), 토니 크룩(Tony Crook), 사이먼 코울 먼(Simon Coleman), 피터 고우(Peter Gow), 스티브 휴-존스(Stephen Hugh-Jones), 수잔 베일리(Susan Bailey), 스테판 포이츠왕(Stephan Feuchtwang), 조나단 페리(Jonathan Perry), 크리스티나 토렌(Christina Toren), 알렉산드라 오우로소프(Alexandra Ouroussoff), 베스 노타(Beth Notar), 키스 하트(Keith Hart), 빌 마우러(Bill Maurer), 아넬리스 라일(Annelis Riles), 앨리슨 트루잇(Allison Truitt), 메이페어 양(Mayfair Yang), 조흥윤(Cho Hung-Yun), 아이코 오고시(Aiko Ogoshi), 김성례(Kim Seong Nae), 미도리 이게타(Midori Igeta), 박준환(Park Jun-Hwan)에게 특별한 감사를 표한다. 매릴린 영(Marilyn Young)과 마크 브래들리(Mark Bradley)에게도 고마움을 전한다. 나는 그들로부터 국제사에 대해 사색하고 관련 문헌을 읽는 즐거움을 배웠다. 이 책의 4장은 브레들리와 영이 편집한 『베트남 전쟁의 이해(Making Sense of the Vietnam Wars)』에 실린 글을 확장한 것이다. 7장의 축약판은 『왕립인류학회지(Journal of Royal Anthropological Institute)』에 실려 있다.

차례

서론

•••

서론

베트남 전쟁이 끝난 지 한 세대나 지났다. 그럼에도 불구하고 그 전쟁에 관한 새로운 설명과 해석들이 계속 쏟아지고 있다. 그중 특히 주목할 만한 것은 베트남의 저명한 작가들이 선도한 것이다. 그들은 더 이상 청년세대들에게 전쟁 당시 하나의 통일국가가 외세의 간섭에 저항해서 영웅적이고 혁명적인 투쟁을 했다는 식의 관례적이고 공식적인 패러다임을 전하지 않는다. 베트남이 과거 양극적인 세계 질서의 반대편에 있었던 나라들로부터의 경제적·문화적 영향에 문호를 개방하게 되면서, 그 양극적 질서를 형성하는 데 가장 크게 기여한 사건이자 그 질서의 가장 폭력적인 표현 중 하나였던 베트남 전쟁의 의미 또한 새롭게 해석되고 있다.

바오 닌(Bao Ninh)의 『전쟁의 비애』라는 유명한 책에서는, '절규하는 영혼들의 정글'이라 불리는 외딴 장소에서 전후 전사자 유해 발굴 임무에 참가한 두 군인이 전쟁의 유령에 대해 다음과 같이 논쟁한다. "전쟁에서 승리했다는 소식을 그들에게 전할 수 있는 방법을 찾는다면 그들이 더 행복해 할까?"라고 끼엔(Kien)이 묻는다. 시신수습용 트럭 운전수가 말한다. "무슨 소리! 그 방법을 찾는다 하더라도 무슨 소용이 있겠어? 지옥에 있는 사람들은 전쟁에 전혀 관심이 없어. 그들은 살상을 기억하지 않아. 살상은 죽은 자가 아니라 산 자의 몫이야." 즈엉 투 흐엉(Duong Thu Huong)의 『무명의 소설』에서 젊은 의용군 꾸안(Quan)은 인민의 전쟁이라는 이데올로기적

미몽에서 깨어난 후 중부 고원 지방의 정글을 통과해서 홀로 귀향
하던 중 전사한 군인의 해골과 조우하게 된다. 그는 망자의 영혼에
홀려 길을 잃었다고 생각하고는 망자의 일기를 고향에 있는 어머
니에게 가져다주기로 약속한다. "일기를 당신 어머니에게 가져다
주겠습니다. 불행하게도 이미 돌아가셨다면 그녀의 무덤을 찾아가
향을 피우고 당신 일기를 처음부터 끝까지 읽어주겠습니다." 반 레
(Van Le)의 『만약 당신이 여전히 살아 있다면(Neu anh con duoc song)』
이라는 제목의 소설에서는 한 혁명군의 영혼이 망자의 세계와 산
자의 세계를 가르는 강을 건너야 한다. 그는 강을 건널 때 필요한
노잣돈이 없어서 저승을 향한 여정을 계속하지 못한다. 따라서 이
군인은 방금 떠나온 산 자의 세계를 되돌아보고 자신이 밟아온 삶
의 발자국들을 따라 전장에서 조상들의 마을까지 돌아간다.

　이들 새로운 역사적 설명은 소설을 주요한 표현수단으로 삼고
있고 흔히 유령에 관한 일화와 담론을 중요한 서사적 요소로 동원
한다. 이러한 소설적 표현은 이전 동구권 사회의 지적 지형에서도
익숙한 테마이다. 동유럽과 중유럽 지식인들이 개인적 경험을 소
설적 서사로 표현하는 데 힘을 실어줌으로써 진리를 주장하는 공
식역사에 저항하려고 했다는 사실은 주지하는 바이다. 소설가 밀
란 쿤데라(Milan Kundera)는 개인의 기억은 공식역사에 대항하는 투
쟁이라는 논쟁적인 진술을 통해 이러한 정향을 구체화했다.[1] 하지
만 유령이라는 요소는 익숙한 테마가 아니다. 오늘날 다양한 학자

---

1) Milan Kundera, *The book of laugher and forgetting* (New York: HarperCollins, 1996).
　쿤데라의 소설에 나오는 "권력에 대한 인간의 투쟁은 망각[공식 역사로부터 원
　하지 않는 인물과 사건을 지워버리는 것]에 대한 기억의 투쟁이다"(4쪽)라는
　언명에 관한 상세한 논의로 리처드 에스벤셰이드(Richard S. Esbenshade)의 글,
　"Remembering to forget: memory, history, national identity in postwar east-central
　Europe", (*Representations* 49(1995): 72-96)을 보라.

들이 당대의 변화하는 시대정신을 도출하려는 시도에서 과거의 유
령에 호소하는 경우가 흔하긴 하지만, '이데올로기의 유령', '마르
크스의 유령', '공산주의의 유령', '스탈린의 망령', '냉전의 유령'
등은 주로 역사적인 은유이지 이들 베트남 소설에서 나타나는 유
령과는 같지 않다.[2] 발터 벤야민이 논증한 바처럼 망령 혹은 유령
이라는 관념은 역사적 서사의 강력한 수단일 수 있다. 벤야민은 제
1차 세계대전과 제2차 세계대전 사이 독일에서 역사적 기억을 과
거의 살아 있는 파편들의 극장이라고 묘사했다.[3] 최근 이스트반 레
브(Istvan Rev)는 탈공산주의의 "선사(先史)"에 관한 흥미로운 논의에
서 유령이라는 관념을 도입한다. 그는 이 논의에서 당대 헝가리 사
회의 도덕적 구성이 과거의 잊혀진 불의의 희생자들과 그들의 흩
어지고 표식 없는 무덤에 의해 어떤 식으로 영향을 받는가에 관해
탐구한다.[4] 이들 역사의 유령은 이 책에서 소개하는 전쟁의 유령
(ma chien tranh)과 같지 않다. 비록 나는 전쟁의 유령을 레브와 유사
한 시각에서 역사적 불의의 산 증거로 접근하지만, 이들 유령은 단
순한 역사적 관념과는 완전히 다르다.

---

2) "이데올로기의 유령"이라는 표현은 Slavoj Zizek (ed.), *Mapping ideology* (London:
Verso, 1995)에서 인용했다. "마르크스의 유령"은 William Roseberry, "Marx and
anthropology," *Annual Review of Anthropology* 26 (1997), pp. 25-46에서 인용했
다. "공산주의의 유령"은 Melvyn P. Leffler, *The specter of communism: the United
States and the origin of the cold war, 1917-1953* (New York: Hill and Wang, 1994)에
서 인용했다. "스탈린의 유령"은 Adam Hochschild, *The unquiet ghost: Russians
remember Stalin* (New York: Penguin, 1995)에서 그리고 "냉전의 유령"은 Adam
Michnik, *Letters from freedom: post cold war realities and freedom* (Berkeley: University
of California Press, 1998)에서 인용했다.

3) Walter Benjamin, "A Berlin chronicle," in *One way street and other writings*, trans. by E.
Jephcott and K. Shorter (New York: Verso, 1979), pp. 314-17.

4) Istvan Rev, *Retroactive justice: prehistory of post-communism* (Stanford: Stanford
University Press, 2005).

베트남의 유령들은 구체적인 역사적 정체성을 가진 실체로서, 비록 과거에 속하지만 비유적인 방식이 아니라 경험적인 방식으로 현재에도 지속된다고 믿어지는 존재이다.

사회주의 체제의 해체 과정에서 베트남의 유령 이야기는 탈사회주의적 서사와 양극적 질서에 관한 보다 광범위한 역사적 기술에서 독특한 장르의 관념과 가치를 구성한다.

베트남 유령의 생명력은 단순히 문학적인 현상일 뿐만 아니라 이어지는 장들에서 볼 수 있듯이 절박한 사회적 이슈에도 적극적으로 개입한다. 이 현상은 베트남 사회 전역에 걸쳐 발견되는 유령 관련 이야기의 명백한 대중성과 베트남인들의 일상에서 점증하고 있는 비극적 전몰자에 대한 기억의 의례적 표현에 토대를 두고 있다. 유령은 베트남에서 현저하게 대중적인 문화적 형태이자 역사적 성찰과 자기표현을 위한 강력하고 효과적인 수단이기도 하다. 바로 이러한 이유 때문에 유령은 관례적인 사회학의 전통을 초월하는 사회적 연구의 정당한 영역을 구성한다.

유럽의 문학적 전통 내에서 관찰되는 유령 담론은 세 가지 독특한 장르로 구분될 수 있다. 첫 번째 장르는 주로 로마 가톨릭 사제들이 작성한 대량의 중세 문헌으로 구성된다. 당시 가톨릭 사제들의 저술 목적은 대중적인 유령 신앙을 신학의 개념적 질서 내로 동화시키기 위한 것이었다.[5] 종교개혁 이후 지성계의 지배적인 유령 담론은 유령에 대한 믿음을 반박하는 방향으로 전개되었다.

개신교에 의해 주도된 이러한 비판적 학문은 "유령을 신뢰할 수

---

5) Ronald C. Finucane, *Appearances of the dead: a cultural history of ghosts* (Buffalo NY: Prometheus Books, 1984), p. 60. 또한 Jean-Claude Schmitt, *Ghosts in the middle ages: the living and the dead in medieval society* (Chicago: University of Chicago Press, 1998).

없게 만들었고 유령들이 전통적인 사회적 역할을 수행할 수 없도
록 만들어버렸다."[6] 이와 같은 전통은 후에 전투적인 계몽주의 학
자들에게로 확산되어 여전히 존속하고 있는 유령 신앙을 세속적이
고 합리적인 사회를 향한 자신들의 계몽주의적 비전에 적대적인
것으로 기록하도록 만들었다. 세 번째 전통은 부분적으로 역사학자
들이 "민간의 사고방식" 혹은 "민간 신앙"이라고 부르는 것에 대한
비판적 학문과 박애주의적 해석에 대한 반응으로서 발전했다.[7] 이
전통은 민간의 유령 이야기를 비합리적인 것으로 치부하는 대신
"불신의 의도적인 보류(willing suspension of disbelief)"를 통해 만연한
사회경제적 불평등과 여타 인간적 조건의 중요한 측면을 시적으로
표현할 수 있다는 관점으로 접근한 찰스 디킨스(Charles Dickens) 같
은 작가들에게 영향을 미쳤다.[8] 한 디킨스 전문가에 따르면 이러한
문학적 전통 내에서 망자의 초자연적인 행동(이야기의 주술적 '현실')
은 삶의 물질문화와 규범적 정향에 존재하는 곤경 및 모순(사회적 ·
심리적 '사실주의')과 복잡하게 맞물려 있다.[9]

　이 책은 부분적으로 베트남의 유령 이야기를 세 번째 전통의 측
면에서 접근한다. 따라서 필자는 사회적 불평등의 문제를 비극적으
로 죽은 유령과의 서사적 · 의례적 관계 맺기를 통해 드러나는 것
으로서 탐구한다. 사회적 행위자들이 통상적인 사회이론에서는 개

---

6) Belinda Lewis, "Protestantism, pragmatism and popular religion: a case study of early
　modern ghosts," in J. Newton and J. Bath (eds.), *Early modern ghosts*, proceedings of
　The Early Modern Ghosts conference held at St John's College, Durham University, 24
　March 2001 (Centre for Seventeenth-Century Studies, University of Durham, 2002),
　p. 82.

7) Ibid, pp. 85, 88.

8) Stephen Prikett, quoting Coleridge in "Christmas at Scrooge's," in M. Hollington (ed.),
　Charles Dickens: critical assessment, vol. 2 (East Sussex: Helm, 1995), p. 563.

9) Ibid, pp. 562-3.

념적으로 사회질서의 외부에 존재하고 따라서 사회학적 연구영역
에 포함되지 않는 것으로 간주되는 상상적 존재의 행위를 통해, 어
떤 식으로 자신의 집단적 존재와 개인적 열망을 이야기하는가를
도출해내고자 한다. 이 책의 주요 목적 중 하나는, 유령이 비록 조
상이나 여타 사회적으로 존중받는 영적 존재에 비해 이데올로기적
으로 주변적인 위상을 가질 수도 있지만, 유령은 사회적 삶의 질서
에 구성적인 성격을 가지며 유령에 대한 관념들이 보다 광범위한
도덕적 · 정치적 쟁점을 이해하는 데 시사적이라는 사실을 논증하
는 데 있다. 1장에서는 이러한 목적을 개괄하고 사회적 중심성의
상징적 구성이라는 뒤르켐의 개념적 도식이 사회적으로 주변적인
실체까지 포함하는 광범위한 상관적 프레임 속에서 재고되어야 한
다고 주장한다.

종교사회학에 속하는 이러한 이론적 목적과 관련해서, 이 책은
구체적인 역사적 관심도 가지고 있다. 유령은 죽음에 대한 특수한
사회적 태도뿐만 아니라 정의상 죽음의 특수한 역사적 상황과도
분리될 수 없다. 나는 이 책에서 최근의 전쟁과 전후의 혁명 정치
가 당대 베트남에서 관찰되는 유령의 사회적 생명력에 직접적인
역사적 배경을 제공한다고 주장한다. 따라서 유령의 생생한 사회
적 삶에 관한 연구는 사회학 이론뿐만 아니라 정치사에도 개입해
야 한다.

구 사회주의 사회 연구자들은 경제관계와 정치조직의 변화에
주로 방점을 두는 경향이 있다.[10] 하지만 몇몇 눈에 띄는 예외적

---

10) 주목할 만한 예외로 다음과 같은 연구가 있다. Rev, *Retroactive justice*; Robert M.
   Hayden, "Recounting the dead: the rediscovery and redefinition of wartime massacres
   in late- and post-communist Yugoslavia," in Rubie S. Watson (ed.), *Memory, history,
   and opposition under state socialism* (Santa Fe: School of American Research Press,

인 연구자들이 있다. 이들 예외 중 한 명인 캐서린 버데리(Katherine Verdery) 또한 탈사회주의적 전환이라 불리는 시대적 변화와 급진적 변환을 경험하는 사회에서 죽음과 기념의 정치가 갖는 중요성을 강조한다. 버데리는 다음과 같이 결론 내린다.

[탈사회주의] 정치는 복수 정당의 설립, 자유선거의 실행, 민간은행의 설치, 역사책의 재기술, 혹은 재산권의 복원보다 훨씬 더 많은 것들을 수반한다. (…) 오히려 망자의 시신들이 새로운 의미의 세계를 창조하는 데 기여하는 사후의 정치적 생명을 가지게 된다. 그들의 정치적 기능은 책임과 처벌을 부과함으로써 도덕성 관념을 제도화하고, 갱신된 공간을 인준하고, 일상적 삶의 시간성을 재정의하고, 조상과의 관계를 대안적인 방식으로 재설정하며, 사람들이 참여하는 공동체를 재구성하고, 조상을 적절하게 모셔서 자손의 사업이 열매를 맺을 수 있도록 하는 것 등이다.[11]

유사하게, 냉전의 역사에 관한 학술적 연구도 그 역사에 매몰되어 있는 대량의 비극적 죽음이라는 현실뿐만 아니라, 그러한 비극

1994), pp. 167-84; Katherine Verdery, *The political lives of dead bodies: reburial and postsocialist change* (New York: Columbia University Press, 1999); Caroline Humphery, "Remembering and 'enemy': the Bogd Khaan in twentieth-century Mongolia," in Rubie S. Watson (ed.) *Memory, history, and opposition under state socialism* (Santa Fe: School of American Research Press, 1994), pp. 21-44; Hue-Tam Ho Tai (ed.), *The country of memory: remaking the past in late socialist Vietnam* (Berkeley: University of California Press, 2001); Shaun K. Malarney, *Culture, ritual, and revolution in Vietnam* (London: RoutledgeCurzon, 2002); Erik Mueggler, *The age of wild ghosts: memory, violence, and place in southwest China* (Berkeley: University of California Press, 2001); Jun Jing, *The temple of memories: history, power, and morality in a Chinese village* (Stanford: Stanford University Press, 1997).

11) Verdery, *The political lives of dead bodies*, pp. 126-7.

이 한때 사회적·정치적 힘의 급진적·폭력적 양극화에 사로잡혀
있던 사회들 내에서 발휘하는 지속적인 영향력에 대해서 큰 관심
을 기울여오지 않았다. 내 생각에 이러한 관심의 결여는 양극적 세
계사 전체가 경쟁적인 전쟁 준비를 통해 실제 전쟁을 피한다는 관
념에 토대를 둔 '냉전' 혹은 '상상의 전쟁'이라는 패러다임에 입각
해서 설명될 수 있다는 지속적이면서도 잘못된 생각에서 연유한
것이다.[12] 냉전은 전 지구적 차원의 갈등이었지만 그렇다고 해서
그것이 전 세계적으로 동일한 현상이었던 것은 아니다. 연구자들이
지적하는 바와 같이, 상상의 전쟁이라는 패러다임은 20세기 후반
북미와 유럽의 경험이라는 협소한 토대에 기반을 두고 있었고, 이
는 광범위한 비서구 탈식민 세계가 동일한 시대를 내전과 여타 예
외적인 형태의 조직화된 정치적 폭력을 통해 경험한 방식과 모순
된다.[13] 이러한 측면에서 월터 라페버(Walter LaFeber)는 누구의 냉전
이고 어느 냉전인가라는 질문이 그 지구적 갈등의 기원과 여파에
관한 모든 논쟁에 핵심적인 위치를 차지한다고 적고 있다.[14]

　브루스 커밍스(Bruce Cumings)는 일부 역사학자들이 냉전기의 국
제적 환경을 특정화하는 데 사용한 '장기적인 평화'라는 관념에 이
의를 제기하면서, 이 아주 유럽중심적인 역사관이 어떻게 세계의
다른 지역에서 수백만 명의 목숨을 앗아가는 형태로 고통스럽게
경험된 냉전이라는 양극적 정치와 갈등으로 확장될 수 있었던가에

---

12) "상상의 전쟁"은 Mary Kaldor, *The imaginary war: interpretation of East-West conflict in Europe* (Oxford: Blackwell, 1990)에서 인용됨.

13) Odd Arne Westad, *The global cold war: third world intervention and the making of our times* (Cambridge: Cambridge University Press, 12005), p. 2 참조.

14) Walter LaFeber, "An end to which cold war?" in Michael J. Hogan (ed.), *The end of the cold war: its meaning and implications* (Cambridge: Cambridge University Press, 1991), p. 13-14.

대해 질문을 던진다.[15]

소설가 가브리엘 가르시아 마르케스(Gabriel García Márquez)는 라 틴아메리카 국가들은 냉전이라 불리는 시대에 대규모 살상을 경험 했음은 물론이고 "한 순간도 안정을 누리지 못했다"고 주장했다.[16] 그리고 그렉 그랜딘(Greg Grandin)은 마르케스를 인용하며 그 시대 가 주로 이들 나라에서 지나친 외국의 간섭을 동반하는 부패한 국 내 갈등의 "고삐 풀린 현실"로 어떻게 기억되는지를 묘사한다.[17]

위 학자들의 작업은 현재 냉전이 한편에서는 대규모 죽음을 통 해, 다른 한편에서는 그것의 상대적인 부재를 통해 기억되고 있을 뿐만 아니라, 집단기억에서 나타는 이와 같은 차이에 대한 세심한 고려가 국제관계 연구와 오늘날의 역사적 전환에 관한 담론에 결 정적인 중요성을 가진다는 사실을 보여준다. 나는 이러한 추세에 따라 이 책에서 양극정치사에 대한 우리의 이해에 깊이를 더하고, 당대 세계에서 새롭게 부상하고 있는 사회형태와 정치적 발달의 일부를 포착하는 데 대규모 죽음의 역사와 망자를 기념하는 행위 가 갖는 도덕성이 외교사와 경제사만큼이나 중요한 연구주제라는 점을 주장하고자 한다. 이 책에서 소개하는 전몰자에 관한 이야기 와 전후의 기억은 베트남의 현대 정치사뿐만 아니라 이들 보다 광 범위한 비교사적 쟁점을 조명하기 위한 것이다.

---

15) Bruce Cumings, "The wicked witch of the West is dead. Long live the wicked witch of the East," in Michael J. Hogan (ed.), *The end of the cold war: its meaning and implications* (Cambridge: Cambridge University Press, 1991), p. 88. "장기적 평화" 라는 표현은 John Lewis Graddis, *The long peace: inquiries into the history of the cold war* (New York: Oxford University Press, 1987)에서 인용.

16) Greg Grandian, *The last colonial massacre: Latin America in the cold war* (Chicago: University of Chicago Press, 2004), p. 170에서 인용.

17) Ibid.

이상에서 논의한 전쟁과 혁명에 관한 질문들 중 일부는 구체적으로 베트남 전쟁에서 비롯된 민간인 학살의 유산을 다룬 필자의 이전 책 『학살, 그 이후(After the Massacre)』에서 탐구했다. 『학살, 그 이후』는 미라이(My Lai) 마을과 하미(Ha My) 마을의 주민들이 폭력적이고 비극적인 대규모 죽음에 관한 자신들의 계보적 기억을 어떻게 현존하는 공적 혹은 가내적 기념의 체계와 동화시키는가를 논한다.[18] 이 책의 과제는 이와 같은 친족의 의례적 기억에 관한 연구를 이전 연구에서 간과한 전몰자라는 중요한 영역으로 확장하는 것이다. 대학살로 인해 가족에 기반한 전통적인 기념 관행이 위기에 직면했는데, 부분적으로 이것은 친족적 연고가 없는 시신들이 마구 뒤섞여버렸기 때문이다. 최근의 베트남 전쟁은 전통적인 마을을 뒤엎어 공동체적 삶의 안정적 공간을 흉폭하고 혼란스러운 전장으로 바꾸어놓았다. 하지만 전쟁은 또한 민간인과 군인들이 여러 지역을 가로질러 대규모로 이동할 수밖에 없도록 만들었다. 이러한 일반화된 인간의 이탈(human displacement)이라는 배경하에서, 남부 및 중부 베트남의 공동체들은 수많은 전쟁사망자의 개별 무덤과 마을 주민들의 집단 묘지를 유지해왔을 뿐만 아니라 그만큼이나 많은 수의 무명 외지인(응오아이, ngoai) 유해의 무덤도 지켜왔다. 이탈된 죽음의 이러한 물질적 조건은 베트남인들이 인지하는 비통한 전쟁 유령의 생명력과 밀접하게 맞물려 있다.

따라서 이 책은 한편으로 전쟁이 초래한 폭력적 죽음과 인간적 삶의 이탈을 폭로하는 생생한 역사적 증거(그리고 문화적 증언)로서, 다른 한편으로는 현재 베트남에서 전개되고 있는 이러한 역사

---

18) Heonik Kwon, *After the massacre: commemoration and consolation in Ha My and My Lai* (Berkeley: University of California Press, 2006). 국내에는 『학살, 그 이후』(유강은 옮김, 아카이브)라는 제목으로 2012년에 출판되었다.

적 증언의 특수한 형태에 대한 활발한 사회적 개입이라는 관점에
서 베트남의 유령들을 조명한다. 사실 미라이 마을에서 발생한 것
과 같은 주민의 대규모 죽음은 그 폭력의 규모와 강도로 인해 희생
자에 대한 기억이 기존의 망자를 기념하는 제도와 분리되어버리기
때문에 특정한 형태의 이탈을 초래하기도 한다. 하지만 그 반대의
경우도 마찬가지로 사실이다. 이 책의 에피소드들을 통해 드러나는
바와 같이, 특정한 지역의 국외자인 무연고 망자들의 이탈된 영혼
이 종국적으로 그곳에서 친족관계와 유사한 형태의 친밀한 결속을
발명해낼 수도 있기 때문이다.

따라서 이 책은 단순히 전쟁으로 인해 초래된 사회적 기억과 계
보적 역사 재현에서의 위기에 관한 것만은 아니다. 오히려 이 책의
일차적인 초점은 전시와 전후에 이루어진 일련의 발명된 친족관행
에 초점을 맞추고 있다. 또한 이 책은 주로 창출과 생성이라는 적극
적인 의미에서 친족관계의 지평을 탐구하는데, 이는 부분적으로 이
러한 쟁점이 최근 인류학적 친족연구 일각에서 어떻게 다루어지고
있는가라는 측면에서 논의될 것이다.[19] 구체적인 장소들에서 새로
운 역사로 발전하는 대규모 이탈의 역사가 갖는 보다 광범위한 지
평이 이 책을 관통하는 핵심적인 관심사이다.

하지만 6장에서는 친족관계의 이러한 적극적인 측면을 분명하
게 다루고, 이러한 측면에서 현재 일부 뿌리 뽑힌 전쟁 유령들이 고
향이 아닌 장소에서 어떻게 강력한 상징적 변환을 거쳐 종국적으
로 그곳에서 중요한 터주신(genius loci)으로 전환되는가에 관해 논의
할 것이다.

---

19) 예를 들어 Janer Carsten, *After kinship* (Cambridge: Cambridge University Press,
    2004), 그리고 Janet Carsten (ed.), *Cultures of relatedness: new approaches to the
    study of kinship* (Cambridge: Cambridge University Press, 2001)을 보라.

이 책의 저술에 필요한 조사는 주로 중부 베트남의 주요 상업 중심지인 다낭(Da Nang)의 광범위한 지역에서 수행되었다. 비록 1996년과 1998년 사이 하미 마을(다낭 인근)과 미라이 마을(꽝응아이Quang Ngai 성의 성도省都 부근)에 관한 이전의 현장연구에서 수집된 자료 중 일부를 활용하고 있지만, 이 책에서 소개되는 경험적 자료 대부분은 2001년에서 2002년 사이 영국학술원(British Academy)의 지원으로 수행한 독립적인 조사를 통해 수집된 것이다. 분서에 활용된 냉전 관련 참고문헌들은 2003~2006년 경제사회연구위원회(Economic and Social Research Council)에서 받은 펠로우십 기간 동안 정리한 것이다. 이 책의 저술을 위한 조사는 마을에 초점을 맞춘 이전의 연구방식에서 일정 정도 벗어나서, 다낭(Da Nang) 전역, 탐끼(Tam Ky) 시내, 고대 도시 호이안(Hoi An) 등 다양한 지역을 관통하는 광범위한 이동을 포함한다. 이들 지역은 모두 근래의 역사에서 꽝남(Quang Nam) 성(省)의 성도였다. 탐끼는 꽝남 성의 현재 성도이다. 답사는 대부분 도시 근교 지역에서 이루어졌는데, 이는 부분적으로 유령 사당을 방문하고 유령 이야기를 수집하기 위해서였다. 이들 여행 중 일부는 비공식적으로 이루어졌다. 이는 정부 당국에 내가 만나는 사람들의 신분에 관해 상세한 보고를 하지 않았다는 것을 뜻한다. 특히 정부 당국이 전쟁 유령을 사당에 모신다고 소문난 지역 영매들을 만나는 것을 꺼리는 경우, 비공식적인 방식으로 그들을 면담했다. 방문은 흔히 이들 도시에 살고 있는 가까운 친구들의 도움으로 이루어졌다. 나는 그들을 정기적으로 만나 친구 간에 일반적으로 얘기하는 삶의 모든 측면에 관해 대화를 나누었고, 한가한 시간에 사람들의 집에서 주로 인터뷰를 수행했다. 이러한 비공식적 현장조사에 관한 불만을 사전에 방지하기 위해 인터뷰를 마치고 돌아오는 길이나 저녁 시간에 내가 아는 정부 관료나 당 간부의 집을 정기적으로 방문했다. 이들 중 일부는 필자의 조사목적을 잘 이해하고 있었고, 때로는 유령의 존재론과 사회적 상상력에 관한 활발한 논쟁에 기꺼이 참여하기도 했다.

내가 방문하고 조사했던 다양한 장소들 중에서도 특히 이 책에서 껌레(Cam Re)라고 부르는 지역이 중요하다. 주로 화훼와 귤 농사를 짓는 농민과 여성 상인들이 밀집해서 살고 있는 이 주거지역은 다낭과 멀지 않은 곳으로, 전쟁 때 조성된 광활하고 오래된 묘지에 위치한다. 거의 모든 껌레 가구의 농지에는 십여 기 이상의 무덤이 있다. 여기에서 나는 망자의 역사와 산 자의 생동적 활동이 공존하는 상황, 즉 삶의 이중성을 구현하는 물질적 상징을 경험했고, 죽음에 관한 심오한 규범적 태도와 창조적인 사회적 상상력을 배웠다. 이곳은 또한 꽝남-다낭 지역에서 전쟁 유령의 변환에 관한 가장 상상력이 풍부한 구술사의 일부를 수집한 곳이기도 하다. 나는 이곳을 자주 방문해서 각 가구의 무덤 현황을 수집하고 분류했으며, 이 광범위한 무덤조사를 통해 주민들을 만났다. 이 과정에서 중요한 정보제공자 두 사람을 알게 되었는데 그들이 경험한 전쟁 유령과의 복잡한 조우는 6장과 7장에서 소개된다.

베트남인들의 관념 속에서 유령은 범주적으로 조상과 반대의 위치에 있다. 이 때문에 유령은 지역 공동체가 조상을 기념하는 의례를 수행할 때 그 공동체의 이방인으로 간주된다. 1장에서는 뒤르켐의 종교사회학, 그리고 이방인을 독특한 사회학적 범주로 접근하는 짐멜의 글에 입각해서 유령현상에 관한 분석틀을 구축한다. 이 장에서 나는 유령과 조상이 상관적이며 상호구성적인 범주라고 주장하고, 이 점에서 조상신에게만 협소하게 초점을 맞추고 유령을 사회구조의 영역과 사회적 상상력의 영성(spirituality)으로부터 배제하는 뒤르켐의 성스러운 것에 관한 개념화에 반론을 제기한다. 1장은 또한 조상과 유령 관련 의례가 부활하게 된 당대의 일반적인 역사적·사회적 배경, 그리고 중요한 베트남 문화 내 개념인 쩻 드엉 (*chet duong*, '객사')의 의미를 개괄한다. 2장과 3장에서는 공히 전쟁으로 인한 이탈된 죽음의 서로 연관된 두 가지 측면, 즉 한편으로 특정 지역 공동체에 적절하지 않게 매장된 수많은 신원불명의 죽음이 있는 상황과, 다른 한편으로 그 지역의 수많은 친족구성원들의 유해가 실종상태에 있는 정반대의 상황을 다룬다. 우리는 전쟁이 초래한 이러한 의례상의 혼란을 최근 이탈된 망자의 영혼과 상호작용하는 의례의 증가뿐만 아니라 유해를 조상들이 있는 고향땅으로 송환하려는 대중적인 관심의 지속이라는 측면에서 탐구할 것이다.

2장과 3장에서 소개하는 유령 출현과 재매장 관련 사례들은 또한 풀뿌리 공동체의 베트남-미국 전쟁 경험을 재고하는 것과도 관련되어 있다. 4장에서는 양극적인 정치·군사적 대치상황에 휘말린 한 도시 주변 공동체의 전쟁 중 역사를 탐구한다. 이 장은 이방인들과 혹은 이방인들 사이에서 친밀한 개인적 관계의 네트워크를 형성하는 대중적인 경험을 자신들의 전통적 장소로부터의 대규모 이탈이 일반화된 상황이라는 맥락에서 조명한다. 이와 같은 4장의 논의는 5장의 역사적 배경에 관한 개괄적 소개의 의미를 가진다. 5장에서는 인간생명의 대규모 이탈의 역사적 배경과 조상 및 유령과 관련된 당대의 의례부활을 통합적인 해석의 틀 속에서 함께 탐구하고자 한다. 5장은 역사적 경험의 형태와 종교적 상상의 형태 사이에 존재하는 연관성을 다루고, 특히 유령과의 의례적 상호작용을 조상숭배의 개념적인 반대가 아니라 대안적인 친족관행으로 볼 수 있다고 주장한다. 이러한 주장을 위해 한편으로 제자리에 있는 신과 조상들, 다른 한편으로는 비극적인 죽음을 맞이한 이탈된 유령으로 구성된 베트남 기념의례의 양면적 구조를 소개하고, 베트남 인들의 일상적인 의례 행위가 어떤 식으로 이미 정립되어 있는 계보적 기억의 질서를 이탈의 역사와 화해시키려고 분투하는가를 탐구한다.

지금까지의 모든 장들을 하나로 묶는 쟁점은 미리 정해져 있고 배타적인 관계를 전제로 하는 계보적 이데올로기와 대비되는 생성적 관계망으로서의 친족이라는 적극적인 관념이다. 이 쟁점은 망자의 이탈된 영혼과 맺는 의례적 관계 속에서 유령이 공동체의 신위나 여타 중요한 수호신으로 변환되는 것을 통해 특히 분명하게 드러난다. 6장은 이방의 영(*animus loci*)에서 터주신(*genius loci*)으로의 이러한 상징적 변환이 범주적으로 외부자에 속하는 존재를 친족의 영역 내로 통합하는 실질적 행위를 어떻게 수반하는가를 탐구한다. 7장에서는 이 논의를 계속하면서도 오늘날 의례행위의 중요한 도구인 돈이라는 측면에서 이 현상을 조명한다. 먼저 신, 조상, 귀신에게 돈을 바치는 행위를 짐멜의 화폐이론에 입각해서 분석한다. 또한 유령의 유권화(empowerment)를 규범적인 사회적 위계를 뒤흔들고 개인적인 자유의 추구를 가능하게 하는 돈의 도구성이라는 측면에서 재고할 것이다. 하지만 6장과 7장은 방향성 면에서 서로 모순적으로 보일 수도 있다. 하나는 종교적인 변환에서 가까운 입양 친족이 수행하는 역할을 다루고, 다른 하나는 사회적 익명성의 강력한 상징인 돈이 갖는 주술적 도구성에 초점을 맞춘다. 사실 이들 둘은 동일한 상징적 과정의 양면이다. 이 두 개의 장은 비록 대규모 죽음과 이탈의 사회적 결과라는 이 책의 중심 주제를 계속 논의하긴 하지만, 주제를 다루는 방식에서 책의 다른 부분과 다소 구별된다. 이들 장에서는 앞서 견지했던 비교적 관조적이고 분석적인 시각에서 벗어나, 유령의 변환과 관련된 사회적 드라마에서 묘사되는 놀랍고도 때로는 믿을 수 없는 사후 삶의 미학(esthetics of life after life)을 적절하게 표현하기 위해 보다 기술적(記述的)인 전략으로 옮겨간다. 인류학자가 기술적인 연구에서 놀라운 문화적 상징의 환기적인 힘(evocative power)과 그것을 명료한 해석적 혹은 설명적 틀을 통해 조명해야 할 필요 사이에서 일정한 균형을 유지하는 것은 항상 어려운 일이다. 나는 책 전반에 걸쳐 이러한 균형이 유지될 수 있기를 희망한다. 하지만 유령의 변환에 관한 장들에서 독자들은 아마 이 균형이 부분적으로 민족지적 전통 내에서 급진적 경험주의(radical empiricism) 혹은 문학비평에서 주술적 사실주의(magical realism)라 부르는 방향을 따라, 환기적인 힘을 드러내는 쪽으로 다소 기울어진다고 생각할 것이다.[20]

결론에서는 죽음의 도덕적 · 상징적 양극성이라는 쟁점을 앞서 언급한 전 세계적 냉전의 비교정치사에서 몇 가지 결정적인 질문, 특히 대규모 죽음의 흔적에 대한 인정과 이 냉전의 역사에서 비롯된 고통의 중요성이라는 측면에서 조명할 것이다.

여기서는 전쟁의 유령을 위해 수행하는 의례행위를 양극적 역사의 상처와 고통을 넘어 인류의 연대라는 윤리적 지평을 지향하는 창조적인 문화적 실천으로서 재고할 것이다.

---

20) Michael Jackson, *Paths toward a clearing: radical empiricism and ethnographic inquiry* (Bloomington: Indiana University Press, 1989); Lois P. Zamora and Wendy B. Faris (eds.), *Magical realism: theory, history, community* (Durham NC: Duke University Press).

전쟁의 유령

• • •

1   전쟁의 유령

베트남인들은 외부 세계에서 베트남 전쟁이라고 부르는 전쟁을 "미국 전쟁(American War)"이라 부른다. 그들 중 많은 이들이 삶의 주변에 이 전쟁으로 인해 폭력적이고 비극적인 죽음을 맞이한 유령들이 넘쳐난다고 믿고 있다. 이러한 믿음을 가진 사람들은 정기적으로 향, 음식, 헌금을 이 '보이지 않는 이웃들'에게 바치고, 이들 숨겨진 역사적 주체의 행동에 관한 이야기를 한다. 아래는 한때 미라이(My Lai)로 알려진 중부지방의 한 농촌마을에서 수집한 흔한 유령 이야기 중 하나이다.

이른 아침 한 남자가 논에 일하러 나가는 길에 죽은 부인과 자식들의 유령을 보았다. 때는 마침 1993년 봄으로, 마을의 일부 주민들이 전쟁 중에 임시로 마련한 얕은 무덤에서 친척들의 유해를 발굴해서 호화롭게 조성한 새로운 묘지로 이장하기 시작할 때였다. 그 유령들은 남자의 옛집에서 출현했는데, 이 집은 1968년 그의 가족을 파괴했던 마을 학살이 발생한 바로 그날 불타버렸다. 아내는 돌 위에 앉아서 다소 꾸짖는 듯한 어투로 그에게 인사했다. 세 아이들은 부모가 언쟁을 할까 두려워하며 엄마의 등 뒤에 숨어 있었다.

그 남자에게 유령 출현의 의미는 매우 분명했다. 그것은 사망한 가족의 유해를 더 이상 지체 없이 이장해야 함을 의미했다. 유령 출현에 관한 토착적 해석에 따르면, 만약 그에게 이장하는 데 필요한 재원이 없다면 유령들이 그를 도와 해결책을 찾을 수 있도록 해줄 것이다. 그 남자는 지난 몇 년 동안 코코넛을 팔아 모아둔 약간의 돈을 쓰기로 결정했고, 이웃의 한 여성에게 돈을 좀 빌릴 수 있을지 물어보고 있던 중이었다. 마침 그때 죽은 아내의 친척인 부유한 한 여성 상인이 멀리 떨어진 도시에서 방문해서는 이장에 필요한 비용을 기꺼이 분담하겠다고 말했다. 이장이 이루어지던 날, 이 여성은 방문객들에게 유령 가족이 꿈속에 나타나 자신의 집을 방문하라고 요구했다는 이야기를 전했다.

유령 출현은 베트남의 촌락이나 읍내에서 흔한 일이다. 하지만 관련된 이야기가 공공매체에 소개되는 경우는 거의 없다. 여느 현대 국민국가와 마찬가지로 베트남의 국가장치는 그러한 이야기를 낡은 미신의 잔재 혹은 문화적 낙후성과 도덕적 해이의 징후라며 폄하한다.[1] 19세기 중반 영국 작가인 존 로(John Law)는 당시 유럽 도시에 널리 확산되어 있었던 귀신 들린 집에 관한 이야기를 대량으로 수집해서 각 사례별로 그 신뢰성을 조목조목 반박했다. 로는 이러한 활동을 통해 유령 이야기가 교육수준이 낮은 사람들의 환상에서 비롯된 것이라는 사실을 입증하려 했고, 법과 정부가 권력을 행사해서 이러한 "군중의 광기"를 근절해야 한다고 역설했다.[2] 베트남의 탈식민 국가는 전통적인 종교적 믿음과 의례적 관습을 근절하기 위해 엄청난 행정적 · 정치적 노력을 기울였다. 이러한 노력은 먼저 북부지방에서 1945년 8월 혁명 이후, 특히 1946~1954년의 대(對) 프랑스 독립전쟁[3] 이후 공산혁명국가에 의해 실행되

---

1) William J. Duiker, *Vietnam: revolution in transition* (Boulder CO: Westview, 1995), p. 189.

2) Charles Mackay, *Extraordinary popular delusions and the madness of crowds* (New York: L. C. Page, 1958), 초판본 출간은 1852, p. 618.

3) Shaun K. Malarney, *Culture, ritual, and revolution in Vietnam* (New York: RoutledgeCurzon, 2002), pp. 41-50.

었고, 나중에는 1975년 통일[4] 이후 전국에 걸쳐 실행되었다. 아마
1954~1975년 사이 두 개의 적대적인 국가로 분단되어 있던 기간
동안 남부의 일부 정치 엘리트들이 보여준 태도도 이러한 공격적
인 현대화 추진 조류에 포함시켜야 할 것이다. 그들은 가톨릭교에
대한 헌신을 반공산주의 정치투쟁의 일부로 간주했다.[5]

　북부지방에서 이루어진 초기의 혁명문화 캠페인은 전통적인 조
상신과 여타 공동체 수호신 숭배를 영웅적 전사자(프랑스 식민지배
에 저항한 무장 투쟁 과정에서 비롯된)를 기리는 기념활동으로 대체하
는 데 초점을 맞추었다.[6] 이들 캠페인은 국민국가의 통일된 의례
공동체를 건설하는 것을 목표로 했고, 이러한 관념은 1975년 이
후 해방된 남부지방까지 확장되었다. 이들 캠페인은 사회에서 봉
건적, 식민지적, 부르주아적 유산을 근절하는 것을 역설했지만, 그
일부 전제는 프랑스의 식민지 근대화 담론과 초기 베트남 민족주
의의 문화적 자기계몽 관념에 영향을 받았다.[7] 혁명문화정책은 특

---

4) Duiker, *Vietnam: revolution in transition*, pp. 181-4. Philip Taylor, *Goddess on the rise: pilgrimage and popular religion in Vietnam* (Honolulu: University of Hawaii Press, 2004), pp. 39-42.

5) Seth Jacobs, *America's miracle man in Veitnam: Ngo Dinh Diem, religion, race, and US intervention in Southeast Asia, 1950-1957* (Durham NC: Duke University Press, 2002). 프랑스의 가톨릭 선교활동이 인도차이나에 대한 프랑스의 초창기 제국주의적 팽창 과정에서 수행한 역할에 관해서는 Nicola Cooper, *France in Indochina: colonial encounters* (New York: Berg, 2001), pp. 12-17을 보라.

6) Shaun K. Malarney, "The limits of state functionalism and the reconstruction of funerary ritual in contemporary northern Vietnam," *American Ethnologist* 23 (1996), pp. 540-60.

7) David G. Marr, *Vietnamese tradition on trial*, 1920-1945 (Berkeley: University of California Press, 1981), pp. 54-100; Philip Taylor, *Goddess on the rise: pilgrimage and popular religion in Vietnam* (Honolulu: University of Hawaii Press, 2004), p. 9. 또한 Malarney, "The limits of 'state functionalism'," p. 541, 그리고 Patricia Pelley, *Postcolonial Vietnam: new histories of the national past* (Durham NC: Duke University

히 유령과 관련된 여하한 종류의 관념과 실천도 불신했다. 최근까
지도 공적인 공간에서 유령에게 봉헌하는 행위를 강력하게 억압했
고, 의례적 목적으로 태우는 지전이나 해신의 초상 같은 제물을 거
래하는 행위를 불법으로 간주해서 발각되면 가끔 실형을 선고하기
도 했다.[8] 심지어 이전의 형벌정책이 완화되고 민간 의례활동이 점
점 더 관용되고 있는 최근 몇 년 동안에도,[9] 일부 유령 이야기는 여
전히 베트남의 국가 관료들을 격분케 한다. 다른 종류의 유령 이야
기를 출판하는 것은 허용하고 있지만, 미국 전쟁의 유령을 소개하
는 문학작품은 엄격하게 검열한다.[10] 최근 중부지방의 한 관방 언
론 기관에서 일하는 한 저널리스트가 유령 출현 소문을 듣고 탐방

Press, 2002), p. 71을 보라.

8) Markus Schlecker, "Going back a long way: 'home place,' thrift, and temporal orientation in northern Vietnam," *Journal of the Royal Anthropological Association* 11 (2005), pp. 512-15 참조.

9) Taylor, *Goddess on the rise*, pp. 135-63; Hy Van Luong, "Economic reform and the intensificaiton of rituals in two north Vietnamese villages, 1980-1990," in B. Lyunggren (ed.), *The challenge of reform in Indochina* (Cambridge MA: Harvard Institute for International Development, 1993), pp. 259-92; Shaun K. Malarney, "Return to the past?: the dynamics of contemporary religious and ritual transformation," in Hy V. Luong (ed.), *Postwar Vietnam: dynamics of a transforming society* (Lanham MD: Rowman and Littlefield, 2003), pp. 225-56.

10) 서문에서 소개한 바오 닌(Bao Ninh)의 *The sorrow of war*와 즈엉 투 흐엉(Duong Thu Huong)의 *Novel without a name*이 좋은 예이다. 정부의 검열에 시달린 다른 베트남 작가로 응우옌 후이 티엡(Nguyen Huy Thiep)과 팜 티 호아이(Pham Thi Hoai)가 있다. 2001년 11월 29일 *International Herald Tribune*에서 행한 작가 레 민 쿠에(Le Minh Khue)와의 인터뷰 그리고 캘리포니아 대학 eScholarship Repository에 올려져 있는 UCLA Southeastern Studies Occasional Papers (2004)에서 팜 티 호아이의 "The machinery of Vietnamese art and literature in the post-renovation, post-communist (and post-modern) period"를 보라. 후자는 http://repositories.cdlib.org/cgi/viewcontent.cgi?article=1001context=international.uclacseas 에서 구할 수 있다.

에 나섰는데, 곧바로 상사로부터 호된 비난을 받았다. 그 소문은 한
남자가 형의 유령을 만났다는 내용으로 전혀 특별할 것도 없었고,
이러한 소문은 베트남 전역의 마을이나 읍내에서 흔히 들을 수 있
는 것이다. 이 경우가 특별했던 이유는 그 남성이 지방 공산당조직
의 간부이고 그가 조우한 유령이 다름 아닌 이전 남베트남군 군인
으로 작전 중 사망한 그의 형이었기 때문이다.

　따라서 '베트남의 유령'에 관한 소식을 듣는 것은 베트남 매체
보다 서방의 공중매체를 통해서인 경우가 더 많다. 1991년 걸프전
이 끝나갈 무렵, 미국의 걸프전 승리는 미국인들의 기억에서 베트
남 전쟁의 유령을 제거할 것이라는 슬로건이 미국의 미디어에 출
현했다.[11] 크리스천 애피(Christian Appy)는 이러한 시대적 열망을 당
시 광범위하게 확산된 표현을 통해 소개한다. "베트남의 유령이 아
라비아 반도 사막의 모래 속에 영원히 묻혔다."[12] 콜린 파월(Colin
Powell)은 베트남 전쟁과 이라크 전쟁 양자 모두에 관여했고 자서
전에서 전쟁의 실천이 전쟁의 기억과 어떻게 연관될 수 있는가에
대해 설명한다. 파월은 17세기 군사이론가 카를 폰 클라우제비츠
(Karl von Clausewitz)를 인용하면서, 이라크와의 전쟁은 분명한 정치
적 목적과 그 목적을 달성하기 위한 국민과 정치권력의 합의에 토
대를 두고 수행되었다는 점에서 베트남 전쟁과 모든 면에서 다르
다고 주장했다.[13] 또 다른 논평자들이 지적하듯이 걸프전은 사담
후세인의 폭압체제에 대한 전쟁이었을 뿐만 아니라 베트남전의 고

11) "Kicking the 'Vietnam syndrome'," *Washington Post*, 4 March 1991.
12) Christian G. Appy, "The ghosts of war," *The Chronicle Review* 50 (2004, p. B12-13. 이는 또한 http://chronicle.com/free/v50/i44/44b01201.htm에서 구할 수 있다.
13) Colin Powell, *A Soldier's way: an autobiography* (London: Hutchinson, 1995), pp. 297-8.

통스러운 기억(haunting memory)에 대한 전쟁이었다는 점에서 '반
(反)베트남적'이었다.[14]

　하지만 걸프전 종전 이후의 위와 같은 낙관적인 전망에도 불구
하고 베트남의 유령은 여전히 지속되는 현상처럼 보인다. 걸프전
종전 10년 후 여러 저명한 논평자들에 의해 베트남의 유령이 여전
히 미국 사회와 정치에 출몰하고 있다고 지적된 바 있고,[15] 내가 이
책을 집필한 것은 이라크에서 새로운 군사적 갈등이 시작될 무렵
베트남 전쟁의 유령이 귀환할 것이라는 주장을 둘러싼 서방 미디
어의 뜨거운 논쟁이 진행되는 와중이었다. 신문 칼럼들이 '이라크
의 베트남 유령'을 언급했고, 한 저명한 국제관계사학자는 당대 미
국의 안보정책에서 지속되는 '베트남의 유령'에 관한 글을 쓰기도
했다.[16] 이러한 수사적 경향은 당대의 역사적 과정이 어떻게 과거
사건에 대한 고통스러운 기억에 의해 영향을 받고, 왜 이와 같은 역

---

14) Bruce Cumings, *War and television* (New York: Verso, 1992), p. 2; Douglas Kellner,
"From Vietnam to the Gulf: postmodern wars?" in M. Bibby (ed.), *The Vietnam War
and postmodernity* (Amherst MA: University of Massachusetts Presss, 1999), p. 226.
15) Arnold R. Isaacs, *Vietnam shadows: the war, its ghosts, and its legacy* (Baltimore: Johns
Hopkins University Press, 2000). Robert McMahon, "Contested memory: the
Vietnam War and American society, 1975-2001," *Diplomatic History* 26 (2002),
159-84.
16) Ian Roxborough, "The ghost of Vietnam," in D. Davis and A. Pereira (eds.),
Beyond warmaking: rethinking armed forces and their role in politics and state formation
(Cambridge: Cambridge University Press, 2002); Appy, "The ghosts of war"; Frank
Rich, "The Vietnamization of Bush's vacation," *International Herald Tribune*, August
29, 2005. 또한 Marilyn B. Young, "In the combat zone," *Radical History Review*
85 (2003), pp. 253-64; Robert K. Brigham, *Is Iraq another Vietnam?* (New York:
PublicAffairs, 2006)을 보라. 브라이엄(Brigham)은 베트남과 이라크의 근본적인
유사성을 "권력의 사용에 관한 미국인들의 믿음"(p. xiii)으로 정의한다. 이에는
미국의 정치적 이상을 군사적 수단을 통해 세계의 다른 나라에게 강제할 수 있
다는 믿음이 포함된다.

사와 기억의 관계가, 아도르노와 호르크하이머에 따르면 초기 계몽
주의 사상가들이 모든 현대적인 것과 정반대라고 믿었던, 유령 관
념을 통해 표현되는지 궁금하게 만든다.[17]

장-클로드 슈미트(Jean-Claude Schmitt)는 중세 유럽의 유령신앙에
관한 연구를 끝맺으면서 베트남 전쟁이 "역사의 매 시기마다 출현
하고 특히 정치적인 이유로 사람들의 기억에서 호출이 시도되는"[18]
현대의 집단적 망상 중 하나라고 진술한다. 애피(Appy)에 따르면,
"지난 30년 동안 미국의 지도자들이 베트남 전쟁의 기억을 지우려
고 시도해왔지만 오히려 불멸의 장난꾸러기 요정처럼 계속 다시
출현하도록 만드는 데 불과했다."[19] 미국문화사 전문가인 마이클
비비(Michael Bibby)도 "미국 문화가 (베트남) 전쟁의 유령에 계속 사
로잡혀 있다"[20]고 생각한다. 미국 문화가 베트남 전쟁의 "집단적 망
상"에 여전히 사로잡혀 있다는 것이 사실이라면 베트남 문화에서
미국 전쟁의 유령은 어떤 의미를 가지는가? 베트남에서 전쟁유령
은 어떻게 행동하고 베트남 사회에 어떤 문제를 일으키고 있는가?

---

17) Theodor W. Adorno and Max Horkheimer, *Dialectic of Enlightenment* (New York: Verso, 1979), p. 216.

18) Schmitt, *Ghosts in the middle ages*, p. 227 .

19) Appy, "The ghosts of war," p. 12.

20) Michael Bibby, 149. 또한 Philip K. Jason, *Acts and shadow: the Vietnam War in American literacy culture* (Boston: Rowman and Littlefield, 2000)를 보라. 아놀드 아이작스(Arnold Issacs)에 따르면, "전쟁과 그 유령들은 전통적인 삶과 정신을 계속 맴돌았다. 자동적으로 과거로 물러나는 역사적 사건이 되기보다, 베트남 은 한때 미국의 세기라고 불렸던 시기의 마지막 몇 년 동안 미국인들을 괴롭힌 모든 것에 대한 상징과 은유로서 좀처럼 사라지지 않았다." Issacs, *Vietnam shadows*, p. 3을 보라.

미국 전쟁의 유령들

냉전사에서 베트남 전쟁(1965~1975)이 그 전에 일어난 한국 전쟁(1950~1953)과 비교되는 것과 유사하게, 베트남인들은 베트남과 미국 간의 갈등을 이전의 '프랑스 전쟁'[21]과 구분하기 위해 미국 전쟁(1960~1975)이라 부른다. 매릴린 영(Marilyn Young)에 따르면, 미국인들은 베트남 전쟁을 주로 미국인 사이에서 발생한 갈등으로 기억한다. "베트남 전쟁은 한마디로 내전이었다. 하지만 그것은 미국의 내전이었다. 이는 최근 베트남 전쟁이 자신들에게 내전이었음을 발견하고 있는 베트남인들에게 혼란스럽게 다가갈 것이다."[22] 파월이 지적한 바처럼, 한 국가가 전쟁목표 및 전쟁수행과 관련해서 급진적으로 분단된 것은 그 전쟁에 대한 기억이 '집단적 망상'으로 전환되는 방식과 많은 연관성이 있다.[23] 영은 다음과 주장한다.

> 베트남 전쟁은 남북전쟁 이래 미국인들이 연루된 여하한 갈등보다 더 결정적으로 국민국가의 정체성 자체에 관한 질문들을 제기했다. 이들 질문은 여전히 해소되지 않고 있다. 베트남 전쟁의 해석을 둘러싼 논쟁은 미국의 해석을 둘러싼 논쟁이고 이는 오늘날까지도 지속되고 있다.[24]

---

21) Jonathan Neale, *The American War, Vietnam 1960-1975* (Chicago: Bookmarks, 2001)를 보라. 베트남의 공식 문헌에서는 미국 전쟁을 "미국에 대항한 구국전쟁(*chien tranh chong My cuu nuoc*)"으로, 프랑스 전쟁을 "프랑스에 대한 항전(*khang chien chong Phap*)"이라 부른다.

22) Marilyn B. Young, "The Vietnam War in American memory," in M. E. Gettleman, J. Franklin, M. B. Young and H. B. Franklin (eds.), *Vietnam and America: a documented history* (New York: Grove, 1995), p. 516.

23) Powel, *A soldier's way*, p. 6.

24) Ibid.

또 다른 연구자에 따르면, 베트남 전쟁은 "머나먼 전장에서 수행
되었을 뿐만 아니라, '미국인들의 심리 저 깊은 곳에서 그리고 우리
국민 영혼의 애매함 속에서도' 치러졌다."[25] 영은 또한 전쟁이 공식
적으로 끝나고 한 세대가 지난 오늘날, 베트남인들은 공식담론에서
외세의 침략에 맞선 통일 민족의 명백하고 의심할 여지없는 투쟁
이었던 것으로부터 지금까지 말해지지 않은 차원을 발견하고 있다
고 주장한다. 우리는 영의 논지를 따라 이어지는 장들에서 미국 전
쟁에서 발견되는 내전의 차원이 어떻게 커뮤니티 수준에서 일련의
해석적 논쟁을 초래하는지, 그리고 이들 논쟁이 어떻게 그 공동체
내의 유령 이야기를 구조화하는지 조명해볼 것이다.

전쟁유령 현상은 베트남과 미국 양쪽 모두에게 고통스러운 전쟁
의 기억과 긴밀하게 맞물려 있다. 이 문제와 관련해서 베트남 전쟁
과 미국 전쟁은 양자 모두 부분적으로 내전이었다는 영의 관념을
신중하게 고려해볼 가치가 있다. 하지만 이 이중적인 내전이 초래
한 죽음은 주로 베트남 땅에서 발생했고 전쟁 사망자 목록의 대다
수가 베트남인이라는 사실을 잊어서는 안 된다. 이 단순한 진리가
베트남에서 들을 수 있는 전쟁유령 이야기들, 그리고 그것들이 미
국의 공공매체에서 언급되는 유령과는 다르다는 사실과 일부 연관
성이 있음에 틀림없다. 대중의 슬픔에서 유령신앙이 수행하는 역할
에 관해 탁월한 연구를 수행한 역사학자 제이 윈터(Jay Winter)에 따
르면, 프랑스에서는 제1차 세계대전 이후 전쟁유령 이야기가 번성
했다.[26] 하지만 프랑스가 알제리나 인도차이나에서 수행한 군사 활

25) Charles E. Neu, "The Vietnam War and the transformation of America," in C. E. Neu
   (ed.), *After Vietnam: legacies of a lost war* (Baltimore: Johns Hopkins University Press,
   2000), p. 6.
26) Jay Winter, *Sites of memory, sites of mourning: the Great War in European cultural history*

동의 경우에는 그와 유사한 유령이야기가 전혀 수반되지 않았다. 프랑스 *병사*가 군복을 입은 거인 유령의 형태나 여타 보다 덜 위협적인 유령의 형태로 오늘날 여전히 반쯤 살아 있는 곳은 오히려 프랑스가 아니라 베트남이다. 이들 유령 중 일부는 프랑스 전쟁에 참전했던 다른 인종적 배경을 가진 유령들과 함께 나타나는데, 베트남인들은 그들이 알제리나 모로코에서 징집당한 군인이라 믿는다. 이러한 발견은 미국 역사에도 적용된다. 본토 방어나 다른 나라의 방어를 위해 미국이 수행한 전쟁의 역사 중 남북전쟁의 역사만큼 미국의 민간전승과 문학적 유령이야기 전통에 기여한 것은 없다.[27] 내 고향에서의 전쟁과 그들 고향에서의 전쟁은 이 특수한 장르의 문화적 산물에 대해 두 개의 매우 상이한 역사적 배경으로 작용하는 것으로 보인다.

미국인들의 기억 속에 베트남에서 발생한 죽음은 주로 군인의 죽음이다. 이는 이 집단기억의 핵심적인 물질적 상징인 버지니아의 알링턴 베트남전 참전용사 기념관(Vietnam Veterans Memorial in Arlington)을 통해 입증된다. 베트남의 공식적인 기념방식에 따르면 미국 전쟁에서의 죽음 또한 주로 군인의 죽음이다. 이는 베트남 전역의 여느 농촌 마을이나 읍내에서 쉽게 볼 수 있는 수많은 묘지와 기념비를 통해 물질화된다. 하지만 실제로 베트남인들에게 베트남-미국 전쟁에서의 죽음은 남녀노소, 군인, 민간인, 당원, 비당원, 공산주의자 혹은 반공산주의자를 가리지 않는 모든 종류의 사람들의 죽음이다. 이러한 상황은 전장의 전선이 지독하게 불분명했던

(Cambridge: Cambridge University Press, 1995), pp. 15-28.

27) Nancy Roberts, *Civil war ghost stories and legends* (Columbia SC: University of South Carolina Press, 1992).

베트남 남부와 중부 지역에서 특히 심했다.[28]

항미전쟁은 이론적으로 "인민의 전쟁"[29]이었다. 그것은 군대와
인민을, 전투복을 입은 군인과 전투복을 입지 않은 애국시민을, 그
리고 전투부대와 농촌마을을 결합하는 것을 지향했다.[30] 베트남 혁
명전쟁을 묘사하는 강력한 은유에 따르면 군대는 물고기이고 인민
은 물고기가 사는 물이다.[31] 남부와 중부 베트남의 수많은 촌락에
서 이루어졌던 군대와 인민의 통합은 베트남 중산층 주택의 조경
용 연못에서 평화롭게 유영하는 물고기의 목가적인 이미지보다 훨
씬 더 복잡하고 혼란스러운 것이었다. 갈등이 증폭되면서 '물고기'
를 노출시키기 위해 '물'을 체계적으로 퍼내었다. 연못 바닥에서
'물고기'가 전혀 발견되지 않는 경우가 흔했는데, 이는 자주 비극적
인 민간인 학살 사건으로 이어졌다.[32] 물의 역할을 하는 소개(疏開)
된 주민들은 조상의 땅에서 떨어져서 생존할 수 없었기 때문에 원
래의 장소로 돌려보내져 군대라는 물고기에게 은신처를 제공했다.
전쟁 피난민을 고향으로 돌아가도록 격려하는 선전선동 활동이 중
남부 베트남의 난민캠프와 전략촌(strategic hamlet) 전역에서 강력하
게 이루어졌다. 이전의 한 고산지방 부족 지도자의 증언처럼, "우리

28) James W. Trullinger, *Village at war: an account of conflict in Vietnam* (Stanford: Stanford University Press, 1994), pp. 116-29; Johnathan Schell, *The real war* (New York: Pantheon, 1988), pp. 193-204.
29) Trung Chinh, *Primer for revolt* (New York: Praeger, 1963), pp. 102-17
30) Ibid, p. 116.
31) 이 표현은 베트남어로 "Tinh quan dan nhu ca voi nuoc"인데, "군과 민간인 사이의 친밀한 관계는 물고기가 물에 대해 느끼는 것과 유사하다"라는 뜻이다.
32) Jonathan Schell, *The real war*, pp. 198-200. Jonathan Schell, *The military half: an account of destruction in Quang Ngai and Guang Tin* (New York: Alfred A. Knopf, 1968). 1968년 3월 미라이에서 발생한 것과 같이 국제적으로 알려진 대학살이 1967~1969년 중부 베트남의 5개 성에서 광범위하게 발생했다. Kwon, *After the massacre*, pp. 28-33.

는 망치와 모루 사이에 있었다. 공산군은 우리를 재정착시키려고
했고 (…) 미군은 우리가 남부 고산족들과 함께 비무장지대에서 생
활하기를 원했다."[33] 인민들은 인민의 전쟁 과정에서 농촌의 고향
마을과 난민촌, 혹은 도시빈민가 사이를 위험하게 옮겨 다니며 수
많은 상실의 흔적과 슬픔의 자취를 남겼다. 오늘날에도 마을의 오
솔길 옆 모래언덕과 농가의 텃밭에 얕은 임시 무덤이나 집단묘지
들이 남아 있다. 무명의 유해가 집의 흙바닥 아래에서 발견되기도
한다. 이들 적절치 못한 방식으로 묻힌 유해의 일부는 혁명파에 속
했고 다른 일부는 그 반대파에 속했으며, 훨씬 더 많은 경우는 양쪽
모두에 속하거나 어느 쪽에도 속하지 않는 사람들이었다. 그들 중
일부는 군인이었지만, 전쟁에 전문적으로 종사한 배경이 없는 사람
들이 그보다 훨씬 많았다.

오늘날 사람들이 슬픈 전쟁유령의 존재를 인지하는 것은 바로
이러한 일반화된 폭력과 대규모 이탈이라는 역사적 경관 속에서
이다.[34] 전쟁이 초래한 파괴가 전쟁유령 현상의 배경 혹은 고고학
자들이 말하는 "당대의 과거"를 구성한다.[35] 외세의 강력한 간섭
에 대항한 대규모 전면전이라는 배경과 대조적으로 베트남의 전쟁
유령은 매우 다양한 기원을 가지고, 때로는 코스모폴리탄적 전망

33) George Condominas, *We have eaten the forest: the story of a montagnard village in the central highlands of Vietnam* (New York: Kodansha, 1994), p. xiii.

34) Malarney, *Culture, ritual, and revolution in Vietnam*, pp. 179-80; Shaun Malarney, "The realities and consequences of war in a northern Vietnamese commune," in M. B. Young and R. Buzzanco (eds.), *A companion to the Vietnam War* (Malen MA: Blackwell, 2002), p. 74; Derek Summerfield, "The social experience of war and some issues for the humanitarian field," in P. J. Bracken and C. Petty (eds.), *Rethinking the trauma of war* (New York: Free Association Books, 1998), p. 26.

35) "당대의 과거"라는 표현은 Victor Buchli and Gravin Lucas (ed.), *Archaeologies of the contemporary past* (New York: Routledge, 2001), pp. 8-9.

을 보여주기도 한다. 「백만 불짜리 해골」이라는 단편에서 판 후이 동(Phan Huy Dong)은 "남자, 여자, 어린아이, 노인, 베트남인, 라오스인, 크메르인, 타이인, 한국인, 호주인, 뉴질랜드인, 프랑스인, 흑인, 백인, 홍인, 황인, 갈색인… 심지어 몇몇 미국인"을 나열하고 있다.[36] 많은 베트남인들이 정기적으로 이들 이질적인 망자들을 위해 분향하고 기도를 올린다. 이들은 모든 종류의 직업군에 속하고, 그 중 많은 이들이 "혁명의 노정"(드엉 깍 망, duong cach mang)을 행군한 생애사적 배경을 가지고 있다. 대규모 죽음의 옛 장소들에서 출몰하는 슬픈 전쟁유령의 존재를 인정하지 않는 사람들은 때로 조롱이나 비판을 당한다. 아마 이들 비인정자 대부분이 공산당이나 여타 핵심 정치조직에서 권좌를 차지하고 있는 사람인 경우가 흔하기 때문인 것 같다.

  이들 이질적인 전쟁유령은 "집단적 망상(collective phantom)"을 구성하지 않는다. 그들은 단순히 익숙한 옛것이 제공하는 유사하거나 대조적인 배경에 비추어 새로운 역사적 사건의 의미를 도출하기 위해 동원하는 역사적 유추의 알레고리적 장치가 아니다.[37] 그들은 또한 단순히 슈미트(Schmitt)가 지적한 현대적 역사의식의 역설, 즉 혼란기, 특히 신시대가 구시대로부터 급진적인 이데올로기적 단절을 조장할 때 구시대가 신시대에 출현해서 배회한다는 사실을 의미하는 것도 아니다. 이러한 역설은 현대 사회사상적 전통에 깊숙이 각인되어 있다. 칼 마르크스는 『루이 보나파르트의 브뤼메르 18

---

36) Phan Huy Duong, "The billion dollar skeleton," in W. Karlin, Le M. Khue and Trung
    Vu (eds.), The other side of heaven: post-war fiction by Vietnamese and American writers
    (New York: Curbstone, 1995), p. 226.

37) 마이클 비비(Michael Bibby)는 서구 문화 내에 "베트남을 서양사의 은유 혹은
    알레고리로 만드는" 경향이 있다고 지적한다. "The post-Vietnam condition," p.
    149.

일』에서 사회혁명에 보이지 않는 영향력을 발휘하고 그 과정을 왜 곡하는 구세대의 유령에 관해 통렬하게 서술했고, 막스 베버는 중세 수도원의 금욕주의 전통이 현대 자본주의 경제체제의 문화에 어떤 식으로 잔존해 있는가라는 측면에서『프로테스탄트 윤리와 자본주의 정신』을 저술했다. 이러한 지적 유산에 입각해서 마크 슈나이더(Mark Schneider)는 유령이 과학의 부상에도 불구하고 현대 세계에 여전히 지속되고 있고, 그 존재 영역이 자연계에서 상징적 영역으로 이동했기 때문에 현대 사회에서 그들의 지속적인 존재가 인식되지 않는 경우가 흔하다고 주장한다.[38]

베트남에서 유령은 위와 같은 의미에서 '현대적'이지 않다. 이 점에서 유령의 존재는 문화적인 상징이라기보다 '자연적인' 현상으로 인식된다. 베트남에는 존 로(John Law)의 관점과 유사하게 유령의 존재를 아오 뜨엉(ao tuong, '망상적 사고')이라는 부정적인 정신적 문제로 바라보는 사람들이 있다. 하지만 이들은 유령을 자연적 존재이자 존재론적 문제의 일부로 간주하는 사람들에 비해 지극히 소수이다. 유령은 전형적으로 '길 잃은 영혼' 혹은 '떠도는 영혼'[39]으로 번역되는 다양한 이름(마ma, 혼hon, 혼마hon ma, 봉마bong ma, 린

---

38) Eugene Kamenka (ed.) *The portable Karl Marx* (New York: Penguin 1983), pp. 289-90; Mark A. Schneider, *Culture and enchantment* (Chicago: University of Chicago Press, 1993). 이동하는 영역에 관한 논지를 확장하여, 슈나이더(Schneider)는 현대의 유령 출현이 다른 여느 학문분과에서보다 문화에 관한 과학인 인류학에서 지배적인 영향력을 발휘하고 있다는 다소 논쟁적인 주장을 한다.

39) Huu Ngoc, *Dictionnaire de la culture traditionnelle du Vietnam* (Hanoi: The Gioi, 1997), pp. 147-8; Huynh Sanh Thong (ed.), *The Heritage of Vietnamese poetry* (New Haven: Yale University Press, 1979), pp. 25-30; Nguyen Khac Vien, Nguyen Van Hoan, and Huu Ngoc (eds.), *Anthologie de la literature vietnaminne*, book 2 (Paris: L'Harmattan, 2000), pp. 200-6; Phan Ke Binh, *Viêt-Nam phong-tuc (Moeurs et coutumes du Vietnam)*, book 2, trans. by N. Nouis-Henard (Paris: Ecole Française d'Extrême-Orient, 1980), pp. 134-5.

혼*linh hon*, 오안혼*oan hon*, 박린*bach linh*)으로 불리지만, 민간의 의례용
어에서는 *꼬박*(*co bac*)으로 불린다. *꼬박*은 "아주머니와 아저씨"를
뜻하는 용어인데, 이는 의례적 맥락에서 개별 가정이나 마을 사원
내에서 숭배되는 조상과 신위를 지칭하는 데 사용되는 *옹 바*(*ong ba*,
할아버지와 할머니)와 대조적이다.[40] 이들 "아주머니와 아저씨"는 죽
었지만, 망자의 세계, 즉 *엄*(*am*)에 정착한다는 의미에서 진짜로 죽
은 것이 아니다. 그들은 살아 있진 않지만 여전히 산 자의 세계를
떠나지 않은 존재이다. 그들은 진정한 의미에서 저승인 망자의 세
계(엄)에도 속하지 않고 이승인 산 자들의 세계(즈엉, *duong*)에도 속
하지 않지만 양쪽에 동시에 속하는 존재이다.[41] 떠도는 영혼에서
"떠돈다"는 관념은 이승의 주변부와 저승의 가장자리 사이를 떠돌
아다닐 수밖에 없는 가상의 상황을 뜻한다. 간단히 말해 유령은 일
종의 존재론적 난민으로서 에르네스트 블로흐(Ernest Bloch)가 말하
는 *다스 운하임리히*(*das unheimlich*),[42] 즉 집으로부터 뿌리 뽑힌 자의
지위에 가까운데, 이들에게 집은 자신의 기억이 머무는 장소일 수
있다.

　누군가 이들 뿌리 뽑히고 장소 없는 존재를 실제로 만났다고 주
장하더라도 주변 사람들이 반드시 그 주장의 신뢰성에 의문을 제
기하지는 않는다. 대신 조우한 유령의 구체적인 정체성과 유령 출
현의 실질적 의미에 대해 상당한 호기심을 보인다. 사람들은 유령
이 나름의 소망과 목적을 가지고 있으며, 그들만의 특별한 생명력

---

40) Léopold Cadière, *Croyances et pratiques religieuses des viêtnamiens*, vol. 2 (Paris: Ecole
　　Française d'Extrême-Orient, 1957), pp. 66-70.

41) Tran Ngoc Them, *Co so van hoa Viet Nam* (베트남 문화의 토대), (Ho Chin Minh
　　City, 1998), pp. 52-61; Huu, *Dictionnaire de la culture traditionnelle du Vietnam*, pp.
　　147-8.

42) Jack Zipes, *Fairy and the art of subversion* (New York: Routledge, 1991), pp. 174-7.

을 통해 공동체적 삶에 참여한다고 믿는다. 산 자의 생각에 망자의 혼은 음식, 돈, 의복, 신발, 때로는 집과 자전거, 혹은 혼다 오토바이 같이 산 자들의 삶에 필요한 재화와 시설들을 욕망한다. 망자가 생전에 도시들을 오가는 소매상이었다면 그 영혼에게 봉헌되는 재화가 여행용 가방인 경우도 있다. 부와 세속적 기쁨의 공유는 대중적인 관행으로서 인간과 영혼 간의 이차적인 관계를 구성한다. 망자와 산 자 간의 재화와 서비스의 거래는 또한 혼령이 보다 익숙하고 인간 같은 모습으로 보이도록 만드는 데 기여한다. 이러한 현상은 봉헌을 받는 혼이 가정에서 숭배되는 조상신이든 밖에서 떠도는 것으로 상상되는 장소 없는 무명의 유령이든 마찬가지이다.

베트남에서 유령은 아주 공적이기도 하다. 그들과의 사적인 조우 대부분은 필연적으로 다양한 형태의 사회적 기념활동으로 발전한다. 유령이 출현한 장소에 막대 모양의 향을 피우는 행위는 즉시 그 장소를 애도의 장으로 변환시키기 때문에 이미 명백히 공적인 행위이다. 유령 출현 이야기와 그 역사적 배경 또한 지역 사회에 신속하게 확산되어 공적인 형태의 지식으로 전환된다. 사전 지식이 없는 외부인이 아니라면 누구도 부주의하게 그 장소를 걸어가려 하지 않을 것이다. 주민들은 그 장소를 지날 때마다 향과 재를 보고 매번 그 특별한 유령 출현에 관한 이야기를 떠올리고 생각하게 된다. 이러한 상황은 이야기가 잊히고 관련 장소가 평범한 도랑으로 되돌아갈 때까지 몇 개월 혹은 몇 년 동안 지속된다. 이와 같이 유령의 존재를 인정하는 활동은 분향에서 음식과 돈의 봉헌, 혹은 때로 의례전문가의 주도하에서 이루어지는 본격적인 진혼 의식까지 다양하게 나타난다. 그러한 인정의 정도가 강할수록 그 유령은 점점 더 지역사의 일부로 통합된다.

껌레(Cam Re)의 주민들은 가끔 지나치게 문제를 일으키는 유령

들을 쫓아내려고 노력한다. 필자가 체류하는 동안 관찰한 것으로
프랑스 전쟁 때 죽은 알제리 징집병의 유령이라고 알려진 경우가
이러한 예에 속한다. 이 귀신을 쫓기 위해 고용된 그 지역 의례전문
가 *터이 푸 투이*(thay phu thuy)는 그 알제리 유령이 자주 출몰하는 것
으로 알려진 도랑을 따라 걸으면서 주문(*꺼우 쭈, cau chu*)을 외웠다.
그 후 등 뒤에서 젊은 여성의 어깨를 건드리는 못된 버릇을 가진
그 외국 귀신이 무서운 주문 때문에 혼비백산해서 도망가버렸다는
소문이 널리 나돌았다.[43] 껌레 사람들은 또한 전쟁유령들이 상황의
변화에 따라 가끔 산 자의 몸으로 들어와 질병을 일으킬 수도 있다
고 생각한다. 하지만 어떤 유령들은 최근 강력한 힘을 발휘하는 중
요한 공동체 신위로 변환되어, 유령으로 인한 질병을 치료하거나
여타 목적을 위해 그 힘이 사용된다. 껌레 주민들은 이 두 가지의
가능성과 현실 사이에서 유령을 일상적 삶의 일부로 받아들였다.
한 의례전문가가 내게 말한 바에 따르면, 흔히 유령은 냉대로 인해
집 내부 공간을 침범하기 때문에 산 자들이 유령을 문전박대해서
는 안 된다. 그렇다고 해서 사람들은 유령을 집안으로 불러들이지
도 않는다. 그러면 유령과 집에서 숭배하는 조상 혹은 신위를 혼돈
할 것이기 때문이다.[44] 이 장소의 유령들은 산 자의 사회적 세계에
존재할 수 있는 권리를 부여받았고, 존재론적으로는 주어져 있지만
사회적으로는 구분되는 이들 일군의 존재와 사회적 · 생태적 공간
을 둘러싸고 전개되는 끊임없는 협상이 지역의 의례적 관행을 구

---

43) *터이(thay)* 혹은 *터이 꿍(thay cung)*이라 불리는 이 특별한 범주의 종교의례전문가
    에 관해서는 Diedier Bertrand, "The thay: masters in Hue, Vietnam," *Asian Folklore
    Studies* 55 (1996), pp. 271-86을 보라.
44) Arthur P. Wolf, "Gods, ghosts, and ancestors," in A. P. Wolf (ed.), *Religion and ritual
    in Chinese society* (Stanford: Stanford University Press, 1974), p. 159.

성하고 있는 것으로 나타났다.

레비스트로스에 따르면, 이러한 존재의 "자연주의적" 맥락 내에서 유령의 정체성은 그 현대적인 상징적 대응물과 동일하지 않다.[45] 현대의 유령은 산 자로 하여금 정복하지 않으면 오히려 정복당할 것이라 느끼게 만드는 과거의 위협적인 집단적 환영이다. 하지만 이러한 구별 때문에 베트남의 유령신앙을 루시앙 레비-브륄(Lucien Lévy-Bruhl)이 상상하는 것과 같은 죽음의 공포에 압도당하고 실재와 상상의 차이를 구분하지 못하는 일종의 전개념적인 주술적 사고를 대표하는 것으로 받아들여서는 안 된다.[46] 반대로 산자들이 상상하는 것과 관계없고 알 수 없는 방식으로 저 밖 어딘가에 존재하는 사물로서의 유령은 다른 곳과 마찬가지로 베트남에서도 익숙하지 않은 관념이다.[47]

혼과 유령에 관한 베트남인들의 담론에는 비판적인 역사적 의미가 풍부하게 담겨 있고, 이 담론이 널리 확산되는 이유는 정확히 그것을 통해 당대의 삶에서 중대한 의미를 가지는 도덕적·정치적 쟁점에 개입할 수 있기 때문이다.[48] 다시 말해 전쟁유령 현상은 역사의 외부에 존재하는 것이 아니라 역사적으로 구성된 인간의 조

---

45) 레비스트로스의 유형론에 따르면, 영혼을 재현하는 방식은 "양 극단 사이에 위치한다. 하나는 산 자의 방식에 따라 특정한 사회에 모아진 후 일반적으로 '한쪽으로 비켜서 있다가' 정기적으로 산 자와의 결속을 갱신하는 '사회학적' 극단이고, 다른 하나는 각각이 개별적으로 특수한 생기활동을 관할하는 기능적인 영혼늘이 하나의 유기적인 사회를 구성하는 '자연주의적' 극단이다." Claude Lévi-Strauss, *Structural anthropology*, vol. 2 (New York: Basic Books, 1963), p. 64.
46) Lucien Lévy-Bruhl, *How natives think* (Princeton: Princeton University Press, 1985[1910]). E. E. Evans-Pritchard, *Theories of primitive religion* (Oxford: Oxford University Press, 1965), pp. 88-9.
47) Schmitt, *Ghosts in the middle ages*, pp. 1-2.
48) Taylor, *Goddess on the rise*, pp. 13-17.

건을 반영하고, 때로 헤겔의 자이트가이스트(zeitgeist), 즉 한 시대
를 대표하는 정신으로 묘사되는 것과 긴밀한 친화성을 가진다(2장
을 보라). 예를 들어, 위에서 언급한 당 간부의 형이 유령으로 출현
한 것은 친족영역 내에서 그의 기억의 부재에 영향을 미치고, 이는
외세라는 공동의 적에 저항해서 싸운 통일된 '인민의 전쟁'이라는
공식적 패러다임 내에서 은닉되고 설명되지 않는 내전-냉전의 유
산과 관련되어 있다. 이 혼령 가족 에피소드는 주로 가족의 문제이
다. 하지만 그것은 또한 전쟁으로 인해 발생한 비무장 민간인의 엄
청난 희생과 그들의 기억에 대한 권력구조의 무관심 사이에 존재
하는 괴리와 같은, 보다 광범위한 사회적 쟁점과도 분리할 수 없다.
이 어머니와 아이 혼령들의 집단은 생존한 가족 구성원들이 그들
의 죽음을 기억하기 때문에 유령보다는 조상의 범주에 더 가깝게
보일 수도 있다. 하지만 내가 다른 지면에서 밝힌 복잡한 이유 때문
에, 마을 학살 같은 극단적인 사건의 희생자나 자신의 죽음으로 인
해 가족의 계보적 질서가 붕괴되어버리는 망자가 조상의 범주 내
에 포함되기 위해서는 많은 문제를 극복해야 한다.[49] 더욱이 이러
한 어려움은 국가의 강제적인 문화정책이 가족의 의례공간을 영웅
적 전사자를 위한 기념식으로 변환시켜버림으로 인해 더 악화되었
다. 이러한 맥락에서 망자의 유령의 개별적 출현은 산 자의 집단기
억에 내재하는 궁지를 반영함과 동시에 그것의 징후이기도 하다.
전형적으로 전개되는 바와 같이 만약 산 자들이 유령 출현에 적극
개입해서 자신들의 사회적·의례적 공간을 보다 설명 가능한 형
태로 변환한다면, 유령 정체성의 환상적인 행동이 물질세계의 변
환과 맞물리게 되고, 셰리 오트너(Sherry Ortner)가 히말라야 셰르파

---

49) Kwon, *After the massacre*, pp. 70-76.

(Sherpa)족의 종교사와 관련해서 지적한 것처럼, 그들에 관한 이야기는 더 이상 '단순한 이야기'가 아니라 사회적 행동의 일부이고 사회적 삶의 유형을 구조화하는 힘으로 작용한다.[50]

마지막 논지는 이어지는 장들의 방향을 잡는 데 중요한 포인트인데, 이어지는 장들을 관통하는 일관적인 목적 중 하나는 사람들이 어떻게 자신의 도덕적·정치적 정체성을 전쟁유령의 상상적 행동을 통해 드러내는지를 밝히는 것이다. 하지만 유령과 인간이 사회적 행위의 파트너가 되는 방식을 이해하기 위해서는 무엇보다 먼저 애초에 둘을 분리시키는 개념적 구조를 다루어야 한다. 베트남에서 유령은 산 자들이 유령에 관해 이야기하기 좋아하는 것과 마찬가지로 산 자들의 세계의 사회문제에 관심을 가져야 한다. 이러한 호혜적 관심의 관계는 두 집단 사이의 존재론적 근접성뿐만 아니라 그들의 서식지 사이의 일정한 형식적 거리를 전제로 한다. 이러한 구도 내에서 유령과 인간은 서로 유사하면서도 다르기 때문에 서로에 대해 관심을 가지게 된다.

이방인과 관계 맺기

유령은 가깝고도 멀다. 그들은 물리적으로는 가깝지만 관계상으로는 멀다. 만약 망자의 혼령이 물리적 측면과 관계의 측면 모두에서 가까우면, 그것은 유령이 아니라 조상이다. 베트남에서 유령은 경제적 파트너 관계(2장을 보라)와 입양친족(5장)처럼 다양한 형태로 산 자와 연관될 수 있고, 그중 일부는 이러한 연관성을 통해 강력한 공동체 신위나 수호신으로 전환될 수도 있다. 그럼에도 불구

---

50) Sherry B. Ortner, "The foundings of Sherpa religious institutions," in E. Ohnuki-Tierney (ed.), *Culture through time: anthropological approaches* (Stanford: Stanford University Press, 1990), p. 89.

하고 일상적인 의례적 현실에서 *꼬박*(유령)은 *옹바*(조상과 여타 친밀
하게 모셔지는 초자연적인 존재)와 다른 존재로 정의된다.

사회학 문헌에서 물리적으로 가깝지만 관계상으로는 먼 정체성
은 '이방인'이라 불리고 이는 객관성 이론(theory of objectivity)에서 중요
한 개념적 위치를 차지한다. 인류학 현지조사 방법론의 근거는 사
실 이 특수한 관념과 분리할 수 없다.[51] 민족지학자 역시 전형적으
로 이국의 문화적 현실에 물리적으로 가깝지만 관계상으로는 소원
한 애매한 입장을 취하고, 인류학자는 바로 이 특수한 '이중초점'적
위치설정에 근거해서 현실에 대해 객관적인 그림을 그린다고 주장
한다.[52] 비록 조사대상이 익숙한 자문화적 맥락인 경우에도, 조사
자의 위치설정에서 대상과의 일정한 개념적 거리두기가 통상적으
로 행해진다.[53] '이방인'은 정체성과 종족관계에 관한 인류학적 연
구[54]에서, 그리고 보다 넓게는 실존철학과 비판사상의 전통[55]에서

---

51) Michael M. J. Fischer, "Ethnicity and the arts of memory," in J. Clifford and G. M. Marcus (eds.), *Writing culture: the poetics and politics of ethnography* (Berkeley: University of California Press, 1986), pp. 194-233.

52) Ibid., 199. 또한 Andrew Shryock, *Nationalism and the genealogical imagination: oral history and textual authority in tribal Jordan* (Berkeley: University of California Press, 1997), p. 3을 보라.

53) Kirsten Hastrup, "Native anthropology: a contradiction in times?" *American Anthropologist* 95 (1993), pp. 147-61; Kirin Narayan, "How native is a 'native' anthropologist?" *American Anthropologist* 95 (1993), pp. 671-87.

54) Alan Macfarlane, "On individualism," *Proceedings of British Academy* 82 (1992), pp. 185-8; Julian Pitt-Rivers, "The stranger, the guest, and the hostile host: introduction to the study of the laws of hospitality," in J. G. Peristiany (ed.), *Contributions to Mediterranean sociology: Mediterranean rural communities and social change* (The Hague: Mouton, 1968), pp. 13-30; Jeremy S. Eades, *Stranger and traders: Yoruba migrants, markets and the state in Northern Ghana* (Edinburgh: Edinburgh University Press, 1993).

55) Jeffrey C. Isaac, *Arendt, Camus, and modern rebellion* (New Have: Yale University

도 중요한 개념이다. 보다 최근에는 이 개념의 중요성이 시민권에
관심 있는 정치이론가들 사이에서도 뚜렷하게 부상하고 있다.[56]

하지만 '이방인' 개념이 처음으로 온전한 사회학적 중요성을
가지게 된 것은 주로 20세기 초 독일 사회철학자 게오로그 짐멜
(Georg Simmel)을 통해서이다. 짐멜은 이방인의 주요 특성이 이동성
과 다양성, 즉 개념적으로 동시에 가깝고도 먼 상태의 조합으로 구
성된다고 주장한다.[57] 짐멜에 따르면 이방인의 사회적 형태는 긍정
적인 관계를 창출하는데, 그 이유는 다음과 같다.

> 그는 한 집단의 구체적인 구성부분이나 당파적인 지향에 뿌리내
> 리고 있지 않기 때문에 특유의 '객관적' 태도를 통해 이들 모두와
> 관계 맺는다. 이러한 태도는 단순한 분리나 불참을 뜻지 않고 멂
> 과 가까움, 즉 무관심과 연루로 구성되는 독특한 구조를 보여준
> 다.[58]

베트남인들의 개념체계에 따르면, 유령은 망자의 세계에서 이방
인 혹은 외부자를 뜻하는 응으어이 응오아이(nguoi ngoai)이다. 그것
은 '나쁜 죽음', 즉 베트남인들이 "객사"(쩻 드엉, chet duong)라고 부
르는 집으로부터 멀리 떨어져서 맞이하는 고통스럽고 폭력적인 죽

Press, 1993); Richard Bernstein, "Hannah Arendt on the stateless," *Parallax* 11
(2005), pp. 46-60.

56) Bonnie Honig, *Democracy and the foreigner* (Princeton: Princeton University Press,
2003).

57) Georg Simmel, *On individuality and social forms*, edited by Donald N. Levine
(Chicago: The University of Chicago Press, 1971), pp. 143-9.

58) Ibid., p. 145.

음에서 비롯된다.[59] 이승의 이방인이 정착할 장소를 찾지 못하고
이 마을 저 마을로 옮겨 다니는 것처럼, 유령은 강제된 이동으로 인
해 기억을 정박할 장소 없이 이승과 저승의 변두리에서 고통스럽
게 떠돌아야만 하는 존재로 상상된다. 이승에서 이방인이 동질적인
배경의 결여라는 특징을 통해 정주민과 구별되는 것처럼, 유령들
또한 다양한 역사적 삶의 배경을 가진 개인들로 이루어진 혼성의
집단을 구성한다. 유령의 삶은 이러한 이동성과 다양성이라는 특질
로 인해 조상의 삶과 구별된다. 조상의 '좋은 죽음', 즉 비폭력적이
고 의례적으로 승인되는 "집에서의 죽음"(쩻 냐, chet nha)에 대한 기
억은 계보적·공간적 질서에 따라 사회적 세계에 항구적으로 정착
된다.

정착한 조상과 장소 없는 유령으로 구성되는 이러한 동심원적
인 개념적 도덕질서의 중심에 의례행위자의 양능적인 신체가 존
재한다. 중부지방의 전통에서 가내 기념의례의 구조는 상이한 두
양식의 사후 삶과 기억의 맥락 사이에 의례행위자를 위치시킨다.
한쪽에는 가족 조상이나 신위의 성상을 보관하는 가족 혹은 공동
체 사원 내의 조상숭배 사당이 있다. 다른 한쪽에는 마이클 타우직
(Michael Taussig)이 "열린 망자의 공간"이라고 부르는 것이 있는데,
이는 조상도 아니고 친척도 아닌 비극적으로 떠도는 망자의 영혼
이 살고 있는 상상의 생활세계이다.[60] 이 공간을 점유하고 있는 것
으로 상상되는 존재는 정상적인 상황에서 꼬 박(co bac)의 범주에
속할 수 없는, 앞서 언급한 당 간부의 형과 같은 존재를 포함한다.
이들 존재는 집으로부터 뿌리 뽑혔고 정치적인 이유로 의례적 기

---

59) Malarney, *Culture, ritual and revolution in Vietnam*, p. 179.

60) Michael Taussig, *Shamanism, colonialism, and the wild man: a study in terror and healing* (Chicago: University of Chicago Press, 1987), p. 7.

념의 영역에서도 배제되어 있다. 이 책에서 필자는 *꼬 박*이라는 개념이 전통적으로 지칭하는 친족이 아닌 이름 없는 망자의 혼령과 구별하기 위해 이들을 "정치적 유령"이라 부를 것이다.

중부지방의 의례적 전통 내에서 이러한 열린 망자의 공간과 *꼬 박*이 거주하는 환경은 꽝남 지방 사람들이 주로 콤(*khom*)이라 부르는 작은 외부 사당의 형태로 재현되는데, 이는 통상 가구의 텃밭과 거리 사이의 경계 지점에 위치한다. 유령을 위한 이 외부 사당은 공간적으로뿐만 아니라 개념적으로도 조상을 위해 마련된 집 내부의 사당과 반대된다. 독특한 기억의 맥락을 재현하는 이들 두 개의 분리된 숭배 장소로 구성된 이중 동심원적 공간조직 내에서, 이 지역의 전형적인 의례행위는 신체의 단순한 움직임을 통해 집 안쪽의 *옹 바*와 집 밖 거리 쪽의 *꼬 박* 양자 모두와 관계한다. 가장 전형적인 기념행동은 집 쪽의 조상에게 절과 분향을 한 후 몸을 돌려 반대쪽 거리의 떠돌이 유령을 향해 동일한 행위를 반복하는 것으로 구성된다. 이 두 방향의 기념행동은 공동체 사원의 연례 개원식(4장을 보라)에서처럼 보다 형식적인 형태로 수행될 때 종을 한 번 치고 난 후 북을 서너 번 치는 절차를 수반하기도 한다.

이러한 이중적인 구조와 두 종류의 실천 체계 내에서 사회적 결속을 상상하는 두 가지 독특한 방법이 출현한다. 집 쪽에서는 의례행위가 뒤르켐의 표현으로 "각 개인이 한 조상의 판박이(double)"[61]가 되는 방식으로 산 자와 망자 사이에 이미 존재하는 유대관계를 재확인한다고 말할 수 있다. 이러한 구도 내에서 망자의 신성한 존재를 숭배하는 행위는 망자가 산 자와의 관계를 통해 상징하는 세

---

61) Emile Durkheim, *The elementary forms of religious life*, trans. K. E. Fields (New York: The Free Press, 1995[1915]), p. 280.

속적 실체(entity), 즉 계보적 유대를 신성하게 만드는 행위이다. 뒤
르켐에 따르면 이러한 사회적 유대의 상징적 구성은 유령이 상징
하는 바와 대조적인 것으로서 그가 장소의 "진정한 정령"이라고 부
르는 것에 초점이 맞추어져 있다.[62]

> 유령은 (…) 진정한 정령이 아니다. 첫째, 그 힘이 일반적으로 제한
> 되어 있다. 둘째, 그것은 명확한 기능이 없다. 유령은 그 죽음의 효
> 과가 모든 정상적인 구조의 외부에서 발휘되기 때문에 명확하게
> 정해진 책임이 없는 부랑자이다. 유령은 산 자와의 관계에서 늘 낮
> 은 위치에 있다. 다른 한편으로, 정령은 항상 특정한 종류의 힘을
> 가지고 있고 실제로 그것은 바로 그 힘에 의해 정의된다. 정령은
> 일정한 범위의 우주적 혹은 사회적 현상에 대해 권위를 발휘한다.
> 그것은 세계의 구도 내에서 다소 정확한 기능을 수행한다.

뒤르켐에게 "진정한 정령"과 "유령"의 범주적 구분은 영혼과 육
체 사이의 상대적인 개념적 거리와 연관되어 있다. 그는 "영혼은 정
령이 아니다. (…) 그것은 육체의 감옥에 갇힌 수인이다. 영혼은 오
직 죽음을 통해서만 육체의 감옥에서 탈출한다. 그리고 우리는 심
지어 죽음에 이르러서도 영혼과 육체의 분리가 완성되는 데 어떤
어려움이 있는지를 목격해왔다"라고 썼다.[63] 정령은 영혼이 육체의
감옥에서 성공적으로 분리된 결과이고, 이러한 죽음의 분리작업이
실패한 결과가 유령이다. 정령은 산 자들이 사회적으로 구성적이
며 재생적인 방식으로 망자에 대한 기억과 관계를 맺는 "긍정의식

---

62) Ibid., 277.
63) Ibid., 276.

(positive cult)"의 대상으로 나아가는 데 반해, 유령은 오염금기와 금욕체계를 수반하는 "부정의식(negative cult)"의 대상이 된다.

이렇게 죽음을 두 개의 분리된 도덕적 영역으로 나누고, 사회의 긍정적 터주신(genius loci)에 분석적으로 주목하는 방식이 종교적 상징에 관한 후속 연구에서 지배적인 경향으로 자리매김했다. 가장 주목할 만한 예로 모리스 블로흐(Maurice Bloch)는 이러한 측면에서 마다가스카르의 재매장 관행을 논하고, 조상의 뼈를 육탈한 신체로부터 분리하는 관습을 사회질서의 구축에 핵심적인 상징적 제스처로 묘사한다.[64] 살을 발라낸 뼈는 세속적 육체로부터 분리된 신성한 정령을 재현하고, 그 뼈를 집단의 조상 묘에 안치하는 것은 "조상들의 사회", 즉 산 자들의 집단적 의식 내에서 이상적인 사회형태를 창출한다.[65] 블로흐는 후에 인류의 종교적 경험에 관한 일반이론을 구축하려고 시도하면서 이 상징적 제거라는 표현을 "상징적 장악"이라는 보다 강력한 언어로 바꾼다. 그는 남성의 성년식을 논의하면서 이 의례를 통해 조상의 정령이 한 사회집단의 신참 성원의 신체를 *장악*한다고 주장한다.[66] 이들 사회적 신입은 조상의 판박이(double)가 됨으로써 그 사회의 완전한 구성원으로서의 권리를 획득하는데, 이는 자신의 세속적인 육체적 실체를 포기하고 대신 초월적인 조상의 정령을 받아들이는 의례의 실행을 통해 달성된다. 여기서 상징적 장악이라는 표현이 두 가지 방식으로 작동한다는 점을 명심하는 것이 중요하다. 그것은 한편으로 망자의 영혼이 어

---

64) Maurice Bloch, *Placing the dead: tombs, ancestral villages, and kinship organization in Madagascar* (New York: Seminar Press, 1971).

65) Ibid., pp. 37-72.

66) Maurice Bloch, *Prey into hunter: the politics of religious experience* (Cambridge: Cambridge University Press, 1992).

떤 식으로 진정한 정령으로 변환하는지를, 그리고 다른 한편으로는
이 순수한 정령이 다시 어떤 식으로 산 자와 새로운 결속을 형성하
는가를 묘사한다. 이 표현은 우주론적 경계의 양쪽 모두에서 발생
하는 것으로 상상되는 세속적 실체에 대한 전쟁을 토대로 사회질
서가 창출된다는 점을 전제로 한다.

   유령은 이 상징적 장악이라는 패러다임에 적합하지 않은 범주이
다. 통과의례의 언어를 통해서 표현하면, 유령은 산 자들의 세계로
부터 완전히 분리되지도 않았고 사회적으로 정의되는 진정한 정령
의 세계로 아직 통합되지도 않은, 항구적으로 임계적인(liminal) 존
재이다.[67] 뒤르켐에 따르면 유령은 사회구조의 외부에 존재하고 명
백하게 정의된 사회적 기능을 가지고 있지 않다. 이런 배경으로 인
해 유령이 조상과 대조적으로 사회이론의 발달에서 전혀 중요한
부분을 차지하지 못해왔다는 사실이 놀라운 발견은 아니다. 블로흐
는 마다가스카르의 사람들이 사후의 상징적 변환 가능성을 닫아버
리는 객사, 즉 집을 떠나 죽음을 맞이하는 것을 두려워하고, 자신들
이 살아가는 환경 내에서 그러한 죽음의 존재에 대해 인지하고 있
다는 점에 주목한다.[68] 하지만 이들 "나쁜 죽음"을 맞이한 자들과
그 상징적 흔적들은 사회구조에 어긋나는 이질적인 존재라는 가정
때문에 분석틀의 범위에서 벗어난다.

---

67) Arnold van Gennep, *The rites of passage* (Chicago: University of Chicago Press,
   1960), pp. 164-5; Stephen F. Teiser, *The ghost festival in medieval China* (Princeton:
   Princeton University Press, 1988), pp. 217-21. 반 게넵(van Gennep)은 통과의례
   의 질서에 입각해서 "유령과 신들림에 관한 일반이론"을 구축하고자 했지만 완
   성하지는 못했다. Schmitt, *Ghosts in the Middle Ages*, p. 275를 보라.
68) Bloch, *Placing the dead*, pp. 164-5; Maurice Bloch and Jonathan Parry (eds.), *Death
   and the regeneration of life* (Cambridge: Cambridge University Press, 1982), pp. 15-
   16.

58   베트남 전쟁의 유령들

하지만 우리의 분석관점을 짐멜의 관점에 가깝게 변화시키면 유
령의 부재가 사회이론의 구성에서 정당화될 수 있는가를 의문시
할 수밖에 없어진다. 짐멜의 이방인은 이데올로기적으로 주어진 사
회질서의 외부에 존재하지만 존재론적으로는 그 질서 내의 사회적
과정에 가깝게 존재한다. 이방인 정체성은 사회적 중심성의 상징이
전면에 드러나게 하는 주변적 배경이다. 은유이론에서 형상(figure)
과 배경(ground)의 상호작용[69]과 마찬가지로, 짐멜의 사회학적 상상
력에서 "이방인"은 사회적 정체성의 상징적 구성에서 하나의 필수
적인 요소이다.[70]

삶은 경계의 이쪽에 서서 그리고 동일한 원리로 경계의 저쪽에 서
서 그 경계를 굳건하게 유지한다. 경계는 안과 밖에서 동시에 접근
된다. 이 두 측면은 경계의 확정에 동일하게 기여한다. 경계 자체
가 "이쪽"과 "저쪽" 모두의 일부이듯, 삶의 통일된 작동은 비록 논
리적인 모순을 노정하는 것처럼 보인다는 사실에도 불구하고 경
계에 구속된 상태와 경계를 초월한 상태 양자 모두를 포함한다.

이러한 대안적 구도 내에서 타자성(alterity)은 정체성 형성의 외부
가 아닌 내부에 존재하고, 모든 형태의 배제는 동시에 "포함적인 배
제"인데, 이는 외부자의 정의가 내부적 사회질서의 구축에 영향을
미친다는 것을 뜻한다.[71] 블로흐의 "조상들의 사회"와 관련해, 그것

69) Roy Wagner, *Symbols that stand for themselves* (Chicago: University of Chicago Press, 1986).

70) Simmel, *On individuality and social forms*, pp. 355-6, 363.

71) Ernest van Alphen, "The other within," in R. Corbey and J. Th. Leerssen (eds.), *Alterity, identity, image: selves and others in society and scholarship* (Amsterdam: Rodopi, 1991), pp. 1-16, and Michael Taussig, *Mimesis and alterity: a popular history of senses*

을 둘러싸고 있는 일군의 유령들에 대해 기술적(記述的)으로 주목
하지 않고 그 사회를 묘사하려는 시도는 캔버스의 빈 배경 위에 그
려진 불완전한 형상의 윤곽을 완성된 그림이라고 주장하는 것과
마찬가지라고 주장할 수 있을 것이다.[72] 보다 세속적인 사회의 경
우와 마찬가지로, 조상들의 사회에는 내부 정치뿐만 아니라 외적인
관계도 존재한다. 사회질서에 대한 그림을 그릴 때 이들 외적인 관
계를 간과하거나 장악이라는 편리한 표현을 통해 그것을 정당화해
서도 안 될 것이다.

　사회이론 내에서 유령의 부재는 기능적 가치와 구조적 질서에
대한 이론적 선입견의 산물이다.[73] 더욱이 성스러운 사회질서의
상징적 구성에서 유령을 배제하는 것은 성스러운 것에 대한 잘못
된 정의와 연관되어 있다. 조르지오 아감벤(Giorgio Agamben)이 설
명하는 것처럼, 라틴어 사케르(sacer)는 "성스러움"과 "저주"라는 이
중적 의미가 있고, 도덕적 통일체라는 성스러운 영과 그 통일체에
서 배제되고 금지된 영 양자 모두를 통합하고 있다.[74] 아놀드 반 게

　(New York: Routledge, 1993).

72) Stephen Kern, *The culture of time and place, 1880-1918* (Cambridge MA: Harvard University Press, 1983), pp. 152-3.

73) 에드먼드 리치(Edmund Leach)에 따르면, "뒤르켐과 그의 추종자들은 집합표상이 성스러운 영역에 한정되어 있는 것으로 생각했던 것 같다. 그리고 그들은 성-속 이분법이 보편적이며 절대적이라는 입장을 견지했기 때문에 인류학자의 분석을 요하는 것은 다름 아닌 명확하게 성스러운 상징이었다." Edmund Leach, *Political systems of highland Burma* (London: Bell, 1954), pp. 12-13. 에반스 프리차드(Evans-Pritchard)에 따르면, 성과 속은 "경험의 동일한 수준에 위치한다. 성과 속은 서로 분리되어 있는 것이 아니라 분리할 수 없을 정도로 긴밀하게 뒤섞여 있다." E. E. Evans-Pritchard, *Theories of primitive religion*, p. 65.

74) Giorgio Agamben, *Homo sacer: sovereign power and bare life*, trans. D. Heller-Roazen (Stanford: Stanford Uiversity Press, 1998), pp. 75-9. 또한 Charles Stewart, *Demons and the devil: moral imagination in modern Greek culture* (Princeton: Princeton University Press, 1991), pp. 222-43을 보라.

넵(Arnold van Gennep)은 유사하게 "대다수 사람들에게 이방인은 성
스러운 존재로서 주술-종교적인 힘을 발휘하고 초자연적으로 호
의적이거나 악의적이다"라고 지적했다.[75] 에드워드 케이시(Edward
Casey)의 장소의 현상학에서 *지니어스 로카이*(genius loci), "터주신",
뒤르켐의 "진정한 정령")는 *아니마 로카이*(anima loci, "이방의 영")와
구분되어야 하지만, 그럼에도 불구하고 이 둘을 분리해서 다룰 수
는 없다. 성스러움에 대한 이와 같은 개념화에서 유령의 부정의례
는 조상의 긍정의례와 상호 구성적이고, 조상의 상징적 가치를 유
령의 상징적 가치를 포괄하는 보다 광범위한 관계성의 구조 내에
위치시키지 않고서는 그것을 상상할 수 없다.[76]

유령과 국가

하지만 유령의 부재가 경험적 현실이 되는 성스러운 상징의 영
역이 하나 존재한다. 당대 베트남에서 유령은 일관적인 존재가 아
니다. 그들은 전통적인 문화적 서식지 내에서 조상의 주변부에 거
주하지만, 이 서식지는 유령의 자연주의적 존재를 완전히 부정하는
보다 광범위한, 현대적이고 세속적인 정치적 사회 내에 존재한다.
후자에서 전쟁의 유령은 사회통합의 영성으로부터 유령의 흔적을
지워버리려고 분투하는 강력한 훈육적인 힘에 직면해 있다.

따라서 베트남인들은 기념 의례활동에 임할 때 두 종류의 독특
한 행위양상을 보여준다. 의례활동이 가족과 공동체 조상에 관한

---

75) Van Gennep, *Rites of passage*, p. 26.
76) 이 점에서 아서 울프(Arthur Wolf)는 유명한 진술을 남긴다. "하나의 구체적인
   영혼이 유령으로 간주될지 조상으로 간주될지는 구체적인 개인의 관점에 달려
   있다. *누군가의 조상은 다른 자의 유령이다.*" Wolf, "Gods, ghosts, and ancestors,"
   p. 146. 또한 Bloch and Parry (eds.), *Death and the regeneration of life*, pp. 15-16
   을 보라.

것일 때 그들의 신체는 유동적이고 몸놀림은 양능적(ambidextrous)*
이다. 그들은 조상의 장소와 유령의 공간 사이를 이동해 다니고 정
중하고 리드미컬하게 양쪽 모두에서 숭배의 행동을 수행한다. 반대
로 전쟁 영웅을 위한 공적 기념의식이 거행될 경우 의례참가자들
의 몸은 검열을 위해 줄 서 있는 잘 훈련된 군인처럼 그 과정 내내
시선을 오직 신고딕 양식의 기념탑에 고정시킨 채 차려 자세를 취
한다. 참여자들은 집에서 조상들에게 기도할 때와 동일한 방식으로
전쟁 순교자 기념비에 절을 하고 몇 개의 선향(線香)을 봉헌한다.
하지만 가내에서 이루어지는 경우와 달리 이러한 의례행동은 공
적 성소의 반대쪽을 향해 반복되어서는 안 된다. 전쟁의 유령은 이
특수한 의례활동의 장에서 완전히 비가시적인 존재로 전락해버린
다. 이 정치화되고 중도적인 기억의 경관 내에서 망자의 신성한 영
은 생기 넘치는 유령이라는 반대의 배경과 상관없이 홀로 존재할
수 있고, 인간의 신체는 로버트 허츠(Robert Hertz)가 상징적 양능성
(ambidexterity)이라고 부르는 능력, 즉 좌우와 안팎의 반정립, 그리고
"좋은 죽음"과 "나쁜 죽음"의 도덕적 위계를 초월할 수 있는 능력을
박탈당한다.[77]

  국가의 기념의례는 관료의 장광설을 자랑거리로 삼고, 상이한
위원회와 기관들이 봉헌한 꽃다발과 현수막들은 의례를 화려한 색

---

*역주: "ambidextrous"를 번역한 것이다. 이 단어는 보통 "양손잡이의", "능수능란한"
  등으로 번역되지만 맥락상 매우 어색하고 진의를 왜곡할 수 있다. 따라서 "두
  가지가 모두 가능한"이라는 뜻에 방점을 두기 위해 "양능적"이라는 조어를 사
  용했다.
77) Robert Hertz, "The pre-eminence of the right hand: a study in religious polarity,"
  in R. Needham (ed.), Right and left: essays on dual symbolic classification (Chicago:
  University of Chicago Press), 1960, p. 22. Kwon, After the massacre, pp. 16-27, 그
  리고 이 책의 결론을 보라.

깔과 활달한 분위기로 장식한다. 최근 일부 장소에서는 변화가 감
지되고 있지만, 원칙적으로 이들 엄숙한 국가의례에서는 전통적인
기념 제수음식의 봉헌이 허용되지 않는다. 병에 담긴 음료는 허용
되는 경향이 있는데, 그 이유는 이들 음료가 집에서 만든 제수음식
에 비해 깨끗하고 청결할 뿐만 아니라 낡고 낙후한 과거가 아니라
새로운 미래를 재현하는 것으로 인식되기 때문이다. 관료들은 충혼
탑에 헌화하고 서로 악수를 나눈다. 그들은 가끔 돌아서서 기념비
의 반대쪽을 향하기도 한다. 하지만 그것은 선택된 망자의 추도를
넘어 기억의 몸짓을 확장하기 위해서가 아니라 대중들에게 연설하
기 위해서이다. 필자는 일부 베트남 관료들이 일방향적인 기념과
양방향적인 기념 양자 모두를 용이하게 수행하는 것으로 알고 있
다. 그들은 영웅기념비에서 세련된 연설을 하고 난 후 저녁에는 그
들의 아내가 길 잃은 혼령들에게 절하는 것을 만족스럽게 바라본
다.[78] 이렇게 민간의 사고방식이 공식적 관습에 점점 더 침투해 들
어감에도 불구하고, 유령의 부재는 국가의례와 민간의례, 그리고
국가체계 내에서의 전쟁사망과 사회적 실천 내에서의 전쟁사망 사
이에 존재하는 차이의 중심축이다. 이 차이는 국가의 관점에서 가

---

78) 유교문화에서 유령신앙은 주로 여성의 영역으로, 이는 남성이 지배하는 영역
인 조상숭배와 대조적이다. Steven Harrell, "Men, women, and ghosts in Taiwanese
folk religion," in C. Bynum, S. Harrell, and P. Richman (eds.), *Gender and religion:
complexity of symbols* (Boston: Beacon Press, 1986)을 보라. 베트남에서는 이 두
영역의 젠더화 정도가 아주 미미하다. 여성뿐만 아니라 남성들도 유령을 위한
의례에 활동적으로 참여할 수 있다. 해럴(Harrell)은 중국의 민간신앙 맥락 내
에서 복수심에 불타 정의를 실현시키려는 여자 유령의 이미지를 강조한다. 이
런 여자 유령은 베트남에도 존재한다. 하지만 해럴이 묘사하는 것과 같은 현저
한 형태는 아니다. 복수심에 불타는 유령의 범주에 함축되어 있는 불의라는 관
념은 가부장제의 위선을 구체화하는 것일 수 있지만 그렇다고 그것으로 환원
시킬 수는 없다.

치의 위계로 인식된다. 확인되지 않고 분류되지 않은 존재에 대한
불신과 공포는 특수한 부류의 전쟁 사망자에 대한 국가의 집착을
강화한다. 국가는 자기희생적 영웅과 이타적 순난자(殉難者)를 숭
배하고, 국가체계는 이러한 숭배를 수행하기 위해 미덕이라는 잣
대에 근거해서 대규모 전쟁 사망자 중에서 재생력 있는 죽음을 선
택해야 한다. 국민을 위해 가치 있는 봉사를 한 죽음은 선택되어 미
래를 위해 보존되어야 한다.[79] 따라서 전쟁기념의 영역에서 제임스
스캇(James Scott)이 말하는 "국가처럼 보기(seeing like the state)"는 전
쟁으로 인한 대규모 죽음의 장에서 배회하는 전쟁유령을 보지 않
는 것과 동일하다고 할 수 있을 것이다.[80]

　전쟁유령에 대한 국가의 거부는 이해할 만한 것이고, 또 베트남
이 전몰자에 대해 이와 같은 미래지향적인 의식을 수행하는 유일
한 국가도 결코 아니다.[81] 어느 현대 국민국가라도 정통성의 확보

---

79) Shaun K. Malarney, "'The fatherland remembers your sacrifice': commemorating war
　　dead in north Vietnam," in Hue-Tan H. Tai (ed.), *The country of memory: remaking*
　　the past in late socialist Vietnam (Berkeley: University of California Press, 2001), pp.
　　46-76을 보라. 베트남 전쟁 기념예술에 관해서는 또한 Bertrand de Hartingh
　　(ed.), *Viet Nam: arts plastiques et visuels de 1925 à nos jours* (Brussels: Commission
　　Européene, 1998)을 보라.
80) James C. Scott, *Seeing like a state: how certain schemes to improve the human condition*
　　have failed (New Haven: Yale University Press, 1998).
81) 베트남의 애국가 1절은 다음과 같다.

　　베트남의 용사들이여 전진하라,
　　우리 조상들의 땅을 구하려는 하나의 의지와 함께.
　　우리의 재빠른 발걸음이 길고 험난한 길을 밟고 있다.
　　승리의 피로 붉게 물든 우리의 깃발은 우리나라의 정신을 담고 있네.
　　멀리서 메아리치는 총소리가 우리 행군의 노래와 합세한다.
　　영광을 향한 길은 적군의 시신을 넘어 뻗어 있다.
　　온갖 어려움에도 불구하고 우리는 함께 저항의 토대를 건설한다.
　　인민을 위한 우리의 투쟁에는 끝이 없다.

를 위해 특정한 가치의 위서체계에 입각해서 전쟁으로 인한 죽음을 위계적으로 범주화할 것이다.[82] 그러나 유령세계의 본질로 인해 이러한 위서체계를 그 세계에 도입하기는 쉽지 않다. 전쟁유령은 전쟁죽음을 하나의 체계로 분류하려는 어떠한 조직적인 노력과도 합치되지 않는다. 베트남인들의 유령과의 의례적 상호작용은 외국 유령과 베트남 유령, 또는 영웅적 죽음과 비극적 죽음을 차별하지 않는다. 공식 미디어에서는 분명한 군인과 민간인의 차이가 대중적인 유령 이야기나 신앙에서는 주변적이거나 때로 거의 무관한 것이 된다. 영웅과 범인이 함께 뒤섞여 공적 담론이 부여하는 것과는 상이한 정체성들을 드러낸다. 죽은 전투원의 혼령들에게 전쟁의 어느 편을 위해 목숨을 바쳤는가에 관한 기록은 모두가 경험했고 또 상이한 방식으로 경험한 폭력적 죽음의 고통과 비교할 때 부차적인 문제가 된다. 더욱이 대중의 유령 이야기는 심지어 적군도 차별하지 않는다. 돈 람(Don Lam)은 "우리의 신위 숭배의식은 일정한 민주주의적 특징을 가지는 열린 체계이다. 그것은 남녀노소, 귀족, 평민을 가리지 않고 모든 신위를 인정하고, 심지어 우리나라의 전쟁에서 사망한 거지, 도둑, 적군 병사들도 받아들인다"[83]고 주장한다.

전장으로 달려가자!

앞으로!

이 국가는 1944년 반 까오(Van Cao)가 작곡했고 1945년 호치민이 개인적으로 승인했다. 그 후 반 까오의 공적 연주활동은 얼마 전까지 금지당했다. 이 장기간의 숙청은 반 까오가 북베트남에서 1950년대에 추진된 초창기 토지개혁을 비판했기 때문이었다.

82) George Mosse, *Fallen soldiers: reshaping the memory of the World Wars* (Oxford: Oxford University Press, 1990); John R. Gillis (ed.), *Commemorations: the politics of national identity* (Princeton: Princeton University Press, 1994), pp. 3-24; Eric Hobsbawm, "Mass-producing traditions," in E. Hobsbawm and T. Ranger (eds.), *The invention of tradition* (Cambridge: Cambridge University Press, 1983).

83) Don Lam, "A brief account of the cult of female deities in Vietnam," *Vietnamese*

실제로 필자는 *꼬 박*의 세계가 개방성 원리에 입각해 있다는 점을
알 수 있었다. 하나의 예로, 혁명 민병대의 유령과 전쟁의 반대편에
서 싸운 무명 군인의 유령이 한 마을의 같은 골목길을 가장 좋아하
는 출현 장소로 공유하고 있었다. 미라이(My Lai) 마을 주민들은 유
령에게 축문과 제물을 바칠 때 선물의 수령자들을 국적, 즉 그들이
작전 중 사망한 외국 군인의 유령인지 베트남 민간인 전쟁 희생자
의 유령인지에 기초해서 차별하지 않았다.

　　베트남의 유명한 시인 팜 주이(Pham Duy)는 1958년에 *찌엔 시 보
자인*(*Chien si vo danh*, 무명의 군인)이라는 노래를 써서 프랑스 전쟁의
전몰병사들에게 헌정했다.[84]

> 백주에 멀리서 군대의 모습이 나타나고
> 산속 나무들은 영웅들의 소리에 조용히 귀 기울인다
> 그들의 북소리는 조용한 황혼녘 언덕에 천둥처럼 메아리치고
> 무시무시한 오후에 안개 자욱한 전선으로 향한다.
> 수많은 망자의 영들이 함께 모여 바람의 소리로 얘기를 나눈다.
> 이들은 적군을 기억하는, 목숨을 잃은, 무명의 베트남 용사들이다.
> 그들은 집을 떠나 조국을 위해 싸우기로 맹세했다.
> 외세의 침략자에 저항하는 투쟁의 전통을 지키는
> 그들의 용기는 승리를 낳고 그들의 분노는 침략자들을 공포에 떨
> 게 한다.

Studies 131 (1999), p. 7.

84) 이 전설적인 반전시에 관해서는 다음을 보라. Neil L. Jameson, *Understanding
　　Vietnam* (Berkeley: University of California Press, 1993), pp. 321-6; Susan
　　Bailey, "Vietnamese intellectuals in revolutionary and postcolonial times," *Critique of
　　Anthropology* 24 (2004), p. 325.

그들의 피에 관한 신성한 기억과 함께
그들은 몸은 산산이 흩어졌다. 시신들은 층층이 쌓여 벽을 이루며
땅거미가 지면 그들의 유령은 제비처럼 오간다.
이들이 바로 *찌엔 시 보 자인*이다.[85]

무명의 전몰 군인이 "두 개의 세계 사이를 배회한다"는 생각은
베트남인들뿐만 아니라 우리에게도 익숙한 관념이다. 이러한 관념
은 제1차 세계대전 후 유럽에서도 대중적이었다.[86] 죽은 군인이 적
군을 기억한다는 생각 또한 우리에게 낯설지 않다. 참호전의 와중
에 독일은 "망자들이 산 자의 사기를 북돋우기 위해 되살아날 것
이고, 그들이 목숨을 바친 국가(nation)는 강력하고 변함없을 것이
다."[87]라는 관념을 선전했다.

하지만 국가의 통일성을 산 자와 망자 간의 영적인 통합으로 묘
사하는 것[88]이 유령 세계의 지평까지 확장되지는 않는다. 베트남에
서 유령은 고도로 이질적인 사회를 하나의 전체로서 구성하고, 전
쟁유령의 집단적 존재에서 관찰되는 이러한 사회적 다양성이라는
요소와 관련해서 베트남인들의 믿음 속에는 유령의 개인적 "기억
(*끼 웃, kyuc*)"에 관한 뚜렷한 관념이 하나 존재한다. 이는 죽음으로
의 전환 혹은 또 다른 삶이 특징적인 망각을 수반한다는 생각이다.
베트남인들의 대중적 표현 중 하나는 "묘지에는 반목이 없다"로 해

85) "유령은 제비처럼 오간다"는 구절은 "신들린 듯 반복적으로 나타났다 사라졌다
    한다"는 뜻의 텁 토앙(*thap thoang*)을 베트남 사람들이 일반적으로 제비의 움직
    임에 비유하는 것에 따라 필자가 고친 것이다.
86) George Mosse, *Fallen soldiers*, pp. 59, 107-8.
87) Ibid., p. 89-90.
88) Benedict Anderson, *Imagined communities: reflections on the origin and spread of
    nationalism* (New York: Verso, 1991), p. 198.

석되고, 이 책에서 묘사되는 사건들은 바오 닌(Bao Ninh)의 소설에
나오는 유해수습원이 말하는 것처럼 전쟁유령들이 어떻게 "전쟁에
전혀 관심을 두지 않는지", 그리고 자신을 죽음에 이르게 한 전쟁의
정치적 기원을 어떻게 "망각(꾸엔, quen)"해버리는지를 논증할 것이
다. 망자가 전쟁을 *망각한다*는 관념 혹은 산 자와 다른 방식으로 기
억한다는 관념은 조사를 위해 베트남에 머무는 내내 필자를 사로
잡았다. 이러한 구도에 따르면, 폭력적 죽음의 고통과 사랑하는 사
람과의 이별의 고통은 망각되지 않음에도 불구하고, 그들을 죽음으
로 이끈 전쟁의 원인과 의도는 망각 속에 남겨진다. 필자는 후에 다
시 이 주제로 돌아가 기억의 이러한 작동 속에서 전쟁으로 인한 죽
음이 어떻게 다름 아닌 전쟁 이데올로기의 죽음을 뜻하는지 조명
해볼 것이다(7장을 보라).

  베트남 전쟁유령에 관한 이상의 개괄은 일련의 쟁점들을 제기한
다. 이에는 죽음의 개념적·도덕적 위계, 현대 국가체계의 종교정
치학, 문화적 범주 혹은 역사적 알레고리로서의 유령 등이 포함된
다. 이들 쟁점은 우리가 유령 현상, 그리고 일상적 삶에서 이들 "보
이지 않는 이웃"과의 의례적 친밀성을 평가할 수 있는 보다 광범위
한 맥락을 제공한다. 하지만 이들 쟁점에 좀 더 천착하기 위해서는
먼저 그 현상의 역사적·물질적 토대, 즉 전쟁이 초래한 인간적 삶
의 이탈을 다루어야 한다. 앞서 언급한 바처럼, 베트남에서 유령은
이탈된 폭력적 죽음의 증거(그리고 동시에 증인)이고, 이는 다시 사
회세계 내에서 인지되는 유령의 생명력을 당연히 삶의 환경 내에
존재하는 대규모 이탈된 죽음의 지속적인 물질성으로부터 분리할
수 없다는 것을 뜻한다. 대규모 죽음의 물질문화와 죽음의 상징적
위서체계는 상호 연관된 연구의 장이다. 이제 우리는 "객사"의 물
질성이라는 주제로 전환해서 유령을 양산하는 비극적인 조건이 전

후 베트남의 현실에서 드러나는 두 가지 방식, 즉 한편으로는 집 근처에 존재하는 수많은 무명의 죽음과 다른 한편으로는 가족묘지에 안치되지 못한 수많은 죽음에 관해 탐구할 것이다.

대규모 발굴

● ● ●

2   대규모 발굴

꽝남-다낭 지역에서는 관 제작 사업이 번성하고 있었다. 1998년 다낭의 한 장례식장 주인은 최근의 붐이 30년 전 이 지역에서 가장 강력한 전투와 광범위한 대량 살상의 불운이 발생했던 일을 떠올리게 한다고 회상했다. 1960년대 초에 소규모 가족사업을 물려받은 그는 1968년에 이르러 관 수요가 증가하자 사업을 기업화하기로 결정했다. 그는 전쟁 난민들을 고용하고 있었던 한 중개인을 통해 고산지대로부터 목재를 구입했다. 그는 이 중개인이 틀림없이 베트콩의 연락책이었다고 믿고 있었다. 사업은 번성했다. 노동력은 값쌌고 유해는 넘쳐났다. 당시 그의 유일한 경쟁자는 탄약상자나 미군 PX 물품 상자로 임시 관을 조립했던 일군의 아마추어 수공업자들이었다. 그는 오직 가난한 자들만 때로 "Made in USA" 혹은 "Property of US Army"라는 문구가 한 쪽에 찍혀 있는 이런 조잡한 관을 구매했다고 회상했다.

이 관 제작 공장은 세 가지 독특한 유형의 관을 생산했는데, 가격대는 학교 교사 한 달 월급의 1/3에서 세 배에 이르기까지 다양했다. 비싼 관은 사치스럽게 장식되었고 좋은 향을 풍겼다. 공장 주인은 이상적인 세계라면 모든 망자가 백단향나무 관 하나씩은 가져야 한다고 주장했다. 그는 전쟁 중에 수많은 관을 만들었고 해방 후에는 제작을 중단했다가 최근 다시 만들기 시작했다. 공장에는 그가 "인민의 관"이라고 부르는 단순하고 값싼 관도 전시되어 있다.

공장 주인은 이 단순하고 볼품없는 관을 만드는 데 전혀 관심이 없
다고 말했고 샘플 하나만을 작업장에 전시해두었다. 그에 따르면
이 관에 들어가는 망자는 전혀 행복할 수가 없고, 이로 인해 후손들
에게 행운과 건강으로 특별한 축복을 내리는 데도 전혀 관심이 없
다. 주 작업장과 분리되어 있는 어둡고 먼지 쌓인 한 방에는 보통의
관보다 네 배 정도 작고 주홍색으로 칠한 일군의 소형 관들이 보관
되어 있었다. 이들 관은 오래되고 육탈한 유해를 재매장하는 데 사
용되었다. 이 공장은 최근 몇 년 동안 지방 정부와 건설업자들에게
많은 양의 소형 관을 공급했다.

장례업에서 발생한 변화는 1990년대에 발생한 보다 광범위한
사회적 변화를 반영했다. 베트남에서 90년대는 모든 면에서 가공
할 변화의 시대였다. 외부 세계의 시각에서 볼 때 베트남은 이 비교
적 짧은 시간 동안 연이은 전쟁으로 황폐해진 가난하고 고립된 나
라에서 정치적으로 안정적이고 경제적으로 활력이 넘치는 나라로
변모했다.[1] 베트남은 1980년대에는 높은 인플레이션과 저생산성
이라는 심각한 경제위기에 빠져 있었다. 일부 관찰자들은 그 이유
를 여러 요인들 중에서도 특히 관료사회주의의 중앙집중식 계획경
제에 대한 인민들의 일상적 저항에서 찾았다.[2] 이러한 배경에서 베

---

1) Hy Van Luong, "Postwar Vietnamese society: an overview of transformational dynamics," in Hy V. Luong (ed.), *Postwar Vietnam: dynamics of a transforming society* (Lanham MD: Rowman and Littlefield, 2003), pp. 1-2.

2) 관료사회주의라는 관념에 대해서는 Gareth Porter, *Vietnam: the politics of bureaucratic socialism* (Ithaca NY: Cornell University Press, 1993)을 보라. 관료제 사회주의의 맥락에서 "일상적인 저항" 혹은 "아래로부터의 압력"이라는 관념에 관해서는 Benedict J. Tria Kerkvliet, *The power of everyday politics: how Vietnamese peasants transformed national policy* (Ithaca NY: Cornell University Press, 2005); Adam Fforde and Stafan de Vylder, *From plan to market* (Boulder CO: Westview, 1996)을 보라. 민주주의 정책과 인구의 내적 이주라는 맥락에서 일상적인 저항

트남의 정치지도자들은 1980년대 후반 규제적 시장경제로 전환하는 전반적인 경제개혁 프로그램(도이 머이, *doi moi*)을 도입했다. 경제 이데올로기의 변화는 종교적 숭배를 포함하는 다양한 공동체 활동과 결사활동에 대한 정치적 관용의 확대를 수반했다. 결과적으로 1990년대 베트남 사회에서 발생한 가장 중요한 변화 중 하나는 "전국적 차원의 종교와 의례의 부활"이었다.[3]

개혁 후 베트남 사회에서는 경제성장과 의례의 부활이 동시에 이루어졌다. 이로 인해 여러 관찰자들은 베트남 사회가 변덕스러운 글로벌 시장에 노출되면서 초래된 불확실성에 대처하는 과정에서 종교가 수행한 역할에 초점을 맞추어, 국가-사회 간 관계의 변화라는 맥락에서 종교적 집단화(groupings)의 위상을 연구하는 경향을 보여주었다. 남부 삼각주 지역에서 부상한 컬트운동에 관한 필립 테일러(Philip Taylor)의 연구가 바로 이러한 연구경향의 탁월한 예이다.[4] 테일러의 풍부한 민족지는 캄보디아와의 국경지역에서 관찰되는 종교적 순례의 대중화를 규제적 시장 모델로의 경제적 변화, 그리고 이러한 급진적인 구조적 변화에 의해 초래된 일련의 사회적 불안과 연결시킨다. 이와 같은 방향의 연구는 지역의 주술적 관행을 경제적 세계화와 소비주의 같은 아주 최근의 이슈와 비판적으로 연결시키려는 종교인류학의 최근 변화와 맥을 같이한다.[5] 이

에 관한 논의로는 Andrew Hardy, *Red hills: migrants and the state in the highlands of Vietnam* (Singapore: Institute of Southeast Asian Studies, 2003)을 보라.

3) Malarney, "Return to the past?" p. 225.

4) Taylor, *Goddess on the rise.*

5) 예를 들어, Jean Comaroff and John Comaroff, *Modernity and its malcontents: ritual and power in postcolonial Africa* (Chicago: University of Chicago Press, 1993)을 보라. 아프리카의 맥락에서 수행된 이러한 연구경향에 대한 탁월한 요약으로는 Peter Geschiere and Michael Rowlands, "The domestication of modernity: different trajectories," *Africa: Journal of the International African Institute* 66 (1996), pp. 552-4.

들 연구는 또한 문화와 경제 혹은 경제와 도덕성이라는 일반적 제
목하에서 수행되는 탈사회주의 사회 연구의 주목할 만한 경향을
따르고 있다.[6] 이 주제를 연구하는 학자들은 전통적인 근대화 이론
에 비판적인 태도를 견지한다. 공산주의에 대한 전 지구적 봉쇄전
략의 일부인 근대화 이론은 "자유세계"의 관점에서 경제적으로 저
발전 단계에 있는 "전통적 국가"의 발전을 위해 고안된 가정들에
입각해 있다.[7] 따라서 근대화 이론은 최근 사회주의 사회들이 시장
에 의해 추동되는 사회경제적 조건으로 전환하는 현상에 쉽게 적
용되지 않는다.

　보다 광범위한 맥락에서 볼 때 도덕과 경제에 관한 위의 관심
은 사회학자 앤서니 기든스(Anthony Giddens)가 자본주의 금융시
장에 의해 지배되는 새롭고 국경 없는 구성체를 향한 "양자 비약
(quantum leap)"이라고 특정화한 "1989년 이후"의 새로운 전 지구적
질서에 대한 반응이다.[8] 기든스는 1989년 이후 경쟁할 만한 경제
발전 양식이 없는 상태에서 자본주의가 전 인류에게 유일한 선택
이 되었다고 지적한다. 그에 따르면 이러한 상황이 심원한 포위감
(encompassment)과 불가피성의 느낌을 낳고 있고, 자본주의가 공산
주의에 대해 무혈의 승리를 거둔 후 승승장구하자 확신에 찬 화폐
가 절대적인 이동의 자유를 추구하며 제멋대로 준동하게 되었다.

---

6) Ruth Mendel and Caroline Humphrey (eds.), *Markets and moralities: ethnographies of postsocialism* (Oxford: Berg, 2002); Robert W. Hefner (ed.), *Market cultures: society and morality in the new Asian capitalisms* (Boulder CO: Westview, 1998).

7) 이는 Jonathan Nashel, "The road to Vietnam: modernization theory in fact and fiction," in C. G. Appy (ed.), *Cold war constructions: the political culture of United States imperialism, 1945-1966* (Amherst MA: University of Massachusetts Press, 2000), pp. 132-4에서 인용되었다.

8) Will Hutton and Anthony Giddens (eds.), *Global capitalism* (New York: The New Press, 2000), pp. 2-3, 11.

변화하는 탈사회주의 사회의 경제와 도덕성에 초점을 맞춘 연구의
목적은 이들 사회의 지역 공동체들이 냉전 종식 후 기든스가 언급
한 포위감과 불가피성의 느낌에 반응하는 다양한 방식을 기록하는
것이다.[9] 1980년대 말 이래 (냉전의 지정학에서) 동구권 전체를 휩
쓸고 있는 급진적인 사회격변은 그에 영향을 받은 사회들 사이에
서 많은 유사성을 보여준다. 변화의 조류가 전 지구적 규모였고, 이
변화가 주로 국민국가 내와 국가들 사이의 경제적 · 정치적 권력의
재편에 관한 것이었다는 사실에는 논란의 여지가 없었다. 금융 세
계화와 "액체 자본"이라는 관용어가 전 지구적 권력 균형의 재구성
에 관한 지배적인 담론에서 핵심적인 위치를 차지했다.[10] 이러한
일반적인 맥락에서 이전 동구권 사회 전문가들이 그 지역 행위자
들이 과거 상대적인 경제적 안정성에 대한 경험을 사유재산, 개인
적 책임, 자유시장이라는 새로운 이데올로기와 어떤 식으로 타협하
는가를 탐구해야 한다는 점은 이해할 만하다.[11] 하지만 이러한 분
석의 방향을 베트남 같은 사회로 확장하는 데는 약간의 주의가 필
요하다.

　우리는 이들 탈사회주의(혹은 후기 사회주의)적 사회변동을 냉
전 프레임으로부터의 전환이라고 부를 수 있다. 캐서린 버데리
(Katherine Verdery)에 따르면,

　　냉전은 탈식민성의 이분법과는 다른 종류의 이분법, 즉 식민지와

---

9) Chris Hann, "Farewell to the socialist 'Other'," in C. M. Hann (ed.), *Postsocialism:
　　 ideals, ideologies, and practices in Eurasia* (New York: Routledge, 2003), pp. 1-11.

10) Paul A. Volcker, "The sea of global finance," in W. Hutton and A. Giddens (eds.),
　　 Global capitalism (New York: The New Press, 2000), pp. 75-85.

11) Chris M. Hann (ed.), *Socialism: ideals, ideologies, local practice* (New York: Routledge,
　　 1993).

식민모국의 도시 혹은 "서양"과 "동양"이 아니라 동과 서 그리고
공산주의와 자본주의라는 이분법을 통해 세계를 조직했다. 그리고
그것은 식민적 관계가 아니라 자본주의의 다른 측면에 대한 강조
를 통해, 그리고 유럽 제국주의의 중심-식민지 구분과 상이한 방식
으로 장소와 국가들을 범주화하는 것을 통해 지식을 조직했다.[12]

버데리는 동구권과 서구권이라는 이분법적 구분이 사회주의(혹
은 자본주의)에 대한 역사적 경험의 지역적 차이를 흐려버렸다고 지
적한 다음, 최근의 전 지구적 전환에 관한 비교론적 이해를 위해서
는 지역적 차이, 그리고 탈식민지 역사와 양극적 역사 사이의 연관
성을 반드시 고려해야 한다고 주장한다. 이러한 측면에서 버데리는
탈사회주의 연구의 최근 방향성에 대해 비판적인 지적을 한다. 즉
탈사회주의 연구는 주로 유럽 중심적인 관점에서 양극 시대로부터
의 전환을 이해하는 경향이 있고, 이는 "탈식민과 냉전적 질서를 시
간적인 측면에서뿐만 아니라 주제의 측면에서도 분리할 수 없는
역사적 지평을 망각하는 것"이라고 주장한다.[13]

버데리의 제안은 앞서 요약한 냉전의 기원과 현실을 복수형으로
만드는 것을 목표로 하는 국제사 연구의 혁신적인 경향과 긴밀하
게 공명한다(서문을 보라).[14] 냉전은 지구적 차원의 갈등이었지만
그렇다고 해서 그것이 전 지구적으로 동일하게 경험되었다는 것을

12) Katherine Verdery, "Wither postsocialism?" in C. M. Hann (ed.), *Postsocialism: ideals, ideologies, and practices in Eurasia* (New York: Routledge, 2002), p. 17.

13) John Borneman, *Subversions of international order: studies in the political anthropology of culture* (Albany: SUNY Press, 1998), p. 3에서 인용.

14) Allen Hunter (ed.), *Rethinking the cold war* (Philadelphia: Temple University Press, 1998), pp. 8-11.

뜻하지는 않는다.[15] 비록 그들은 슈퍼파워의 지정학적 상상 속에
서 밀접하게 상호 연관되어 있었지만, 유럽에서의 양극적 갈등과
비서구 탈식민지 지역에서의 양극적 갈등은 근본적인 차이를 노정
한다. 유럽에서의 냉전은 일차적으로 경제발전을 위한 경쟁, 그리
고 실전 가능성의 억제를 위한 전쟁준비 경쟁으로 구성된 "상상의
전쟁"이었다.[16] 수많은 탈식민지 국가들에서의 냉전은 잔혹한 국내
무장 갈등 그리고 엄중한 국제적 간섭을 흔히 수반하는 여타 예외
적인 형태의 조직화된 정치적 폭력을 수반했다.

　　마크 브래들리(Mark Bradley)에 따르면 베트남에서 사회주의 혁
명의 정치사는 탈식민지적 전환의 일부로서 파괴적인 전쟁 경험과
분리시켜서 고려될 수 없다. 브래들리는 베트남 혁명을 냉전기에
완전히 독립적인 국민국가를 건설하기 위한 탈식민지적 비전의 일
반적인 추구로 정의한다.[17] 따라서 최근 베트남의 사회적 전환은,
과거의 역사적 투쟁이 단순히 어떤 특수한 정치경제적 질서의 실
현에 관한 것이 아니었듯, 단순히 하나의 경제 형태에서 다른 경제
형태로의 변화보다 훨씬 더 많은 것을 의미한다. 경제 이데올로기,
그리고 그와 관련된 경제적 도덕성에 관한 질문에 초점을 맞추는
최근의 탈사회주의 논쟁은 러시아, 동유럽, 중부유럽의 맥락에서는
의의를 가진다. 혹자는 최근 유럽의 역사를 "상상의 전쟁" 혹은 "사
회주의와 자본주의의 투쟁"으로 생각할 것이다.[18] 하지만 이와 같

---

15) Borneman, *Subversions of international order*, pp. 2-5.

16) "상상의 전쟁"이라는 표현은 Kaldor, *The imaginary war*에서 인용.

17) Mark P. Bradley, *Imagining Vietnam and America: the making of postcolonial Vietnam,
　　1919-1950* (Chapel Hill NC: University of North Carolina Press, 2000).

18) "사회주의와 자본주의의 투쟁"은 Hann, "Farewell to the socialist 'other'," p. 10에
　　서 인용. 또한 John W. Young, *Cold war Europe, 1945-1991: a political history*, second
　　edition (London: Edward Arnold, 1996), p. 1을 보라.

은 정의를 진지한 재고 없이 20세기 후반의 정치사가 수백만 명의 사람들을 희생시킨 사회세력의 폭력적인 양극화를 뜻하는, (유럽의 일부를 포함하는) 세계의 다른 지역으로 단순히 확장하는 데는 문제가 있다. 이 주장은 정치적 양극성의 파괴적인 측면과 그것이 당대의 삶에 미치는 지속적인 영향을 고려하지 않는, 마찬가지로 유럽 중심적인 탈사회주의 정의에도 적용된다.

스티브 스턴(Steve Stern)은 칠레의 1990년대 10년을 피노체트 체제가 칠레 사회에 대해 자행한 잔혹하고 과장된 반공산주의적 폭력의 유산, 즉 "피노체트의 기억상자"를 여는 시간이었던 것으로 묘사한다.[19] 인도네시아에서 냉전의 종결은 1965년 우익 군부집단과 급진적 이슬람주의 세력이 미국정부의 지원을 등에 업고 자행한 반공산주의 테러 캠페인의 희생자를 기억할 가능성이 열리는 것을 의미했다.[20] 같은 시기 한국에서도 국가테러와 대규모 인명희생의 역사에 대한 광범위한 대중적 관심이 분출되어 나왔다.[21] 최근의 연구는 베트남에서 시장 지향적 경제개혁의 시작이 어떻게 지역 공동체 전역에 걸친 "기념 열기(commemorative fever)"를 추동했는가를 보여주고,[22] 유사한 종류의 관찰이 대만과 중국의 일부 지역에서도 이루어졌다.[23] 유럽의 맥락에서도 최근 당대 그리스 역사

19) Steve J. Stern, *Remembering Pinochet's Chile* (Durham NC: Duke University Press, 2004). 또한 Grandin, *The last colonial massacre*를 보라.

20) Geoffrey Robinson, *The dark side of paradise: political violence in Bali* (Ithaca NY: Cornell University Press, 1995); Leslie Dwyer and Degung Santikarma, "'When the world turned to chaos': 1965 and its aftermath in Bali, Indonesia," in R. Gellately and B. Kiernan (eds.), *The specter of genocide: mass murder in historical perspective* (New York: Cambridge University Press, 2003), pp. 289-306.

21) 김동춘, 『전쟁과 사회』, 돌베개, 2000.

22) Tai, *The country of memory*, p. 1.

23) Stephan Feuchtwang, "Kinship and history: disruption, commemoration, and family

학자들이 1946년과 1949년의 분열적 내전이 어떤 식으로 주변부
지역에서 공동체적 관계와 개인적 정체성에 여전히 지속적인 영향
을 미치고 있는가를 묘사하기 시작했다.[24] 버데리를 위시한 중부유
럽 전문가들은 "죽은 신체의 정치학"에 관해 기술해왔고, (주로 2차
세계대전에 의한) 대규모 전쟁 희생자라는 해결되지 않은 문제 및 그
와 관련된 사회적 불만이 어떤 식으로 그 지역의 정치적 지형을 지
속적으로 규정하고 있는가에 대해 논의해왔다.[25] 양극적 정치질서
의 해체는 이들 다양한 장소를 가로지르고 양극적인 지정학적 질
서를 관통하는 하나의 공통적인 결과, 즉 대규모 비극적인 죽음에
대한 기억의 부활을 수반한다.

　　이상의 논의는 최근 베트남 사회 변화의 지평을 파악하는 데 대
규모 죽음의 역사를 재고하는 일이 얼마나 중요한가를 강조할 목
적으로 이루어졌다. 1990년대에 걸쳐 베트남 정부는 과거 불만의
해결보다는 개방적이고 다변적이며 다양한 대외관계를 강조하면
서 미국을 위시한 이전의 적성국들에게 일관적인 화해의 제스처
를 보냈고, 국내적으로는 경제성장 촉진을 지배적인 화두로 내세웠
다.[26] 하지만 지역 공동체들 내에서는 전쟁의 상흔이 여전히 현저

　　repair," 2006년 4월 21~23일 맨체스터 대학에서 개최된 학술회의 Chinese
　　Kinship and Relatedness를 통해 발표된 논문. 또한 Jing, *The temple of memories*;
　　Mueggler, *The age of wild ghosts*를 보라.

24) Mark Mazower (ed.), *After the war was over: reconstructing the family, nation, and
　　state in Greece, 1943-1960* (Princeton: Princeton University Press, 2000). 또한 Sarah
　　F. Green, *Notes from the Balkans: Locating marginality and ambiguity on the Greek-
　　Albanian border* (Princeton: Princeton University Press, 2005), pp. 71-3을 보라.

25) Verdery, *The political lives of dead bodies*; Bette Denish, "Dismembering Yugoslavia:
　　nationalist ideologies and the symbolic revival of genocide," *American Ethnologist* 21
　　(1992), pp. 367-90; Hayden, "Recounting the dead," pp. 167-84.

26) Lewis M. Stern, *The Vietnamese Communist Party's agenda for reform: a study of the
　　eighth national party congress* (Jefferson NC: McFarland, 1998), pp. 72-3.

하게 남아 있었고, 그중 일부는 사실상 시장 지향적 개혁이 추진되면서 공적 영역에서 이슈화되기 시작했다. 베트남의 공동체 수준에서 이루어지는 해빙 분위기는 단지 "사회주의적 이익을 위해 시장 기제를 이용하는 것"[27]에 관한 것만은 아니었다. 그것은 동시에 전쟁 사망자들의 숨겨진 유해를 발굴하는 데 시장 기제를 활용하는 것을 의미하기도 했다.

망자의 대이동

1990년대가 시작된 이후 베트남 전역에 걸쳐 발굴되는 유해의 수가 지속적으로 증가했다. 이는 1980년 정부가 시장개혁 프로그램을 시작한 이후 도로, 개인주택, 공공건물, 조인트 벤처 공장 등을 건축하는 활동이 증가한 것과 깊은 연관이 있다. 다낭 교외에서는 적어도 이삼일에 한 번씩 새로운 장례식에 관한 뉴스가 들려온다. 그중 일부는 최근 발생한 사망사건에 관한 뉴스이다. 하노이와 후에(Hue), 그리고 다낭과 호치민을 잇는 1차선 도로인 1번 국도는 혼잡하기 짝이 없어서 교통사고가 흔하게 발생하는 곳이다. 지난 몇 년 동안 이들 도시의 스쿠터 숫자가 배로 증가했고, 혼다 드림즈(Honda Dreams)를 타고 거의 자살적인 속도로 달리는 전후 청년 세대의 모습은 이제 황혼녘의 흔해빠진 풍경이다. 항미전쟁에서 세명 이상의 자식을 잃은 어머니에게 수여되는 공식 타이틀인 '베트남의 영웅적 어머니' 장례식[28]에는 대규모 군중이 몰려든다. 이들

---

27) Ibid., p. 72.

28) 정치적 자격부여와 사회적 기억과 관련되는 이 중요한 범주에 관해서는 Hue-Tam Ho Tai, "Faces of remembrance and forgetting," in Hue-Tam H. Tai (ed.), *The country of memory: remaking the past in late socialist Vietnam* (Berkeley: University of California Press, 2001), p. 173, 179; Kwon, *After the massacre*, p. 112-14; Karen Turner and Phan Thanh Hao, *Even the women must fight: memories of war from North*

경우 외 대부분의 장례식은 실제로 재매장이다.

발굴된 유해는 정치적 분류와 역사적 의미부여의 과정을 거친다. 만약 유해가 혁명전쟁의 장교나 병사의 것으로 확인되면 적절한 의례적 절차에 따라 조심스럽게 재조합되어 전몰자를 위한 국립묘지에 안장된다. 하지만 재매장되는 유해의 양이 증가하면서 재매장 관행의 질적인 재정향 또한 두드러졌다. 1990년대 이전에는 대부분의 공적인 재매장이 전쟁영웅을 고향 마을로 송환하기 위한 것이었다. 다른 모든 유형의 재매장 혹은 2차 매장은 엄격한 관료적 통제하에서 사적으로 이루어졌다. 그러나 오늘날에는 시장개혁으로 인해 이러한 차이가 사라졌고, 모든 종류의 유해가 공적 공간으로 옮겨져 모든 가능한 방향으로 이동한다. 그중 일부는 모래 언덕, 논바닥, 개인의 밭에 흩어져 있던 얕은 무덤에서 호화롭게 마련된 새로운 가족묘지로 이미 옮겨졌다. 그리고 그보다 훨씬 더 많은 수의 유해가 남아 있는데, 아직 비용 부담 능력이 없는 망자의 친척들은 이들 유해가 그런 식으로 재매장되기를 애타게 기다리고 있다고 생각한다. 가족묘지를 준비하려면 흔히 여러 기의 무명 무덤(*남 모 보 자인*, nam mo vo danh)을 제거해야 하고, 대규모 건설 프로젝트는 온갖 종류의 무연고 유해를 파헤치는 일을 수반한다. 잊혀진 전쟁영웅들의 유해가 국립묘지에 속속 도착하는 한편, 일부 이미 안장된 영웅들은 가족묘지의 친족영역에 합세하기 위해 영웅적 죽음의 표식을 포기하고 떠나기도 한다.

유해의 이와 같은 대이동은 1990년대 중반 중부지방의 공동체들 사이에서 시작되었다. 시장개혁 이전에는 이 정도의 대규모 이

Vietnam (New York: John Wiley, 1998); Tran Bach Dang, *Bui Thi Me, ke chuyen doi ninh* (Bui Thi Me, 그녀의 삶에 대한 이야기), (Ho Chi Minh City: Nha xuat ban tre, 2001) 등을 보라.

동이 없었다. 베트남 경제는 1992년에 이르러 구소련의 해체로 인
한 원조와 무역특혜의 정지로 악화되었던 지난 몇 년간의 무역과
재정 위기에서 급격하게 벗어나기 시작했다. 1991년부터 수출이
25% 증가했고 식량 생산량은 2천 4백만 톤을 기록했으며, 인플레
이션도 급격하게 낮아졌다. 소유권이 점점 더 사유화되었고, 노동
력도 비효율적인 국가부문과 집체부문으로부터 민간부문으로 빠
르게 이동했다. 1992년에 이르자 민간부문이 베트남 GDP의 약
3/4을 차지했다.[29] 망자의 장소는 산 자들의 장소만큼이나 신속하
게 이러한 경제적 격변과 재조정의 물결에 영향을 받았다. 조상묘
와 조상숭배 사당(냐 토 똑, nha tho toc)의 수리가 지역 수준의 경제발
전에 중심적인 요소로 작용했다.[30] 1990년대에 걸쳐, 베트남의 공
동체들은 전쟁으로 파괴된 후 방치되어 있던 이들 장소의 재건
축에 몰두했고, 종족집단들은 이러한 비엑 호(viec ho), 즉 "가족의
일(조상숭배)"이 진척되는 정도를 기준으로 서로의 가치를 평가
했다.[31]

꽝남 성의 공동체에서 조상의 집 수리는 개념적으로 정반대의
위치에 있는 거리에서 떠도는 유령을 위한 공간에서도 동일한 과
정을 동반했다. 유령을 숭배하는 장소를 이 지역에서는 일반적으로

---

29) Murray Hiebert, *Vietnam notebook* (Singapore: Charles E. Tuttle, 1995), pp. 152-9;
   Vietnam Economic Times, no. 9 (1995), pp. 18-19. 이후 몇 년 동안의 통계수치
   에 관해서는 Vietnam World Bank, *Attacking poverty* (Hanoi: Vietnam World Bank,
   1999)를 보라. 이 자료는 www.worldbank.org.vn/data/e_indicator.htm에서도 찾아
   볼 수 있다.

30) Luong, "Economic reform and the intensification of rituals"; Malarney, *Culture, ritual,
   and revolution in Vietnam*, pp. 204-6; Kwon, *After the massacre*, pp. 68-70.

31) Tan Viet, *Viec ho* (가족의 일), (Hanoi: Nha xuat ban van hoa dan toc, 2000), p. 5;
   Pham Con Son, *Thin than gia toc* (가족의 혼령), (Hanoi: Nha xuat ban van hoa dan
   toc, 1998), pp. 189-97.

콤(*khom*)이라고 부른다. 콤은 그 형태가 지극히 다양하다. 가장 단
순한 것은 나무 막대기를 땅에 묻어서 세우고 그 꼭대기에 향을 꽂
을 수 있는 모래 사발을 올려놓은 형태, 혹은 심지어 나무에 빈 펩
시콜라 캔을 걸어두고 사람들이 정규적으로 기도를 드리는 형태도
있다. 사치스러운 종류로는 석조기둥 위에 커다란 유리 향로를 올
려놓은 것도 있다. 향로에는 항구적으로 불이 켜져 있고 다양한 종
류의 화려한 봉헌물이 담겨 있기도 하다. 이와 같은 유령숭배 장소
는 중부 베트남의 촌락에서 흔히 볼 수 있는 것이다. 주택의 텃밭
에, 조상을 모신 가족 사당 경내에서, 허물어진 마을회관 근처에서,
도로변이나 해변에서, 오래된 전시 방공호에서, 혹은 미군이나 한
국군의 옛 주둔지 근처에서 흔히 발견된다. 그중 일부는 멀리서도
볼 수 있고 다른 것들은 눈에 띄지 않도록 조심스럽게 숨겨져 있다.
1990년대에는 조상 묘나 사당의 수리와 함께 마을의 오래된 유령
사당들도 재건되었다. 다양한 형태로 요란하게 장식된 이들 유령사
당은 그 규모와 수가 급속하게 늘어났고, 90년대 말에 이르러서는
꽝남 성의 몇몇 해안 마을에서 가장 수가 많고 미학적으로도 대범
하게 지어진 장소가 되었다. 이들 장소에 다양한 종류의 봉헌물이
헌납되었고 이 특별한 목적을 위해 인쇄한 대량의 지전이 헌납의
일부로 정기적으로 불살라진다. 유령의 경제적 삶에서 발생한 이러
한 괄목할 만한 성장은 지금도 계속되고 있다.

　　최근 몇 년간 이루어진 의례의 부활은 '새로운' 현상으로서 그
규모와 강도 면에서 지역의 역사에서 기억되는 한 전례가 없는 일
이다. 하지만 이러한 공조적인 사회발전은 또한 생활수준이 개선
되면서 죽은 친족의 생활수준을 현저하게 향상시키고 있는 사람들
에게 전통적인 규범의 부활일 뿐만 아니라 오랫동안 지속된 열망
의 구현이기도 했다. "조상이 소금을 너무 많이 먹으면 자손이 목마

르다"[32]는 베트남인들 사이에서 흔히 쓰이는 속담 중 하나인데, 이를 통해 대규모 재매장 운동의 핵심적인 함의가 드러난다. 다른 모든 은유와 마찬가지로 이 역사적 은유는 광범위한 일상적 상황에 적용되기 때문에 강력한 힘을 발휘한다. 만약 한 여성이 어느 날 지나치게 긴 시간 동안 가게를 지키고 있으면, 친구들이 장터를 떠나기 전에 이 속담을 인용할 수도 있다. 이를 통해 이 여성 상인의 돈에 대한 갈증이 고리대금업을 한 그녀의 조상과 연결된다. 이 역사적 욕망의 작동은 분명한 출계를 따라 추적될 수도 있고, 혹은 그녀의 계보 속에 숨겨진 기록을 들추어내어 고리대금업을 한 조상의 탐욕보다 그 탐욕에 희생당한 자들의 불만과 연결되기도 한다.

이 갈증 은유는 또한 망자와 살아 있는 세대들 간의 보다 대중적인 관계에도 적용된다. 사망한 애국 군인을 기념하는 일은 베트남인들의 공식적인 도덕률 내에서 단순한 도덕적 의무 이상의 의미를 가진다. 이 도식에 따르면 각 시민의 마음 속 깊숙이 국가적 영웅을 기념해야 한다는 욕망이 존재한다. 국가가 혁명열사들에게 발행한 영웅적 죽음 확인증에는 "인민의 밝은 미래를 위해 생명을 바친 혁명열사들께 진 도덕적 빚을 영원히 기억합니다"[33]라는 문구가 포함되어 있다. 이와 유사한 논리는 다시 부활한 조상숭배에도 적용된다. 조상들을 위해 적합한 사당을 세우려는 욕망은, 이러한 공동체 프로젝트를 열성적으로 지지하는 자들에게 있어서 조상에 대

---

32) 베트남어로 "Doi cha an man, doi con khat nuoc"이나. 이 표현은 문자적으로 "아
버지가 (평생) 짠 음식을 먹으면, (나중에) 그의 아이들이 목마르다"는 뜻이다. 베트남인들이 인간관계와 집단정체성의 표현을 위해 사용하는 음식 은유에 관한 탁월한 논의로 Le Huu Khoa, "Manger et nourrir les relations: alimentation et transmission d'identité collective," *Ethnologie française* 27 (1997), pp. 51-63을 보라.

33) Malarney, *Culture, ritual, and revolution in Vietnam*, pp. 178에서 인용.

한 기억을 사당에 안치하려는 자손들의 욕망뿐만 아니라 적절하게
기억되려는 조상들의 욕망과도 연결된다.[34] 다낭 남쪽의 한 마을
원로는 마을회관 개관식에서 다음과 같이 말했다. "우리 조상들의
행복이 오랫동안 핍박당해 왔습니다. 우리는 전 가문의 공통적이고
심원한 욕망을 실현하기 위해 오늘 여기 모였습니다."[35]

몸을 뜻하는 베트남어 단어 중 하나는 이러한 과거의 몸과 현재
의 몸의 융합, 그리고 욕망을 실현하려는 현실의 의식적 추구 속에
묻혀 있는 역사적 열망의 살아 있는 현전을 지칭한다. 이 싹(xac)이
라는 개념은 보통 시체의 생명 없고 움직이지 않는 상황을 의미한
다. 하지만 이는 또한 망자의 영에 사로잡혀 망자와 같은 신체적 징
후를 보여주는 살아 있는 몸의 특별한 상황을 지칭하기도 한다.[36]

---

34) 탄 비에트(Tan Viet)는, "조상숭배는 베트남인들에게 뿌리 깊은 문화이다. 이 소
중한 전통이 몇몇 이유로 잊혀졌다. 이제 그것을 다시 부활시키고 재활성화시켜
야 한다. (…) 1945~1975년 사이에는 전 국민이 프랑스와 미국에 대한 투쟁에
몰두해 있었다. 우리는 독립을 달성했고 이제 문화적 삶을 복구해야 할 때이다.
(…) 비록 공식적으로 허용되고 있지는 않지만 우리 당 간부들도 뿌리가 있다.
따라서 비공식적이긴 하지만 그러한 가족사를 기꺼이 실천하고 있다. 가족의 정
서는 자연적인 정서이다라고 주장한다"라고 주장한다. Tan Viet, *Viec ho*, p. 5.
35) 연설문에서 인용. 이 기념식은 2000년 2월 꽝남 성의 디엔즈엉(Dien Duong) 코
뮨에서 행해졌다. 이 연설문의 좀 더 긴 발췌문은 Kwon, *After the massacre*, pp.
63-4에 인용되어 있다.
36) 싹(xac)이라는 용어는 보다 일반적으로 렌동(len dong)으로 알려진 영매 혹은 영
매 관련 전문가를 지칭하는 중부 베트남의 방언이다. 후자에 관해서는 Ngo Duc
Thinh, "Len dong: spirit's journeys," in Nguyen Van Huy and L. Kendall, *Vietnam:
journey of body, mind, and spirit* (Berkeley: University of California Press, 2003); Ngo
Duc Thinh (ed.), *Dao mau va cac hinh thuc shaman trong cac toc nguoi o Viet Nam
va Chau A* (베트남과 아시아의 민족집단에서의 어머니 여신 종교와 다른 형
태의 샤머니즘), (Hanoi: Nha xuat ban khoa hoc xa hoi, 2004); Barley Norton,
"Vietnamese mediumship rituals: the musical construction of the spirits," *The World of
Music* 42 (2000), pp. 75-97 등을 보라. 프랑스의 베트남 이민자 공동체에서 베
트남인들의 영혼숭배가 보여주는 혼합주의적 측면에 방점을 두고 수행한 연구

특정한 맥락에서 두 번째 의미의 싹 상황은 조상의 소금 섭취와 자손의 목마른 몸을 연결하는 계보적 은유에 함축되어 있는 바와 같은 특수한 소통체계의 명확한 증거가 된다. 이러한 소통체계 내에서는 인간의 욕망과 행위가 심오한 역사적 기원과 간주관적(inter-subjective) 특질을 가지고 있는 것으로 나타난다.[37) 기억하려는 욕망이 단순히 주관적인 것이 아니라 그 행위를 통해 여러 주관성의 형태들을 하나로 묶을 수 있다면 물질적 진보에 대한 욕망도 마찬가지이다. 잠시 후 논의하는 바와 같이 개혁 후 망자의 물질문화는 정반대의 시간적 정향을 갖지만 하나의 행위로 수렴되는 이들 두 종류의 욕망이 공존하는 것을 확고하게 만든다. 경제발전과 기억의 도덕성이 새로운 베트남적 모더니티의 연출법[38) 속에 뒤섞여 있는데, 전자는 망자의 삶을 통해 물질적으로 구현되는 정도만큼 지역적 실재 내에서 현실이 된다.

아도르노와 호르크하이머에 따르면, 현대 사회에서 망자는 시장 가치가 없고 유령은 특히 모든 면에서 현대적 존재의 정서에 반하는 것이다.[39) 현대 세계는 헤겔의 자이트가이스트를 통해 과거와 구별된다. 현대의 자이트가이스트는 "가속에 관한 의식과 미래의 다름에 대한 기대를 통해 소모되어버리는 과도기로서의 현재"[40)가

로 Pierre J. Simon and Ida Simon-Barouh, *Hau bong: un culte viêtnamien de possession transplanté en France* (Paris: Mouton, 1973)을 보라.

37) 신들림(spirit possession) 현상을 소통행위로 접근하는 이론으로 Michael Lambek, "Spirits and spouses: possession as a system of communication among the Malagasy speakers of Mayotte," *American Ethnologist* 7 (1980), pp. 318-32를 보라.

38) 여기서 사용된 "연출법(theatrics)"이라는 용어는 Clifford Geertz, *Negara: the theatre state in nineteenth-century Bali* (Princeton: Princeton University Press, 1980)에서 따왔다.

39) Adorno and Horkheimer, *Dialectic of Enlightenment*, p. 216.

40) Jürgen Harbermas, *The philosophical discourse of modernity* (Cambridge: Polity Press,

특징적이다. 하지만 만약 내세의 현대화가 미학적으로 모더니티의
물질화와 통합되어 있다면 강력한 현대적 시장조차도 망자를 위한
전통적 제의를 완전히 말살할 수는 없을 가능성이 있다. 더욱이 이
러한 맥락에서 현대 시장은 필립 아리에스(Philippe Ariès)가 "타자의
죽음"[41]이라 부르는 것을 수반하며 망자의 흔적을 말살하기보다 망
자의 숨겨진 이야기를 발굴해서 힘을 부여하는 데 더 기여할 수도
있을 것이다.

껌레의 유령 출현

　다낭 남부에 있는 껌레 해안 공동체는 대규모 발굴을 앞두고 있
었다. 다낭의 장의업체들은 이를 위래 많은 수의 작은 관을 만들고
있었다.[42] 1998년 지방정부는 이 주거지역을 관통해서 해안으로
접근하는 도로를 건설하고 다낭으로 연결되는 기존의 비포장도로
를 포장하기로 결정했다. 껌레는 1960년대 전쟁 피난민들에 의해
건설되었고 이 공동체는 실제로 거대한 묘지 위에 자리 잡고 있다.
이 지역의 거의 모든 가구의 텃밭에는 최소한 십여 기의 무덤이 있
고, 그중 일부는 수십 기의 무덤을 돌보는 경우도 있다. 이들 무덤
중 일부는 베트남 이전 참파(Champa) 문명[43]에 속하는 장엄한 타원
형 석재 무덤이나 봉건시대 중국-베트남식 환형(環形) 묘지(circular
site)이다. 이들 거창한 무덤은 그 역사가 항미전쟁에서 프랑스 식
민지 시대 초기까지 거슬러 올라가는 민간인 전쟁 희생자들의 얕

　1985), p. 6에서 인용.

41) Philippe Ariès, *The hour of our death*, trans. Helen Weaver (New York: Peregrine, 1983), pp. 471-2.

42) 껌레는 꽝남 성 북부의 다낭과 호이안 사이에 있는 한 실재 공동체의 가명이다.

43) Nguyen Duy Hinh, "Thu ban ve quan he Viet Cham trong lich su," (역사 속 베트남-참파 관계에 대한 논의), *Tap Chi Dan Toc Hoc*, no. 2, 1980.

은 무덤들로 둘러싸여 있다. 숙련된 안목이 없으면 이들 "인민의 무덤" 대부분은 이 지역 촌장이 말하는 바처럼 비석도 경계도 없기 때문에 알아볼 수가 없다. 하지만 그것들은 오솔길 모퉁이 곳곳에, 장미정원의 가장자리에, 레몬과수원 중간에, 혹은 아이들의 놀이터에 자리 잡고 있다.

토지에 대한 마을 주민들의 욕망이 강하긴 하지만 그렇다고 해서 오래된 무덤을 경작지로 전환하는 경우는 드물다. 반대로 사람들은 어떤 나무를 무덤에 얼마나 가깝게 심을 수 있는가에 대해 논쟁하고, 나무뿌리가 누군가의 사후의 삶을 침해할 가능성에 대해 각별한 주의를 기울인다. 껌레의 주민들은 꿍 람(cung ram)이라는 관습에 따라 길 잃은 영혼들에게 분향하는 매달 음력 보름이면 어떠한 무덤도 빠트리지 않고 분향하기 위해 주의한다. 오래된 것이든 새로운 것이든, 웅장한 것이든 소박한 것이든, 마을의 모든 무덤은 이날과 여타 기념일에 살아 있는 이웃들의 관례적인 기념의례로부터 혜택을 누린다.

주민들에 따르면 껌레에는 유령이 수없이 많고 그 종류 또한 다양하다. 어느 날 저녁, 아이들이 거리에서 놀다 돌아와서는 지뢰에 희생당한 외다리 유령을 만났다며 떨고 있었다. 어린 소년들은 그 유령이 목발 없이 개울을 따라 뛰고 있는 모습을 흉내 내었다. 나이가 좀 있는 소년들은 그 유령의 움직임이 계절에 따라 개선되고 있는지 여부를 평가하기도 했다. 이 외다리 군인은 보통 홀로 출현하지만, 가끔은 중국 관료의 복장을 한 늙은 선비 유령과 함께 목격되기도 했다. 그 군인은 선비를 뒤따라 다녔다. 선비는 관료처럼 걸었는데, 너무 느려서 군인이 앞지르지 않을 수가 없었다. 군인은 마을 소년들이 닭싸움을 할 때처럼 다리 하나로 리드미컬하게 걸어야 했다. 그는 계속 선비를 앞질러 뛰었고 그때마다 선비는 군인을 정

지시키고 뒤에 있으라고 명령했다.

미국 유령 둘은 빈랑나무 아래에서 출현하곤 했다. 그들은 서로 알아들을 수 없는 말로 속삭이고 어떤 주민에게는 빈 깡통 속에서 숟가락이 달그락거리는 것과 같은 소리를 내는가 하면 다른 주민에게는 빈 탄약통에서 탄피들이 달그락거리는 것 같은 불쾌한 소리를 내기도 한다. 이 거대한 남자들은 항상 함께 있다. 그들은 부끄럼이 많고 수줍어하며 약간 신경질적이다. 그들은 신중하고 마을 사람들에게 전혀 방해가 되지 않지만 서로 간에는 수다를 많이 떤다. 껌레의 퇴역한 농민 게릴라 중 한 사람인 병약한 농부의 아내는 정기적으로 그 빈랑나무 아래에 두 개의 향을 피운다. 가끔 그녀는 그들을 위해 미국 달러 모양의 지전 몇 장을 태우기도 한다. 주민들이 프랑스 전쟁 당시 알제리 징용병사였다고 믿는 또 다른 유령은 뒤에서 젊은 여성들의 어깨를 건드려 놀라게 했다. 여러 명의 여자들이 그의 털북숭이 팔을 봤다고 주장했다. 주민들은 의례전문가를 고용해서 이 골칫거리 유령을 쫓아냈다.

자기 무덤 위에 양반다리를 하고 앉아 있는 한 베트콩 유령은 시장에서 돌아오는 여성들에게 인사를 했다. 사람들은 이 야윈 남자가 치유 불가능한 항구적인 배고픔 때문에 고통받고 있다고 생각했다. 그 지역의 일부 용기 있는 남성들은 유령의 지혜를 이용해서 복권에 당첨되기 위해 이 공산주의자 유령을 찾아가기도 했다. 그들은 꼰 꼬(con co)라는 접신술 도구를 가지고 유령에게 가난한 자들을 도와달라고 탄원을 한다. 유령은 그들의 소원이 비도덕적이라고 생각했기 때문에 어떤 것도 들어주지 않았다. 이 공산주의자 유령은 베트남어 자모가 적힌 나무판 위에서 움직이는 하트 모양의 지침을 통해 "내가 당신들을 도와주면 다른 누군가는 잃을 것이다. 그것은 공평하지 못하다"라고 말한 것으로 추정된다.

무너진 불탑을 지키는 한 노인은 한밤중에 유령 군인 소대가 모여 행군하는 것을 알고 있었다. 그들은 두 줄로 정렬해서 침묵의 명령에 주목하며 서 있었다. 이 노인은 한 미군 장교 유령도 알고 있었다. 세련되고 교육 수준이 높은 이 유령은 고독하고 우울해서 기도와 목탁소리를 즐기기 위해 사찰을 방문했지만 한동안 저녁 기도에 관심을 보이지 않았다. 탑지기 노인은 무엇 때문에 그 유령이 사찰을 방문하지 못할 정도로 바빴는지 의아해 했다. 필자는 탑지기 노인에게 "그 유령이 보고 싶어요?"라고 물었다. 그는 "그래요. 우리가 알고 지낸 지 근 30년이 넘었어요. 하지만 그가 주변에 보이지 않는 건 좋은 징조임에 틀림없어요. 그 미국인이 좋은 곳으로 갔음이 분명해요"라고 답했다. 장교가 떠났다는 이야기를 들은 주민들은 탑지기가 매일 한 기도 덕분이라 생각했고, 탑을 자주 찾아온 그 유령의 지혜로운 행동을 군기에 너무 집착해서 개인적 변환의 기회를 놓친 유령 베트남군 소대의 잘못된 행동과 비교하기도 했다.

몇몇 주민들은 매년 춥고 비오는 밤에 엄마를 찾아 안달하며 우는 한 소년 유령의 가슴 아픈 목소리를 들었다. 마을 사람들은 괴로웠지만 누구도 감히 이 어린 무명의 유령을 쫓아내려고 하지 않았다. 과거에는 그 소년의 울음소리가 물소 울음소리와 섞여서 들렸다. 지역의 한 의례전문가는 물소의 적절한 죽음은 목이 베여서 죽는 것인데, 폭탄을 맞아 머리가 그대로 붙은 채 죽었기 때문에 자신의 슬픈 운명에 탄식하고 있다고 설명했다.

1998년 말 껌레에서 도로건설을 위해 수많은 무덤들이 이장되었는데, 그중 첫 번째가 고대 참파시대의 거대한 무덤이었다.[44] 수

---

44) 참파(Champa) 왕국은 현재의 베트남 남부와 중부 지방을 대략 7세기부터 지배

십 기의 전시 무덤들에도 이장을 위한 표시가 붙었다. 도로공사 시공자는 지역 신문에 이장 공고를 실었다. 가족과 친족들로부터 반응이 없으면 시공자가 유해의 향배를 결정해야 할 상황이었다. 운이 좋으면 공동묘지로 이장되고 아니면 아마 보다 비용이 적게 드는 곳으로 이장될 참이었다. 주민들은 몇몇 시신의 가족들이 다른 성이나 도시로 이사 간 것을 알고 있었다. 소문이 나자 양복을 입은 한 도시 남자가 누나의 유해를 이장하기 위해 곧바로 도착했다. 몇몇 다른 무덤의 알려진 친척들은 결코 나타나지 않았다. 또한 찾아와 이장을 해 갈 연고자가 아무도 없다고 마을 주민들이 확신하는 무덤들도 있었다. 이들 무덤과 연관된 사람들은 주민들이 모르는 사람, 혹은 전쟁 중에 죽었거나 전후에 외국으로 떠난 이들이다. 시공자는 이들 무연고 무덤을 처리해야 할 책임이 있었고, 주민들은 혹시 정체불명의 버려진 유해가 적절하고 정중하게 처리되지 못할까 봐 걱정했다.

재매장 시 유해는 소형 관으로 옮겨지고, 망자의 체액 냄새가 흠뻑 밴 옛 관은 가끔 강력한 주술도구로 변환되기도 한다. 일부 주민들은 이 사용된 빈 관이 가족에게 행운을 가져다준다고 믿어 자신의 대나무집 뒤뜰에 보관하기도 한다. 지역의 무덤 파는 사람들은 약간의 돈을 받고 기꺼이 청탁을 들어주고 싶어 했다. 몇몇 사람들은 이 독특한 미신적 관행을 금지하는 정부의 엄격한 지시를 따르지 않고, 사용된 관을 이용해서 *꼰 꼬* 주술도구를 조각하기도 했다. 최근까지 *꼰 꼬*는 가장 대중적인 주술도구였다. *꼰 꼬*는 비공식 복권 당첨과 학생들의 시험문제 예견에서부터 전투 중 행방불명된

했다. 17세기 초에 이르러 자이 비에트(Dai Viet) 왕조가 꽝남-다낭 지방을 차지했다.

병사(missing in action, MIA)의 유해 발견, 그리고 단순히 친구들 사이에서 서로의 용맹을 실험하는 용도까지 다양한 목적을 위해 사용되었다. 심장 모양의 꼰 꼬 지침은 이상적으로 25~30년 묵은 백단목 관으로 만들어야 한다. 따라서 전시 무덤들은 이러한 종류의 주술을 열정적으로 행하는 사람들에게 특별히 매력적일 수밖에 없다.

껌레 주민들은 또한 유령의 공격에 관한 이야기도 많이 들려주었다. 전형적으로 이들 이야기는 망자에게 저질러지는 다양한 종류의 불경과 연관되어 있다. 일부는 집 근처 표식 없는 무덤의 유해를 잘못 처리한 것과 관련되어 있고, 또 다른 경우는 다음 장에서 논의하는 바와 같이 본국으로 송환되어 매장되지 못했거나 행방불명된 망자의 유해 및 기억과 연관되어 있다. 필자와 친한 정보제공자 중 한 사람은 한동안 심각한 두통에 시달렸는데, 그는 그것이 무명의 무덤 옆에 오렌지나무를 심은 것과 관련 있다고 생각했다. 나무뿌리가 해골을 파고들었고 그로 인한 망자의 불편함이 자신의 신체적 문제로 표현되었다는 것이다. 대규모 유해발굴이 임박한 혼란스러운 상황 속에서 또 다른 유령 이야기가 마을에 떠돌았다. 주민들은 필자에게 이 유령 이야기가 지금까지 들려준 어떤 것과도 다른 새로운 이야기이기 때문에 조사를 해야 하고 유령을 조우한 남자도 만나봐야 한다고 말했다.

한 미군 장교의 유령

필지기 퇴역한 장교인 그 남자를 만났을 때 그는 최근 경험한 미군 장교 유령과의 문제에서 완전히 회복되지 못했다며 불평을 털어놓았다. 그 사건이 일어났을 당시 이 전직 장교는 껌레와 다낭을 잇는 도로 옆에 진을 치고 있는 한 작은 부대를 지휘하고 있었다.

이 장교가 한 외국 군인의 유령에 관한 보고를 받았을 때 부하들 사이에는 공포스러운 분위기가 조성되어 있었다. 당시 부하들은 야간 근무 때 빗속에서 유령을 봤다는 보고를 했다. 다음 날 아침 군인들은 유령이 나타난 곳으로 추정되는 장소에 향을 피웠다. 장교는 그러한 환영을 본 이유가 해이해진 군기 때문이라고 판단하고, 향을 제거하고 아침 구보를 더 많이 뛰라는 명령을 내렸다. 며칠 후 그의 부하 장교 중 한 명이 진흙물로 더럽혀지고 찢어진 군복을 입었으며 키가 큰 비무장 상태의 유령과 조우했다고 보고했다. 이 부하 장교가 의례전문가를 부르자고 제안하자 그 장교는 격분했다. 다음 날 아침 그는 모든 부하들을 집합시킨 후 정신적 경계의 필요성에 관해 열정적인 연설을 했다. 그 후 그는 그 부하 장교가 외국인 유령을 본 장소로 걸어갔다. 그는 부하들에게 똑바로 보라는 명령을 내리고 그 장소에다 오줌을 누었다.

이 장교의 극적으로 도발적인 행동은 곧바로 효과를 발휘했다. 그 미국 군인의 유령이 사라져버렸다. 소문은 가라앉았고 병사들도 더 이상 야간 교대근무를 두려워하지 않았다. 하지만 몇 달 후 이 장교는 심각한 두통에 시달리기 시작했고 말을 더듬기까지 했다. 그의 상태는 급속하게 악화되었다. 가족과 동료들이 그를 설득해서 읍내 병원의 정신과 의사를 만나게 했을 때는 병원 직원이 즉시 정신병원에 입원하라고 할 정도로 상태가 악화되어 있었다. 이러한 끔찍한 진단에 위협을 느낀 그는 먼 친척의 소개로 의례전문가에게 도움을 요청하게 되었다.

문제는 그 외국인 유령이 장교의 행동에 격노했기 때문에 일어난 것으로 밝혀졌다. 장교가 의례전문가의 충고에 따라 시신을 발굴했을 때 그는 총탄 구멍이 있는 두개골을 발견했고 그 미군의 신분을 알 수 있는 표식을 함께 찾았다. 당국과의 복잡하고 오랜 협상 끝에 그 MIA 미군 유해는 본국으로 송환되었다. 그 장교는 거의 정신분열에 가까운 상태로에서부터 극적으로 회복되었다. 유해 발굴 후 그는 입맛을 되찾았고 더 이상 말도 더듬지 않았다. 하지만 완전한 회복은 오랜 군 생활을 완전히 정리하고 사업을 시작하려고 결정한 다음에야 이루어졌다. 그는 자신이 경험한 것을 믿을 것인지 말 것인지에 대한 고민으로 더 이상 집중해서 임무를 수행할 수 없었다.

필자가 그 의례전문가를 방문했을 당시, 그 장교는 "베트남이 미국을 이겼다. 하지만 그 미군 장교는 전쟁이 끝난 지 한참 후에 베트남군 장교인 나를 이길 뻔했다. 우리가 그의 머리에 쏜 총알이 나를 거의 미치게 만들었다"라고 말했다. 늙은 퇴역 군인인 이 남성의 친척은 그의 말을 듣고 달갑지 않게 생각했다. 움푹 들어간 눈으로 그를 쳐다보며 이 노인은 "이보게 조카! 망자와는 싸우는 게 아니네. 미국인이든 베트남인이든 망자는 존중해야 하네. 누구도 의도적으로 그들이 영면한 장소에 오줌을 누어서는 안 되네"라고 말했다. 그 의례전문가도 끼어들며 다음과 같이 말했다.

죽은 사람들은 싸우지 않는다. 그들은 심지어 실제로 화를 내지도 않는다. 그들은 단순히 기억되길 바랄 뿐이다. 그들은 자신이 무슨 경험을 했는지 누군가가 알아주길 바란다. 그 잘생긴 미국 젊은이가 얼마나 슬퍼했는지는 말로 표현할 수조차 없다. 그는 아주 잘생기고 키가 컸다. 그 사람은 "아주머니, 고맙고도 고맙습니다. 나를 용서해주세요"라고 말했다. 나는 이 모든 것을 그의 언어로 들었다. 모든 것이 너무 혼란스러웠다. 나는 그에게 "이제 괜찮아요. 가서 편히 쉬어요"라고 말했다.[45]

---

45) 1998년 12월 다낭에 있는 이 의례전문가의 집에서 나눈 대화기록 중에서 발췌.

베트남-미국 합작사업

이 군부대 이야기는 껌레의 주민들을 자극했다. 그 이유는 이야기가 반드시 외국 유령과 관련되어 있어서가 아니라 사람들이 이 이야기를 가난한 공동체의 한 낯익은 남자가 보여준 성공담의 서곡으로 이해했기 때문이다. 그 장교는 군대를 떠난 후 껌레와 다낭간 도로 옆에 있는 한 주유소에 정비소를 개업해서 크게 성공했다. 그의 사업 성공이 미국인 유령 덕을 많이 봤다는 소문이 났다. 이 소문은 그 장교의 옛 친구들 사이에서 먼저 퍼졌다. 친구들은 그 정비소를 "베트남-미국 합작사업"이라고 불렀다. 이들의 수사는 그 미국 장교가 기억되지 않은 무명의 상태에서 벗어나게 해준 것에 대한 보답으로 베트남 장교를 따라와서는 파트너가 빈곤에서 벗어날 수 있도록 협력했다는 뜻을 가진다. 그렇지 않다면 왜 오토바이 운전사들이 같은 도로상에 있는 다른 정비소를 찾지 않고 특별히 이 정비소에 이끌리는지, 그리고 왜 그들의 오토바이가 다른 도로가 아닌 이 도로에서 자주 문제를 일으키는지를 이해할 수 없다고 그의 친구 중 한 명이 내게 말했다. 그 군부대의 유령 출현은 껌레 주민들에게 단순한 유령 이야기가 아니었고, 그 주유소는 도로를 이용하는 통근자들에게 평범한 장소가 아니었다. 이 사건은 한 MIA 미군이 사적인 이익을 가져다준 경우였고, 그것이 이야기로서 갖는 매력은 전쟁 유령과의 통상적인 조우가 한 개인의 물질적 조건에서 발생한 특별한 변화와 연결된 힘 속에 존재한다.

파트너십에 관한 이 이야기에 대해 우리는 전쟁과 시장, 혹은 과거의 폭력적 유산과 미래의 번영에 대한 참을 수 없는 열망이 대중의 상상력 속에서 융합될 수 있는 가능성을 제공했다고 주장할 수 있을 것이다. 하지만 이 가능성은 죽음과 기억에 대한 공유된 규범적 태도라는 훨씬 더 광범위한 맥락에 토대를 두고 있다. 망자에 대한 적절한 존중이 산 자들의 번영을 위한 1차적 조건이라는 관념이 지역민들 사이에 강하게 자리 잡고 있었고, 이 관념이 조상묘의 대규모 수리 열기뿐만 아니라 그 미군 유령 드라마의 이면에서 작동하고 있었다. 초창기 베트남과 프랑스 학자들은 이 지역 종교문화와 관련해서 산 자와 망자 간의 호혜적 관계라는 관념을 강조했고, 최근 베트남의 부흥주의(revivalist) 작가들도 동일한 논점을 반복하면서 이 관념이 베트남의 문화적 정체성에 핵심을 이루고 있다고 주장한다.[46] 최근 베트남에서 의례활동이 부활하는 현상을 연구하는 학자들은 이 종교적 부흥을 한편으로 시장에 토대를 둔 경제적 실천의 강화, 그리고 다른 한편으로 민간의 종교활동에 대한 국가적 통제의 완화와 연관시키는 상이한 입장을 취하는 경향이 있다.[47] 테일러는 이러한 관점에 입각해서 "최근의 주술 열기는 고대적인 것의 부활이 아니라 사회주의적 경제대안의 포기가 수반하는 예측 불가능하고 부정적인 사회관계를 드러내는 탈사회주의적 현재의 징후이다"[48]라고 적고 있다. 이러한 방향의 연구는 경제 내에서 상품관계의 부상을 종교에서 주술적 관념의 퇴화와 동일시하는 막스 베버의 관점에 대한 비판일 뿐만 아니라, 주술적 관념을 사회진화의 낮은 단계에 있는 고대적 혹은 전통적 사회형태와 동일시하는 과거의 인류학적 전통에 대한 자기비판이기도 하다.[49] 아프리

---

46) Tan Viet, *Viec ho*, p. 5.

47) Luong, "Economic reform and the intensification of rituals," pp. 259-92.

48) Taylor, *Goddess on the rise*, p. 84.

49) Jean Camaroff, "Defying disenchantment: reflections on ritual, power, and history," in C. F. Keyes, L. Kendall, and H. Hardacre (eds.), *Asian visions of authority: religion and the modern states of East and Southeast Asia* (Honolulu: University of Hawaii Press, 1994), pp. 301-14.

카의 주술로 범주화되던 일련의 실천들을 언급하면서 헨리에타 무어(Henrietta Moore)와 토드 샌더스(Todd Sanders)는 그러한 진화주의적 관점을 "인류학의 유령"이라고 불렀다. 그들에게 인류학의 유령은 일련의 아프리카적 실천을 아프리카의 전통적 관습이라는 관행적인 범주로부터 구출해내어서 후기 현대성의 불확실성 및 불안과 연결시킬 수 있는 대안적인 기술(記述) 전략을 통해 마땅히 퇴마되어야 할 대상이다.[50)]

하지만 (인류학의 유령이 아니라) 실제로 존재하는 사회적 형태로서의 유령이 쟁점인 한, 테일러가 제시하는 것보다 덜 일방적인 관점을 통해서, 혹은 발터 벤야민의 역사철학에 입각해서 보다 덜 "편향적"이면서도 "오래된 것과 새로운 것의 변증법적인 관계"[51)]에 주목하는 관점으로 "탈사회주의적 현재"에 접근할 필요가 있다. 우리는 이와 같은 방식으로 사회주의를 넘어선 미래의 지평에 대한 경제적 불안뿐만 아니라 사회주의 혁명의 과거사, 그리고 그와 관련된 전 지구적·국가적 차원의 이데올로기 전쟁이 초래한 파괴의 불편한 잔재들에 대한 도덕적 관심도 이 과도기적 현재에 포함시킬 수 있다. 위의 MIA 미군 유령은 껌레에서 새롭게 나타난 현상이다. 그리고 이에 관한 이야기는 도이 머이 프로그램이라는 과도기적 현재의 정신을 담고 있다. 도이 머이 프로그램은 특히 경제성장에서 "사적 자본주의"가 담당하는 역할과 외국의 자본 및 노하우와의 파트너십이 갖는 중요성을 강조한다.[52)] 만약 그 외국 MIA 군인

---

50) Henrietta L. Moore and Todd Sanders (eds.), *Magical interpretations, material realities: modernity, witchcraft, and the occult in postcolonial Africa* (New York: Routledge, 2000), p. 6.

51) Benjamin, *One-way street and other writings*. "오래된 것과 새로운 것의 변증법"은 Winter, *Sites of memory, sites of mourning*, p. 223에서 인용.

52) Stern, *The Vietnamese Communist Party's agenda for reform*, pp. 72-3.

이 10년 일찍 발견되었다면 껌레에서 그와 같은 경제적 파트너십 이야기로 발전했을 가능성이 낮다. 비록 MIA 유령 이야기가 당대의 시대정신을 이런 식으로 구현하고 있고, 또 이 점에서 이 유령은 껌레에서 나타난 특별한 사례이긴 하지만, 그렇다고 해서 이 유령 출현을 기념의 도덕적·문화적 실천이라는 맥락과 이 실천이 연동되어 있는 대규모 죽음이라는 역사적인 물질적 현실로부터 분리할 수는 없다. MIA 유령의 주술적인 경제적 힘은 경제개혁이라는 과도기적 순간과 맞물려 있다. 하지만 이 힘은 새로운 형태의 모더니티라는 이해하기 어려운 지평이 아니라 껌레 주민들의 구체적인 일상적 행위의 영역 속에 존재하는 것이다. 비극적 죽음을 맞이한 유령들이 껌레 공동체 내에 지속적으로 존재하고 번성하도록 하는 것은 궁극적으로 이들 서사적이고 의례적인 행위들이기 때문이다.

군 장교가 무장한 군인에서 "합작사업" 사업가로 변신한 이 이야기는 껌레의 주민들을 매혹시켰다. 이 변환이 오직 주민들의 대중적인 상상력 속에서만 가능한 방식으로 오래된 사회구성과 새로운 사회구성의 융합을 가능하게 했기 때문이다. 정치 엘리트들이 닐 쉬한(Neil Sheehan)이 말하는 "하노이의 이데올로기"와 "사이공의 기업가정신" 사이에서 어떻게 균형을 잡을 것인가에 대해 논쟁하고 있는 동안, 보통 사람들은 이미 양자와 관계 맺는 방식을 발견했다.[53] 그 장교의 "합작사업"에서 드러나는 경제적 파트너십은 파트너 간 대결의 역사를 초월하는 것이 아니라 그 역사에 뿌리를 두고 있고, 경제직 행위자의 도덕적 정체성은 파트너십을 통해 소멸하지

---

53) 남부의 기업가정신과 북부의 관료체제 사이의 다양한 "중매혼"에 관해서는 닐 쉬한(Neil Sheehan)의 도전적인 연구인 *After the war was over, Hanoi and Saigon* (London: Picador, 1992)를 보라.

않고 오히려 번성한다.[54] 이 맥락에서 도덕적 정체성은 부분적으로
일상적 실천 속에 착근해 있는 공유된 규범적 원리를 지칭하는데,
이는 친구이든 적이든 망자는 존중받을 자격이 있고 번영은 바로
이러한 관대한 기억하기로부터 가능해진다는 관념이다.

   이러한 윤리적 보편주의는 베트남인과 전쟁유령 사이의 의례적
상호작용에서 두드러지게 나타나는데(4장을 보라), 이는 무연고 외
국인 유령을 기념하는 경우뿐만 아니라 다음 장에서 보는 바와 같
이 정치적으로 배제된 친족을 기념하는 경우에서도 마찬가지로 분
명하게 드러난다. 여하튼 베트남에서 유령은 호혜성의 원리, 즉 외
국인이든 내국인이든 우연히 자신들을 도와서 비극적인 죽음의 역
사로부터 구원해준 살아 있는 행위자들의 이익에 봉사해야 할 의
무로부터 자유롭지 않다. 이러한 호혜적 관계의 경제적 함의는 산
자의 번영이 부분적으로 망자의 곤경을 전제하도록 만드는 관계의
규범적 원리와 분리해서 고려될 수 없다. 또한 이러한 기억의 도덕
경제는 이탈(displacement) 상황에서의 죽음을 산 자들의 세계에서
그렇게 친밀한 현실이 되도록 만드는 전쟁과 혁명의 구체적인 역
사와 분리해서 고려될 수도 없다.

   1990년대에는 대량의 유해가 발굴되었다. 그중 대부분은 베트남
인들의 것이었지만 외국인의 유해를 발굴하려는 노력 또한 이루어
졌다. 껌레에서 발견된 그 MIA 군인은 유일한 외국인도 아니었고
주술적인 방식으로 발굴된 유일한 사람도 아니었다. 더욱이 죽은
신체의 대규모 이동은 단순히 경제적 성장이나 종교적 부활의 부
수현상이 아니었다. 죽은 신체들은 냉전적 갈등의 중대한 장소 중

---

54) 닐 제이미슨(Neil Jamieson)은 현대적인 것, 서구적인 것, 혹은 낯선 관념을 전통
   적이고 토착적인 형태와 접목하는 창조적인 실천에 초점을 맞추어 베트남 현대
   정치사인 *Understanding Vietnam*을 기술했다.

하나였고, 베트남에서 이루어진 유해발굴사업에는 진지한 외교적 이해관계가 얽혀 있었다. 베트남 전쟁은 내전임과 동시에 국제전이었다. 따라서 이 전쟁의 유해들은 가족사의 문제뿐만 아니라 지정학적 역사의 일화도 증언할 수 있다.

작전 중 실종

· · ·

3   작전 중 실종

2000년 11월, 빌 클린턴 대통령이 리처드 닉슨 대통령 이후 처음으로 베트남을 방문했다. 자서전에서 클린턴은 이 역사적 방문에서 가장 기억에 남는 사건이 하노이 서부의 한 진흙밭을 답사한 일이었다고 전했다.[1] 그곳은 1967년 11월 F-105 폭격기가 추락한 곳으로 추정되는 장소로서, 일단의 미국 유해 발굴 인류학자들이 베트남 전쟁의 "작전 중 실종자(MIA)" 목록에 올라 있는 미군 중 한 명인 조종사 에버트(Evert) 대위의 유해를 찾고 있었다. 발굴 현장에서 클린턴은 땅파기를 위해 고용한 많은 수의 베트남 지역 주민들에게 감사를 표했다. "한때 우리는 여기서 적으로 만났습니다. 오늘 우리는 파트너로 함께 일하고 있습니다." 에버트의 두 아들은 클린턴 대통령의 양 옆에 서서 어린 시절 아버지가 전쟁포로로 베트남에 잡혀 있다고 상상하고는 아버지를 구하는 꿈을 꾸었다는 이야기를 전했다. 후에 클린턴의 방문은 베트남과의 새로운 외교관계 구축을 위한 준비작업의 일환으로 "베트남 전쟁을 매장하기 위해서"였다고 보고되었다.[2] 그 실종 군인의 발굴은 이러한 정치적 매장을 위해 필요한 중요한 상징적 제스처였다.

MIA 문제에 관심이 있는 미국 관료는 클린턴뿐만이 아니었다.

---

1) Bill Clinton, *My life* (London: Hutchinson, 2004), pp. 930-1.
2) *The Sunday Times*, 19 November 2000.

MIA 발굴 현장 답사는 1990년대 미국의 베트남 공식 방문단 대부분의 핵심 일정 중 하나였고, MIA 문제는 베트남과의 외교관계 정상화에 관한 의회 논쟁의 중심에 있었다. 미국의 언론 매체들은 미군의 베트남 유해 발굴단 활동을 밀착 보도했고, 베트남의 매체들도 마찬가지였다. 인도차이나에서 미국 MIA의 발견은 양국 모두에서 대중의 광범위한 관심을 받았고, 유해 발굴활동의 진척과 외교적 활동의 진척이 밀접하게 맞물려 있는 것처럼 보였다. 다낭과 꽝남 지방 공산당 관료들은 미국 MIA 문제에 지대한 관심이 있었고, 신체에 관련된 이 중요한 정치적 과정에 기여하기 위한 방안을 모색하고 있었다. MIA 문제에 가장 관심 있는 관료는 참전용사들의 복지에 책임이 있는 행정부 관료들, 그리고 군 의례와 장례 임무를 맡고 있는 군 장교들이었다. 필자는 2장에서 소개한 MIA 발굴 에피소드를 추적하던 중 이들 관료 몇몇을 알게 되었다. 이러한 면식 관계를 통해 베트남 국가조직이 유해에 지대한 관심을 가지고 있다는 사실을 알게 되었고, 장례에 대한 이런 관심이 극복해야 할 실천적인 어려움에 관해서도 이해하게 되었다. 필자는 또한 공식적 장례의식이 대중적 장례-기념 관습과 실천적인 수준에서 많은 부분 연관되어 있다는 사실을 인식할 수 있었다.

이들 복지부문 관료들의 일은 필자에게 매우 흥미롭게 다가왔다. 돌이켜보면, 그들의 일은 인류학적 지식의 산물을 실용적 목적에 활용하는 경우였다. 그들은 건설업자가 무기 파편과 뒤섞여 있는 뼛조각을 발견했다고 보고한 합작공장 건설현장에서 고고학 전문가로 변신했다. 또, 발굴이 진행될 때 그리고 유해가 혁명군의 것인지 적군의 것인지를 결정해야 할 때가 되면 법의학 전문가로 변신한다. 이들 두 전문영역 사이의 전환을 위해서는 지역의 전쟁사에 대해 풍부한 지식이 필요하다. 유해의 신분이 확인된 후 이들 관

료 중 일부는 장례절차와 여타 의례 관련 전문가로 계속해서 일한
다. 그들은 실종된 전쟁 영웅을 찾아 먼 거리를 여행하고, 뒤에서
간략하게 논의하는 바와 같이 때로는 고도로 창의적인 방법을 모
색하기도 한다.

   앞 장에서는 개혁시대에 이루어진 전쟁 유해의 대이동과 그것이
지역 수준에서 어떻게 경험되는가를 논의했다. 이 장에서는 탐구의
영역을 확장해서 개혁 후 베트남에서 유해의 이동이 갖는 보다 광
범위한 정치적 차원을 조명할 것이다. 베트남에서 전쟁은 동시에
지역적이고, 국가적이고, 지정학적인 갈등이다.[3] 마찬가지로, 이러
한 역사로부터 인간의 유해를 발굴하는 것 또한 다차원적인 함의
를 가진다.

고향 송환 매장(home burial)의 정치학

   무명용사 무덤은 현대 민족주의 물질문화의 중요한 초점 중 하
나이다. 이 무덤은 흔히 아무도 매장되어 있지 않은 빈 무덤인데,
베네딕트 앤더슨에 따르면 그것은 정확히 비어 있기 때문에 대중
들의 존경을 받는다.[4] 1919년 의사당 건물 옆에 세워진 런던의 기
념비 세노타프(Cenotaph)는 빈 무덤이고, 호치민의 무덤을 내려다보
고 있는 보 자인(vo danh, 무명) 용사에게 헌정된 하노이 기념비도 마
찬가지로 빈 무덤이다. 제이 윈터(Jay Winter)에 따르면 누구의 무덤
도 아닌 빈 무덤이 모든 전쟁 사망자들을 위한 무덤이 될 수 있다
는 관념이 그 이면의 사고방식이다.[5] 버지니아 주 알링턴(Arlington)

---

3) Mark P. Bradley and Marilyn B. Young (eds.), *Making sense of the Vietnam Wars: local, national, and transnational perspectives* (New York: Oxford University Press, 2007).

4) Anderson, *Imagined communities*, p. 9.

5) Winter, *Sites of memory, sites of mourning*, p. 104.

에 있는 무명용사 무덤은 비석에 "여기 오직 신에게만 알려진 미국
의 한 용사가 영광 속에 잠들다"라는 비문이 적혀 있기 때문에 정
확히 빈 무덤은 아니다. 이 무덤에는 1921 프랑스 샬롱(Chalons)에
서 송환된 유해 한 구가 묻혀 있지만 무덤을 건설할 때 익명성의
규칙을 엄격하게 따랐다. 쿼터매스터사(Quartermaster Corps)는 국방
장관의 지시에 따라 무명용사를 선택하고 그 유해의 국적을 제외
한 신분에 대해 어떤 증거도 남기지 않도록 확실하게 조치했다.[6]
제1차 세계대전 무명용사의 첫 번째 매장 이래 제2차 세계대전, 한
국 전쟁, 베트남 전쟁 무명용사를 위한 세 개의 무덤이 세워졌다.[7]
이들 무명용사는 익명성의 규칙을 따라 선택되었고 제1차 세계대
전 무덤의 서쪽에 위치한다. 보다 많은 전쟁의 역사가 더해지면서
기념비의 비문도 "오직 신에게만 알려진 미국의 영웅들"로 바뀌었다.

  베트남 전쟁 무명용사는 공식적으로 이러한 상징적 매장을 통해
영면에 들었지만, 베트남 전쟁에 관한 미국인들의 기억은 끊임없이
실종 유해에 관한 질문들로 넘쳐났다. 존 길리스(John Gillis)의 지적
에 따르면, "냉전은 기억의 형태와 장소에 나름의 독특한 변화를 초
래했다. 전쟁과 평화의 오래된 구분이 흐려지면서 이전에는 기억의
초점이었던 시작과 종식을 정의하는 것이 매우 힘들어졌다."[8] 필자
는 이들 변화 중 하나가 무명용사에 대한 대중들의 접근에서 발생
했다는 주장을 하고자 한다. 과거에는 이러한 추상적인 군인의 매
장이 전쟁의 종식을 표식하기 위해 이루어졌고, 사람들이 희생의

6) *The Quartermaster Review*, September–October 1963.
7) 1998년 이 베트남 전쟁 무명용사는 DNA 테스트를 통해 공군 대위 마이클 블래
   시(Michael Blassie)로 확인되었다. 그 후 그의 유해는 가족의 요청으로 무명용사
   무덤에서 옮겨져 그의 고향인 세인트루이스에 재매장되었다. 그가 이장된 후 베
   트남 전쟁 무명용사 무덤은 비어 있는 상태이다.
8) Gillis, *Commemorations: the politics of national identity*, p. 13.

성스러운 목적을 기억하고 대규모 죽음의 비극적 현실을 망각하는 데 도움을 주었으며, 그 후에는 무명용사의 순수한 정신을 통해 국가를 축복했다.[9] 냉전시대에는 군사적 갈등의 종식이 정치적 대치의 종식을 의미하지 않았고, 추가적인 지정학적 목적을 위해 죽은 군인들이 동원되었다. 이 새로운 시대에 가치 있는 무명용사는 더 이상 무덤에 묻힌 환유적(換喻的) 신체가 아니라, 본국으로 송환되어 매장되지 않은 수많은 실제적인 신체들이었는데 이 시신들은 연장된 이데올로기 전쟁을 정당화하는 데 부분적으로 기여했다.

"전사자를 귀환시켜야 한다는 결의는 미 해병대의 신조 중 하나였는데, 그것이 미군 전체로 확산되어 미국식 전쟁의 특징적인 모습으로 자리 잡았다"[10]는 지적이 있다. 브루스 프랭클린(Bruce Franklin)은 이러한 영광스러운 신조가 베트남 전쟁 동안, 그리고 살아 있든 죽었든 미군을 최후의 한 명까지 인도차이나로부터 귀환시킬 때까지 모든 어려움과 싸울 것을 맹세한 레이건 행정부의 "POW(전쟁포로)/MIA 신화"를 통해 급진적으로 정치화되었다고 주장한다.[11] 그는 레이건 행정부가 실종군인 가족의 불안과 그들의 사적인 사망 부정을 반공산주의 프로파간다와 라틴아메리카 등지에서의 군사작전을 정당화하는 정치적 목적으로 왜곡했다는 데 동의한다. 문화사학자들은 이 시기의 대중적 상상력을 베트남 'MIA' 컬트라는 측면에서 분석해왔다. 이러한 컬트는 영화 〈람보(First

9) Michael Rowlands, "Remembering to forget: sublimation as sacrifice in war memorials," in A. Forty and S. Küchler (eds.), *The art of forgetting* (Oxford: Berg, 1999), pp. 130-7.
10) J. E. Lendon, *Soldiers and ghosts: a history of battle in classical antiquity* (New Haven: Yale University Press, 2005), p. 2.
11) Bruce H. Franklin, *MIA or mythmaking in America* (New Brunswick NJ: Rutgers University Press, 1993).

Blood)〉같은 픽션적 현실 속에서 미국 전쟁영웅을 탄압하는 동족 군경들에게 게릴라 공격을 감행하는 고독한 전후 영웅을 창조했다.[12] 마이클 앨런(Michael Allen)은 이러한 "상실의 정치"에 대한 세밀한 리뷰를 통해 훨씬 더 복잡한 그림을 제시하는데, 여기서는 미국의 정치행정이 MIA 이슈를 통제하는 수준이 프랭클린이 제시하는 것보다 훨씬 낮은 것으로 나타난다. 그의 설명에 따르면 POW/MIA 군인 가족협회, 반전활동가 집단, 그리고 전쟁포로 석방을 미군 전투부대의 베트남 철수와 연결시키는 베트남 공산당의 외교정책 등 다양한 행위자들의 목소리가, 실종되거나 포로가 된 군인을 귀환시키려는 미 행정부의 공표된 정책과 충돌(혹은 결탁)했다. 따라서 닉슨 행정부 후기에는 POW/MIA 군인들의 운명이 호전론자와 반전론자 양측 모두에게 중심적인 관심사가 되었을 정도로 상황이 복잡해졌다.[13] "미국인들의 심리에 깊은 상흔"을 남긴 이러한

---

12) Kirby Farell, "The Berserk style in post-Vietnam America," *Etnofoor* 13 (2000), pp. 12-18; Tony Williams, "Missing in action: the Vietnam construction of the movie star," in L. Dittmar and G. Michaud (eds.), *From Hanoi to Hollywood: the Vietnam War in American film* (New Brunswick NJ: Rutgers University Press, 1990). 또한 James W. Gibson, *Warrior dreams: paramilitary culture in post-Vietnam America* (New York: Hill and Wang, 1994); John Hellmann, "The Vietnam film and American memory," in M. Evans and K. Lunn (eds.), *War and memory in the twentieth century* (New York: Berg, 1997)을 보라.

13) Michael J. Allen, "Help us tell the truth about Vietnam: POW/MIA politics and the end of the American War," in M. P. Bradley and M. B. Young (eds.), *Making sense of the Vietnam Wars: local, national, and transnational perspectives* (New York: Oxford University Press, 2007). 토마스 홀리(Thomas Hawley)는 베트남 전쟁에서 실종된 신체들이 "동남아시아에서 미국이 경험한 패배의 가장 물질적인 징후가 되었고, 이는 미국의 신체정치를 지속적으로 괴롭히는 대실패의 항구적인 환기물이다."라고 주장한다. Thomas M. Hawley, *The remains of war: bodies, politics, and the search for American soldiers unaccounted for in Southeast Asia* (Durham NC: Duke University Press, 2005), p. 4를 보라.

배경하에서 베트남 전쟁 MIA 군인들의 운명은 미국의 대중적 정
서에 지속적인 영향을 미쳤고, 이는 또한 전후 베트남에 대한 경제
적·정치적 제재의 지속을 정당화하는 주요한 공식적 근거로 작용
했다.[14]

   POW/MIA 문제에 관한 1993년 미상원상급위원회(US Senate
Select Committee)의 보고는 "동남아시아에서 전쟁으로 실종된 미국
인에 대한 책임은 계속 국가의 가장 우선적인 문제로 다루어져야
한다"[15]라고 권장한다. 이듬해에 클린턴 대통령은 베트남 경제제
재의 해제를 선언하면서 POW/MIA 이슈가 여전히 미국-베트남
관계의 중심적인 문제로 남아 있고, 외교관계 정상화 이전에 미국
은 이 이슈에 대해 "더 많은 진척, 협조, 해명"을 계속 요구할 것이
라고 강조했다.[16] 통상금지조치는 "POW/MIA 문제의 해결을 위
해 미국과 베트남 고위 인사들 사이의 상호작용이 수개월 동안 진
행된 후"[17] 해지되었다. 양국이 상대 국가의 수도에 대사관을 개설
한 지 4년 후인 1999년, 주베트남 미대사 더글라스 피터슨(Douglas
Petersen)은 실종 미국인 문제가 여전히 교역과 지역안정 문제 이상
으로 가장 중요하고 우선적인 문제라고 한 기자에게 말했다. 자신

---

14) Williams, "Missing in action," p. 129에서 인용.

15) *POW/MIAs: Report of the Select Committee on POW/MIA Affair, United States Senate*
   (United States Senate, 1993)의 발췌문에서 인용. 이는 www.aiipowmia.com/ssc/
   ssc6.html에서도 찾을 수 있다. 전체 보고서는 http:1cweb2.loc.gov/frd/pow/
   senate_-house/investigation_S.html에서 온라인 문서로 구할 수 있다.

16) "US-Vietnam POW/MIA progress: lifting the embargo," *US Department of State
   Dispatch*, vol. 5, no. 9 (28 February 1994). http://dosfan.lib.uic.edu/erc/briefing/
   dispatch/1994/html/Dispatchv5no09.html에서 내려받을 수 있다. 또한 Hiebert,
   Vietnam notebook, p. 174를 보라.

17) Mark E. Manyin, "The Vietnam-US normalization process," *Congressional Research
   Service issue brief for Congress*, 17 June 2005, p. 4. www.fas.org/sgp/crs/row/
   IB98033.pdf에서 내려받을 수 있다.

또한 베트남 POW 중 한 명이었던 피터슨은 다음과 같이 말했다.

> 미국이 MIA의 귀환을 위해 노력한다는 방침은 단지 가족구성원
> 의 상실로 인해 고통받고 있는 가족들을 위한 것만이 아니라 미
> 국 정부가 현재 군복을 입고 있는 군인들에게 전사자가 발생할
> 경우 가능한 한 최선을 다해서 가족의 품으로 귀환시켜줄 것이라
> 는 확신을 가지고 안심할 수 있도록 책임을 진다는 서약을 재확
> 인하기 위한 것이기도 하다.[18]

베트남에서도 사망한 영웅의 실종된 신체(nhung nguoi mat tich)를
되찾는 일이 1975년 사이공 함락 이후 군 당국과 정부의 가장 중요
한 과제 중 하나였다. 군인들이 유해를 찾는 임무에 지원했고, 시민
들은 군인을 급하게 매장한 장소를 알고 있을 경우 당국에 기꺼이
보고했다. 참전 퇴역군인인 작가 바오 닌(Bao Ninh)이 이에 관해 증
언해주었고, 전후 MIA 미션 유해수습요원인 끼엔(Kien)의 관점에
서 전쟁의 기억을 진술해주었다. 끼엔은 "무명용사 한 명 한 명, 그
리고 MIA 유해 수습 하나하나 모두가 이야기를 담고 있다"[19]고 느
꼈다. 전후 유해 발굴 경력을 거친 후 끼엔 같은 일부 퇴역군인들은
전쟁 상이용사 집단시설과 전몰자 묘지 같은 연관 부문에서 계속
일하려고 지원했다. 많은 베트남 MIA 군인 가족들은 전쟁이 끝난
후에도 계속해서 자식들의 실종된 유해를 찾았고,[20] 그들 중 필자
가 아는 몇몇은 군의 유해 찾기 작업이 자신들이 원하는 것보다 훨

---

18) Seth Mydans, "Of soldiers lost, but not forgotten, in Vietnam," *The New York Times*, 19 April 1999.
19) Bao Ninh, *The sorrow of war*, p. 22.
20) Mydans, "Of soldiers lost, but not forgotten, in Vietnam."

씬 더 말뿐이라고 판단하고 국가의 유해 발굴 의지에 이의를 제기
하기도 했다. 실제로 오늘날까지도 베트남 정부는 30만 명의 실종
군인들을 여전히 찾지 못하고 있다. 하지만 말뿐이든 아니든 전후
베트남 당국은 전쟁영웅들에 대한 기념활동을 국가적 통합과 전후
재건의 주요한 수단으로 동원하면서 그들에 대해 진지한 태도를
견지해왔다.

전후 베트남의 국가체계는 기념활동의 통제를 크게 강조했고,
미국 전쟁에서 사망한 군인의 죽음을 프랑스 전쟁의 영웅들, 그리
고 고대적 전승의 전설적 영웅들과 하나로 연결하는 영웅적 저항
전쟁의 계보를 선전했다.[21] 베트남의 모든 지방 행정단위에는 공
동체의 공적 공간 중앙에 전몰자의 묘지가 조성되어 있고, 이 장소
의 중심에 위치한 고딕풍의 기념비에는 "우리 조상들의 땅이 당신
들의 훈공을 기억합니다"라는 비문이 새겨져 있다.[22] 공산당은 지
방과 국가의 해방 기념일을 준비하면서 전쟁영웅을 기억해야 하는
시민의 의무를 담은 다섯 쪽짜리 전단을 학교와 병원을 포함한 모
든 공공 기관에 배포한다.

패트리샤 펠리(Patricia Pelly)에 따르면, 이러한 국가적 기억의 구
성은 기념의 초점을 전통적인 사회단위인 가족과 촌락에서 국가로
바꾸었다.[23] 하지만 말라니(Malarney)가 지적하는 바처럼, 그 과정은
동시에 국가를 가족과 공동체적 삶의 공간으로 가져와서 사람들이
공동의 국가기억과 혁명적 정서를 삶의 가장 친밀한 영역에서도

21) Hue-Tam Ho Tai, "Monumental ambiguity: the state commemoration of Ho Chi Minh," in K. W. Taylor and J. K. Whitmore (eds.), *Essays into Vietnamese pasts* (Ithaca NY: Cornell Southeast Asia Program, 1995), p. 273.
22) 한 북베트남 마을의 전쟁영웅 기념에 관한 탁월한 분석으로 Malarney, "The fatherland remembers your sacrifice," pp. 46-76를 보라.
23) Pelley, *Postcolonial Vietnam*, p. 168.

느끼고 경험하도록 만드는 것과 관련되어 있다.[24] 따라서 전쟁영웅
과 혁명지도자에 대한 기억이 가내 공간의 조상위패를 대체하고,
공동체 사원은 해체되어 인민회관에 자리를 내주었다. 후자에서
는 일반 시민과 그들의 행정 지도자들이 미국 전쟁의 흔적으로 둘
러싸인 채 공동체의 일과 생산할당량에 관해 의논했다. 이는 주민
과 유력자들이 조상들의 유물로 둘러싸인 마을 회관에 모여 지대
와 의례일정에 관해 의논하던 혁명 전 시대와 구조적으로 유사한
방식을 따르고 있다.[25] 실종 군인을 찾는 것, 그리고 그 후 고향에
서 재매장하는 의례는 전쟁 사망자와 관련된 전후의 정치학에 중
요한 요소이다. 거의 전 촌락이 재매장 이벤트에 동원되는데, 여기
서 주민들은 국가관료와 공공조직의 대표자들을 따라 행진하는 긴
행렬로 전환된다.[26] 이들 이벤트는 사후의 삶을 재생하는 과정에서
영웅적 희생이 갖는 중심성을 과시하고, 국가를 대규모 전사자들을
되살리는 변환과정의 유일한 합법적 지휘자이자 수행자로 극화시
킨다.

　따라서 MIA의 운명은 베트남 전쟁의 유산과 마찬가지로 미국 전
쟁의 유산에도 핵심적인 위치를 차지한다. 전몰자들의 신체는 영역
을 초월해서 한편으로 민족주의라는 문화정치와 다른 한편으로는
냉전의 지정학(그리고 연관된 국내의 반공산주의 문화정치)에서 중대한
의미를 갖는 대상이다.[27] 1973년 베트남에서 미국이 철수할 당시

---

24) Malarney, *Culture, ritual, and revolution in Vietnam*, pp. 108-47.

25) Vu Ngoc Khanh, *Van hoa gia dinh Viet Nam* (베트남의 가족 문화) (Hanoi: Nha
　　Xuat Ban Van Hoa Dan Toc, 1998).

26) Malarney, "The realities and consequences of war in a northern Vietnamese commune,"
　　p. 73.

27) 스티븐 위트필드(Stephen Whitfield)는 냉전의 정치학이 외교적 차원과 국내정
　　치적 차원을 동시에 가지고 있으며 이들 두 차원이 분석적으로 통합되어야

에는 2천 명이 넘는 미국인이 실종상태에 있었다. 1990년대에 이
르러 주어져 있던 지정학적 양극 구조가 해체되고 베트남과 미국
두 정부가 외교관계 정상화에 관해 타협하고 있을 때, 이들 작전 중
실종된 군인에 대한 책임이 두 국가 사이에서 다시 한 번 중심적인
이슈로 부상했다. MIA 프로그램이 양쪽 모두에서 재활성화되었고,
베트남 전역에 걸쳐 새롭고 때로는 협력적인 유해발굴사업이 추진
되었다.

　베트남에서 그리고 보다 최근에는 북한과 여타 지역에서 수행된
미국 MIA 미션의 주요 활동에는 현지탐사—비록 여기에서도 위치
를 선정하기 위해 예비적인 문헌 조사가 이루어지지만—뿐만 아니
라 뼈가 발견되었을 때 DNA 검사를 비롯한 여타 관련 의학적 검
사도 포함된다. 이들 탐사는 발굴을 통해 유해의 신원에 관한 물질
적 증거를 발견하지는 못하더라도 최소한 생물학적 분류는 가능하
다는 가정에 토대를 두고 있었다. 유라시아인의 몸은 베트남인들
에 비해 독특한 두개골과 치아구조를 보여준다. 따라서 탐색임무는
이러한 기본적인 인종분류에서 시작한 후 여타 물질적 · 정황적 증
거를 추가해서 발굴된 유해의 완전한 신원을 밝히려고 한다. 베트
남 측의 현장탐사에서는 이러한 과정을 가능하게 하는 생물학적-
인류학적 분류가 실질적인 옵션은 아니었다. 베트남인들의 탐색사
업은 미국 측과 마찬가지로 영웅적 군인의 유해를 확인하는 데 초
점을 맞추고 있었지만, 그들은 해부학적으로 영웅적 군인의 유해와
구별할 수 없는 여타 대량의 유해들 속에서 임무를 수행한다. 이 경
우에는 영웅의 것이든 아니든 모든 유해가 서로 유사한 아시아인

한다고 주장한다. Stephen J. Whitfield, *The culture of the cold war*, second edition
(Baltimore: Johns Hopkins University Press, 1996).

혹은 베트남인의 것으로 판명된다.

이러한 상황은 시간이 지남에 따라 부패가 더 진행되어 의류나 개인적 물품 같은 여타 결정적인 증거들을 찾는 일이 갈수록 힘들어지기 때문에 최근 베트남의 MIA 활동에서 점점 더 심각한 문제가 되고 있다. 만약 교란된 전투지역에서 탐사가 진행되어 대량의 유해가 뒤섞인 상태로 발견되면, 어느 골반과 대퇴골이 "우리 편"(벤 따, *bent ta*)의 것인지 "저쪽 편"(벤 끼어, *ben kia*, 이전의 남베트남 군인을 포함하는 "미국 편")의 것인지 분류하는 것이 실질적으로 불가능하다. 냉전의 전장 전역에 걸쳐 완전한 유해가 물질적 증거와 함께 발견되는 경우 또한 드물지는 않다. 이런 경우에는 예를 들어 특정한 유해가 어떻게 해서 미군 군화를 신고 있고 팔에는 소련제 AK 자동소총을 들고 있는가에 대해 탐사대 구성원들 사이에서 뜨거운 논쟁이 일어나기도 한다.

"우리 편"의 범주 내에서도 마찬가지로 분류상의 문제가 수반된다. 남부 지방과 중부 지방 출신의 많은 의용군은 북베트남의 정규군에 합세했을 때 어떤 종류의 개인적 신분증도 지니지 않았거나 가짜 신분증을 가지고 있었다. 부분적으로, 그들은 적에게 생포되거나 죽은 채로 발견되었을 때 가족들에게 피해가 미치는 일을 피하기 위해 그렇게 했다. 농민 게릴라들은 군사 활동을 하면서 통상 어떠한 물적 신분증도 지니지 않았다. 어떤 여성의 경우 함께 발견된 독특한 모양의 대나무 빗 때문에 공산당 전투원으로 확인될 수 있지만, 민간인 외복 속에 사용되지 않은 AK 소총 탄약이 들어 있는 경우 유해의 주인이 단순히 길에서 그 총탄을 주웠을 가능성이 있다는 이유로 전투원이 아니라는 결론을 내릴 수도 있다. 더욱이 직역하면 "혁명의 토대(혹은 하부구조)"라는 뜻으로 동맹군이 점령한 지역에서 민간인으로 위장한 활동가를 지칭하는 *꺼 소 깍 망*

(*co so cach mang*) 남녀의 유해에는 통상 그들의 정치적 혹은 당 조직 활동의 흔적이 전혀 남아 있지 않다.[28] 그들의 활동에서는 연결성의 부재 자체가 핵심적이었다. 결과적으로 지하 시민 게릴라 지원 네트워크인 "숨겨진 군대(*끼 빈, ky binh*)"에 소속되어 활동한 수많은 사람들은 "유령 군대(*응이 빈, nghi binh*)"으로 남아 있다. 이 군대가 존재했다는 사실은 모든 사람들이 믿고 있지만 그 존재를 입증할 가시적인 흔적은 전혀 남아 있지 않다.

베트남의 MIA 탐색활동은 부분적으로 이러한 분류상의 복잡성을 우회하기 위해 비통상적인 기술적 정향을 취해왔다. 최근 베트남에서 진행된 미국의 MIA 탐색활동에는 베트남인들의 활동에 인력을 지원하는 일이 포함되어 있었는데, 이들 파견 인력도 그와 같은 베트남의 특수한 기술체계로 인해 어려움을 겪기도 했다. 베트남적 기술체계 내에서의 탐색활동은 통상 비용이 많이 드는 현장 탐사가 이루어지기 전 실종 사망자와의 커뮤니케이션을 통해 유해의 위치를 물어보는 일로 시작한다. 이 커뮤니케이션은 전통적인 주술적 수단을 통해 이루어지고 특별한 의례전문가의 매개를 필요로 한다. 이 체계는 전통적인 관행에서 비롯된 것이고, 망자 또한 산 자와 마찬가지로 의식적 커뮤니케이션의 주체라는 가정이 그 이면에 뿌리내리고 있다. 이러한 유해발견 체제가 성공적으로 실행되기 위해서는 실종 사망자 측이 자신의 존재를 확인시키기 위해 적절한 행동을 취해야 한다. 실종된 전사자가 단지 수동적인 대상

28) B. B. Fall, "Viet cong: the unseen enemy in Viet-Nam," in M. G. Raskin and B. B. Fall (eds.), *The Viet-Nam reader* (New York: Random House, 1965), pp. 252-61; Douglas E. Pike, *Viet cong: the organization and techniques of the National Liberation Front of South Vietnam* (Cambridge MA: MIT Press, 1966), pp. 166-93, 224-5 를 보라.

이 아니라 자신의 미래와 관련된 사회적 행동의 살아 있는 파트너
라면, 베트남인들의 유해 발견 드라마는 귀향하는 망자 또한 전쟁
사망자와 관련된 기존의 정치학을 초월해서 정치적 미래를 만들어
나가는 데 적극적으로 개입할 수 있다는 것을 보여준다.

새로운 MIA 프로그램

후인 풍(Huynh Phung)의 재매장은 다낭에서 남쪽으로 50km 거리
에 있는 역사적 도시이자 전쟁 당시 꽝남 성의 수도였던 호이안의
전몰용사묘지 역사상 가장 유명한 이벤트 중 하나였다. 1992년 7
월, 이 유명한 프랑스 전쟁 영웅은 긴 시간의 실종상태를 종식하고
고향으로 귀환했다. 생전에 그는 1940년대 후반 그 지역 공산당 네
트워크의 주요 조직자 중 한 명이었다. 그리고 그는 1949년 부온마
투옷(Ban Me Thuot) 인근의 중남부 고원지대로 파견되어 성장하고
있는 지역 공산당 세력을 위해 정치적 간부로 일했다. 그는 파견된
지 얼마 지나지 않아 프랑스 당국에 의해 체포되어 1952년에 옥사
했다. 당시 부온마투옷 지역의 프랑스 당국은 다른 수감자들을 동
원해서 풍을 매장하기 전에 읍내를 돌며 주민들에게 그의 시체를
경고의 일환으로 보여주었다.[29] 꽝남 성 공산당은 이 공산당 창설
영웅의 유해를 찾기 위해 오랫동안 힘써왔다. 부온마투옷 공산당지
부도 협력해서 문서보관소를 탐색하고 수감생활에서 살아남은 자
들을 인터뷰했다. 사람들은 풍의 시체가 읍내의 옛 공동묘지에 매
장되었다고 믿었다. 하지만 무덤의 정확한 위치는 찾을 길이 없었
다. 그의 무덤에는 표식이 없었고, 계속되는 전쟁기의 혼란으로 인

---

29) *Lich su dang bo thi xa Hoi An, 1930-1947* (호이안 공산당의 역사, 1930-1947), (Da Nang: Nha xuat ban tong hop Da Nang, 1996), p. 131-74.

해 묘지가 훼손되기도 했다.

　1980년대 후반 베트남 정부가 시장경제 개혁을 시작한 후 외국 사고방식의 유입이 증가하고 봉건적 관습으로 간주되던 관행들이 서서히 부활하자, 꽝남 성 공산당 당국은 다른 지방과 마찬가지로 지역의 혁명적 정치유산을 새롭게 강화하기로 결정했다.[30] 당국은 혁명전쟁 전체 역사를 아우르는 일련의 책들을 출간했고, 지역 역사학자들을 동원해서 구술사를 수집해 향토 전쟁영웅사를 간행하도록 했다.[31] 그들은 또한 아직까지 미결상태에 있는 애국적 헌신 사례에 대한 관심도 다시 불러일으켰다. 악명 높은 꼰선(Con Son) 섬 감옥의 수감자들을 복권시키고 물질적 보상을 제공하기도 했다. 1994년, 베트남 국회는 전몰자들의 어머니인 '베트남의 영웅적 어머니'에게 훈장을 수여한다는 결의안을 통과시켰다.[32] 그 후 몇 년 동안 공공기관들은 늙어가고 있는 영웅적 어머니들을 위한 연회를 준비하느라, 그리고 얼마 후에는 그들의 장례를 준비하느라 분주했다. 각급 성(省) 차원에서 조직된 참전용사를 위한 축제에도 규모와 화려함이 더해졌고, 전쟁 당시 지방들 사이에 맺어진 친선관계를 기념하려는 새로운 움직임으로 인해 훨씬 더 큰 규모의 사회적 이벤트가 시작되었다. 전반적으로 옛 역사의 부활은 새로운 경제가 활성화될수록 더 활발해졌다.

---

30) Malarney, *Culture, ritual, and revolution in Vietnam*, p. 205. Philip Taylor, *Fragments of the present: searching for modernity in Vietnam's south* (Honolulu: University of Hawaii Press, 2001), pp. 119-58.

31) 꽝남 성의 활동적인 지역사 프로젝트의 사례로 *Tieu doan bo binh 72 anh hung* (영웅적인 제72 보병대), (Tam Ky: Nha xuat Tam Ky, 1998)와 *Hoi An thi xa anh hung* (호이안의 영웅) (Da Nang: Nha xuat ban Da Nang, 1999)가 있다.

32) 이 새로운 공식적 전쟁영웅의 범주에 관해서는 Turner and Phan Thanh Hao, *Even the women must fight*를 보라.

후인 풍의 사례를 재개하려는 결정은 바로 전쟁기념활동이 새롭게 활성화되면서 이루어졌다. 갱신된 전쟁기념활동은 *도이 머이* 개혁의 일부로서, 그리고 경제개혁이 수반하는 기존 정치질서에 대한 사회적 위협에 대응하기 위한 방편으로 제도화되었다.[33] 관례적 수단을 통한 수년간의 탐색이 실패하자 당국은 대안적인 방법을 모색하기로 결정했다. 당국은 하노이로 관료를 파견해서 비정통적인 방법으로 여러 명의 고위 전쟁영웅을 발견한 것으로 유명한 한 대학교수에게 도움을 청했다.[34] 파견된 관료는 풍의 출생 날짜와 장소 및 사망 상황을 교수에게 제공했다. 이 파견 관료의 진술에 따르면, 그가 방문한 다음 날 밤 그 교수는 다음과 같은 꿈을 꾸었다.

군대가 일렬로 행군하고 있었다. 그들은 수가 많았고 비에 흠뻑 젖은 채 나무도 풀도 없는 황량한 언덕을 걸어서 내려가고 있었다. 그들 중 일부는 노래를 불렀고 일부는 목발을 짚고 있었다. 그 후 그들 중 한 명이 손을 들고 "나 여기 있어요! 여기 바로 여기!"라고 울부짖었다. 그는 지치고 무표정해 보였고 다른 군인들보다 늙어 보였다. 그다음 그는 "당신을 따라 갈게요"라고 말하고는 가지고 있던 물건을 떨어트렸다.

이 상서로운 꿈[35]에 고무된 꽝남 성 당국은 부온마투옷에 보낼

33) Taylor, *Fragments of the present*, pp. 126-34.
34) Daniel Zwerdling, "Vietnam's MIAs," special broadcast from American Radio Works, April 2000. http://americanradioworks.publicradio.org/features/vietnam/vnation/mias.html에서 구할 수 있음.
35) 이 꿈은 아벨 강스(Abel Gance)의 1919년 영화 〈J'accuse〉에 나오는 "망자의 귀환" 장면과 놀라울 정도로 유사하다. Winter, *Sites of memory, sites of mourning*, p. 16을 보라.

탐색단을 조직했고 하노이의 교수를 초대해서 함께 참여하도록 했
다. 기록에 따르면 이 탐색단은 식민지 시대 묘지의 한 구석으로 이
끌려졌고, 풍의 무덤이 다른 무덤들 아래 매장되어 있었음에도 불
구하고 그의 유해를 발견하는 데 성공했다. 탐색단의 한 구성원은
필자에게 1985년 조성된 한 무덤 속에 상대적으로 새로운 관이 한
미상의 관 위에 놓여 있었고, 풍의 관은 그 두 번째 층 아래에 매장
되어 있었다고 말했다. 그가 필자에게 전언한 바에 따르면, 무덤을
판 사람들은 풍의 관을 개봉했을 때 완벽하게 보존되어 있는 그의
시신을 보고 놀라워했고 나중에는 탐색단에게 그 프랑스 전쟁 영
웅이 성인(*타인*, *thanh*)으로 화신했음에 틀림없다고 주장했다.

꽝남 성 당국은 거창한 재매장 장례식을 조직했다. 성공적인 탐
색작업이 공식적인 정치조직과 비공식적인 종교활동가 사이의 긴
밀한 협조의 산물이라는 소문이 곳곳에 퍼져나갔다. 재매장을 보기
위해 묘역에 모인 대규모 군중들은 그 이벤트에 대해 공식적으로
발표된 것과는 다른 관심을 가지고 있었다. 이 이론적으로 양립 불
가능한 두 행위자 사이에 이루어진 다소 극적인 협력은 여전히 사
람들의 관심사가 되고 있다. 사람들의 이야기를 종합해본 결과, 그
이벤트가 정치적 권위의 도덕적 힘을 전혀 약화시키지 않았음은
틀림없다. 반대로 그 이벤트는 대중과 그들의 통치엘리트가 대중의
눈에 "세임-세임(same-same)"해지는(똑같아지는), 세계 어디에서도
매우 드물게 일어나는 귀중한 순간 중 하나였다.

오늘날 꽝남 성의 성도(省都)인 땀끼(Tam Ky)에 사는 한 남성은
풍과 관련된 일화로 인해 명성과 부의 대부분을 획득했다. 땀끼 주
민들은 그를 찌엔 쌤 마(Chien Xem Ma), 즉 "유령을 본(*xem ma*)" 찌
엔이라 부르면서 이 날카로운 눈을 가진 영매와 외국 MIA 탐색단
사이에 이루어진 협력에 관해 얘기하기를 좋아한다. 후인 풍의 성

공적인 귀환 이후, 성(省)정부 간부들은 MIA 탐색활동을 강화했고,
보다 쉽게 접근할 수 있는 지역 의례전문가인 찌엔 쌤 마를 고용했
다. 당시 찌엔은 땀끼에 있는 자신의 친구나 고객들을 제외하고는
거의 알려지지 않은 인물이었다. 그러나 후인 풍 탐색작업 이후 그
는 다수의 유해 탐색활동에 초빙되었고, 얼마 지나지 않아 특정한
정치적 서클 내에서 유명인사가 되었다. 그는 공식적인 실종 전쟁
영웅과 당원들에 대한 탐색활동을 도왔을 뿐만 아니라 일부 당 간
부들이 실종된 친족을 찾는 일에도 도움을 제공했다. 1998년까지
찌엔은 쁠래이꾸(Plei Ku)와 꼰뚬(Kon Tum) 및 여타 중부 고원지대
오지에서 진행된 수차례의 공식 탐사활동에 참여했다. 무업과 관련
된 가족적 배경이 전혀 없는 상태에서 1991년에야 신내림(그에 따
르면 전쟁유령이 몸에 들어와서 생긴 무병을 앓은 후)을 받은 찌엔 쌤 마
는 1990년 말에 이르러 꽝남 지방에서 가장 유명한 영매가 되었다.
유사한 기술을 가진 대부분의 다른 영매들과 달리, 찌엔은 자신의
비의적 지식을 공개적으로 실행할 수 있었고 심지어 공식적으로는
그와 같은 관행에 강력한 반대를 표명하는 관료집단들로부터도 암
묵적인 지원을 받았다.[36]

의뢰가 들어오면 찌엔은 실종자의 신원사항을 다이 띠엔 스(Dai
Tien Su, 위대한 영적 스승)라고 부르는 수호신에게 제공한다. 그렇게
하면 이삼일 후 그의 수호신이 실종자를 찾을 수 있는 지도와 함께
나타난다고 그는 필자에게 말했다. 찌엔은 이러한 영적 지도에 입
각해서 탐색단을 안내했다. 그는 영적 지도가 통상 지역의 이름, 경
관의 형세, 눈에 띄는 지형으로 구성된다고 말했다. 그는 대부분의
경우 지도가 매우 상세했고 또 정확한 것으로 판명되었다고 주장

---

36) Bertrand, "The thay: masters in Hue," p. 284.

한다. 그가 유해가 있는 장소에 접근하면 매장된 장소 쪽으로 자석
에 끌리는 듯한 느낌을 받는다. 하지만 그 지역에 강력한 지역 신위
가 있으면 실패할 수도 있다. 그러한 지역 신위들은 자신의 관할이
라고 여기는 문제에 찌엔의 수호신이 개입하는 것을 허용하지 않
는다. 이 때문에 인구가 밀집한 해안지방보다 오지의 산악지역에
서 이루어지는 탐색활동이 비교적 더 성공적이라고 믿어진다. 현장
탐사가 실패하면 (그리고 특히 그 탐색활동이 중요한 전쟁영웅이나 영향
력 있는 가족의 친척과 연관되어 있으면), 찌엔은 그 지역의 흙을 한 줌
집으로 가져와서 수호신이 어떤 실마리를 찾는 데 도움을 줄 것이
라는 희망하에 다이 띠엔 스의 재단에 놓아둔다. 찌엔 쌤 마의 여정
에 참여한 사람들은 또한 잘못된 신분증이 성공적인 탐색에 가장
큰 장애라고 주장했다. 필자는 왜 그런지 전혀 이해할 수 없었지만,
게릴라전의 결정적인 요소인 가짜 신분증은 군뿐만 아니라 종교적
신위들도 헷갈리게 한 것 같다.

　찌엔이 참여한 MIA 탐색활동은 보통 가족들을 현지답사에 참여
시켰는데, 그 이유는 실종된 유해가 친족의 신체가 접근하는 데 반
응해서 어떤 결정적인 표식이나 신호(저우 히에우, dau hieu)를 보낼
것이라는 추정 때문이다. 찌엔 쌤 마는 MIA 프로그램의 초기 단계
에서 다른 대부분의 비공식적 베트남 영매들과 마찬가지로 실종자
가족과 긴밀한 관계를 유지했다.[37] 그는 정서적으로 힘들고 육체적
으로 소모도가 높은 탐색과 재매장의 긴 과정을 밟았다. 낯선 장소

---

37) 꽝남에서는 이들 영매를 대중적으로 싹 혹은 넙 싹(nhap xac)이라 부른다. 다
　　른 중부 베트남 지방에서 대중적으로 사용되는 또 다른 표현은 터이 동 호
　　(thay dong ho) 혹은 동(dong)이다. Maurice M. Durand, *Technique et pantheon des
　　mediums Viêtnamiens (dong)*, Publications de l'Ecole Francaise d'Extrême-Orient 45
　　(Paris: Ecole Française d'Extrême-Orient, 1944)를 보라.

에서 흔히 타인의 뼛조각과 뒤섞여 있는 소중한 사람의 유해를 발
견하는 일은 가족에게 충격적인 경험이다. 대부분의 베트남 영매
들은 이러한 힘겨운 송환과 재화합의 과정에 활동적으로 참여하
고, 그것이 초래하는 긴장과 트라우마를 완화하는 데 중요한 역할
을 수행했다. 그들이 탐색 후 재매장 작업에서 수행하는 사제 역할
은 탐색-발견 활동에 주술적으로 참여하는 일만큼이나 중요하다.
가족들이 울부짖을 때 영매는 개인적인 통한(痛恨) 대신 커뮤니케
이션을 장려했다. 요령 있는 영매는 결정적인 상황에서 울고 있는
사람들을 웃길 수 있다. 찌엔은 남편의 유해를 앞에 두고 슬퍼하는
여성을 격려하기 위해 남편의 귀향 이야기를 들려주었다.[38] 이는
1997년 건기에 중부 고원지대의 쁠래이꾸에서 이루어진 일주일간
의 탐사활동 당시의 일이다. 다음 대화는 필자의 기록에서 따온 것
이다.

> 당신 남편이 뭔가 말하고 있습니다. 그는 자신의 죽음과 당신을 향
> 한 사랑에 관해 이야기하고 싶어 합니다. 제발 울지 마세요. 당신
> 남편이 무엇을 얘기하려는지 들어봅시다. 그는 오랫동안 굶주렸
> 고 수많은 해 동안 헐벗고 있었습니다. 그래서 그의 목소리가 아주
> 힘이 없습니다. 그를 위해 정신을 차리고 이야기를 들어보세요. 그
> 가 당신을 보기 위해 집에 갈 것이라고 말합니다. 누이, 제발 진정
> 하세요.

---

38) 이 실종 군인은 글자 그대로 "(고향 땅에서) 잘려 나갔다"는 뜻의 토앗 리(thoat
   ly)였다. 이는 군사활동과 식량생산의 이중적 책임을 지고 있었던 여타 대부분
   의 농민 전투원과 달리 농업노동에서 분리되어 전투임무에만 집중하는 엘리트
   공산당원 전투원을 지칭한다.

　그녀는 자세를 바로잡으며 눈물을 훔쳤고 딸의 손을 잡았다. 그
녀의 딸은 다섯 손가락을 빗 삼아 모친의 머리카락에 묻어 있는 먼
지와 풀 부스러기를 제거했다. 두 여자는 이제 준비가 되었다. 긴장
하고 불안했지만 서로를 껴안고 있었다. 찌엔은 자신의 자리에 관
료처럼 앉아서 머리를 돌리고 눈을 감았다. 그는 자신의 다리를 붙
잡고 앞뒤로 몸을 흔들기 시작했다. 잠시 후 몸을 떨면서 날카로운
비명을 뱉어냈다. 그는 다른 누군가의 목소리로 다음과 같이 말
했다.

　당신을 보기 위해 집에 갔다오. 아주 열심히 싸워서 휴가를 받았
소. 집에 가기 두려웠지만 당신이 너무 그리웠소. 하지만 집에는
아무도 없었소. 기다리고 또 기다렸지만 아무도 돌아오지 않았소.
당신은 친구 집으로 피난을 갔음에 틀림없었을 것이오. 부대로 돌
아가는 길에 나는 배고프고 비참했소. 새벽 3시경 마을에서 멀리
떨어진 곳에서 매복공격을 당했소. 미군과 사이공 부대가 길 양쪽
에서 나를 기다리고 있었소. 사격을 피할 방법이 없었소… 나는 젊
은 나이에 죽었고 아버지로서 아이들을 양육해야 할 의무를 다하
지 못했소. 정말 미안하오. 사랑하는 여보, 나를 용서하오. 내가 아
직 어릴 적에 부모님이 돌아가셨소. 나도 아이들이 어릴 때 요절했
소. 그리고 당원이 된 내 아이들도 요절했소. 하지만 그들은 당신
곁에서 평안히 영면하고 있소. 그들은 비록 내 뒤에 죽었지만 나는
알고 있소. 내 딸은 결혼했고 아이들도 있소. 모두 건강하고 학교
에서 다른 아이들보다 공부도 잘한다오. 그래서 나는 행복하오. 하
지만 여보! 당신은 나를 용서해야만 하오. 집에서 아이들을 키우
는 데 당신을 도와주지 못했소. 용서하오. 나는 너무 젊어서 죽었
소… 집에는 아무도 없었고 나는 기다리고 또 기다렸소.

찌엔은 이 이야기를 끝낸 후 잠깐 혼절했다. 사람들은 그가 깨어나 졸린 눈을 비비고 있을 때 방금 자기가 무슨 말을 했는지 기억 못한다고 생각했다. 그는 신들린 상태에서 자신이 무슨 말을 했는지 알려고 하지 않지만, 사람들은 보통 그 이야기를 반복함으로써 그의 기억의 틈을 메워주고 싶어 한다. 이야기를 들은 후 그 여인은 결국 남편과의 만남이 실패한 그날 밤을 기억했다. 당시 두 살이었던 딸이 고열로 경기를 해서 길 건너 마을에 있는 산파에게 달려갔다. 딸이 안정을 되찾고 잠이 들었을 땐 이미 날이 너무 어두워진 뒤여서 산파가 집에서 자고 가라고 권했다. 부인은 그날 밤을 어떻게 보냈는지 회상했다. 그날 밤 그녀는 팔에 안겨 잠든 딸을 따뜻하게 해주고 한 침대에서 몸부림을 치며 자는 산파의 몸에 깔리지 않도록 보호하느라 잠을 이루지 못했다. 그녀는 또한 멀리서 울리는 기관총 소리를 들었을 때 심장이 멈추는 것 같았다고 기억했다. 그녀의 딸은 떨리는 몸을 늙은 어머니의 무릎에 묻으며, "내가 아프지만 않았어도 엄마가 아버지를 만났을 거야. 아버지는 따뜻한 밥을 드시고 행복하게 나를 안고 뽀뽀해주셨을 거야. 다 내 잘못이야. 내가 아프지만 않았어도…"라며 울부짖었다. 남편의 친척이자 가까운 친구인 한 늙은 농부는 그 딸에게 마을의 참혹한 현실에 관해 들려주었다.

너는 너무 어려서 알 수 없었어. 당시 마을에는 정보원들이 있었지. 그들이 네 아버지를 봤으면 경찰에 신고했을 수도 있어. 다른 가족들에게는 그런 일이 일어났어. 그랬다면 네 아버지뿐만 아니라 네 엄마도 아마 관 속에 누워 있을 거야. 네 아픈 몸 때문에 집을 떠나 있어서 엄마가 목숨을 구했다고 생각해.

찌엔 쌤 마는 옛 전사자의 떠들썩한 귀향에 중요한 역할을 했다. 그의 환상적인 연희를 통해 죽은 군인들이 무명의 무덤에서 되살 아났고, 국가의 영웅이나 가족의 조상으로 돌아가기 전 잠시 동안 이나마 개인성을 회복했다. 이 짧지만 결정적인 개인화의 순간은 살아남은 친지들에게 강력한 기억을 창출하는데, 그 이유는 특히 이 순간을 빌려 망자가 자신에게 문제되는 슬픔과 소망을 표현한 다는 믿음 때문이다.

한편 꽝남 성 당국은 관례에서 다소 벗어난 유해탐색 활동이 대 중들에게 알려지면서 대민관계에서 중대한 문제에 봉착하기 시작 했다. 정부의 공식적인 탐색활동을 자신들의 실종된 친지들에게까 지 확대해달라는 시민들의 탄원이 빗발쳤다. 대중들의 요구는 강력 했고 이는 결국 당국으로 하여금 유해탐색 프로그램을 재고하도록 만들었다. 베트남 국가 관료기구는 합리적 정신과 무신론적 도덕성 을 공무원들에게 엄격하게 강조했기 때문에 관료들 사이에서 다소 혼탁한 논쟁이 이어졌다.[39] 하지만 대중들의 반응이 전쟁 영웅의 유해를 되찾는 영예로운 동기와 부분적으로 연관되어 있었기 때문 에, 만약 공산당 당국이 그 탄원을 무시하면 다소 자기모순적인 상 황이 초래될 판국이었다. 결국 땀끼(Tam Ky) 시 당국은 현대 국가 역사상 가장 과감한 정책발의 중 하나로 기록될 수도 있는 해결책 을 내놓게 되었다. 당국은 시민들이 실종된 친지 문제를 찾기 위해 종교적 영매에게 의뢰할 수 있도록 허용해달라고 정부에 공식적으 로 청원할 수 있는 신청서를 발행했다. 예를 들면 다음과 같다.

---

39) 종교와 의례 문제에 관한 국가의 접근방식에 관해서는 Malarley, "The limits of 'state functionalism' and the reconstruction of funerary ritual in contemporary northern Vietnam," pp. 540-9를 보라.

응우옌 티 마이(Nguyen Thi Mai)는 1966년 이래 실종상태에 있다. 가족들은 이 사람의 유해를 아직 되찾지 못하고 있다. 우리는 띠엔 리엔 다이 띠엔 스(Tien Lien Dai Tien Su)에 감사하며 다이 띠엔 스에게 의뢰할 수 있도록 땀끼 시 당국에 요청한다.

이 신청서에는 실종자의 출생지, 음력 생년월일, 군에서의 계급과 직위, 근무했던 부대 등을 적시하는 란이 있다. 이 신청서는 해방 직후 아직 확인되지 않은 혁명전사의 유해(하이 꼿 리엣 시, *hai cot liet si*)를 담당했던 지역 인민위원회 사무실에 망자의 가족들이 작성해 제출하던 양식과 유사했다. 이 새로운 신청서는 지역에서 엄청난 인기를 얻었다. 논란이 있을 수도 있는 이 활동이 이루어지면서, 관례적이고 공식적인 전몰자 범주에 속하지 않는 이들의 시신을 되찾으려고 하는 탐색 신청이 쇄도하기 시작했다. 민간인 "혁명의 토대"의 실종된 유해를 찾아달라는 요청이 많아졌고, 군대나 비밀 전시 시민혁명활동을 암암리에 지원했던 더 평범한 민간인 유해와 관련된 신청도 증가했다. 인민의 전쟁에 공헌한 시민의 복권은 당국의 우선적 관심사가 아니었다. 공식적인 전쟁기념사업은 애국적 전투원들의 신체와 기억에 협소하게 초점을 맞추고 있었고, 남부와 중부 지방 공동체가 경험했던 전면전의 훨씬 더 복잡한 현실은 무시했다.[40] 이러한 배경에서 볼 때, 유해탐색 프로그램을 비전투원 민간인까지 포함하도록 확대하라는 요구는 폭발적인 쟁점이었다. 얼마 지나지 않아 찌엔의 집에 수호신을 모신 재단이 있는 방은 시민들이 작성한 유해탐색 신청서가 담긴 수십 개의 종이 상자로 넘

40) Kwon, *After the massacre*, p. 67-8, 158-62.

쳐나게 되었다.

동시에 지역 주민들로부터의 탄원이 증가하면서 꽝남 성 당국은 다른 방향으로부터의 협조를 요청했다. 1990년대 베트남과 미국의 화해 과정에서 미 행정부는 부분적으로 이전 적성국에 대한 경제제재를 해제한 것을 정당화하기 위해 MIA 문제에 가시적인 진척이 있기를 조급하게 기대하고 있었다. 베트남 정부는 정부대로 경제제재를 종식시키는 데 명운을 걸고 있었고, 발견된 미국인 유해의 수가 가시적으로 증가하기를 미국 정부만큼이나 간절하게 원하고 있었다. 1993년과 90년대 말 사이에 67구의 미군 MIA 유해가 발견되어 모국으로 송환되었지만 미 행정부의 시각에서는 전혀 만족스러운 결과가 아니었다. 중부 지방의 성(省) 정부 당국은 지역에서 보다 많은 미군 유해를 발굴해서 이 중요한 정치적 과정에 기여하고자 노력했다. 그들에게 유해탐색의 효율성을 높이는 일은 한편으로 국제관계를 촉진하기 위해, 다른 한편으로는 시장개혁이 수반하는 불확실성에 직면해서 당의 도덕적 기반을 강화한다는 국내적 목적을 위해 필요했다. 이러한 분위기에서 찌엔은 1995년 인도차이나에 파견된 미국 MIA 탐색대와 접촉하게 되었고, 이듬해에 필자가 그를 만났을 때는 라오스 국경 지역에서 세 명의 실종 미군 *비엣 끽*(biet kich), 즉 베트남어로 특수부대 요원을 찾기 위한 탐사를 준비하고 있었다. 꽝남 성의 정치 지도자들은 그의 탐사 결과에 지대한 관심이 있었고, 이를 알고 있는 찌엔은 베트남-미국 합작 MIA 탐색활동의 성공을 위해 수호신에게 열심히 기도하고 있었다.

형제 간의 갈등

이상과 같이 정치적 목적을 위해 민간신앙을 동원하는 행위는 또 다른 예기치 않은 결과를 초래했다. 찌엔은 공식적인 MIA 탐색

활동에 협력하면서 동시에 일부 당 간부의 가족사에도 연루되어
있었다. 예를 들어 한 성급 고위 관료가 병상에 눕자 찌엔은 환자
의 형의 유해를 찾는 가족 탐사에 합세하게 되었다. 이 탐사는 그
관료의 신체적 질병이 ARVN, 즉 베트남공화국(이전의 남베트남) 군
의 군인으로 작전 중에 사망한 형의 불만과 연관되어 있다는 판단
하에 추진된 것이다. 탐사가 이루어지기 전, 그 실종 군인의 혼령이
나타나 동생이 전 가족에게 공식적으로 사과할 것을 요구했다.

그 혼령은 당 간부인 동생을 격렬하게 비난하며 동생이 어머니
의 소원을 들어주지 않았다고 질책했다. 해방 후 여러 해 동안 그
관료의 어머니는 실종된 아들을 찾는 데 몰두했고, 이 때문에 가족
내에 일련의 갈등이 발생했다. (전후 경제회복에 몰두해 있었던 동생은
그의 모친에게 국가가 그렇게 하고 있듯이 가족도 과거는 뒤로하고 미래를
지향해야 한다고 주장했던 것으로 알려져 있다.) 그의 모친은 자녀들의
요구에도 불구하고 개인적으로 탐색을 계속했다. 그녀는 또한 가족
제단을 지어 그곳에 죽은 아들의 사진을 놓아두길 원했고, 이 때문
에 그것을 반대하는 아들과 충돌하기도 했다. (공산당 실무관료의 집
에서 이러한 소망은 받아들여질 수 없는 일이었고, 특히 그것이 정치적으로
깨끗하지 못한 죽음과 관련되었을 때는 더더욱 그러했다.) 형의 공개적인
비난에 직면한 그 관료는 자신이 맏형 역할을 해온 동생들 앞에서
잘못을 인정해야만 했다.

이 지역 주민들이 "몸에 귀신이 들었다(녑싹, nhap xac)"고 표현하
는 이러한 순간은 망자에 대한 기억을 방해하는 사회적 · 정치적
장애물을 파괴하는 데 도움이 된다. 사람들이 실종된 망자의 영혼
을 면 대 면으로 조우했다고 해석하는 경험을 했을 때, 비록 그것이
공식적인 장에 초대되지 않은 영혼이라 하더라도 그 정체 자체를
무시하는 것은 현실적으로 불가능한 일이다. 전형적으로 유령의 침

입(유령 출현, 꿈, 신들림, 혹은 영혼과 관련된 질병의 형태로 이루어지는)
은 자신을 적절하게 기억하라는 유령의 권리 주장으로 해석된다.
이러한 상황에서는 필요하다면 정치적인 관례에 반하는 방식으로
가내 의례 공간을 재조직하는 행위가 정당화된다. 공유된 문화적
해석에 따르면 그렇게 하도록 하는 동기가 반드시 자신들이라기보
다는 비통한 실종 사망자에게서 비롯되었기 때문이다.

　전쟁 유령의 침입을 수반하는 드라마는 통상 물리적 유해의 송
환 노력과 함께 시작해서 가내 의례 공간의 변화로 발전해간다. 베
트남의 장례와 기념 전통에서 가내의 조상사당과 조상의 무덤은
중요하면서도 상호 연관된 두 개의 차원으로 알려져 있다.[41] 개념
적으로 망자가 저승에 정착해서 진정하게 사망했다고 여겨지는 것
은 오직 망자의 신체가 사회적으로 인정되는 영역 내에 적절한 방
식으로 매장되고 그의 기억이 가내 공간에 각인되었을 때뿐이다.

　베트남인들에게 가내 공간은 사적인 삶의 장임과 동시에 공적인
정체성의 전시관이기도 하다. 베트남의 전통에 따르면, 남의 집을
방문한 손님은 거실로 안내되었을 때 거실 벽에 걸린 물건을 재빨
리 인지하고 곧바로 주인이 그에 대해 설명하도록 관심을 보이는
것이 관행이다. 상이용사의 집을 방문한 손님은 동반한 아이들이
주인의 몸에서 상실된 부분을 쳐다보는 당혹스러운 상황을 피하
기 위해 벽에 걸린 상이용사 증서를 화제로 삼는 일이 필수적인 절
차이다. 애국적 전사자 증서는 사교활동의 중요한 매개체이다. 정
부가 발행한 영광스러운 증서에 관심을 보여줌으로써 주인이 가족
구성원 중에서 상실된 자에 관해 설명할 수 있는 기회를 제공해주

---

41) Nguyen Van Huyen, *The ancient civilization of Vietnam* (Hanoi: The Gioi, 1995),
　　p. 62-3; Nguyen Van Huyen, *Le culte des immortels en Annam* (Hanoi: Imprimerie
　　d'Extrême Orient, 1944).

는 것이 새로운 방문자의 기본적인 예의이다.

눈치 있는 방문객이라면 그 증서를 통해 방문한 가족의 정치적 신분과 개괄적 가족사에 대해 정확한 정보를 얻는다. 어떤 가족은 한 명 이상의 전사자 증서를 가지고 있는 경우도 있다. 중부 지방의 일부 마을에서는 두세 개 이하의 증서를 가지고 있는 가구를 찾아보기조차 힘들다. 증서가 갖는 함의를 연구할 때 증서의 부재가 증서의 존재 및 숫자만큼이나 많은 것을 웅변한다는 사실 또한 명심해야 할 필요가 있다. 영웅적 사망 증서가 없는 가구의 경우 방문객이 그 가족의 역사를 직관적으로 재구성할 가능성이 더 높아진다. 예를 들어 증서의 부재는 부처님의 자비로운 손길이 전쟁의 기계적 폭력으로부터 한 가족을 보호해주었다는 식의 놀라운 축복에 관한 이야기로 발전할 수 있다. 텅 비어 있는 벽은 또한 전쟁 당시 그 가족이 적의 편에 협력했다는, 말할 수 없이 불명예스러운 역사를 웅변할 수도 있다.

1990년대 중반 이래 점점 더 많은 도시 가구들이 실내 장식을 과감하게 바꾸었다. 과거의 국유재산과 공공재산의 무차별적인 사유화와 함께, 베트남 주택의 내부도 점점 더 사적인 공간으로 변화했다. 가내 공간의 정치경제에서 관찰되는 이러한 경향은 베트남 실내 장식의 다양화에 기여하고 있다. 불교 신도들은 자비의 여신인 관음보살상을 놓아두고, 가톨릭 신도들은 비록 보다 조심스럽기는 하지만 성모상을 통해 이러한 경향을 따라잡고 있다. 일부는 보다 급진적인 방법으로 거실 벽을 빛바랜 사진으로 가득 채우기도 한다. 사진 중 일부는 통일 이전 남베트남의 복장과 여가양식을 분명하게 보여주기도 한다. 하지만 이렇게 가내 물건을 전복적으로 재배치하는 사례는 읍내 인구의 아주 작은 부분에 불과하다.

여타 대부분 가구의 가내 공간은 보다 덜 균일하면서 더 활기찬

콜라주를 선호한다. 프랑스에서 교육받은 지주 조상의 초상 옆에 나란히 걸린 호치민의 초상, 혹은 해외에 있는 베트남인 친척의 북미 대학 졸업장 사본과 가족의 영광을 공유하는 영웅적 사망 증서 모두가 가내의 벽에 걸릴 수 있는 것으로 간주되기 시작했다. 이와 같은 절충주의는 활력과 창조성의 징후일 수 있다. 동일한 공간에 오래된 시대와 새로운 시대의 인공물들이 공존한다. 즉 전통적인 것과 혁명적인 것, 혁명의 전통과 그 후에 도래한 것, 애국적인 것과 코스모폴리탄적인 것 등이 서로를 압도하는 일 없이 공존하며 대조적인 것들 사이의 불안한 조화를 연출한다. 또한 과거에는 정치적으로 적이었던 이들의 공존도 주목할 만하다. 영웅적 사망 증서가 다른 젊은이들의 사진과 함께 벽에 걸려 있는 경우가 점점 더 일반화되고 있다.

다낭 인근에 있는 한 석공의 집에는 사진 속의 한 남자가 군복을 입고 있고, 그의 이름이 가족 조상 재단 위에 걸려 있는 사망증서에 새겨져 있었다. 고등학교 교복을 입고 있는 다른 한 남자도 전쟁에 참가해서 사망했는데, 이전의 남베트남 당국이 발행한 그의 사망증서는 벽장 속에 조심스럽게 숨겨져 있었다. 1996년에 이 가족의 부인은 두 군인을 함께 두기로 결정했다. 다른 석공 가족들도 몇 년 내에 그녀의 방식을 따라했지만, 석공 길드 구성원 중에서 그녀의 가족이 가장 먼저 그렇게 했다. 그녀는 그 영웅적 사망 증서를 벽에서 내린 다음 새로 꾸민 조상 제단 위에 올려두었다. 그녀는 통상 연장자의 신위를 모시는 위치인 제단의 오른편에 그 증서를 놓아두었다. 그녀는 또한 침실에 보관했던 젊은 아들의 작은 사진을 확대했다. 그리고 몇몇 친구들과 살아남은 자녀 및 손자녀들을 식사에 초대했다. 식사 전 그녀는 학생이었던 아들을 침실에서 형 옆으로 옮기는 소박한 의식을 치렀다. 그녀는 이를 여러 차례 꿈꾸었다고 말했다. 그녀는 손자녀들에게 다음과 같이 말했다.

> 칸(Kan) 삼촌은 탄(Tan) 삼촌을 무척 존경했단다. 탄 삼촌은 어린
> 칸을 무척이나 아꼈어. 그리고 이 둘은 서로 전장에서 마주칠 수도
> 있다는 생각에 치를 떨었지. 나는 성산(聖山)의 여신에게 이 두 아
> 이가 서로 마주치지 않게 해달라고 기도했어. 여신은 그들이 서로
> 마주치지 않도록 다른 방향으로 이끌었어. 하지만 자비로운 여신
> 이 그들을 너무 멀리 데리고 가버렸어. 여신이 내 기도를 듣고 걱
> 정을 했던 모양이야. 여신은 두 아이가 이 세상에서 절대 만나지
> 않도록 하기 위해 둘 모두 자기 세상으로 데리고 가버렸어. 오늘
> 내 아들 둘이 드디어 만났단다. 내가 너희들과 함께하는 시간이 그
> 렇게 길지 않을 거야. 얘들아, 너희들이 삼촌들을 돌봐야 한다. 그
> 들은 자손이 없단다. 하지만 이렇게 많은 조카들이 있지. 얘들아,
> 이것만은 꼭 기억해라. 부디 너희 삼촌들을 공경하거라.

이것은 미학적 혁명이었다. 나는 다른 지면을 통해 최근 중남부
베트남의 가내 기념 방식이 전통적인 위계적 공간구성으로부터 급
진적으로 벗어나고 있다고 주장한 바 있다.[42] 전통적인 공간구성
방식에서는 전쟁 사망자의 재현을 위해 무장 전투원의 영웅적인
희생이 최전면에 배치되었고, 나머지 경험은 대체로 보이지 않는
부정적인 공간에 배치되었다. 비록 국가가 전몰자의 기억을 기념하
도록 국민들에게 권장했지만, 그것은 어디까지나 혁명열사라는 선
택된 범주에 배타적으로 제한되어 있었다. 이러한 상황은 1990년
대에 들어 망자의 가내 장소와 공적 장소 양자 모두에서 변화했다.

---

42) Kwon, *After the Massacre*, pp. 161-5, 179-81.

영웅적 사망 증서가 유일하게 중요한 사물에서 다수의 가치 있는
가내 사물 중 하나로 변화한 것처럼, 공동체의 배타적인 상징적 중
심이었던 전몰용사 묘지도 공동체의 의례적 삶에서 가치 있는, 망
자를 위한 여러 개의 장소 중 하나로 변화했다. 망자를 위한 장소의
새로운 미학적 구성에서 영웅적으로 죽은 혁명용사의 중심성이 복
수의 전몰자에게 자리를 양보했고, 그 상징은 다른 혼성적인 기억
의 대상들과의 연관성 속에서 의미 있는 것으로 변화했다.

　이러한 맥락에서, 한 사이공 군인의 기억물을 그의 혁명가 친족
의 사망증서 옆에 두고 나란히 기념하는 행위는 적을 기념하는 정
치적으로 전복적인 행동으로 간주되지 않았다. 이는 또한 현대적
인 정치적 통일체로부터 멀어져서 전통적인 계보적 통일체로 단순
히 회귀하는 것도 아니었다. 1990년대 망자의 물질문화는 2장에
서 묘사한 바와 같이 가족과 지역 공동체의 창의적인 주도를 급속
하게 반영하고 있었고, 국가적 통제의 완화는 묘지의 정치적 구조
를 변화시키고 있었다. 전사자의 유해가 국가의 전몰자 묘지에서
가족 묘지로 옮겨질 때, 혁명영웅의 무덤은 토마스 라퀘르(Thomas
Laqueur)가 "죽음의 민주주의"라 부르는 맥락에서 가족의 위계적인
계보적 질서로 이동하는 셈이다.[43] 망자의 무덤은 더 이상 동료 사
망자들, 그리고 계급과 지위에 상관없이 획일적인 무덤들에 둘러싸
여 있지 않고, 출계와 연장자 원리(principle of seniority)에 입각한 계
보를 따라 배치되었다. 하지만 현대적 민주주의에서 전통적 위계로
의 회귀는 정반대의 진보적인 상징적 운동을 수반했다. 가족 묘지
를 조직하는 데 있어서 연장자 원리에 따라 친척들과 나란히 안장

---

43) Thomas W. Laqueur, "Memory and naming in the Great War," in J. R. Gillis (ed.),
　　Commemorations: the politics of national identity (Princeton: Princeton University
　　Press, 1994), p. 151.

되어 있는 전쟁영웅의 기억물이 양극적 갈등의 다른 편에서 작전 중 사망한 그의 "반동(판 동, phan dong)" 친척의 기억물과 공존하는 것이 가능해졌다. 이러한 시각에서 보면, 가족 재매장은 단순히 구습으로의 회귀가 아니라 전몰자 민주주의 속에 은폐되어 있는 죽음의 거창한 도덕적 위계로부터 벗어나는 정치적인 행동이기도 했다.

1990년대 베트남에서 의례의 강력한 부활은 전국적인 현상이었다. 남부와 중부 지방에서의 의례 부활은 또한 상당한 정도로 전쟁의 기억을 다원화하고 기념활동을 민주화하려는 희망의 표현이었다. 영웅적 사망 증서는 다른 물건과 공간을 공유하지 않고 가내 공간의 중심에 독자적으로 배치되어 있었지만, 가내적 삶을 국가의 통제에 노출시키는 수단이기도 했다. 그 증서는 국가가 가족 조상숭배의 유일하게 의미 있는 대상으로 선택한 망자를 기념하게 함으로써 가족의 신체를 훈육하고, 이를 통해 망자를 기억하는 전통 문화를 국가적 통일의 도구로 전용하기 위해 만들어진 것이었다. 이러한 전쟁 영웅주의 예술의 핵심은 통일성이었다. 이러한 체계 내에서 각각의 가내공간은 주로 소유하고 있는 증서의 숫자 면에서만 다른 가내공간과 차별화되는 것이 허용되었다. 하지만 영웅적 사망 증서는 여타 기억의 대상과 나란히 배치됨으로써 정치적 사용가치의 영역으로부터 교환가치의 영역으로 이동했다. 이 증서는 그 긍정적인 애국적 장점을 가족사의 부정적인 정치적 가치에 대한 보상으로 변환함으로써 가족사에서 숨겨졌던 정치적 정체성을 가내공간의 전면으로 가져오는 데 도움을 주었다. 이러한 가치영역의 변환 문제에 관해서는 베트남의 대중적인 의례적 실천 내에서 망자를 기념하는 주요 수단인 돈과 연결지어 다시 논의할 것이다(7장을 보라).

냉전을 끝내는 두 가지 방법

1990년대에 냉전은 국제정치의 장에서뿐만 아니라 베트남 가족의 가내적 삶에서도 종언을 맞이했다. 실종 전사자의 유해를 집으로 귀환시키는 일은 두 영역 모두의 냉전 종식 과정에서 중요한 요소였다. 하지만 냉전적 질서의 해체가 두 영역에서 동일한 결과를 수반하지는 않았다.

국가의 활동을 통해 집으로 귀환한 사망자들은 각국의 국기에 감싸여 각국의 군복을 입은 무장 군인들의 호위를 받으며 정해진 장소로 옮겨졌다. 되찾은 베트남인 유해(*하이 꼿 리엣 시*, hai cot liet si)와 미국인 MIA 유해(*하이 꼿 미*, hai cot My)는 동행을 그만두고 각자의 분리된 국가적 전쟁영웅의 계보에 참가했다. 그곳에서 각 집단의 전몰 영웅은 국가적 통일이라는 승화된 정신과 타협했다. 그들은 국가를 위해 자신의 생명을 희생했고, 이제 그들의 유해는 국가를 표상하는 장소로 옮겨졌다. 그들의 새로운 집은 전쟁을 기억하지만 그 전쟁의 정치적 역사는 망각한다. 이 장소는 국가적 통일의 정신을 구현하기 위해 배타적으로 마련된 신성한 기억의 공간이자, "국가에 대한 개인의 종속을 증언하고 시민의 개인적 정체성이 국가에 의해 포위되었음을 확인하는"[44] 현대적 몸정치의 강력한 장이다. 따라서 전쟁의 목적에 관한 한 이 장소는 국가 공동체의 양극적 비통일성을 드러내는 어떠한 흔적도 허용하지 않는다.

다른 한편, 실종 사망자의 신체와 기억물이 대중적 실천을 통해 집으로 귀환할 때, 과거에 대립하는 적이었던 이들은 양극적 갈등의 전선을 가로질러 귀환한 후 가족 조상의 공동체 내에서 재결합

---

44) Richard Werbner, "Smoke from the barrel of a gun: postwars of the dead, memory, and reinscription in Zimbabwe," in R. Werbner (ed.), *Memory and the postcolony: African anthropology and the critique of power* (New York: Zed Books, 1998), p. 72.

하게 된다. 이러한 방식으로 그들이 옮겨진 장소는 지금까지 국가
의 집으로부터 배제당하고 여전히 그곳에서 함께할 수 없는 개인
들에게 문호를 개방하는 집이다. 내가 앞에서 "정치적 유령"이라고
부른 이들 국민국가 의례공동체의 "이방인"은 이제 남부와 중부 베
트남에서 친족의 영적 공동체의 토박이로, 따라서 가족에 토대를
둔 망자 기념의 도덕적 실천에 적합한 조상으로 변환한다. 이러한
변환을 통해 그들의 새로운 집은 전 지구적 수준의 냉전의 정치학
과 국가 수준의 영웅적 죽음의 정치학에 의해 부과된 전쟁의 항구
적인 유산을 초월하기 위해 분투하고 있다. 국내 수준에서 정치적
화해의 중요한 과정은 통일적이고 획일적인 국가적 경험을 선전
하는 미국 전쟁이라는 지배적인 패러다임에서 벗어나 베트남-미
국 전쟁의 민간적, 공동체적, 가족적 측면을 상기해야 한다. 유해와
그 기억물의 이동은 바로 이러한 중요한 해석적 전환의 중심에 위
치한다. 냉전의 종식은 국가들 사이에서 그리고 가족 내에서 상이
한 형태를 취한다. 이와 같은 중요한 차이를 파악하기 위해서는 베
트남-미국 전쟁사에서 아직 기록되지 않은 차원에 주목하고, 그 전
지구적 차원의 폭력적 갈등이 가족적 · 공동체적 수준에서 어떻게
경험되었는가를 조명해야 한다.

유령 다리

· · ·

베트남 전쟁은 전 지구적 냉전사의 스펙트럼 내에서 고려할 때 단지 1960년대 세대만의 전쟁이 아니다. 1945년 8월 일본이 항복하자 미국 해병 수송대(US Merchant Marine corps)는 제2차 세계대전의 태평양 전장으로부터 군대를 본국으로 귀환시키라는 명령을 받았다. 이들 수송대 소속의 함선 12척은 긴 우회로를 따라 13,000명의 프랑스 전투부대를 유럽에서 베트남으로 수송하라는 명령을 받았다. 매릴린 영(Marilyn Young)의 묘사에 따르면, 이 수송대의 장교들은 "외국 정부의 제국주의 정책을 진척시키는 적대감을 조성할 목적으로 외국의 전투부대를 외국의 영토로 수송하는 데"[1] 미국의 함선을 사용하려는 생각에 반대했다. 그러나 그들의 항거에도 불구하고 1945년 10월 남중국해에서 새로운 전쟁이 조용히 시작되었다.

전 지구적 냉전사의 관점에서 보면 이 전쟁이 시작되는 시점뿐만 아니라 끝나는 시점 또한 달라질 수 있다.[2] 2001년 10월 미국

---

1) Marilyn B. Young, *The Vietnam Wars, 1945-1990* (New York: HarperPerennnial, 1991), pp. 1-2.
2) "전 지구적 냉전"이라는 용어는 Odd Arne Westad의 정의를 따른 것으로, 양극화된 정치사의 동양-서양과 미국-소련의 "권력 경합"의 차원뿐만 아니라 그러한 역사의 남-북(North-South)의 "지배 관계"도 포함하는 일종의 분석틀(framework)이라고 정의할 수 있다. Westad는 양극화된 지정학적 구조의 형성 과정 내에서 탈식민적인 세계에서 혁명적 투쟁사를 통합하는 하나의 방식이라는 뜻으로 "전 지

상원은 베트남과 미국의 양자 간 무역협정에 찬성하는 투표를 했다. 새천년에 들어선 이후 최초의 주요 국제분쟁이 아프가니스탄에서 발생하는 와중에 이루어진 이 사건은 미국이 공식적으로 자신의 옛 적대국에 대한 무역금지조치를 해제했던 1994년 2월 협정의 연장선상에 있는 것이었다. 새로운 양자 간 무역협정은 베트남의 미국 시장 수출품에 대한 징벌성 관세를 종결시켰고, 가장 장기적인 현대전 중 하나를 치렀던 양국 사이의 정상화 과정을 명목적으로 완결했다. 인접국들과 외교적 관계 면에서도 1950년대 이후 남중국해를 봉쇄했던 제한과 징벌 조치의 벽이 마침내 무너졌다. 미 상원의 결정으로, 군사적 전쟁보다 훨씬 오래 지속되었던 대(對)베트남 경제 전쟁의 긴 역사가 종식되었다. 이 때문에 2001년 10월 3일은 공산군 원정대가 사이공에 있는 대통령 궁을 점령했던 1975년 4월 30일만큼이나 중요한 의미를 가진다. 전쟁으로부터 베트남의 해방은 놀라울 정도로 오래 지속된 과정이었고 여러 종류의 형태를 보여준다. 군사적 전쟁의 종결은 오랫동안 지속된 진짜 전쟁의 종식을 위한 시작에 불과했다.[3]

이상의 논의는 냉전에 다양한 차원과 시점이 존재한다는 사실을 시사한다. 베를린 장벽이 붕괴한 해인 "1989년 이후"의 세계가 그 이전의 세계와 실질적으로 다르다는 생각은 경제적 세계화와 국제 안보에 관한 논의에서부터 포스트-사회주의 사회들에 대한 민족지에 이르기까지 당대의 사회과학 연구에서 널리 받아들여지고 있

구적 냉전(global cold war)"라는 신조어를 만들어냈다. Westad, *The global cold war*.
3) Ward Just는 다음과 같이 썼다. "미국인들이 떠날 때에도 전쟁은 끝나지 않을 것이다. 전쟁의 일부는 끝이 날 것이지만, 전쟁은 일부분 이상의 것이다." "The American blues," in W. Karlin, Le M. Khue and Trung Vu (eds.), *The other side of heaven: post-war fiction by Vietnamese and American writers* (New York: Curbstone, 1995), p. 8.

다.[4] 수많은 논의들 속에서 1989년은 급진적이고 보편적인 시간상
의 균열이자 전 지구적 질서에서 발생하는 돌이킬 수 없는 변화의
계기들과 연결되는데, 이는 그에 따른 분석관행상의 변화를 요구하
는 것이다. 국제관계를 연구하는 몇몇 학자들은 이전의 양극 구조
를 설명하기 위해 공식화된 옛 전략들을 대신해서 새로운 다극적
인(혹은 일극적인) 세계 질서를 설명하기 위한 새로운 방법론을 요
구해왔다.[5] 지역연구를 수행하는 학자들은 지역사와 전 지구적 정
치과정을 분석적으로 통합할 수 있는 방안을 모색하고 있는데, 아
르준 아파두라이(Arjun Appadurai)에 따르면 이 두 연구 영역은 냉전
시대의 지식 생산과정에서 지역연구와 국제연구 사이의 인위적 분
업이라는 형태로 분리되어 있었다.[6] 또한 일부 사회이론가들은 새
로운 시대의 개인, 가족, 국가와 같은 근본적인 사회학적 범주들을
좌우 대립을 초월해서 재고할 필요성을 제기하기도 한다(이 책의 결
론을 보라).[7] 이러한 "신시대"의 지적 분위기는 양극적 정치사 일반
이 이제 과거의 일이 되었고, 새롭게 대두하는 세계는 옛 세계와
는 질적으로나 구조적으로 판이하게 다른 세계라는 전제에 기반
해 있다.

---

4) Will Hutton and Anthony Giddens, "Anthony Giddens and Will Hutton in conversation,"
   in W. Hutton and A. Giddens (eds.), *Global capitalism* (New York: New Press, 2000),
   pp. 2-3, 9-12; Mary Kaldon, *New and old wars: organized violence in a global era*
   (Stanford: Stanford University Press, 1999); Chris M. Hann, "Postsocialism as a topic
   of anthropological investigation," C. M. Hann (ed.), *Postsocialism: ideals, ideologies, and
   practice in Eurasia* (New York: Routledge, 2002), pp. 1-11.

5) James M. Scott (ed.), *After the end: making US foreign policy in the post-cold war world*
   (Durham NC: Duke University Press, 1998).

6) Arjun Appadurai, *Modernity at large: cultural dimensions of globalization* (Minneapolis:
   University of Winsconsin Press, 1996), pp. 16-18.

7) Anthony Giddens, *Beyond left and right: the future of radical politics* (Cambridge: Polity,
   1994).

나는 이러한 전제가 밝혀내는 것만큼이나 많은 오해를 초래한다
고 생각한다. 시간적 결절이라는 가설의 문제는 두 개의 상호 연관
된 쟁점 속에 존재한다. 첫째는 냉전이 전 세계적으로 단일한 현상
이었다는 잘못된 가정이다. 양극 갈등은 전 지구적으로 포괄적인
동역학을 보여준다. 하지만 이는, 앞서 지적한 바와 같이, 그것을
다양한 지역을 관통하는 하나의 동일한 경험으로 간주하는 것과는
다른 문제이다(이 책의 서론을 보라). 그렇게 하는 것은 최근 냉전에
관한 국제관계사와 사회사 관련 저작들의 내용에 반하는 것이다.
최근 국제관계사 및 사회사 관련 저작들은 서구 유럽과 과거 그들
의 식민지였던 아시아 및 아프리카가, 그리고 심지어 유럽의 국가
들조차 제2차 세계대전 이후 지리학적 위치와 사회정치적 조건에
따라 양극 정치를 얼마나 상이하게 경험했는지를 분명하게 보여준
다.[8] 사회 세력들의 극단적인 정치적 양극화는 수많은 비서구 지역
내에서 지속되어온 탈식민 투쟁과 불가분의 관계에 놓여 있으며,
이러한 상황에서 "냉전"은 흔히 그 자체의 문어적 의미를 전복시키
는 형태를 취해서 일련의 폭력적인 내전과 여타 예외적인 형태의
조직화된 폭력을 수반한다.[9] 양극적 정치사가 지속적인 탈식민사
의 일부라면, 그리고 아파두라이가 주장하는 것처럼 "식민적 과정
이 [1989년 이후의 세계에서] 당대의 정치를 떠받치는 역할을 [계
속한다면]", 그것을 당대의 정치적 과정에 대한 분석에서 배제하는
일은 논리적으로 터무니없는 것일 수밖에 없다.[10]

이렇게 중대한 지역적 변이를 전혀 염두에 두지 않는 문제와 관

---

8) Westad, *The global cold war*, pp. 2-5, 396; Christian G. Appy (ed.), *Cold war constructions* (Amherst MA: University of Massachusetts Press, 2000).

9) LaFeber, "An end to which cold war?" pp. 13-14.

10) Arjun Appadurai, *Modernity at large*, p. 18.

련하여, "1989년 이후"라는 전제 역시 양극적 역사를 단지 하나의
외교사로 환원시키는 문제에 직면한다. 오직 이러한 환원주의적 시
각 내에서만, 지정학적 차원에서의 냉전 종식을 대체적인 양극적
정치사의 종결과 동일시하는 오류를 범할 수 있다. 1991년 스티븐
위트필드(Stephen Whitfield)는 냉전의 역사를 두 가지 차원, 즉 지정
학적 질서에 대한 질문과 사회적 질서에 대한 질문에서 접근할 필
요가 있다고 제안한 바 있다. 또한 그는 이러한 두 개의 질서가 어
떻게 서로 다른 발전 주기를 가질 수 있는지를 보여주었다.[11] 그에
따르면, 근래의 많은 역사학자들은 냉전의 사회문화적 차원을 미국
과 유럽사 내에서 탐구해왔다.[12] 이러한 학문적 경향은 국제 냉전
사 연구를 위한 지속적인 노력과의 상호 작용 속에서 발전을 거듭
하고 있는 중이다. 이러한 연구는 냉전의 기원을 더 세밀하게 조명
하고 그 다양한 지역적 실제성을 포착하는 일을 포함한다. 이와 같
은 지적인 맥락에서 보면, "냉전의 종식"은 하나의 주어져 있는 보
편적인 연대기적 실재가 아니라 냉전의 과정에 대해 지역에 기반
한 경험적인 개입을 요구하며, 점진적으로 부상하는 전 지구적 실
재일 수밖에 없다.

　　냉전의 질서를 진정으로 종식시키고자 한다면, 이 전 지구적 차
원의 갈등이 다양한 지역적 형태로 변형되는 방식들과 씨름할 필

---

11) Whitfield, *The culture of the cold war*.
12) 이에 관한 주목할 만한 예들 중에는 다음과 같은 것들이 있다. Ron Robin, *The making of the cold war enemy: culture and politics in the military-intellectual complex* (Princeton: Princeton University Press, 2001); Christopher Shannon, *A world made safe for difference: cold war intellectuals and the politics of identity* (New York: Rowman and Littlefield, 2001); Douglas Field (ed.), *American cold war culture* (Edinburgh: Edinburgh University Press, 2005); Christina Klein, *Cold war orientalism: Asia in the middlebrow imagination, 1945-1961* (Berkeley: University of California Press, 2003).

요가 있다. 그러한 갈등을 사회 질서라는 차원과 일상적 삶의 스펙트럼 내에 위치시키지 못한다면, 새로운 시대로의 역사적 이행에 대한 이해는 심각하게 불완전해질 수밖에 없다. 가장 중요한 것은, 하나의 사회적 질서로서의 냉전이 정치적 양분(bifurcation)의 부담을 떠안으면서 분할된 사회적 신체(social body)가 살아 있도록 만드는 기법과 기술 또한 창출해냈을지도 모른다는 점이다. 사실이 그렇다면, 우리는 냉전이 구체적인 장소에서 천천히 그리고 다양한 방식으로 어떻게 종언을 맞이하고 있는가를 이해할 수 있고, 동시에 갈등의 해결을 위한 지역적으로 구체적이며 부상하는 전략들을 평가할 수도 있다. 위트필드는 양극적 정치 패러다임에서 출현한 사회 질서의 발전 과정에 대해 논하면서 "냉전의 해체"라는 표현을 사용했다. 해체의 과정은 과도기(liminal period)에 발생한다. 매릴린 스트래선(Marilyn Strathern)은 사람들이 언제 "내부에 무엇이 포함되어 있는지를 보거나 볼 수 있도록 만들기 위해" 하나의 이미지를 분해하는지를 보여주기 위해 멜라네시아의 맥락에서 그러한 해체의 과정을 호소력 있게 조명한다. 즉 "그것은 내부를 이끌어내는 자, 즉 해체자에게 자신의 설명노력에 대한 목격자로서의 권력을 제공하는 과정이고, 그 이끌어내는 자/목격자는 엄격한 의미에서 그 이미지의 '창조자'이다."[13] 해체를 이렇게 이해한다면 그 과정을 목격하는 것이 매우 가치 있고 창조적인 경험이 된다. 전체가 실제로 수많은 분리된 부분에 의해 구성되어 있는 방식을 이해하고, 나아가 궁극적으로 전체에 대한 새로운 이미지를 창출할 수 있는 것은 바로 그 과정을 실제로 목격하는 것을 통해서이다.

---

13) Marilyn Strathern, *Reproducing the future: anthropology, kinship and the new reproductive technologies* (Manchester: Manchester University Press, 1992), p. 245.

앞서 우리는 위트필드의 "냉전의 해체(decomposition)"라는 관점에
서 당대 베트남 사회발달의 제 측면들에 관해 논의했다. 즉 전쟁으
로 인한 대규모의 죽음이 남긴 인간 유해와 물질문화에서 발생하
고 있는 변화에 초점을 맞추어 "해체"라는 그의 생각을 문자 그대
로의 의미에 보다 가까운 곳으로 이끌었다. 이 장에서는 그 논의에
사회사적 배경을 추가하고자 한다. 하지만 친밀한 공동체적 삶의
맥락 내에서 경험된 베트남-미국 전쟁의 역사를 추적하기 전에 우
선 인민의 전쟁이라는 실재를 이해하기 위한 핵심 개념인 "네트워
크"에 관한 논의가 필요하다.

전쟁의 네트워크

네트워크는 과학연구와 경제사회학을 아우르는 수많은 분야에
서 다양한 의미를 내포하고 있는 용어로 광범위하게 사용된다.[14]
이 용어는 부족집단의 정치와 전쟁에 대한 인류학적 연구에서 중
요한 개념 중 하나이다.[15] 소위 친족 기반 사회에서 문화적으로 탁
월한 집단의 결속은 흔히 출계원리에 기반을 두고 있으며 혼인을
통한 유대처럼 여타 비교적 덜 두드러진 관계들과 긴밀하게 연동
되어 있다. 출계 기반 집단들 내에, 그리고 그것들을 가로질러 존재
하는 이러한 가까운 인척유대와 여타 종류의 유대는, 비록 출계에
기반한 유대보다 이데올로기적으로는 덜 두드러지지만 부족 전쟁
과 같은 일반적인 사회적 위기가 도래했을 때 중요한 정치적 힘으

---

14) Bruno Latour, *Reassembling the social: an introduction to actor-network theory* (Oxford: Clarndon, 2005)와 John Hassard and John Law (eds.), *Actor network theory and after* (Oxford: Blackwell, 1999)를 보라. 그리고 Manuel Castells (ed.), *The network society; a cross-cultural perspective* (Cheltenham: Edward Elgar, 2004)도 참고하라.
15) Max Gluckman, *Custom and conflict in Africa* (Oxford: Blackwell, 1973).

로 발달해서 서로 경합하는 출계집단 사이의 적대감 상승을 완화하는 데 기여할 수 있다.[16]

1990년대 초 냉전의 지정학적 구조가 붕괴된 이후, 네트워크라는 용어는 안보연구 전문가들 사이에서 하나의 중요한 개념으로 자리 잡게 되었다. 2001년 뉴욕과 워싱턴에서 이루어진 테러 이후, 이 용어가 이 분야에서 갖는 중요성이 배가되었고, "네트워크 전쟁"은 이후 격렬한 논쟁의 주제가 되었다. "새로운 네트워크 전쟁"이라는 글에서, 랜드 연구소(Rand Corporation)의 존 아퀼라(John Arquilla)와 데이비드 론펠트(David Ronfeldt)는 전략적 전쟁의 수단과 전장이 더 이상 영토 국가에 국한되지 않을 것이라고 주장했다. 그들은 과거 영토에 기반한 국지전이 초국가적인 네트워크 전쟁으로 대체될 것이라고 제안한다. 따라서 전 지구적 갈등에 대한 예전의 지정학적 시각을 지구화라는 보다 광범위한 맥락과 정보기술의 발전에 조응해서 전쟁에 대한 "네트워크 중심적인" 시각과 대비책으로 대체해야 한다.[17] 아퀼라와 론펠트는 "비국가 행위자들이 비선형적이고 다조직적인 네트워크를 전통적이고 위계적인 국가 행위자들보다 더 용이하게 조직할 수 있기 때문에 권력이 전자로 이전되고 있는 중"이라고 생각한다.[18] 랄프 피터스(Ralph Peters) 대령은 미국전쟁대학(US War College)의 저널인 『파라미터스(Parameters)』에 실린 글에서 이러한 주장에 동의하고 있다. 하지만 그는 여기에 덧붙여 전략가의 목적이 구체적으로 이러한 권력의 이동에 대항하고

---

16) Simon Harrison, *The mask of war: violence, ritual, and the self in Melanesia* (Manchester: Manchester University Press, 1993).

17) John Arquilla and David Ronfeldt, *Networks and netwars: the future of terror, crime, and militancy* (Santa Monica CA: RAND, 2001).

18) Ibid, p. 1. www.rand.org/pubs/monograph_reports/MR994/MR994.ch.2.pdf에서 이용 가능한 온라인 자료도 보라.

권력이 국가 행위자들의 손에 남아 있도록 하는 것이라고 주장한
다.[19] 피터스는 네트워크 전쟁의 패러다임, 또는 그가 "탈근대 전쟁
(post-modern warfare)"이라고 부른 것이 현대의 전 지구적 안보 환경
에 적합하다는 점을 인정한다. 그럼에도 불구하고, 그는 조직적인
네트워크에 대항하는 전쟁에서조차 전략가들에게 핵심적인 문제
는 전통적인 군사 기관들의 효율성을 폐기하는 것이 아니라 전통
적인 전쟁(conventional war)과 네트워크 전쟁(network warfare)의 가능
한 하이브리드를 구축하는 것에 관한 것이어야만 한다고 주장한다.

　우리가 가까운 미래에 네트워크 전쟁에 직면할 것인가 아니면
하이브리드 전쟁(hybrid war)에 직면할 것인가와 관련해서, 이 엘리
트 전략가들은 전쟁의 옛 형식과 새로운 형식 사이의 미묘한 차이
에 대해 공통적인 견해를 가지고 있다. 아퀼라와 론펠트는 테러리
스트의 네트워크가 사회적 차원과 독트린의 차원에서 유리한 반
면, 자유세계의 국가 행위자들은 기술적 차원에서 우월하다고 주
장한다. 그들은 미래의 전쟁은 조직력, 군사적 독트린, 테크놀로지,
사회적 결속 등을 포함하는 모든 전선에서 "네트워크를 갖춘 테러
리스트에 대항해 대규모 캠페인을 수행하는 데 적합한 네트워크를
구축하는 일"에 달려 있다고 결론짓는다.[20] 피터스는 보다 묵시록
적인 어투로 "전통적인 유형에 대한 대비책, 주도권, 대응을 제한하
는 국가와 군사 기관들은 미래에 대한 두려움의 대가로 목숨과 돈,
그리고 삶의 질을 지불하게 될 것이다"라고 적고 있다.[21] 이들 학자

---

19) Ralph Peters, "The culture of future conflict," *Parameters* 25 (1995-96), pp. 18-27.
20) Arquilla and Ronfeldt, *Networks and netwars*, 369. www.rand.org/pubs/monograph_
　　reports/MR1382/MO1382.after.pdf에서 이용 가능한 온라인 자료도 참고하라.
21) Peters, "The culture of future conflict," p. 18. Ralph Peter, *Beyond terror: strategy in
　　achanging world* (Mechanicsburg PA: Stackpole Books, 2002), pp. 323-3도 참조
　　할 것. www.carlisle.army.mil/USAWC/parameters/1995/peters.htm에서 이용 가능

가 개괄하고자 하는 "새로운 전쟁"은 도덕적으로나 구조적으로 양
립할 수 없다고 간주되는 양분된 사회적 힘 사이의 갈등, 그리고 실
제적인 차원에서는 합법적인 국민국가들과 비합법적인 비국가 네
트워크들 사이의 경합을 지칭한다. "네트워크 전쟁"은 냉전을 수행
하는 국가 행위자들의 근대화 프로그램이자 그들이 냉전 이후의
세계에서 전쟁을 사유하는 방식에 대한 개혁이다. 이 프로그램에
따르면, 국가는 구체적인 영토적 적을 상상하는 옛 습관과 냉전 이
후 장소에 기반을 둔 적의 부재 속에서 아무런 적도 보지 않는 새
로운 습관에 도전해야 한다.

베트남 남부와 중부의 많은 사람들에게 "네트워크"라는 관념은
단순히 초현대-정보화 시대의 기술적 개념이 결코 아니다. 인터넷
서핑에 능숙한 젊은이들은 가상 네트워크를 망 르어이(mang luoi)
라고 부른다. 하지만 전쟁 기간에 젊은 시절을 보냈던 그들의 부모
들도 비밀 행동이 이루어지는 수많은 혁명 네트워크를 망 르어이
(mang luoi) 혹은 망 르어이 잔 디엡(mang luoi gian diep)이라 부르곤 했
다. 소 데(so de)라는 유명한 복권 조직 네트워크처럼 전후 돈이 되
는 비공식 경제 서클의 구성원들 또한 자신들의 활동을 망 르어이
(mang luoi) 또는 망 르어이 쭈 재(mang luoi chu de)라고 부른다. 베트
남인들의 네트워크 관념은 그들의 역사적인 전쟁 경험 및 비공식
경제와의 일상적인 조우에 뿌리를 두고 있다. 대부분의 전쟁 세대
들은 "네트워크 전쟁"이라는 관념을 혁신적인 개념으로 생각하지
도 않고 그렇다고 해서 자명한 것으로 보지도 않는다. 이 개념이 우
리에게 새로운 것처럼 보인다면, 그것은 아마 부분적으로 우리가
"옛" 전쟁을, 그것이 민중의 차원에서는 이미 매우 네트워크적인

___
한 온라인 자료도 보라.

유형의 경험이었다는 사실을 고려하지 않은 채, 주로 국가 중심적
인 관점에서 분명한 국경선을 따라 발생한 권력의 경합으로 이해
하기 때문일 것이다.[22] 나아가, 이러한 경험은 단지 정치조직적 네
트워크로만 환원되어서는 안 되고, 앞서 언급했던 보다 광범위하고
비공식적인 사회적 네트워크의 맥락 내에서 고려되어야 할 것이다.

혁명의 토대

　남베트남군과 미군의 통제하에 있던 남부와 중부 베트남의 도시
지역에는 또(to) 혹은 또 바 응으어이(to ba nguoi, 삼인조three-member
cell)라 불렸던 전시 베트콩 혁명소조가 있었다. 이 소조는 전형적
으로 혁명과업에 충성하는 비밀 시민활동가를 지칭하는 꺼 소 깍
망(co so cach mang), 즉 "혁명의 토대(infrastructure of revolution)" 남녀
3~5명으로 조직되었다. 각 소조는 보통 전체 서클의 규모와 범위
에 대해서는 전혀 모르는 상태에서 오늘날의 전문용어로 네트워크
의 네트워크라고 할 수 있는 하나의 보다 광범위한 서클에 연결되
어 있었다.[23]

　도시 내의 적대적인 조건하에서, 각 소조 자체는 흔히 그 토대 공
작원들이 대개 서로를 모르는 네트워크의 형태를 취했다. 각 소조
에 속한 개인들은 다양한 소통 수단을 이용하여 조장과 접촉했다.
공작원들은 (서로 이미 이웃이거나 친척 또는 직장동료인 경우가 아니면)
묘지나 사원에서 상급자와 조장들을 만났다. 또는 정보원을 통해
암호화된 메시지를 주고받았다. 때로 공작원들은 정보원을 상급자
로 오인하기도 했다. 이웃한 두 사람이 망 르어이상 서로 다른 지점

22) Kaldor, *New and old war*, pp. 29-30을 보라.
23) Pike, *Viet cong*, pp. 229-230.

에 속해 있어서 서로의 신분이나 활동을 모른 채 유사한 활동을 하는 경우도 있었다. 한 명의 공작원이 노출되더라도 네트워크 내에서 동반 손실로 이어지는 경우는 드물었다. 각 공작원이 그 또는 그녀의 즉각적인 활동범위를 넘어선 영역에 대해서는 전혀 알 수가 없었기 때문이다.

간부와 공작원 사이의 관계는 위계적이기도 했고 수평적이기도 했다. 공작원들은 간부들로부터 명령이나 지시를 받는 한편 간부들에게는 정보나 실질적인 도움을 제공했다. 그럼에도 불구하고, 개별 공작원의 공작은 주로 그 또는 그녀 자신의 고유한 사회적 네트워크 내에서 개별적인 능력과 판단에 따라 수행되었다. 간부가 공작원의 기술적 공작에 미치는 영향은 미미했고, 보다 광범위한 정치적 상황에 따라 변화했다. 네트워크의 간부가 공작원의 공작 실패나 불충에 취약한 정도는 그 반대의 경우보다 더 심했다. 하지만 도덕적으로는 공작원과 상급자 모두 서로를 같은 목적을 공유한 파트너, 즉 동찌(dong chi)라 부르고 또 그렇게 인식하면서 수평적인 관계를 유지했다.

이러한 소조 조직은 개별 조직의 실질적인 자율성을 상실하지 않고도 무한대로 확장할 수 있는 특성을 가지고 있었다. 전시 베트남 정치조직 네트워크의 이러한 측면은 실제 공작을 기술하는 사례연구를 통해 가장 잘 논의될 수 있다. 필자가 조사한 사례 중 하나는 1969년 다낭 시립병원에서 일어난 사건이다.

당시 병원에는 오래된 네트워크를 가진 한 간호사가 있었다. 그녀는 부상당한 병사들로부터 정보를 수집했고, 의약품을 몰래 빼돌렸으며, 지역의 한 약사의 딸을 통해 비밀 네트워크와 연계되어 있었다. 한 부상당한 ARVN(베트남공화국군, 이전의 남베트남군) 장교는 많은 장교 및 병사들과 고도의 비밀 네트워크를 형성하고 있었다.

그는 또한 군 외부에도 친구 및 친척들로 구성된 소규모 네트워크
와 연계되어 있었다. 이 네트워크는 그 장교의 VC(베트콩, Vietcong)
동생에 의해 구축된 네트워크였는데, 그가 죽은 후에는 자전거 수
리점을 운영하던 그의 어릴 적 친구에 의해 운영되었다. 그 장교 옆
에 있던 환자는 반동란(counter-insurgency) 네트워크에 속해 있었다.
그는 부상당한 장교의 충성심을 의심한 남베트남군 정보부가 고용
한 정보원이었다. 환자들에게 칫솔과 수건을 팔던 아이들도 자신들
만의 매우 유동적이고 효과적인 네트워크를 가지고 있었다. 그들
의 집단은 고아, 죄수의 자녀들, 옛 소꿉친구 집단, 피난민 가족
의 자녀들을 포함하는 더 복잡한 거리아동 네트워크에 속해 있
었다.

　서로에게 알려지지 않았던 이 모든 네트워크는 1969년 5월 그
ARVN 장교의 병원 탈출이라는 하나의 사건을 통해 연결되었다.
간호사는 부상당한 장교와 접촉하도록 지시를 받았다. 그녀는 그
장교의 옆 침상에 있던 ARVN 군 정보부 소속 제보자를 어느 날 오
후 늦게 예약된 시간에 검사실로 데려갔다. 장교는 병원을 탈출하
여 한 불교 사원으로 가서 병원에서 보았던 아이들을 만났다. 아이
들은 그에게 어느 무덤 아래로 뚫린 지하 터널을 보여주었다. 이른
아침 장교 자신의 네트워크에 속한 공작원 중 한 사람이 나타나 그
를 강변 쪽으로 데리고 갔다. 그곳에서 그는 미지의 혁명 연락책에
게 인도되었고, 이 두 사람은 강 반대편으로 헤엄쳐 간 후 산속으로
사라졌다.

　이와 같이 수많은 공작 네트워크들이 보다 광범위한 사회적 · 시
민적 네트워크의 맥락 내에 존재했다. 이 장교의 형은 유명한 베트
콩 간부였다. 그들 어머니의 집은 남베트남 경찰뿐만 아니라 경찰
정보원인 이웃의 감시하에 있었고, 그녀는 다른 이웃사람들과 훨씬

더 광범위하고 긴밀한 관계를 맺고 있었다. 언젠가 그녀의 늙은 남편이 이질에 걸려 생사를 오가고 있었는데, 그의 베트콩 아들은 용감하게도 죽어가는 아버지를 문안했다. 그가 방문하던 날 저녁, 몇몇 이웃 여자들이 도박판을 열어 그의 어머니와 이웃 정보원의 아내를 초대했다. 두 소년은 이웃집 개들을 데리고 나갔고, 그들의 누나는 거리에서 노는 모든 아이들을 학교 운동장으로 데려갔다. 부자가 서로에게 작별을 고하는 동안, 길 건너 집에서는 아주 시끌벅적한 소리가 들리고 있었다. 하지만, 이 여자들이 그날 저녁과 다른 여러 때에 했던 일은 그 아들의 정치적 네트워크와 아무런 상관이 없는 일이었다. 장교의 어머니를 포함하여 이 여자들 중 어느 누구도 조직화된 네트워크에 속해 있지 않았고, 아무도 정치적 목적으로 그날 저녁의 도박판을 준비하지 않았다. 이웃사람들은 단지 서로 신뢰하고 오랜 관계를 유지해온 구성원의 편에 섰을 따름이었다.

이 간호사는 어릴 적 친한 친구였던 약사의 딸을 통해 꺼 소(co so, "토대") 공작원이 되었다. 약사는 그녀가 병원에서 상대적으로 안전하고 보수가 좋은 일을 하고 있다는 것을 알았다. 그녀의 두 남동생은 ARVN의 전투부대에 속해 있었다. 그녀의 부모는 첫째 큰오빠의 부인과 마찬가지로 그녀의 비밀공작에 관해 알고 있었다. 간호사가 체포되었을 때, 그녀의 올케는 시어머니의 금붙이뿐만 아니라 자신의 저축까지 털어서 남편의 군 상관의 동료에게 뇌물로 주었다. 그 약사는 간호사가 석방되자 조사 과정에서 얻은 여러 상처의 치유를 위한 약을 제공하는 방식으로 간호사의 가족을 도와주었다. 칫솔을 팔던 소년소녀들은 ARVN 장교 가족들의 시종으로 일했던 고아 친구들과 사귀거나, 외국인 장교와 가까운 친구관계를 유지했다. 그들은 정규적으로 만나 장난감과 양식을 거래하고 가십

거리를 교환했다. 거리의 아이들 중 한 명이 체포되었을 때, 그녀의 "미치광이 바보" 연기는 실패했다. 나중에 그 집단은 상대적으로 신참이었던 그녀의 연기가 지나쳤다고 결론 내렸다. 그 시종 소년은 미군 장교였던 그의 후원자-친구(patron-friend)가 그 사건에 개입하도록 설득했는데, 그 장교는 친절하게도 그녀를 구명해주었을 뿐만 아니라 직업을 알선해주기도 했다. 1960년대 후반에 시종 일을 했던 그 소년은 장년이 된 오늘날 당시 자신은 결코 꺼 소가 아니었다고 믿고 있다. 그는 단지 외롭고 심심해서 꺼 소 소년소녀들과 함께 어울리기를 좋아했을 뿐이라고 말한다.

호랑이 사원

호랑이 사원 공동체는 전쟁으로 인해 생겨난 도시 근교 공동체의 전형이다. 이 지역은 반식민주의 베트민 레지스탕스의 근거지 중 하나였고, 현재는 관광과 여타 산업 활동으로 호황을 누리고 있다. 호랑이 사원은 좁은 자전거 길을 따라 대규모 전쟁 묘지로 이어지는 길 끝자락에 은닉해 있어서 번잡한 도시로부터 교묘하게 숨겨져 있는 주거지역이다. 사원은 서쪽으로 좁고 길게 늘어선 소박한 하위중산층 주택들을 마주하고 있다. 이들 주택은 북쪽으로는 오래된 교도소와, 서쪽으로는 군부대와 맞닿아 있다. 군부대 쪽에서는 이른 아침에 구보하는 군인들의 애국가 소리를 들을 수 있다. 이웃 아이들은 이 노래들을 배우고 그중 몇몇을 길거리에서 놀이 삼아 부르기도 한다. 어른들 역시 군부대로부터 이익을 얻는다. 그들은 부대 확성기로부터 최근 나라 안의 정치·군사적 사건들에 관한 소식을 듣는다. 군부대와 바로 이웃해 있다는 점은 주민들이 범죄로부터 안심할 수 있다는 추가적인 혜택도 있다.

마을 북쪽의 교도소 건물은 현재 용도폐기 되어 철거를 기다리고 있다. 이곳은 전쟁 중에 많은 지역민들이 가장 두려워하는 장소로 여겨졌다. 남베트남 경찰은 죄수들을 심문하고 그중 일부를 처형하기 위해 이 장소를 사용했다. 1969년에 교도소를 설립하기 이전에 이 지역은 ARVN 제3 보병 사단의 군부대 막사였다. 호랑이 사원은 1965년에 ARVN 병력을 현재의 위치로 재배치하기 전에는 원래 그 군부대 한가운데에 있었다. 호랑이 사원의 원로들은 메콩 삼각주 농촌 출신 10대 청년들로 구성된 ARVN 병사 중 일부가 이 신성한 공동체 사원을 건드릴까 봐 무척 두려워했다는 점을 상기했다. 원로들은 이 순진한 ARVN 병사들을 해방 후 위압적인 태도의 인민군 장교들과 비교했다. 그들의 기억 속에 후자는 공동체의 사당과 불탑에 경의를 표하지 않았다. 그들이 내가 있는 자리에서 이렇게 말했을 때, 그들의 성인 자녀들은 불편한 표정으로 이 문제에 관한 자신들의 생각이 부모들과 다르다고 내게 속삭이듯 말했다.

교도소 벽과 인접한 주택의 주민들은 죄수들의 비명 소리를 차단하기 위해 나무문을 항상 닫아놓았다. 군부대 쪽 주민들과는 아주 대조적으로, 교도소 쪽 주민들 중 일부는 여전히 밤에 문을 단단히 잠그는 습관을 유지하고 있다. 그들은 이러한 조치에도 불구하고 여전히 불안감을 느낀다. 이제 더 이상 죄수들이 없음에도 불구하고, 이웃들의 구술사에서 여러 번 드러나듯이 일부 주민들은 아직도 사형수들의 유령이 자기 집 뒤뜰이나 부엌으로 기어들어 올까 두려워한다. 그 지역의 토착적 지식체계에 따르면 살아가면서 죄수의 유령과 조우하는 것보다 더 무서운 것은 없다. 그 유령은 긴 머리카락에 가슴을 풀어헤치고는 사람들을 유혹해서 죽음으로 이끄는 여자 물귀신으로 악명 높은 마우 마(Mau Ma)처럼 훼손된 몸과 늘어진 혀를 가지고 있다. 이웃의 젊은 여자 세 명이 이 공포스러운 환영을 경험했고, 그들 중 한 명은 끝내 그 충격으로부터 완전히 회복되지 못했다.

　호랑이 사원의 주민들 대부분은 도시생활을 한 역사가 짧다. 그들은 전쟁 동안 왜곡된 급속한 도시화를 통해 이 도시의 주변적 공간으로 통합되었다. 전쟁 전에는 코코넛 나무와 논이 이 지역을 둘러싸고 있었고, 사람들은 주로 땅에 의존해서 생계를 유지했다. 남베트남의 여타 도시 근교와 마찬가지로, 이 공동체는 비가시적이긴 하지만 혁명군의 비밀 후원자들과 남베트남의 경제와 행정에 통합되어 있는 사람들로 심층적으로 나누어져 있었다. 그 주변적인 위치로 인해 마을에는 남베트남 행정부의 주요 관료나 ARVN의 간부가 없었다. 몇몇이 하위 행정 관료나 외국군 시설의 노무자로 종사했고, 또 다른 몇몇은 장터 노점이나 작은 상점을 운영했다. 다수의 가구들이 베트콩 측과 다양한 수준의 연결고리를 유지했다. 일부 가족은 전투원을, 일부는 노동을, 또 일부는 돈이나 정보를 제공하는 형태로, 혹은 심지어 단순히 마음으로 혁명군 측을 지원했다.

　따라서 이 마을은 역사적인 측면에서 "부역자"와 "애국자"가 뒤섞여 있는 곳이다. 전쟁 중에는 이러한 혼합이 종종 심각한 상황을 야기했다. 남베트남 경찰은 특별히 효과적이라고는 할 수 없지만 정교한 이웃 감시 네트워크를 운영했다. 이웃의 공모로 인해 베트콩 기동 공작원들과 그들을 지원하는 애국적 주민들이 체포된 사건이 실제로 발생했다. 비록 이러한 사건이 실제로는 소문만큼 그렇게 자주 발생하진 않았지만, 이러한 전략은 도시 공동체 내에서 상호 불신과 고립을 조장하는 데 약간의 성공을 거두었다. "부역자" 가족들도 안전하지 않은 것은 마찬가지였다. 정규적으로 베트콩 당국으로부터 호소나 경고의 편지가 이들 가족에게 손수 전달되었다. 첫 번째 편지는 정중한 언어로 수령자에게 혁명과업을 위해 물질적 기여를 하라고 촉구했다. 이 편지에 반응이 없을 경우,

이후의 편지는 협력하지 않을 경우 발생할 결과에 대한 생생한 협박의 메시지를 전달한다. 이러한 편지를 받는 사람은 남베트남 당국에 공식적으로 보고해야 할 의무가 있었다. 보고를 하지 않는 것은 범죄에 해당했고, 그러한 범죄는 부당한 처벌로 이어질 수 있었다. 하지만 현명하게도 사람들은 그러한 사건을 거의 보고하지 않았다.

사람들의 회상에 따르면 이러한 심리적 분열 전략의 결과는 항구적인 공포와 고립이었다. 이웃이나 친구가 누군가를 배신했다는 소문은 읍내 전체로 광범위하게 퍼져나갔고, 이는 다시 은밀함과 상호불신을 강화했다. 역설적이게도 전쟁 지도부의 이와 같은 분열 통치전략은 민간인들 사이에 비밀 혁명지원 네트워크가 확장되는 데 기여했다. 민간 활동가들의 정치적·도덕적 동기 이면에는, 전쟁 상황에서 깍 망(cach mang, 혁명적) 네트워크가 유일하게 안정적이고 신뢰할 수 있는 사회조직이라는 강력한 인식이 존재했다. 물질적·정신적으로 심각하게 고립되어 있었던 수많은 절망적 베트남인들, 특히 여성들은 인간적 연대의식을 회복하려는 혁명조직에 끌릴 수밖에 없었다. 이전에 꺼 소 활동가였던 한 여성은 다음과 같이 회상했다. "남편은 없어도 살 수 있었다. 친척이 없이도 살 수 있었다. 하지만 이웃이 없이는 살 수 없었다. 그래서 이웃을 찾을 수밖에 없었다."

하지만 실제 생활에서 "부역자" 대 "애국자"라는 엄격한 구분을 보통 사람들에게 적용하는 것은 비현실적이었다. 심지어 호랑이 사원 지역 전체가 가장 치열한 전투로 고통받던 1968년과 1969년 사이 최악의 상황에서도 이웃관계가 생존에 결정적인 역할을 했다는 증거는 충분하다. 한 꺼 소 여성은 이유를 묻지 않고 자신의 아이들을 돌보아 준 이웃의 지원이 없었다면 베트콩 접선자에게 식량과 돈을 전달하는 야간 임무를 완수할 수 없었다. 이에 대한 보답으로 그녀는 외국 군부대에서 비서로 일한 이웃의 딸을 구해주었다. 어느 날 그녀는 이웃의 딸에게 다낭 중앙 시장에서 물건을 가져오는 일을 도와달라고 부탁했다. 이웃의 딸이 내키지 않아 하자 그녀에게 멋진 신발 한 켤레를 사주겠다고 약속했다. 그날 오후 한 베트콩 소대가 그 딸의 직장을 기습공격했고, 많은 사상자가 발생했다. 생존을 위해 이루어지는 이러한 교묘한 거래에서는 어떤 질문도 하지 않고 어떤 정보도 캐내려고 하지 않는 것이 일반적이었다. 질문을 하거나 정보를 캐려고 하면 양측 모두 위험에 처하게 된다. 사람들은 그저 다른 사람의 삶에 개입하는 행동(acting on and in the others' lives)을 통해 서로의 목숨을 구하는 방법을 찾았다. 그 딸의 어머니는 내게 이웃이 베트콩 접선자라는 사실을 알고 있었다고 말했다. 그녀는 이웃이 체포될 경우 경찰에게 보여주기 위해 이웃을 비난하는 내용의 편지를 준비해두었다. 그녀가 아직도 보관하고 있는 그 편지는 이웃 여자가 밤에 자주 외출하는 것으로 보아 외간 남자와 바람을 피우는 게 아닌가라는 의혹을 출타한 남편에게 알리는 내용이었다. 그녀는 이웃이 경찰에게 적발될 경우 그녀의 목숨을 구하는 데 도움이 될 수 있다는 생각에 편지를 준비해두었다. 이 복잡하고 교묘한 상호지원의 체계 내에서 애국자와 "부역자"는 서로 겹쳐 있었다. 결국 그들은 생존을 위해 협동할 수밖에 없었다. 전쟁의 각 지도부는 자기편 사람들이 반대편과 협력하지 못하도록 했다. 하지만 십자포화가 난무하는 폭력적인 양극갈등의 거리에서 이미 그어져 있는 정치적 충성의 경계선을 넘나들며 잘 협력하는 사람들만이 신체적·도덕적으로 생존할 수 있었다.

"애국자" 대 "부역자"라는 분류 체계는 여전히 많은 당대 베트남인들의 사회적 삶에서 중요한 구성적 요소이다. 많은 정치적 통제

수단들 중에서도 호 서(ho so)라는 가족기록 체계는 과거의 부역자들에게 가장 명백하고도 일상적인 수치와 근심의 원천 중 하나이다. 어떤 종류의 민원이든 자필로 쓴 개인의 생애사와 가족사에 관한 요약문을 반드시 제출해야 행정절차가 시작된다. 정부로부터의 토지 매입, 결혼과 이혼, 사망신고, 입학, 구직 등 어떤 종류의 행정 절차이든 상관없이 상세하고 포괄적인 호 서 보고서는 필수이다. 호 서 보고서는 개인의 출생 날짜와 장소 및 거주지뿐만 아니라 직업, 종교, 교육수준까지 포함한다. 특히 이 보고서는 친척들의 "직업사(work history)"에 대해 상세하게 묘사할 것을 요구한다. 친척의 범위는 보고서의 목적에 따라 달라진다. 그것은 부계 친족 3대의 직계가족일 수도 있고, 방계 친족까지 포함하는 더 넓은 관계일 수도 있다. 과거에는 공식 호 서 문건에 전쟁 중 개인의 활동에 관한 공간, 즉 특정인이 "우리 편" 아니면 "그들의 편"에서 일했는지를 밝히는 특별한 난이 포함되어 있었다. 민원인은 또한 부모와 조부모, 형제자매 그리고 때로는 아버지의 형제들 같이 더 먼 친족들까지도 '애국자' 또는 '부역자'로 분류해야 했다. 오늘날에는 그러한 내용을 기입해야 할 명시적인 난들이 없다. 하지만 모든 민원인들은 행정당국에 의해 보고서가 받아들여지길 원한다면 가족의 정치적 정체성에 대해 명확하게 진술해야 한다는 것을 알고 있다. 전시 군복무의 역사는 정치적 정체성을 명확하게 드러내고, 혁명 훈장이나 재교육 캠프에 관한 기록도 동일한 효과를 가지며, 재외 친척에 관한 기록은 가족을 불순하게 보이도록 만들었다. 거주 기록, 그리고 특정한 시점에 특정 지역의 특정한 학교를 졸업한 기록도 비록 훨씬 더 미묘하긴 하지만 한 개인이 정치적 스펙트럼에서 차지하는 위치의 일반적 윤곽을 결정한다.

가족 기록 체계의 활용과 남용의 전체적 결과는 한 개인의 전시

부역이 생애사적 사건을 훨씬 초월해서 집단 정체성의 구성 요소
가 된다는 점이다. 전쟁 중에 ARVN으로 복무한 할아버지의 이력
은 학교 행정당국의 관점에서 볼 때 학교에 다니는 그 자손들의 정
체성을 규정한다. 이 아이들은 혁명에 참가해서 명예로운 가족사적
배경을 가진 동료 학생들보다 "모범 학생"으로 인정될 가능성이 더
낮다. 모범 학생이 되기 위해서는 좋은 학업성적뿐만 아니라 모범
적 행동을 보여주어야 한다. 이에 더해 건전한 출신 성분이라는 계
보학적 요인도 판단에 동일하게 중요한 요소로 작용한다. 대부분의
아이들은 비록 상세하게는 아닐지라도 가족 기록이 갖는 함의에
대해 잘 알고 있다.

　호랑이 사원 공동체에는 혁명적 투쟁 이력을 가진 가족들만큼
이나 많은 전(前) 부역자 가족들이 있다. 두 집단의 차이점은 가족
의 조상을 모신 제단을 통해 입증되는데, 이 제단에는 조상들의 소
지품뿐만 아니라 항미전쟁 당시의 영웅적 희생 증명서처럼 정부가
수여한 혁명 활동 증명서도 전시되어 있다. 하지만 전쟁기억의 비
공식 경제를 세심하게 살펴보면, 대부분의 가족들이 훨씬 더 복잡
하고 모호한 계보를 가지고 있는 것으로 나타난다.

세임 세임(same, same)

　호랑이 사원 주변의 모든 사람들은 랍(Lap)을 알고 있다. 이 남자
는 이 애니미즘적 사원을 둘러싸고 있는 작은 공동체의 오랜 주민
이자 이곳에 사는 여러 사지절단자 중 가장 나이가 많다. 랍은 실업
자이고 그 공동체 내에서 여러 잡다한 일을 하면서 쌈짓돈을 번다.
그는 호랑이 사원의 기도시간을 알리는 징을 책임지고 있으며 이
공동체 사원을 운영하는 비공식 위원회의 위원직을 맡고 있다.

　필자는 그가 더위를 피하기 위해 가장 즐겨 찾는 장소인 낡은 지

하 군 벙커에서 만난 것을 포함해서 여러 차례 그를 만났다. 매년 열리는 사원 개막식 기간의 어느 날 저녁에 사원 근처의 한 집에서 그를 만난 적이 있다. 이 집은 그가 사당을 지키다가 가끔씩 휴식을 취하러 가곤 하는 곳이다. 호랑이 사원 공동체의 또 다른 친숙한 얼굴 두 명이 그 60세의 사지절단자를 따라갔다. 그중 한 사람은 그 집의 바로 옆집 사람으로 다낭행 통근버스 운전기사로 일하는데, 필자는 외부인 연구자라는 특수한 위치 때문에 그가 한때 ARVN의 상사였다는 사실을 알고 있었다. 다른 한 남자는 사원 뒤쪽 동네에 사는 사람이었다. 이 지역에 사는 모든 사람들은 그가 전쟁 중에 지역 빨치산으로 활동해서 명예표창을 받았다는 사실을 알고 있다.

랍이 의자에 편히 앉자 예상했다는 듯 편안한 분위기가 조성되었다. 랍은 집주인의 아직 완성되지 않은 조상제단을 뚫어지게 관찰했는데 그것을 본 작은 여자아이는 어느새 웃음보가 터져 배를 잡고 뒹굴었다. 신이 난 랍은 집게손가락으로 자신의 절단된 다리를 가리키며 "아메리카 붐-붐, 베트콩 붐-붐"이라고 했다. 그러자 한 바탕의 익숙한 우스갯소리가 시작되었다.

> 베트콩(전직 빨치산 전사): "미국인들이 당신 다리를 이렇게 했어요?"
> 랍: "네, 네, 미국인들이 그랬어요. 그들은 내가 나쁜 놈이라고 나를 쐈어요."
> ARVN(전직 상사): "누가 당신 다리를 쐈어요? 베트콩들입니까?"
> 랍: "네, 네, 베트콩들이 그랬어요. 그들은 내가 나쁜 놈이라고 내 다리를 쐈어요."

모두가 한바탕 웃었다. 자기 차례가 되자 집주인은 랍의 다리를

건드리며 "아저씨, 누가 이 끔찍한 일을 저질렀어요? 미국 사람인
가요 베트콩인가요?"라고 물었다. 랍은 혼란스러워 하는 얼굴로,
"네, 네, 당신이 맞아요. 네, 미국인. 네, 베트콩. 네, 네, 아메리칸
붐-붐, 베트콩 붐-붐." 그다음 다시 질문이 시작되었다.

> 베트콩: "당신은 내게 미국인이 다리를 쐈다고 했습니다. 이제는
> 당신에게 이런 짓을 한 사람이 베트콩이라고 하네요. 내게 거
> 짓말을 했네요. 대답해요! 베트콩이 쐈습니까?"
> 랍: "네, 네, 베트콩. 당신 말이 맞아요. 내 다리를 쏜 사람은 베트
> 콩입니다. 베트콩 붐-붐, 아메리카 붐-붐."
> ARVN: "당신은 베트콩이 다리를 쐈다고 했습니다. 이제는 당신을
> 쏜 사람이 미국인이라고 하네요. 말이 안 됩니다. 당신은 내
> 게 거짓말을 하고 있어요. 대답해요! 미국인이 당신을 쐈나
> 요?"
> 랍: "네, 네, 미국인이요. 물론 당신 말이 맞습니다. 아메리카 붐-붐,
> 베트콩 붐-붐."

집주인은 심호흡을 한 후 집게손가락으로 랍의 다리를 가리키
며 말했다. "아저씨, 내가 지금 당신 다리에 총탄을 쏩니다. 말해주
세요! 나는 베트콩입니까 미국인입니까?" 그다음 랍이 마지막으로
바지를 걷어 올려서 자신의 의족을 보여주며 말했다. "물론 당신이
옳아요! 미국인과 베트남인, 세임 세임. 당신이 맞아요. 아메리카
붐-붐, 베트콩 붐-붐. 세임 세임!"

사지절단자 랍

랍은 1945년 쭈라이(Chu Lai)에서 태어났는데, 이 지역은 후에 중부 베트남에서 가장 큰 미군 부대 중 하나가 들어선 장소이다. 그는 돌아가신 부모의 뜻에 따라 먼 친척에게 보내져 고아로 자랐다. 그는 초등학교에 다녔고 마을의 물소몰이 소년으로 일했다. 랍은 17세에 마을의 출타한 연장자 레 딴 꾸옹(Le Tang Cuong)에 의해 망 르 어이(mang luoi)로 혁명군에 가담하게 되었다. 그의 주된 임무는 마을의 사회생활과 정치적 견해에 대한 정보를 수집하고 그것을 소조 간부에게 보고하는 일이었다. 또한 그는 간혹 지뢰를 매설하라는 지령을 받기도 했다. 당시 그의 마을 지역이 남베트남군 병력의 대규모 요새로 변환되고 있었는데, 이 때문에 지역 혁명 조직망에 대한 집중적인 감시가 고조되었다. 남베트남의 반혁명 활동도 마찬가지로 강화되면서 더 많은 주민들을 마을과 이웃을 감시하는 연결망으로 끌어들였다. 이들 날카롭게 감시하는 눈과 귀들의 연결망으로 인해 랍은 일한 지 겨우 3개월 만에 체포되었다. 그는 1963년에 다낭 감옥에 투옥되어 1970년에 석방되었다. 그는 다른 젊거나 나이 든 수감자들과 달리 감옥에서 살아남았는데, 이것은 부분적으로 한 동정적인 수감자가 그에게 가르쳐준 생존술 덕분이었다.

심문자가 모두 베트남인이면 손이 발이 되도록 빌며 자비를 구해라. 그들이 걷어차면 비명을 지르고, 전기고문을 하면 울면서 최대한 많은 똥을 싸거라. 아무것도 모른다고 말하고 아무것도 모르는 사람처럼 행동해라. 그들은 네가 실제로 그렇듯 아주 단순무식하고 어리석은 시골뜨기 소년이라고 생각할 것이다. 그 방에서 미국인 고문관이 보이면, 가능하면 그의 다리를 잡고 영어로 한마디를 계속 반복할 것을 기억해라. 세임 세임. 손가락으로 네 자신과 다른 베트남 사람들을 가리키면서 "세임 세임"이라고 말해라. 미국인과 너 자신을 가리키면서도 "세임 세임"이라고 말해라. 아마 그 미국인은 자신이 알고 있는 현실에서 가장 근본적인 차이를 인식하지 못하는 네가 미쳤다고 생각할 것이다.

랍은 석방되자마자 곧바로 쭈라이로 돌아갔다. 이 무렵 그의 마을지역은 거대한 군사기지가 되어 있었다. 그의 늙은 혁명 네트워크 접선책은 사망했고, 남베트남 감옥에 수감되었던 이력 때문에 또 다른 네트워크에도 쉽게 들어갈 수 없었다. 그는 자신의 몸에 달린, 그가 남베트남 정보국의 공작원일 수도 있다는 의심이 들게 만드는 보이지 않는 꼬리표를 떼어낼 수가 없었다. 굶주리고 의기소침해졌을 뿐만 아니라 수감경험으로 인해 고통받고 있던 그는 마을의 다른 사람들처럼 미군기지에서 막노동을 시작했다. 그 기지는 사람들, 특히 땅이 없는 소작농들이 생계비를 벌 수 있는 유일한 곳이었다.

랍은 난생처음으로 굶주리지 않았고, 음식을 구걸하지 않고 다른 사람에게 음식을 줄 수도 있었다. 하지만 얼마 지나지 않아 그는 남베트남군에 징집되어 6개월의 훈련을 받기 위해 호아깜(Hoa Cam) 군기지로 보내졌다. 1971년에 랍은 정치적 수감자가 아니라 ARVN 군인으로서 호랑이 사원 공동체로 돌아왔다. 그는 감옥의 보안병력으로 배치되었다. 그는 같은 해에 결혼해서 마을에 정착했다. 그는 벽돌로 지은 훨씬 더 높은 감옥 감시탑 옆에 작은 대나무집을 지었다. 그는 감옥 일을 해서 약간의 돈을 벌어 왔고, 그의 아내는 장터에서 일을 해서 양식을 가져왔다.

감옥에 있는 동안 랍은 자신의 감방에서 옹 꼽(Ong Cop, 호랑이 사

원에서 숭배되는 호랑이 영혼 미에우 옹 꼽Mieu Ong Cop) 의례에 참여
했다. 그는 양식을 아껴서 간수에게 향을 구했다. 그는 매일 사원
의 개문(開門) 의식 때에 맞춰 개인적으로 의식을 치렀다. 그는 만
약 옹 꼽의 힘으로 감옥에서 살아남는다면, 남은 인생을 호랑이 사
원을 섬기는 데 헌신할 것이라고 기도했다. 그 공동체에서 랍은 호
랑이 사원 사람들이 전통적인 지연이나 혈연관계가 없음에도 불구
하고 모두 운명적으로 연결되어 있다고 믿는 유일한 사람이 아니
다. 중부 고원 지방 출신의 여러 이웃들은 다양한 이유로 자신이 호
랑이 영혼과 관계가 있다고 주장한다. 짜미(Tra My) 출신의 한 남자
는 어린 시절 옹 꼽의 아이였다. 그의 부모는 호랑이 영혼이 허약하
고 책만 파는 아이를 전쟁의 마수로부터 보호해줄 것이라 기대하
고 그를 호랑이 영혼에게 "팔았다." 짜미의 호랑이 사원이 잿더미
로 변하자 그 소년을 호랑이 영혼에게서 되살 수 있는 방법이 없어
졌다. 현재 40대 후반인 이 남자는 자신이 이 맹렬한 수호신과 함
께하기 위해 지금의 주소지로 옮겨오게 되었다고 믿고 있다.

호랑이 사원 인근에 사는 사람들이 공동체의 일원이 된 데는 다
른 세속적인 이유들도 작용했다. 이곳의 대부분의 사람들은 이탈
되어(displacement) 뿌리를 잃게 된 역사를 여럿 가지고 있다. 일부는
혁명 네트워크에서 일했고, 다른 일부는 그 네트워크를 적대시하는
국가기관에서 일하면서 생계를 해결했다. 어떤 사람들은 해방 전
수감자 가족으로 이 지역으로 이사했고, 다른 사람들은 해방 후에
이사해 들어왔다. 전자는 애국자의 가족으로, 후자는 부역자의 가
족으로 전후의 삶을 시작했다. 여러 해 동안 폭력적이고 흔히 치명
적인 대립으로 점철되었던 이 공동체가 그 신위를 보존한 과정은
고무적인 현상이다.

호랑이 사원의 존재는 그 공동체의 회복력에 기여했다. 부역자

가족에 속하든 애국자 가족에 속하든, 거의 모든 주민들은 그들이 전쟁 동안 그렇게 했던 것처럼 사원의 유지와 의례일정에 참여했다. 사원의 활동, 특히 매년 음력 1월에 열리는 개원식에 대한 주민들의 공헌은 지연이나 혈연이 거의 없는 사람들을 공동체로 만들어내는 하나의 방식이었다. 사지절단자 랍 같은 사람들도 공동체의 결속력에 기여했다. 그는 애국자 가족의 명시적인 자부심에 공감하면서 부역자 가족의 보이지 않는 낙인에 대해서도 배려해준다. 랍과 같은 사람은 흔히 그 자부심이나 낙인 이면에 말해지지 않은 불확실성의 역사가 숨겨져 있고, 전쟁 중 생애사가 매우 분명한 궤적을 그리고 있는 보통 사람은 아주 드물다는 사실을 잘 알고 있다.

랍의 생애사는 전쟁의 한 정치적 영역에서 다른 영역으로의 급진적인 이동을 포함하고 있다. 그가 연행하는 "세임 세임"은 그의 양극화된 정체성을 하나의 상실된 전체로 융합한다. 그는 혁명 네트워크에 속해서 전쟁을 치렀다. 그는 또한 국가의 편에서 그 정반대의 전쟁을 치렀다. 랍의 연행은 그가 소박한 행위자로서 경험했던 양극 정치의 구조를 자신의 절단된 다리를 통해 구체화하고, 그의 몸에서 절단된 다리는 그 구조를 한바탕 웃음의 향연을 통해 제거해버린다. 결국 랍의 절단된 다리는 마술적 효과를 발휘한다. 그의 유령화된 다리는 양극 정치 구조를 각인함과 동시에 몸의 나머지 부분은 다리 없이 살아가도록 내버려둔다.

이 남자의 외다리 몸을 양극적 역사의 반구조(anti-structure)로, 혹은 그 구조의 강력한 이원론에 대항하는 상징적 무기로 이해한다면,[24] 그 몸의 정치적 정체성을 아마 호랑이 사원 공동체 전역으로

---

24) 빅터 터너(Victor Turner)는 반구조(anti-structure) 개념에 관하여 다음과 같이 적었다. "나는 '반구조'라는 용어를 사용했지만, 여기서 '반'은 단지 *전략적*으로 사용된 것이지 어떤 근본적인 부정성을 의미하는 것은 아니라는 점을 분명

확대할 수도 있을 것이다. 메를로-퐁티(Merleau-Ponty)는 『인식의 현상학』에서 어떻게 "전장에서 다친 한 남자가 자신의 유령 팔에서 여전히 그의 실제 팔을 갈기갈기 찢은 포탄 조각들을 느끼는지," 그리고 결과적으로 어떻게 유령 사지가 하나의 기억이 되는지에 관해 탐구한다.[25] 메를로-퐁티에 따르면, 절단된 사지는 주체의 일부에 존재하는 근본적인 양면성을 드러낸다. 사지가 절단된 자는 두 개의 모순적인 현실, 즉 살아 있는 사지의 역사적 현실과 그 부재의 주어진 현실을 동시에 받아들인다. 이 두 종류의 "사지"는 절단된 몸의 생생한 현실 속에서 동일한 시공간을 점유한다. 따라서 부재하는 사지는 과거로 회귀하는 것을 거부하고 하나의 살아 있는 체화된 기억이 됨으로써 유사현존(quasi-present)한다. 이 인간 신체의 현상학을 확장하면, 사회적 신체의 절단된 부분이 두 개의 모순적인 현실, 즉 살아 있는 전체의 역사적 현실과 상실된 부분의 주어진 현실을 동시에 유지한다고 주장할 수 있을 것이다. 호랑이 사원 공동체에는 전쟁으로 인한 피해를 입지 않고 온전하게 살아남은 가족이 단 하나도 없다. 하나의 사회적 신체로서 모든 가족은 다양한 수준의 사지절단 상처로 인해 고통받아왔다. 더욱이 전쟁으로 인해 그 가족들이 입은 여러 상처 중 전쟁의 한 편만을 온전하게 그 원

히 하고 싶다. 나는 구조를 사회적 관계 혹은 관념 체계의 중심이나 본질이라기보다 오히려 블레이크(Blake)의 주장처럼 '외부 상황 혹은 환경'으로 간주하기를 선호하기는 하지만, 구조는 수많은 사회인류학적 연구의 이론적 출발점으로서 긍정적인 힘의를 가져왔다. 따라서 반+조를 말할 때 나는 실제로 무엇인가 긍정적인 것, 즉 생성적인 중심을 의미한다." 이 인용문은 빅터 터너의 *Dramas, fields, and metaphors: symbolic action in human society* (Ithaca NY: Cornell University Press, 1974), pp. 272-3에서 가져온 것이다. 상징적 무기라는 개념에 관해서는 Wagner, *Symbols that stand for themselves*, pp. 50-1을 보라.

25) M. Merleau-Ponty, *Phenomenology of perception*, trans. by C. Smith. (London: Routledge, 1962), pp. 76-7.

인으로 지목할 수 있는 경우는 거의 없다. 어떤 가족구성원의 개별
적 상실은 구체적이고 구조적인 것일 수 있다. 반대로 가족 전체의
상실은 양극 정치 구조의 이쪽 아니면 저쪽으로 환원시킬 수 없는
경우가 대부분이다. 만약 가족이라는 관념을 확대 친족 혹은 친구
와 이웃을 포함하는 수준으로 확대한다면, 그 상실과 상처는 점점
더 정치적으로 분류하기 어렵게 된다. 정치적 정체성은 그 정체성
을 보유한 자의 범위를 어떻게 정하는가에 따라 변화한다.

잃어버린 다리의 숨겨진 역사

이상에서 논의한 바와 같은 사회성의 역사는 생생하게 살아 있
는 베트남 양극 정치사의 중요한 차원을 구성한다. 이는 베트남 혁
명의 사회사에 대한 전통적이고 지배적인 접근방식을 보완한다. 전
통적인 접근방식은 전면전의 맥락에서 전쟁의 정치가 어떻게 인구
의 근본적 이탈을 초래했고 또 그들의 이탈된 삶에서 지속되었는
가를 보여줌으로써 민족주의적·혁명적 동기에서 비롯된 정치적
동원과 촌락의 도덕적 결속에 방점을 두는 경향이 있다.[26] 이것은
또한 베트남-미국 전쟁이 전개되었던 도시 지역에서 일반인들의
풀뿌리 경험을 파악하는 데 있어서 네트워크 중심적인 관점이 갖
는 적절성을 보여준다. 더욱이 나는 최근 특정한 분석 경향에서 지
나치게 호전적인 개념으로 사용되고 있는 네트워크라는 관념이 오
히려 갈등의 해소에 대한 사유에서 정반대의 의미를 가진다는 점

---

26) Alexander B. Woodside, *Community and revolution in modern Vietnam* (Boston: Houghton Mifflin, 1976); Hy Van Luong, *Revolution in the village: tradition and transformation in North Vietnam, 1925-1988* (Honolulu: University of Hawaii Press, 1992); Trullinger, *Village at war*; George Condominuas, "La guerilla viet: trait culturel majeur et pe'renne de l'espace social vietnamien," *L'Homme* 164 (2000), pp. 17-36; Kwon, *After the massacre*, pp. 33-50을 보라.

을 논증하고자 이 장을 작성했다. 하나의 전쟁 상황에 적용할 때, 네트워크는 양날의 칼과 같은 개념이다. 그것은 전쟁의 도구가 될 수도 있고 전쟁의 정치에 반하는 도구가 될 수도 있다. 나는 그러한 도구성의 오직 한 영역만을 배타적으로 강조하는 분석은 네트워크 개념의 전체적인 이론적 가능성을 충분히 활용하는 데 실패할 수밖에 없다고 생각한다.

호랑이 사원 공동체의 비(非)당파적 주체는 자유주의 사회의 성숙한 관용성과 닮아 있을 수도 있다. 하지만 이러한 주체는 1차적으로 오랫동안 속박하에서 살아온 역사에서 비롯된 성숙함의 표현이다. 초기 영국 노동자 계급이 형성될 당시 그들의 도덕경제에 대한 기념비적 연구뿐만 아니라 반핵활동가로도 유명한 영국의 역사학자 톰슨(E. P. Thompson)은 한때 산업시대 기업의 언어를 사용해서 냉전을 묘사한 적이 있다. 대중적 수준에서의 규범적 정향을 강조하는 역사적 접근방식에 입각해서, 톰슨은 냉전적 정치구조의 "집행자들"의 이해관계와 이들 집행자가 체계적으로 착취한 일반 시민들의 노동과 열망을 구분하려고 했다.[27] 유사한 의미에서 우리는 냉전의 역사가 두 개의 분리된 담론으로 구성되어 있다고 말할 수 있다. 하나는 문헌에서 두드러지게 나타나는 것으로, 권력의 균형, 국가 간 연맹, 봉쇄와 도미노 이론, 혹은 핵무장 저지와 게임이론의 측면에서 전 지구적 갈등을 논한다.[28] 다른 하나는 거의 기록되지 않는 것으로, 주로 갈라진 공동체와 이웃, 파열된 가족과 친

27) E. P. Thompson, "Ends and histories," in M. Kaldor (ed.), *Europe from below: an East-West dialogue* (New York: Verso, 1991), pp. 7-25.
28) 이들 모든 요소들이 정책형성 과정에서 실제로 어떻게 함께 작동하는가에 관해서는 타운센드 후프스(Townsend Hoopes)의 탁월한 기술을 보라. *The limits of intervention* (New York: David McKay, 1969), pp. 7-32.

족, 분열된 의식과 정체성에 관한 것이다. 양극적 역사에 대한 노동
자의 경험은 1차적으로 견딜 수 없는 파열의 고통을 견뎌내는 것과
관련되어 있고, 이는 우리가 지난 세기 후반 동안의 정치사를 파악
하는 데 관행적으로 적용해온 "냉전"이나 "상상의 전투"라는 관념
자체와 마찰한다.[29]

이러한 역사적 장에서 교조적, 이데올로기적, 위계적 국가기관
과 조직적 네트워크들이 팽창했다. 하지만 반교조적, 비이데올로기
적, 협력적인 사회적 네트워크들 또한 번성했다. 폭력적인 양극 갈
등을 경험한 인민들의 역사는 의미심장한 수준에서 네트워킹에 관
한 것이었다—자원을 각출하고 위험을 공유하며, 따라서 고조되는
지정학적 적대 안에서 그리고 그에 대항해서 개인들 및 사회적 단
위들을 서로 연결하는 것 말이다. 이러한 역사적 맥락에서 네트워
크 중심적 전쟁은 이미 지정학적 전쟁과 공존하고 있었고 또 그에
대항했다. 더욱이 이들 두 형태의 전쟁 사이의 전장들에서 사람들
은 기계화되고 지정학적인 베트남 전쟁과 조직적이고 네트워크화
된 "인민의" 미국 전쟁 양자 모두에 대항하는 광범위한 사회적 네
트워크를 구축했다. 여기서 이 특수한 전쟁의 궁극적인 승자는 베
트남 전쟁의 조직자도 아니고 반드시 미국 전쟁의 조직자일 필요
도 없다. 많은 베트남인들이 베트남 전쟁에서 싸웠고 더 많은 이들
이 미국 전쟁에서도 싸웠다. 그리고 그들 모두는 이 두 전쟁의 폭력
적 유산을 없애기 위해 노력해왔다. 그 유산을 해체하는 대중적인
방법 중 하나는 바로 숨겨진 생존의 역사 위에 구체적인 사회적 관
계, 즉 전선들을 가로지르는 협력적 시민 네트워크를 구축하는 것
이었다. 폭력적인 냉전의 거리에서 승전하는 것은 전쟁의 전략적

---

29) Kaldor, *The imaginary war.*

경영(administration)에서 승전하는 것과 같지 않다. 호랑이 사원의 주민들에게 양극적 역사는 생존에 필요한 셀 수 없는 일상적 행동으로 구성되어 있다. 이웃과 정보를 교환하고 자원을 공유하는 매우 일상적인 행동들이 냉전의 지정학에 대항하는 강력한 투쟁으로 밝혀졌다. 가장 기본적이고 일상적인 이웃의 요구가 생존의 탁월한 사회적 네트워크로 밝혀진 것의 기술적·도덕적 토대를 구축했다.

호랑이 사원 마을과 같은 공동체에서 관찰되는 사회성의 역사는 베트남 전쟁사를 재고하는 데 중요할 뿐만 아니라, 조상과 유령을 모시는 의례의 부활과 같은 최근의 쟁점들을 이해하는 데도 의미 있는 통찰력을 제공할 수 있다. 다음 장에서는 앞서 논의한 이탈된 전쟁 사망자들의 상황으로 되돌아가서 이 장에서 살펴본 인간 이탈의 역사라는 측면에서 무연고 전사들의 영혼을 위해 수행되는 의례적 행위, 즉 이탈된 이방인들 사이에서 구축되는 사회적 유대에 관해 조명해볼 것이다. 하지만 이 장을 끝내기 전에 랍의 잃어버린 다리의 역사에 관해 좀 더 논의할 필요가 있다.

1974년에 랍은 감옥 보초 자리를 그만두었다. 그는 수송부대의 운전병이 되었고, 격동의 시기에 운전대를 잡는 일이 수반하는 위험에도 불구하고 새로운 일에 만족했다. 그해 말, 그는 한 장교와 함께 이동하던 중 그의 고향마을 쭈라이를 방문할 기회가 있었다. 그는 길을 숙지하고 있었고 중요한 바위와 나무의 이름과 그에 얽힌 이야기를 알고 있었다. 그곳은 그가 군에 입대하기 전에 레 딴 꾸옹(Le Tan Cuong)을 위해 일했던 곳이니 말이다. 랍은 지프차를 주차하고 고향에 온 것을 자랑스러워하며 다른 사람들보다 앞서 걷고 있었다. 그가 그 지역 베트콩 네트워크가 매설한 것으로 밝혀진 대인지뢰를 밟은 것은 정오가 막 지났을 때였다. 그가 다낭의 해방

을 맞이한 것은 1975년 3월 29일 다낭 시 군병원에서였다. 그 후
얼마 지나지 않아 퇴원한 랍은 그의 가족과 함께 호랑이 사원 마을
로 돌아왔다. 자신이 속할 수 있었던 유일한 공동체라고 내게 말한
그 호랑이 사원 마을로 말이다.

객사

• • •

호랑이 사원 공동체와 관련해서 논의한 사회성의 역사는 하나의 사실을 분명하게 보여준다. 심지어 전면전이 전개되고 있는 상황에서도, 전쟁의 현실은 단순히 친구와 적 사이에 존재하는 기존의 경계가 강화되는 현상뿐만 아니라, 전통적인 연고가 없는 사람들 사이의 인간적 결속이 이례적으로 표현되는 현상도 수반한다는 것이다. 이러한 역사는 베트남에서 생생하게 경험된 미국 전쟁사의 중요한 차원이다. 이는 또한 한편으로는 조상을 위한, 다른 한편으로는 전쟁 사망자의 이탈된 혼령을 위한 기념의례가 부활하는 것과 같은 최근의 이슈를 이해하는 데도 중요한 통찰력을 제공해준다. 이를 위해 앞서 논의한 전쟁 사망자의 물질적 조건으로 되돌아가서, 이 양면적인 의례적 실천이 대규모 이탈의 역사적 현실과 그에 반작용하는 인간행위의 힘에 관해 무엇을 말해줄 수 있는가에 관해 탐구할 것이다.

제1차 세계대전에 관한 뛰어난 역사적 연구에서 제이 윈터(Jay Winter)는 1914년과 1918년 사이에 발생한 재앙적인 수준의 대규모 죽음, 그리고 그 결과 초래된 보편적인 사별의 경험과 관련해서 나타난 서유럽의 두 가지 중요한 사회현상을 조명한다. 하나는 전사한 군인들의 유령에 관한 믿음과 담론을 포함하는 전통적인 종교적 아이콘 및 실천의 부활이었다. 윈터는 "1914~1918년의 전쟁 기간은 유럽에서 영성주의가 정점에 다다른 시기였다"라고 강조했다.[1] 다른 하나는 전후 자발적인 비공식적 네트워크의 현저한 발달이었는데, 이러한 네트워크를 통해 해체된 가족과 비탄에 빠진 개인들은 슬픔을 공유하고 고난을 극복하기 위해 상부상조했다.[2] 윈터는 이러한 개인들과 사회단위들 사이에서 발달한 강한 정서적 유대가 주관적인 경험으로 친밀한 가족관계와 유사했다는 사실을 강조하면서 이들 네트워크를 "의사 친족(fictive kinship)"이라고 불렀다.[3] 당시 이러한 민간 신앙적 실천과 대안적인 친족 네트워크는 한편으로 대규모 전쟁 사망자들에게 명예로운 의미를 부여하고자 하는 국가의 공식적인 기념활동, 다른 한편으로는 비판적 지식인과 근대주의 예술가들 사이에서 전개된 반문화운동과 함께 출현했다. 이들 비판적 지식인과 예술가들은 국가의 전쟁 영웅주의에 반대해서 죽음과 대규모 희생의 헛됨에 관한 초현실주의적 재현을 시도했다. 이러한 측면에서, 윈터는 제1차 세계대전의 경험과 관련된 폴 푸셀(Paul Fussell)의 "현대적 기억"이라는 개념을 끌어와 주로 문화적 엘리트의 관점에 토대를 두고 있는 이 개념을 어떻게 기층의 경험에 적용할 수 있을까에 관해 고민했다.[4] 그는 세계대전으로 인한 대규모 인명상실이 푸셀의 주장처럼 전통적 도덕과 미학적 확실성의 붕괴로 연결되는 것이 아니라, 대중의 수준에서는 주로 전통적인 영적 개념과 조직적인 수단을 강화하는 것을 통해 다루어지고 기념된다고 주장한다. 그는 다음과 같이 적고 있다.

---

1) Winter, *Sites of memory, sites of mourning*, p. 76.

2) Jay Winter, "Forms of kinship and remembrance in the aftermath of the Great War," in J. Winter and E. Sivan (eds.), *War and remembrance in the twentieth century* (Cambridge: Cambridge University Press, 1999).

3) Ibid., pp. 47-56.

4) Winter, *Sites of memory, sites of mourning*, pp. 2-4. Paul Fussell, *The Great War and modern memory* (London: Oxford University Press, 1975).

폴 푸셀의 주장처럼 전쟁이 '현대적 기억'을 창출했다면, 그 갈등
에서 비롯된 것은 바로 전통적이고 심지어 시원적인 종류의 기억
이었다. (…) 세계대전이 얼마나 '현대적'이든 간에, 그 즉각적인
영향은 보다 오래된 상실과 위안의 언어를 변화시키지 않고 심화
시켰다.[5]

　전쟁사에 대한 윈터의 접근은 폭력적인 역사에 가장 직접적이
고 밀접하게 영향을 받는 사회적 · 개인적 삶의 영역에 방점을 두
고 있다. 그리고 이러한 접근은 삶의 친밀한 영역을 사적인 것으로
치부해버리고 대신 국가정치와 공공예술 영역에서 발생한 사건들
을 선호함으로써 전자에서 취해진 행동들을 무시하는 접근방식으
로부터 비판적인 거리를 유지한다. '의사 친족'에 대한 그의 설명
은 단순히 전쟁의 파괴적인 사건이 어떻게 인간의 친밀한 공동체
적 삶의 통합성을 와해시키는가뿐만 아니라, 보편적인 사별의 환
경하에서 사랑하는 사람의 상실에 대처하기 위해 분투하는 가운데
친족의 도덕성이 어떻게 시민적 결속(civil solidarity)과 인간적 친족
(human kinship)이라는 보다 광범위한 규범적 지평으로 확장될 수 있
는가에 관해서도 보여주고 있다. 부분적으로 이러한 상황은 분리
되어 있던 전통적 공동체들을 (국민국가라는 정치 공동체가 추구하는
것과는 다른 방식으로) 하나로 묶는 전후 기억의 공동체에 관한 것이
고, 그 교훈은 전통적인 친족 결속의 영역을 초월하는 인간적 결속
의 힘과 관련된 것이다.
　나는 윈터의 경우처럼 사별로 인해 형성되는 '의사 친족'과 기억

---

5) Winter, *Sites of memory, sites of mourning*, pp. 73, 76에서 인용.

의 새로운 공동체를 전통적인 도덕성과 사회조직의 확장으로 설명
함으로써, 그것을 세계대전에 관한 현대적 기억이라는 개념에 반
하는 증거로서 제시하고 싶지는 않다. 이 논쟁은 서구의 문학과 미
국 영화에서 재현되는 세계대전이 현대적인 형태를 취하는가 탈현
대적인 형태를 취하는가에 관한 것이긴 하지만, 유사한 종류의 논
쟁이 베트남 전쟁에 관한 역사기술 속에도 존재한다.[6] 이 맥락에
서 (탈현대와 대비해서 개념화된) 현대라는 관념은 제1차 세계대전의
문화사에 관한 논쟁에서 (현대와 대비해서 개념화된) 전통이라는 관
념에 해당한다. 내 생각에 제1차 세계대전 이후 형성된 애도자의
네트워크 또한 국가의 기념의 정치학과 지성계의 반문화운동 같
은 보다 지배적인 형태의 현대적 기억과 구별되는 현대적인 사회
형태로 간주하는 것이 가능하다. 윈터는 이 네트워크를 의사 친족,
즉 "사회적" 친족이라 부르고, 발명된 결속이라는 관념을 전통적
인 "생물학적" 친족과 대비시킨다. 이런 두 가지 형태의 친족 사이
에 기계적인 전쟁으로 인한 대규모 죽음의 현실과 그 결과 보편적
이고 "민주적인" 슬픔의 경험이라는 현실이 존재한다. 따라서 전쟁
이후 친족감정이 보다 광범위한 영역으로 확장된 것은 부분적으로
그것이 현대적 전쟁의 보다 선진적인 파괴력과 관련되어 있다는
점에서 "현대적인" 현상이다. 게다가 나는 전후 유령 이야기의 대
중성이 단지 전통적인 종교적 도덕성의 부활로 고려될 수 있을지
에 관해서도 회의적이다. 이 책의 서문에서 논의한 것처럼, 유럽의
문화사에서 유령과 유령 출현에 대한 믿음은 19세기에 이르자 더
이상 존중받거나 수용될 만한 종교적 전통이 아니었다. 서부전선에

---

6) Kellner, "From Vietnam to the Gulf: postmodern wars?"를 보라. 또한 Cumings, *War and television*도 참고하라.

서의 대규모 학살이 이러한 믿음을 부활시켰다면, 그 현상은 지배
적이고 전통적인 제도권 종교의 관행들이 일반적인 사회적·인간
적 혼란에 대처하는 데 실패한 것에 대한 비판적 반응으로 해석될
수 있다. 사실 이 마지막 논지는 제1차 세계대전 희생자 기념의식
에 관한 윈터의 감동적인 설명에서 핵심적인 요소를 구성한다.[7]
이러한 작은 질문들은 별도로 하고, 나는 윈터가 현대적 전쟁의 사
회사에 관해 강력하고 새로운 시각을 제공한다고 생각한다. 여기서
전쟁의 현상은 단순히 사회적 삶의 조직을 찢어버리는 파괴적인
힘이라는 측면에서뿐만 아니라 그 파괴기제에 대처하고 잔해를 끌
어안는 인간적 창조성의 생성적인 힘과 관련해서도 드러난다.

이탈된 영혼들과의 친밀성

전쟁 사망자들의 흔적은 베트남 가족과 지역사회에 가깝고도 먼
존재이다. 그들의 유해를 복원하는 일은 일상적 삶의 근거리에서
흔히 발생하는 사건이거나, 아주 먼 장소를 향한 비일상적인 여행
으로 이끌 수도 있다. 앞서 이루어진 대규모 발굴에 관한 논의(제2
장)와 MIA에 관한 논의(제3장)는 한편으로 사람들이 지역에 있는
신원불명 전쟁 사망자의 흔적과 어떻게 관계를 맺는지, 그리고 다
른 한편으로 그들이 실종된 친척의 흩어진 유해를 고향으로 송환
하려고 어떻게 노력하는가에 초점을 맞추어, 이들 전쟁과 관련된
유산을 분리해서 다루었다. 실종 사망자와 신원불명의 사망자 모두
전쟁이 초래한 인간적 이탈의 산물이다. 베트남 전쟁의 반동란 전
략은 엄청나게 많은 수의 농촌 인구를 생계의 토대와 도덕적 애착
의 장소로부터 이탈시켰다. 미국 전쟁의 기획자들은 농촌 주민들로

7) Winter, *Sites of memory, sites of mourning*, pp. 56, 65. 69.

하여금 도시 슬럼이나 전략촌으로의 강제이주에 저항하도록 부추
겼고, "조상들의 땅에서 한 자, 한 치도 떠나지 말라"고 선전했다.[8]
이러한 전면전의 현실에서 객지에서의 죽음은 군인뿐만 아니라 민
간인에게도 흔하게 발생하는 일이었고, 따라서 사람들이 집으로 돌
아왔을 때 수많은 무명 사망자들의 얕은 무덤을 발견하는 것 또한
흔한 일이었다.

　이러한 이탈된 사후의 삶이라는 상황, 즉 한 장소에서는 실종되
고 다른 장소에서는 신원불명 혹은 무명으로 남아 있는 상태는 베
트남인들이 "객사(chet duong, 길거리에서의 죽음)"라는 개념으로 지칭
하는 상황이다. 이 개념은 "집에서의 죽음" 혹은 "가정에서의 죽음
(chet nha)"이라는 정반대의 개념과 공존하고, 이들 두 개념이 함께
베트남의 가내 기념의례를 통해 표현되는 집 중심적인 도덕적 세
계관을 구성한다. 앞서(제1장에서) 설명한 것처럼, 이 개념적 도식
은 죽음과 죽음 관련 의례에 관한 사회학적 연구에 제시되어 있는
"좋은 죽음"과 "나쁜 죽음"의 대비와 연결된다. 제임스 폭스(James
Fox)에 따르면, "좋은 죽음을 죽는 것은 집과 가정에서 죽는 것"이
고, 이는 의례를 통해 망자를 은혜로운 조상의 세계로 인도해줄 친
족들 앞에서 죽음의 사건이 발생한다는 것을 의미한다.[9] 반대로
"나쁜 죽음"은 집에서 멀리 떨어진 연고 없는 장소에서 맞이하는
갑작스럽고 폭력적인 죽음인데, 이는 의례적 인도의 가능성을 파괴
하고, 그 결과 "혼돈과 무질서의 상태이지만 그것을 제거하거나 해

---

8) 베트남어로 "Mot tat khong di mot li khong roi."

9) James J. Fox, "On bad death and the left hand: a study of Rotinese symbolic inversions,"
　　in R. Needham (ed.), *Right and left: essays on dual symbolic classification* (Chicago:
　　University of Chicago Press, 1973), p. 351.

결할 수단이 없는 상황"을 초래한다.[10] 행위자는 집 내부에 있는 조
상숭배 사당에 절을 한 다음 몸을 돌려 집 밖으로 나가 길거리에서
떠도는 것으로 상상되는 유령들의 세계를 향해 동일한 숭배 행위
를 반복한다. 이것이 이 지역 사람들이 통상적으로 정규적인 가내
조상숭배의례를 수행하는 방식이고, 이 양면적인 기념관행은 또한
앞 장에서 살펴본 호랑이 사원 연례 개원식 같은 보다 광범위한 공
동체 의례에서도 발견된다. 길 쪽에서 수행되는 숭배의식은 공식적
으로 이웃에 살거나 좀 더 먼 거리에서 특별히 모인 것으로 상상되
는 무명 망자의 연고 없는 영혼들을 위한 것이고, 이는 조상의 무덤
에 제물을 봉헌한 후 그 인근에서 발견된 무명의 무덤에 제물을 바
치는 행위와 구조적으로 유사하다. 이러한 행위는 한편으로 공여자
와 제물이 먼저 바쳐지는 특정한 조상 수여자 사이의 배타적인 친
족관계를, 그리고 다른 한편으로는 조상 정체성과 누구든 제물을
봉헌받을 자격이 있는 비조상 정체성 사이에 존재하는 주거의 포
괄적인 결속을 인정하는 것이다.

　이들 두 가지 방식의 기념의례는 "집"과 "길", 즉 친족관계의 영
역과 익명성의 영역을 포괄하고, 동시에 한 측면을 다른 측면과 대
비해서 구별한다. 몸의 위치가 변화함에 따라 기념행위의 의미 또
한 달라진다. 조상의 기억 측면에서는 집합표상의 언어로 그 행위
를 기술할 수 있고, 이는 우리가 그것을 종족 패러다임으로 부르든
계보적인 통일로 부르든 망자와 산 자 사이의 주어진 유대관계를
확증한다고 주장할 수 있을 것이다. 반대 측면에서는 그 행위가 방
랑하는 망자의 혼령들로부터 집을 보호하고 "그들의 노여움을 피하

---

10) John Middleton, "Lugbara death," in M. Bloch and J. Parry (eds.), *Death and the regeneration of life* (Cambridge: Cambridge University Press, 1982), p. 145.

기 위한"것으로서 반대로 부정적인 의미를 가진다고 주장된다.[11]

제럴드 힉키(Gerald Hickey)는 베트남 남부 삼각주 지역의 전쟁 전 촌락생활과 관련해서 위 마지막의 논지를 주장한다. 그의 묘사에 따르면, 사람들은 부랑 도적떼의 위협을 피하기 위해 그들에게 음식과 귀중품을 제공하는 것과 마찬가지 방식으로 유령들에게 음식과 봉헌용 선물을 제공하는 것으로 나타난다. 이들 두 가지 형태의 외적인 공격 사이의 안전에 방점을 둔 상징적 연결은 아주 그럴듯한 시나리오이고, 전쟁 전 베트남의 고립적이고 취약한 농경민들의 삶의 일부였을 수도 있다. 이러한 연결은 사회질서의 동심원적 구도와 연관되어 있고, 이는 전통적인 종교사회학의 전형적인 주제이기도 하다. 앞서 우리는 뒤르켐이 어떻게 유령의 사회적 외부성을 사회질서와 정체성의 상징적 구성에 대한 유령의 부적실성으로 확대했는가를 논의했다. 아서 울프(Arthur Wolf)는 대만의 농촌과 관련해서 유령을 대하는 태도와 신과 조상을 대하는 태도 사이의 "극단적인 대비"를 강조했다.[12] 베트남의 종교적 관념이 베트남인들의 토착 관용구와 속담에 함축되어 있는 것으로 기술하면서, 레오폴드 카디에르(Léopold Cadière)는 공동체를 보호하는 유익한 혼령(*génies bons*)과 "공동체를 괴롭히고 헤치는 것을 즐긴다고" 추정되는 해로운 혼령(*génies mauvais*) 사이의 차이를 강조한다.[13]

하지만 고전 베트남어 문헌들은 유령을 위한 선물의 의미에 관해 아주 다른 그림을 제공한다. 저명한 18세기 관료이자 학자였던 응우옌 주(Nguyen Du)는 "모든 배회하는 영혼들의 호출(베트남어로

---

11) Gerald C. Hickery, *Village in Vietnam* (New Haven: Yale University Press, 1964), p. 121.

12) Wolf, "Gods, ghosts, and ancestors," p. 159.

13) Léopold Cadiére, *Croyances et pratiques religieuses des viétnamiens*, p. 59.

Chieu hon, Chieu hon ca, Van chieu hon 혹은 *Van te thap loai chung sinh*)"이
라는 제목의 시를 썼다.[14] 많은 (즉흥적) 수정판이 있는 이 시는 오
늘날 의례용 주문으로 광범위하게 낭송된다. 아래는 최근 출판된
현대의 대중용 축약판에서 인용한 것이다.[15]

참수되어 죽은 자들
많은 친구와 친척들이 있지만 고독하게 죽은 자들
관료들
전쟁터에서 죽은 자들
아무도 그 죽음을 알아주지 않은 자들
시험을 보고 돌아오는 길에 죽은 학생들
관도 없고 수의도 없이 급하게 매장된 자들
폭풍우로 바다에서 죽은 자들
상인들
너무 많은 대나무 기둥을 옮겨서 어깨가 굳어 죽은 자들
감옥에서 죽은 무고한 영혼들
(…)

덤불 속, 개울 속, 그늘진 곳에, 다리 아래, 탑 밖에, 시장에, 빈 논

---

14) Huynh Sanh Thong, *The heritage of Vietnamese poetry*, pp. 25-30; Huynh Sand
    Thong (ed.) *An anthology of Vietnamese poems from the eleventh through the twentieth
    century* (New Haven: Yale University Press, 1996), pp. 77-83; Nguyen Khac Vien
    et al, *Anthologie de la literature vietnamienne*, book 2, pp. 200-6 등을 보라.

15) Tan Viet, *Tap van cung gia tien* (조상숭배를 위한 기도), (Hanoi: Nha xuat ban van
    hoa dan toc, 1994), pp. 105-14에 소개되어 있는 응우옌 주의 *Van te co hon thap
    loa chung sinh*에서 인용. 대중적인 실천에서 보이는 꼬 혼(*co hon*, 혼령을 호출함,
    초혼(招魂)을 의미함-역주) 혹은 꺼우 혼(*cau hon*, 혼령의 일으킴)에 관해서는
    Phan Ke binh, *Viét-Nam phong-tuc*, book 2, pp. 134-5를 보라.

에, 모래 언덕에 있는 모든 혼령들

당신들은 추위와 두려움에 떨고 있어요

당신들은 함께 이동합니다, 젊은이가 노인을 안고

당신들에게 이 쌀죽과 과실즙을 바칩니다.[16]

두려워 마세요

오셔서 우리의 봉헌물을 받으세요[17]

당신을 위해 기도합니다, 우리는 기도합니다.

또 *꺼우 쭈*(cau chu)라 불리는 더 단순화된 개정판도 있는데, 이것
은 꽝남 북부 지방의 일부 의례전문가들 사이에서 인기 있다.

집을 떠나 일하다가 죽은 사람들

먼 전장에서 사라진 사람들,

당신들의 가족은 당신들이 어디에 있는지, 무엇을 했는지 모릅
니다.

우리에게 오라고 당신들을 부릅니다.

당신들은 어둠 속에서 배회하고 있습니다.

당신은 수탉의 울음을 두려워합니다.

다가와 우리의 봉헌물을 받으라고 당신들을 부릅니다.

---

16) 쌀죽(*chao trang*)은 유령을 위한 외부 사당에 봉헌될 때 흔히 여러 개의 숟가락
과 함께 제공되는데, 이는 그 음식이 수적으로 많고 다양한 종류의 유령 방문객
들을 위한 것이라는 의미이다.

17) 고전적 판본에는 시의 이 부분이 다음과 같이 적혀 있다. "이곳에 온 모든 이들
이여, 앉아서 동참하시오. 보잘것없지만 우리의 선의가 담긴 이 선물을 물리치
지 말고 받아주시오." Huynh Sanh Thong, *An anthology of Vietnamese poems*, p. 83
에서 인용.

응우옌 주의 시 세계는 이탈되어 떠도는 수많은 망자의 혼령들
을 소개하는데, 이들 존재는 험난한 인생 여정에서 산 자들과 가까
운 동반자로 나타난다. 인간과 유령의 이러한 친밀성은 이탈된 망
자의 혼령과 추방된 삶을 사는 산 자 사이의 호혜적 공감 관계를
표현하고 있다. 이러한 관계에 대한 응우옌 주의 시적 묘사는 (왕조
의 변화 때문에) 왕실과 멀어진 관료로서의 생애사, 그리고 고전학자
들이 추방 생활을 할 때 철학적 관심이 유교경전에서 대중적인 혼
령신앙으로 변화하는 경향을 반영한 것이다.[18] 이러한 측면에서
응우옌 칵 비엔(Nguyen Khac Vien)은 "대중의 구어와 고전적 문어의
탁월한 융합"을 만들어내는 능력에서 응우옌 주의 시적 힘이 비롯
된다고 주장한다.[19]

이상의 논의를 통해 유령의 도덕적 정체성이 변화무쌍하고 상
관적인 현상이라는 사실을 도출할 수 있다. 즉 유령들은 관점에 따
라 도덕성의 상징적 스펙트럼의 한 극단에서 다른 극단으로 이동
할 수 있다. 울프는 유령의 변화무쌍한 정체성 때문에 당혹스러워

---

18) Nguyen Thach giang and Truong Chinh, *Nguyen Du: tac pham va lich su van ban* (응-
우옌 주: 그의 작품들과 그들의 역사), (Ho Chin Minh: Nha xuat ban Thanh Pho
Ho Chi Minh, 2000), pp. 622, 998-9를 보라. 또한 Nguyen Du, *Vaste recueil de
legends merveilleuses,* trans. Nguyen Tran Huan (Paris: Gallimard, 1962)도 보라. 일
부는 응우옌 주의 저작들 중에서 특히 낌 번 끼에우(Kim Van Kieu)에 관한 가
장 유명한 서사시적 이야기가 "[베트남]의 민족정신"을 구성한다고 믿는다. 이
에 관해서는 Maurice M. Durand and Nguyen Tran Huan, *Introduction à la literature
vietnamienne* (Paris: G. P. Maisonneuve et Larose, 1969), p. 94를 보라.

19) Nguyen Khac Vien, *Vietnam: a long history* (Hanoi: The Gioi, 1993), p. 132. 바오
닌(Bao Ninh)의 『전쟁의 슬픔(The sorrow of war)』의 주인공 끼엔(Kien)은 "절규
하는 영혼의 정글"에 빠진 군인들에 관해서 글을 쓰려고 시도할 때 "자기 스스
로에 대해 이방인"이라고 느끼며 자주 무의식적으로 거리를 떠돈다. 끼엔이 신
들린 상태에서 배회하는 거리가 응우옌 주의 이름을 딴 곳인 것은 우연이 아니
다. 이에 관해서는 Bao Ninh, *The sorrow of war*, pp. 79-80을 보라.

했다. 울프가 종교적 믿음에 관해 질문을 했을 때 대만의 한 촌락에 사는 그의 정보제공자들은 조상과 유령을 분명하게 구분했다. 따라서 그는 "(의례적 의무의) 연속체 한쪽 끝에 있는 죽음은 진정한 조상이고, 다른 쪽 끝에 있는 죽음은 거의 유령이다"라고 적고 있다.[20] 하지만 울프는 또한 마을 주민들의 일상생활에서 죽음에 관한 이 두 가지 개념적으로 상반되는 범주가 상호변환이 가능한 상태임에 주목했다. 그는 후자의 예로 유령 조우 에피소드를 소개한다. 마을 들판에서 유령을 본 한 남자가 그 유령이 들 건너편 마을에 사는 가족의 한 조상 혼령이라고 믿었다. 주민들에 따르면, 유령을 본 다음 날이 이 조상의 기일이었고, 그래서 그 유령은 제사에 참석하기 위해 여행하고 있던 중이었다. 이 사례 및 여타 관련 사건에 근거해서, 울프는 유령의 변화하는 정체성에 관해 "한 사람의 조상은 다른 사람의 유령이다"[21]라는 널리 인용되는 주장을 한다. 혼령은 그 마을 남자에게 유령이었다. 하지만 동일한 혼령이 그 후손들이 준비한 기일 기념의례를 위해 이동할 때는 조상의 지위를 가지게 된다. 망자의 사회적 정체성은 고정되어 있는 상황이 아니라 관찰자의 입장에 따라 달라진다.

울프는 망자의 도덕적 정체성에 대한 위의 관점주의적 문제(perspectivist question)에 더 이상 천착하지 않지만, 그의 발견으로부터 다음과 같은 결론을 도출할 수 있다.[22] 사람들이 조상에 대한 기

---

20) Wolf, "Gods, ghost, and ancestors," p. 159.

21) Ibid., p. 146.

22) 스테판 티저는 전통 중국사회에서 관찰되는 "유령제"의 기원에 대한 연구에서 이 질문을 다루면서, "유령에 관한 이해를 친족의 위안과 연결하는 것은 망자에 관한 필연적인 양면성을 표현한다"라고 결론 내린다. Teiser, *The ghost festival in medieval China*, p. 221. 필자는 넓은 의미에서 양면성에 관한 티저의 논지에 동의하지만, 동시에 사회적 현실 내에 유령에 대한 두 가지 대조적인 태도, 즉 한

억과 함께 집에 있을 때, 유령은 인지된 삶의 질서에 있어 이방인으
로 나타난다. 이것은 특수한 전망을 통해 바라본 세계의 한 판본이
다. 이 관점에서 조상들의 장소는 망자의 이탈된 혼령의 세계를 대
조적인 배경으로서 마주하고, 따라서 카오스적 관계의 무정부 상
태에 둘러싸여 그에 반작용하는 질서정연한 사회적 존재라는 인상
을 창출한다. 따라서 마다가스카르에서는 "몸을 잃는 것보다 더 심
한 악몽은 없다. (…) '나쁜' 죽음은 잘못된 장소, 즉 조상의 사당에
서 멀리 떨어져 고인의 영혼이 그 사당으로 쉽게 돌아올 수 없는
장소에서 발생한다"고 주장된다.[23] 로버트 허츠에 따르면, 집으로
부터 이탈된 "나쁜 죽음"의 영혼들에게 "죽음은 항구적인 것이다.
사회가 항상 이 저주받은 개인들에 대해 배제의 태도를 유지할 것
이기 때문이다."[24] 하지만 사람들은 가족적 안정성의 영역으로부터
이탈될 경우 유령과 상이한 개념적 관계를 형성할 수 있다. 그들이
추방 상태에 있거나 철학자 에드워드 케이시(Edward Casey)가 ("거
주로서의 머무름dwelling-as-residing"에 반하는) "유랑으로서의 머무름
(dwelling-as-wandering)"이라 부르는 상태에 처해 있을 때, 망자의 이

편으로 조상과의 극단적인 개념적 대비와 다른 한편으로 의례적 실천 내에서 조
상과의 상호교환 가능성이 공존하는 것에 대해서는 더 많은 연구가 필요하다고
생각한다. 쟁점은 바로 양면성에 관한 것이다. 하지만 바우만(Bauman)이 제시
하는 바와 같이, 사회적 범주로서 양면성 개념은 아무것도 설명하지 않고, 대신
정치와 도덕성에서의 모순에 관한 비판적인 수많은 질문들을 제기하는 데 그 의
의가 있다. Zygmunt Bauman, *Modernity and ambivalence* (Ithaca: Cornell University
Press, 1991)를 보라.

23) Maurice Bloch and Jonathan Parry (eds.), *Death and the regeneration of Life*
(Cambridge: Cambridge University Press, 1982), p. 15-16에서 인용. 또한 Bloch,
Placing the dead, pp. 164-5도 보라.

24) Robert Hertz, *Death and the right hand* trans. R. Needham and C. Needham(London:
Cohen and West, 1960), p. 86.

탈된 혼령에 관한 도덕적 상상력을 그에 따라 변화할 수 있다.[25] 응우옌 주의 시 세계의 배경 역할을 하는 이러한 상황에서, 유령들은 (의례적으로 조상의 혼령과 통합되어 있는) 사회적 삶의 질서에 대해 더 이상 이방인이 아니라 추방 상태에 있는 현실적 존재의 거울이 된다. 이탈 상태의 삶은 정주 상태의 삶과 다른 방식으로 유령과 관계 맺고, 유령과 인간 사이의 거리 또한 이탈의 역사가 깊어짐에 따라 좁아질 수 있다.

이러한 논지로부터 최근 베트남에서 관찰되는 유령과의 사회적 친밀성에 고유한 역사적 배경이 있을 것이라는 점이 도출된다. 베트남인들이 망자의 이탈된 혼령과 맺는 친밀한 관계는 그들이 대규모 이탈의 역사와 맺고 있는 친숙한 관계의 한 표현일 것이다. 그렇다면 담론 현상으로서의 유령이 조상의 경우와 마찬가지로 베트남인들의 자아정체성을 구성한다고 주장할 수 있다. 만약 유령의 생생한 존재가 단지 "조상들의 사회"[26]와 상징적으로 통합되어 있는 사회적 자아의 반정립이라기보다 역사적 자아의 또 다른 표현이기도 하다면, 그들과의 의례적 상호작용은 완전히 다른 의미를 가질 것이다.

고향의 어머니

베트남의 대중적인 노래와 시는 고향에 대한 사랑을 찬미하고 집을 떠난 삶을 한탄하는 내용으로 넘쳐난다.[27] 이들 노래 중 일부

---

25) Edward Casey, *Getting back into place: toward a renewed understanding of the place-world* (Bloomington: Indiana University Press, 1993), pp. 140-1.

26) "조상들의 사회"라는 표현은 Bloch, *Placing the dead*, 제2장에서 인용.

27) 고향을 떠난 삶을 탄식하는 대표적인 고전 시에 관해서는 Nguyen Khac Vien, Nguyen Van Hoan, and Huu Ngoc (eds.), *Anthologie de la literature vietnamienne*, book 1 (Paris: L'Harmattan, 2000; 원본은 1972년 하노이에서 출판됨), pp.

는 향수를 시적으로 표현하는 데 *바 매 꾸에*(ba me que), 즉 "고향의 어머니"를 핵심 상징으로 제시한다.[28] "롱 매(Long me)"라는 제목의 노래는 젊은 시절에 전쟁을 경험한 베트남 세대들 사이에서 엄청난 인기를 누리고 있다. 많은 베트남인들은 최근 점점 인기를 끌고 있는 가라오케에서 이 노래를 부르는 것을 거의 당연하게 생각한다.

> 어머니의 정은 태평양처럼 광대하다.
> 그녀의 사랑은 온화한 개울처럼 따스하다.
> 그녀가 낭송하는 시는 아이들을 잠들게 한다
> 햇살 좋은 오후에 무르익는
> 벼의 속삭임처럼.
> 보름달이 어머니를 비추고
> 그녀의 사랑은 보름달과 같다.
> 그녀의 정은 연못 위에 살랑대는 부드러운 바람과 같다.
> 궂은 날이나 맑은 날이나, 낮이나 밤이나
> 어머니는 아이들의 울음과 함께 산다.
> (…)
> 그녀의 가녀린 몸과 백발에는 한 가지 목적이 있다.
> 아이들이 평화롭게 성장하는 것을 지켜보는 것.
> 아이들은 어머니를 결코 잊지 않는다.
> 그들은 어머니의 노고를 결코 잊지 않는다.

173-4, 213, 215를 보라. 또한 Huynh Sahn Thong, *The heritage of Vietnamese poetry*, pp. 155-6에 실린 "향수병을 앓는 군인들(Homesick soldiers)"이라는 제목의 시 두 편도 보라. 그리고 "군인 아내의 노래(Chinh phu ngam)"와 Huynh Sanh Thong, *An Anthology of Vietnamese poems*, pp. 398-418에 실려 있는 옌 타오(Yen Thao)의 "내 고향(My home)"도 보라.

28) 위 책에 실린 Tran Huien An의 "My mother's son"을 보라. Ibid., pp. 391-2.

내가 공장 노동자들의 퇴근 후 가라오케 모임에서 이 노래를 처음 들었을 때, 모니터의 화면은 시골의 대나무 오두막집을 배경으로 햇볕에 드러난 늙은 여성의 슬픈 얼굴을 보여주었다. 이 여성은 움직임이 없었고, 고향을 떠난 자식들을 그리워하며 기다리듯 그녀의 눈은 마을 입구 너머 도로 쪽으로 고정되어 있었다. 그녀의 딸이 어머니의 백발을 빗어주면서 노래를 흥얼거렸지만, 어머니의 텅 빈 눈동자와 불안한 표정은 빗질의 즐거움에 반응하지 않았다. 노동자들은 정규 가라오케 모임 때 이 노래를 적어도 한 번은 꼭 부르고, 항상 "바 매 꾸에(Ba me que)"라는 제목의 또 다른 노래와 함께 부른다고 얘기했다. 그들에 따르면, 이 두 곡의 노래는 마치 서로에게 부르는 노래처럼 분리할 수 없는 것이다.

"바 매 꾸에"를 부를 때 스크린은 어머니가 아니라 아이들이 마을 입구를 애절하게 응시하고 있는 모습을 보여준다. 노래가 진행되면 이 아이들은 마치 푸른 야채밭에 자유롭게 풀어놓은 건강한 병아리 떼처럼 행복해 보인다. 어머니는 시장에 나갔다. 그녀는 곧 돌아올 것이다. 스크린에서 그녀의 기민한 몸은 녹색 들판에서 뛰어 놀고 있는 아이들을 보고 싶은 조바심에 거의 달리고 있다. 노래 가사는 아마 그녀가 아이들에게 말린 과일을 사주려고 동전 몇 닢을 썼을 것이라고 전한다. "롱매"의 어머니 이미지와 달리, "바 매 꾸에"의 어머니 이미지는 젊고 야채밭에서 부지런히 일하는 모습이다. 아이들은 숨바꼭질을 하며 뛰어 놀고 있었고, "바 매 꾸에"의 어머니는 놀고 있는 아이들을 자랑스럽게 바라보고 있었다. 그녀는 "롱 매" 어머니의 슬픔 가득한 갈망의 분위기를 가지고 있지 않았다. 그녀는 웃고, 수확한 쌀을 타작하고, 삶의 즐거움을 노래했다.

"롱 매"는 문자 그대로 "어머니의 내장"으로 번역되고, 노동자들에 따르면 이는 누군가를 너무나 그리워하면 그 사람을 그리워하는 고통을 내장의 통증과 함께 느낀다는 대중적인 생각과 연결된다. 어떤 사람들은 "*바오 히에우(bao hieu)*", 즉 효심이 없이는 이 노래를 제대로 부를 수 없다고 생각한다. "롱 매"는 또한 유럽과 북미에 사는 베트남 이민자 1세대들 사이에서도 유명하다. 서구의 베트남 이민자 공동체들은 설날에 공공의 축제를 조직하는데, 이 중요한 이벤트가 노래 없이 끝나는 경우는 드물다. 일부 베트남 이민자들은 베트남에 있는 어머니에게 새해 선물의 일부로 이들 이벤트를 녹취한 내용을 보내는데, 여기에는 어머니의 인내와 자식들의 효심을 찬양하는 노래, 시, 이야기들이 담겨 있다. 이 맥락에서 태평양만큼이나 큰 모성애는 거의 문자 그대로의 의미를 가지게 된다. 수많은 베트남 이민자들이 모국을 탈출할 때 견뎌낸 공포의 바다여행은 "롱 매"의 무궁한 진리를 그들에게 확인해준다. 몬트리올에 사는 한 베트남인이 다낭에 있는 가족에게 인사차 보낸 녹음테이프에는 다음과 같은 메시지가 담겨 있다.

> 우리가 알고 있는 어떤 노래보다, 어머니, 이 노래가 우리의 마음을 표현합니다. 우리는 모여 이 노래를 부릅니다. 그러면 우리는 우리의 눈에서 당신을 봅니다. 당신의 자식들이 당신께 인사하고, 당신이 지켜온 사당에 엎드려 절합니다. 우리 가족의 번영은 온전히 당신이 키워준 덕분입니다. 몸은 멀리 있지만, 우리의 마음은 당신과 함께합니다.

"롱 매"와 "바 매 꾸에" 모두 식민주의에 저항한 무장투쟁의 시기에 시작되었다. 프랑스 전쟁 동안, 고향 방문은 수많은 청년 애국의용군들에게 강력한 동기로 작용했고 노래는 그들의 결속에 강력한 도구로 작용했다.[29] 그들이 그리워한 고향은 흔히 어린 시절의 이상적인 가족생활이었다. 전쟁터에 있는 베트남 청년들의 노래와 시에 묘사된 이 환상적인 가족적 평화의 중심에는 같은 제목의 노래에서 보여주는 것처럼 "고향의 어머니(ba me que)"가 있었다. "롱매"에서 보여주는 것과 같이 그 군인들은 고향에 대한 자신들의 열망을 그들의 귀환을 열망하는 장소인 고향의 측면에서 노래했다. 동원된 대중의 이러한 반사적인 수행 속에서, 고향 혹은 마커스 쉴레커(Markus Schlecker)가 부르듯 "고향-장소(home-place)"는 전형적으로 듬직하게 가족을 보호하며 열심히 일하는 시골집의 어머니로 인격화되었다.[30]

향수

하지만 대중 동원이 지속되는 장에서, *바 매 꾸에*와 마찬가지로 중요한 또 다른 모성이 전쟁의 심리학을 구성했다. 대리모성(surrogate motherhood)은 이 시기 하나의 광범위한 현상이었다. 미국 전쟁 당시 하노이의 전쟁계획은 대중적인 지지에 광범위하게 의존했는데, 이는 다시 "인민의 자식" 혹은 "전투원의 어머니"라는 전략의 성공에 달려 있었다.[31] 이러한 전략하에서 남부의 각 농촌마을은 자유를 위해 싸우는 북부 출신 청년 전투소대 하나와 입양관계를 맺었다. 이 대리모 마을 사람들은 입양한 자녀들을 실제 어머니처럼 먹이고 보호하는 것을 자연스러운 것으로 여겼다. 혁명가인

---

29) Stephen Addiss' "Introduction," Pham Duy, *Musics of Vietnam*, ed. Dale R. Whiteside (Carbondale IL: Southern Illinois University Press, 1975), p. xvi를 보라.

30) Schlecker, "Going back a long way," pp. 509-612.

31) William J. Duiker, *Sacred war: nationalism and revolution in a divided Vietnam* (Boston: McGraw-Hill, 1995), pp. 66-7.

"매 다오 험(Me dao ham, 어머니들은 땅굴을 판다)"은 이와 같은 전시의 메타 친족관계를 찬양한다. 이 노래에서 마을의 어머니들은 자유를 위해 투쟁하는 자식들을 위해 땅굴을 판다. 자기 목숨보다 자식의 목숨을 더 중시하는 이들 땅굴 파는 어머니는 융단폭격의 위협을 무릅쓰고 밤에도 쉬지 않고 일한다. 또 다른 노래에서 마을의 한 노모는 전쟁에서 외동아들을 잃었다. 그녀는 매일 밤 차와 삶은 감자를 준비하는데, 그럴 때마다 매번 그 음식을 즐길 자식이 없다는 것을 깨닫는다. 이 노래는 난로 옆에 앉은 노모의 슬픔을 노래하는데, 난로에서 나오는 연기가 마치 죽은 아들을 애도하는 향의 연기 같다고 표현한다. 그다음 이 노래는 "그녀는 아들을 그리워한다. 하지만 지금 그녀가 돌봐야 할 입양 아들들이 마을에 가득하다. 오! 나의 친구들아! 차를 다 마시고 노모를 방문하러 가자!"라며 독촉한다.[32] 이들 노래가 그것을 직접 표현하지는 않지만, "인민의 자식" 전략은 적의 부대를 좌절시키고 화나게 함으로써 대규모 무차별적 민간인 학살의 씨앗을 싹트게 했다. 이 입양의 대가로 목숨을 잃을 수도 있었지만, 하노이는 중부와 남부 베트남 출신의 수많은 혁명 "고아"를 입양했다. 정치적 사명을 가진 이 지역 출신 청년들은 이른바 "남부 출신 학생(hoc sinh mien nam)"이었고, 북부 베트남 혁명 모국에 의해 양육되고 교육받았다.[33] 그들은 종전 후 귀향했을 때 북베트남 정치당국의 지시를 따르고 고향인 남부의 특유한 정치구조에 도전함으로써 북부 당국에 변함없는 충성을 보여줄

---

32) Addiss, "Introduction," p. xvi. 또한 Nguyen Khac Vien and Huu Ngoc (eds.), *Anthologie de la literature vietnamienne*, book 3(Paris: L'Harmattan, 2004), p. 159에 실려 있는 시 "Me Moc"도 보라.

33) Ho Si Hiep, "Bac Ho voi hoc sinh mien Nam tap ket," *Truong hoc sinh mien Nam tren dat Bac* (북부 베트남에 있는 남부 학생들을 위한 학교), (Hanoi: Nha xuat ban thinh tu quoc gia, 2000), pp. 55-63.

것으로 기대되었다.

미국 전쟁 당시 공산당 당국은 일반인들 사이에서 반식민주의 저항 시기 초기에 만들어진 일부 노래를 금지했는데, 여기에는 "롱 매"가 포함되어 있었다. 반식민주의 투쟁에 참여한 애국자였던 이 노래의 작곡가가 반전적인 입장을 취했고 전쟁을 민족의 비극으로 묘사했기 때문이다. 이 작곡가가 좀 더 일찍 작곡한 또 다른 강력한 평화의 노래인 "찌엔 시 보 자인(Chin si vo danh, 무명의 군인들)"도 동일한 운명을 맞이했다. 노래는 베트남-미국 전쟁 당시 갈등 당사자 양측 모두에게 강력한 정치적·군사적 도구였다. 베트남의 혁명 당국과 미국의 반동란 전쟁 전략가 모두 정치적 이념을 확산시키고 대중적 지지를 확보하는 데 민간 가요가 갖는 중요성을 이해하고 있었다.[34] 하지만 공산혁명 전투원들과 그들의 적은 다른 음악 장르를 통해 위안을 받는 경향이 있었다. 전자는 조국을 위한 일상적 투쟁과 희망에 관한, 템포가 빠르고 음조가 높은 노래들을 부르도록 독려되었다. 대조적으로 사이공의 군인들 사이에서는 고향을 그리는 향수의 노래, 그리고 고향을 떠난 슬픔과 자기연민의 노래가 인기 있었다. 이들 군인은 애국의 노래와 군행진곡을 불렀지만, 사적으로는 어머니, 물소, 그리고 어린 시절 오르곤 했던 마을 나무들을 그리는 향수의 노래를 선호했다. 이들은 고향에서 대부분의 작전을 수행하는 반대편의 혁명 게릴라들과 달리 고향마을로부터 아주 멀리 떨어져 있었다. 남베트남군 장교로 미군과 함께 일한 적이 있는 다낭의 한 음악가는 미국 동료들로부터 들은 딥 사우스 블루스(Deep South Blues)의 심원함에 매우 감동했다고 내게 말했다. 그에

---

34) Lydia M. Fish, "General Edward G. Lansdale and the folksongs of Americans in the Vietnam War," *The Journal of American Folklore* 102 (1989), pp. 390-411.

따르면 재능 있는 군인들이 그 완만한 리듬의 우울한 블루스와 소울 음악을 베트남식 리듬에 접목시키기 시작했다.

이전에 게릴라 전투원이었던 한 사람은 "롱 매"를 들었던 특별한 상황에 관해 내게 말해주었다. 이 남자는 1967년 봄 다낭의 광역 경계 지역에 주둔하고 있던 적군 부대 인근의 한 외딴 땅굴 속에서 살고 있었다. 흙에 모래가 많이 섞여 있는 이 지역은 지난 몇 년에 걸쳐 고엽제를 사용한 대규모 지표정리 작업이 수행되었던 곳이다. 그 게릴라는 이 황무지에 홀로 서 있는 코코넛 나무 근처에 지하 벙커를 만들었다. 이른 저녁이 되면 세 명의 사이공 군인들이 이 코코넛 나무를 찾아오곤 했다. 사이공 군인들은 나무 아래에 모여 함께 담배를 피우고 건어물을 먹으며 담소를 나누기도 하고, 돌아가면서 노래를 부르기도 했다. 그들 중 한 명은 특히 아름다운 목소리를 가지고 있었는데 남부 억양으로 "롱 매"를 불렀다. 그가 노래를 부를 때 다른 두 명은 가끔 흐느껴 울었다. 이 군인들은 파괴된 고향 마을, 사랑하는 이들의 죽음, 그리고 끊임없는 향수의 감정에 관해 얘기를 나누었다. 가끔 그들은 탈영을 꿈꾸고 공모하기도 했다. 젊은 군인들이 더 이상 나무를 찾아오지 않자 어느 날 그는 자신이 얼마나 그들의 노래를 즐겨 들었는지 깨달았다. 그는 어두운 지하 벙커에서 머릿속으로 그 음조를 떠올리기 시작했고, 얼마 후 그 자신도 향수병에 걸렸다고 했다. 그는 내게 향수병에 걸리면 그 노래를 반복해서 부르는 것보다 더 좋은 치료약은 없다며, 일단 향수병에 걸리면 전쟁과 투쟁도 갑자기 의미 없어진다고 말했다. 그 게릴라는 수주 동안 야간 정찰 임무를 제대로 수행하지 못했다. 대신 그는 화장실로 사용했던 빈 미군 탄약 상자에 걸터앉아 같은 노래를 계속 부르며 조용히 흐느꼈다.

앞 장에서 살펴본 복잡한 비밀 혁명 네트워크 조직 내에서 활동했던 *꺼 소* 어머니 활동가들은 이러한 사이공 군인들의 향수병을 이용했다. 원래 대부분 농민이었던 이 소년들은 주둔하는 지역의 한 여성을 대리모로 삼았다. 껨레 출신의 한 여성은 1960년대 말에 간이 국수가게를 운영했다. 그녀는 1971년 한 해에만 17명의 남베트남 군인들을 몰래 빼돌려 메콩 삼각주 지방의 미토(My Tho)와 껀토(Can Tho) 지역의 고향으로 돌아갈 수 있도록 했다. 이런 유형의 탈영은 1955년과 1965년 사이에 더 빈번하게 발생해서 그 수가 전체 ARVN 병력의 약 70% 이상을 차지했는데, 이러한 추세는 그 후 10년 동안 진정되어 행정당국의 입장에서 상대적으로 덜 심각한 문제가 되었다.[35] 로버트 브라이엄(Robert Brigham)에 따르면, 상황이 이렇게 호전된 것은 전쟁의 마지막 10년(1965~1975) 동안 ARVN 병사의 가족들이 농촌 고향에서의 혼란 증가로 인해 군대를 따라와 부대 근처에서 살았기 때문이다.[36] 탈영 중 일부는 다양한 비밀 네트워크 조직들의 협력에 토대를 두고 공고하게 조직된 혁명 활동에 의해 기획되었다. 상이한 부문의 네트워크들이 탈영병을 위한 기차표, 민간인 복장, 위조 신분증, 음식 등을 준비했다. 이 젊은 군인들 중 일부는 수양모의 정치적 정체성에 대해 알고 있었지만, 많은 경우 그들 사이의 결속이 너무 강해서 배신을 부추기는 반대편의 정치적 압력에 굴하지 않았다. *꺼 소* 어머니들의 경우도 마찬가지로, 적군과 맺고 있는 입양친족관계가 비밀활동의 전략적 필요를 초월해서 작용하는 경우가 흔했다. 그들은 입양한 자식들로부터 적군의 움직임에 관한 정보를 얻어내는 데 민첩했다. 하지만 그들은 또한 입양한 자식들을 위험에 빠트리지 않기 위해서 혁명본

---

35) Robert K. Brigham, *ARVN: life and death in the South Vietnamese Army* (Lawrence: University Press of Kansan, 2006), p. 49.

36) Ibid., p. 113.

부에 정보를 전달하기 전에 그것을 어떻게 선별할지도 알고 있었다. 군인들이 전투에 나갈 때면 껨레의 어머니 활동가들은 입양한 자식들의 안전을 위해 호랑이 사원이나 그 공동체의 반대편 해안가에 있는 고래 사원에서 기도했다.

이러한 그들의 기도는 흔히 미국 편인 "저쪽 편"에 복무하는 자식들뿐만 아니라 혁명의 편인 "이쪽 편"을 위해 싸우는 자식들을 위한 것이기도 했다. 이 어머니들 중에는 싸움의 양측 모두에 친자식이 있는 이들이 많았다. 혁명 측은 일반적으로 가족단위가 최소한의 계보적 연속성을 유지하도록 보장하기 위해 특정 가족의 모든 아들을 징집하는 것을 피했던 반면, 미국-사이공 전시 행정당국의 징집전략에는 그와 같은 "가족의 씨"를 보호하는 정책이 없었다. 결과적으로 앞 장(제3장)에서 소개한 한 석공 가족의 어머니처럼, 이 지역의 많은 어머니들이 큰아들은 혁명전쟁에 희생시키고 작은아들은 반대편의 전장에서 교전 중 여의었다. *꺼소* 어머니들은 친자식의 무사귀환을 위해 조상들에게 빌었고, 입양한 자식들을 포함한 모든 자식들의 안전을 위해 앞서 언급한 정령 사원을 찾았으며 때로는 더 멀리 떨어져 있는 불탑까지 찾아가서 기도했다. 그 결과 봉헌물의 내용과 누구를 위해 봉헌을 했는지가 기록되어 있는 껨레 호랑이 사원의 오래된 문서에는 전쟁의 양측 모두에서 희생당한 젊은이들의 이름뿐만 아니라 멀리서 찾아온 이들이었다고 기억되는 방문객들의 이름도 적혀 있다.

위에서 기술한 전시 탈영 유형의 한 흥미로운 측면은 혁명 편으로 탈영한 사이공 병사들의 수보다 양측 모두에서 탈영한 병사들의 수가 훨씬 더 많았다는 점이다. 혁명 편으로의 탈영은 때로는 집단적으로, 그리고 어머니 활동가들의 도움을 받거나 받지 않고 발생했다. 사실 여부가 의심스러운 사례들이 많기는 하지만, 특히 외국인 군인의 탈영은 전방에서 큰 관심을 끌었다. 그러나 대부분의 탈영은 고향으로 돌아가고자 하는 희망에서 감행되었다. 입양관계에 있는 *꺼 소* 어머니들은 실질적으로뿐만 아니라 심리적으로도 이러한 탈주의 과정에 기여했다. 비록 아들 같은 청년들에게 전향해서 싸움을 계속하도록 설득하는 일이 어머니 활동가들의 주요 목적 중 하나였고 지도자 간부들로부터 하달받는 1차적인 지시였지만, 그들이 그러한 과업을 성심껏 수행한 것은 아니었다. 4장에서 논의한 것처럼, 보통 3~5명으로 구성되는 도시의 개별 혁명 소조에 충성하는 *꺼 소* 어머니 활동가들은 또한 여러 소조들을 관통하고 또 그것을 넘어서는 자신들만의 충성 네트워크를 창출한다. 만약 한 어머니 활동가가 "자식"을 전선의 다른 편으로 전향하도록 너무 강하게 밀어붙일 경우, 그녀는 마을의 다른 여성들에 의해 제공되는 보이지 않는 도덕적 방패를 약화시켜 스스로의 목숨을 위태롭게 했다. 그러지 않았다면 다른 여성들은 그녀의 정체를 무시하거나 숨겨주었을 것이다. 그들의 모성은 적군에 대항하는 강력한 무기였다. 그리고 근본적으로 파괴적이지 않고 건설적인 이 무기는 혁명군의 전적인 통제하에 있는 것도 아니었다.[37] 앞서 언급한 전직 어머니 활동가가 말하길, 그녀는 자신이 만든 국수를 먹는 젊은 사이공 군인들과 그들이 비우는 국수그릇을 볼 때마다 누군가가 이 넓은 세상에서 자신의 굶주린 친자식을 먹이고 있을 것이라고 상상하는 것을 유일한 낙으로 삼고 간고한 전란의 고통을 감내했다.

따라서 "바 매 꾸에"의 행복한 가정생활과 "롱 매"의 불안한 공허

---

37) Sara Ruddick, *Maternal thinking: towards a politics of peace* (London: Women's Press, 1990)을 보라.

함은 전쟁의 잔혹한 현실 속에서 위태롭게 공존할 수 있었고, 전시
의 입양친족 관계는 이들 모성의 두 가지 정반대 모형의 상징적 융
합을 확고하게 만들었다. 과거에는 적이었던 이들 사이의 기묘한
관계인 이러한 의사친족적 유대는 전쟁 전 기간에 걸쳐 실제 혈연
관계만큼이나 강하게 유지되었다. 꺼 소 어머니들에게, 젊은 병사
들의 성공적인 탈주는 먼 타지에 있는 친자식들이 살아서 고향에
돌아올 것이라는 희망을 강화하기도 했다. 그렇다면 어머니 활동
가들이 노심초사하며 수행한 여러 정치활동 중에서도 특히 입양과
탈영 조직을 가장 헌신적이고 정성스럽게 운영했던 이유를 이해할
만하다. 이 여성들에게 이러한 활동의 의미는 단지 적의 사기와 도
덕성을 약화시키는 것만은 아니었다. 그것은 입양 군인들에 대한
사랑이 미지의 전장에서 싸우는 친자식들이 미지의 어머니들에 의
해 어떻게든 사랑받고 보호받을 수 있도록 할 것이라는 믿음도 강
화했다. 원격적 호혜행위에 관한 이러한 믿음이 헛된 희망으로 판
명되는 경우가 매우 흔했지만, 어떠한 정치적 폭력과 감시도 이러
한 희망을 전적으로 파괴시킬 정도로 강력하지는 못했다.

원격적 호혜성

 "고향의 어머니"는 베트남인들의 대중음악뿐만 아니라 그들의
종교적 전통에서도 중요한 요소이다. 베트남 중부의 공동체 조상
사원은 전형적으로 두 개의 독립적인 건물로 구성되어 있다. 한쪽
에는 주민들이 정규적으로 모여서 조상들을 기념하고 공동체의 일
을 의논하는 숭배의 가옥이 있다. 이 공동체 가옥(진, dinh), 즉 가족
조상 사원(냐 토 똑, nha tho toc)의 반대편에는 통상 작은 외부 사당
이 있는데, 이는 일부 지역에서 명목적으로 "땅의 혼령"을 위한 것

이다.[38] 사람들은 땅의 풍요를 가져다주는 혼령에게 감사하는 뜻에서 이 외부 사당에 처음 수확한 과일을 봉헌한다. 하지만 이제 사람들은 이 장소를 떠도는 유령들에게 일상적으로 봉헌하는 장소로도 자주 사용한다.

동 빈(Dong Vinh)은 풍요의 신위인 땅의 혼령을 숭배하는 중부지방의 전통이 베트남 이전의 토착적인 "대지의 여신(참 문명의 포 나가르, *poh nagar* of the Cham civilization)" 숭배로부터 영향을 받았고, 이는 다시 인도에서 기원한 시바(Siva) 여신까지 거슬러 올라갈 수 있다고 주장한다.[39] 고대 참(Cham)족의 가모장적 사회조직과 추정 상 모계중심적인 세계관이 정확히 어떻게 해서 이주해 들어온 비에트(Viet) 정착민들의 가부장적 조직과 조상숭배 의식에 영향을 미쳤는지는 여전히 불분명하다. 응오 즉 틴(Ngo Duc Thinh)에 의하면, 어머니 여신(*다오 머우, Dao Mau*) 숭배는 베트남의 다양한 종족집단 전체에 걸쳐 발견되고, 이는 선사시대의 자연정령 신앙까지 거슬러 올라갈 수 있다.[40] 하지만 주목할 만한 흥미로운 점은, 필립 테일러(Philip Taylor)가 최근 베트남 남부 지방에서 수행한 민간 숭배의식에 관한 민족지 연구에 따르면 모계적인 아이콘이 대규모의 다양한 추종자 집단을 동원하는 데 매우 효과적이라는 것이다.[41] 베트남의 초기 문화접촉사를 연구하는 학자들이 "성모 숭배의식"(여

38) Paul Giran, *Magie et religion annamites* (Paris: Librairie Maritime et Coloniale, 1912), p. 46; Nguyen Van Ky, "Les enjeux des cultes villageois au Vietnam (1945-1997)," J. Kleinen (ed.), *Vietnamese society in transition: the daily politics of reform and change* (Amsterdam: Het Spinhuis, 2001), pp. 185-6.
39) Dong Vinh, "The cult of Holy Mothers in central Vietnam," *Vietnamese Studies* 131 (1999), pp. 73-82. 또한 Taylor, *Goddess on the rise*, pp. 59-68도 보라.
40) Ngo Duc Thinh, *Dao Mau o Viet Nam* (베트남의 어머니 여신 숭배), (Hanoi: Nha xuat ban khoa hoc xa hoi, 2002).
41) Taylor, *Goddess on the rise*, pp. 251-5, 278-83.

성적이고 모성적인 신위에 대한 신앙은 지역적으로 다양한 지평을 가진다)
을 조상신이 아닌 장소와 관련된 다양한 영적 실체에 대한 베트남
민간 신앙의 개방성과 연결시키는 경향이 있다는 점 또한 시사적
이다.[42] 이러한 측면에서 돈 람(Don Lam)은 "[베트남의] 신위 숭배
의식은 다소 민주적인 특징을 가진 개방적인 체계이다. 그것은 남
녀노소, 귀족, 평민을 불문하고 모든 신위를 받아들이고 심지어 걸
인, 도적, 그리고 우리나라 전장에서 죽은 적군 병사의 영혼도 받아
들인다"라고 주장한다.[43] 티엔 도(Thien Do)는 베트남 남부의 종교
적 전통에서 다양한 역사적 배경으로 인한 폭력적인 죽음, 즉 쩻 오
안(chet oan, 비통한 죽음 혹은 부당한 죽음)의 영적 잔존물이 사당에 모
셔져 성화될 때 어떻게 강력한 주술적 효과를 발휘하는지를 묘사
한다. 그는 이 분산적인 민간신앙 전통(전 퐁, dan phong)의 다원적인
구성을 마을의 진(dinh, 공동체 가옥)에 중심을 둔 조상숭배의 획일적
인 구성과 대비시키고, 내부의 조상숭배와 외부의 혼령숭배로 구
성되는 이러한 동심원적인 조직을 "공간의 젠더화된 시학(gendered

---

42) Nguyen Minh San, "The Holy Mother of mounts and forests and Bac Le festival,"
    Vietnamese Studies 131 (1999), pp. 89-98. Thai Thi Bich Kien, *Le hoi Ba Chu Xu
    nui sam chau doc* (바 쭈어 쓰 축제), (Ho Chi Minh: Nha xuat ban van hoa dan toc,
    1998).

43) Don Lam, "A brief account of the cult of female deities in Vietnam," *Vietnamese
    Studies* 131 (1999), p. 7. 또한 Nguyen Van Huyen, *The ancient civilization of
    Vietnam, p. 102-4; Taylor, Goddess on the rise*, pp. 199-203도 보라. 올가 드로(Olga
    Dror)는 북부 베트남에서 나타나는 어머니 숭배의식의 발전에 관한 최근의 탁
    월한 연구에서 종교적 경관의 이러한 젠더화된 시학을 리에우 하인(Lieu Hanh)
    공주 숭배의식의 감동적인 내러티브에 적용시킨다. 그녀는 그러한 대중적 어머
    니 숭배의식이 그것을 지배적인 유교의 도덕적·의례적 위계질서에 동화시키
    려는 국가와의 교묘한 갈등관계 속에서 어떻게 수세기 동안 존속할 수 있었는
    지를 묘사한다. 이에 관해서는 Olga Dror, *Cult, culture, and authority: Princess Lieu
    Hanh in Vietnamese history* (Honolulu: University of Hawaii Press, 2007)를 보라.

poetics of space)"으로 설명한다.[44]

키스 테일러(Keith Taylor)가 유사한 측면에서 수행한 베트남의 역사기술에 관한 탁월한 분석이 가장 주목할 만하다. 여기서 그는 문화 간 융합의 지역적 지평, 그리고 그것과 관련된 "대중문화의 유동적인 표층"을 유교적 엘리트 문화의 상상된 계보적 깊이 및 동질성과 대비시켜 조명한다. 테일러는 자신이 "베트남의 표층 지향성"이라고 부르는 것을 탐구하면서 "토착적 코스모폴리탄"이라는 관념, 즉 일정한 코스모폴리탄적 에토스가 베트남 지역 전통문화의 역사적 형성에 내재해 있다는 생각을 지지한다.[45] 히 반 루옹(Hy Van Luong)은 베트남 친족용어와 관련해서 비슷한 개념적 틀을 제시한다. 그는 베트남의 친족관계와 세계관이 부계출계에 기반한 배타적인 계보적 이데올로기와 광범위하고 개방적인 양계적 상관성에 동시에 토대를 두고 있다고 주장한다. 따라서 호(ho)와 똑(toc, 가족 혹은 종족)이라는 관념은 부계종족의 조상계보를 의미하거나 동시에 양측 부모의 방계와 인척을 포함하는 광범위한 관계의 망을 지칭할 수도 있다.[46] 루옹은 공간에 한정된 중심과 공간에 한정되지 않는 주변의 공존 및 대조가 베트남 세계관의 "근본적인 특징"을 구성한다고 결론 내린다.[47] 이러한 분석 결과들은 위에서 언급한 내

44) Thien Do, "Unjust-death deification and burnt offering: towards an integrative view of popular religion in contemporary southern Vietnam," P. Taylor (ed.), *Modernity and re-enchantment: religion in post-revolutionary Vietnam* (Singapore: Institute of Southeast Asian Studies, in press).

45) Keith W. Taylor, "Surface orientations in Vietnam: beyond histories of nation and religion," *Journal of Asian Studies* 53 (1998), p. 974.

46) Hy Van Luong, *Discursive practices and linguistic meanings: the Vietnamese system of person reference* (Amsterdam: John Benjamins, 1990), p. 974.

47) Hy Van Luong, "Vietnamese kinship: structural principles and the socialist transformations in northern Vietnam," *Journal of Asian Studies* 48 (1989), pp. 745, 754.

부의 조상을 위한 가옥과 외부의 유령을 위한 사당으로 구성된 기념건축물의 이중적 구조를 조명하는 데 적합하다.

사람들이 공동체 가옥에 모여 공동체 시조들을 기념할 때, 그들이 수행하는 집단 의례는 가내 의례와 구조적으로 동일하다. 그들은 최초 정착 역사에 관한 낭독을 듣고, 통일적인 몸짓으로 조상의 제단에 절을 하며, 그 후에 외부 사당으로 걸어나가 유령들을 위한 개별적인 봉헌을 행한다. 따라서 공동체 가옥 측에서의 기념 행위는 무엇보다도 정착할 장소를 개척하고 그것을 후손에게 물려준 시조들에게 감사를 표하는 봉헌의 행위이다. 이것은 여러 세대 이전에 북부의 시원지로부터 남부로의 기나긴 여정을 견뎌낸 조상들의 용기를 인정하는 행위이다. 이는 15세기와 17세기 사이 비에트 인구가 참 중부와 크메르(Khmer) 남부 영토를 정복한 다이 비에트(Dai Viet, 위대한 비에트) 군대를 따라 인구밀도가 높은 북부 삼각주 지역에서 남쪽으로 대이동해서 남중국해 해안을 따라 요새화된 촌락들을 건설한 것과 관련되어 있다.[48] 남부와 중부 지방의 집단적 조상숭배의례에서 구술되는 이주에 관한 이야기는 선형적인 시간적 진보의 개념을 강화하는데, 이는 "남쪽으로의 행진(난 티엔, Nam tien)"이라는 관념, 그리고 그와 연관된 심원한 계보적 통일체로서의 베트남 민족이라는 관념과 함께 공식적인 역사서술에서도 활용된다.[49] 껨레 권역 내에 있는 한 조상사원의 개원식 연설에서 행사

48) Nguyen Khac Vien, *Vietnam: a long history*, pp. 110-21; Duiker, *Sacred war*, pp. 8-11. 또한 Huynh Lua, *Lich su khai pha vung dat Nam bo* (남부 지역 개방의 역사), (Ho Chi Minh: Nha xuat ban thanh pho Ho Chi Minh, 1993); Nguyen Duy Hinh, "Thu ban ve quan he Viet Cham trong lich su," (1980) 등도 참고하라.

49) Taylor, "Surface Orientations in Vietnam," p. 951. 윌리엄 뒤커(William Duiker)는 베트남 역사기술에 기록된 이 15~17세기 "남쪽으로의 행진"을 19세기 영토 확장기 미국의 "명백한 운명(manifest destiny)"과 이데올로기적으로 동일한 것으로

를 주관하는 한 원로가 다음과 같이 말했다.

> 옛말에 이르기를, "새는 둥지가 있고, 사람은 기원의 장소가 있다."
> 꿍 조(cung gio) 혹은 뚜 따오 펀 모(tu tao phan mo, 무덤 갱신)의 날
> 에 이곳에 최초로 정착한 시조들을 기념함으로써, 후손들은 먼 과
> 거를 드러내고 과거와의 관계를 갱신한다. 그것은 바로 우리 선조
> 들이 피와 뼈를 대가로 이룩한 것이다.[50]

외부 사당 쪽에서 수행되는 동일한 숭배행위에는 다른 의미와
의도가 담겨 있다. 그것은 이 땅에서 죽은 이방 혼령의 존재(그리고
여타 형태의 이방의 영)를 인정하고 이 땅의 산물을 이 우주론적 이
방인들과 공유한다는 의미를 가진다. 이들 이방 혼령들은 다시 이
곳 주민들과 그 장소 신위의 영역을 공유한다. 중부 지방의 한 조
상사원에서 거행되는 연례 개원식에는 때로 그 지역에서 대중적으
로 터이 꿍(thay cung, 의식 주관자)이라 불리는 의례전문가가 참여한
다.[51] 위의 원로가 연설을 할 때, 식에 초대된 이 의례전문가는 외
부의 유령 사당을 향해서 혼령을 부르고 안위하는 주문을 낭송했
는데, 이는 바로 앞서 소개한 응우옌 뚜의 시를 확장한 것이었다.
그 주문은 비극적이고 이탈된 죽음을 맞은 72가지 범주의 망자를
일일이 호명하고, 이들 다양하고 계보적으로 연고 없는 망자의 혼령
이 의례에 참여하고 마을 주민들의 환대를 향유할 것을 요청했다.

해석한다. Duiker, *Sacred war*, pp. 8-9.

50) 출판물에서 다뤄진 조상숭배 의례의 구술 관행의 예로, Pham Ngo Minh and Le
Duy Anh, *Nhan vat Ho Le trong lich su Viet Nam* (베트남 역사 내 레 가문의 인물),
(Da Nang: Nha xuat ban Da Nang, 2001), pp. 784-92을 보라.

51) Bertrand, "The thay," pp. 28-9.

이 두 방향의 의례적 현실에서 숭배의 양측 모두에 이탈의 역사
가 존재한다. 가옥 쪽의 조상 혼령은 엄격한 의미에서 토착 혼령이
아니다. 시간의 흐름에 따라 누적된 계보적 깊이가 그들이 먼 과거
에 이방인이었다는 사실을 무의미하게 만들 수도 있지만, 의례적
연설이 정착 시조들의 미덕을 찬양할 때마다 그 먼 과거의 역사를
다시 환기시킨다. 이를 염두에 두고 반대쪽으로 시선을 돌리면 이
탈된 혼령과 연관되는 장소들이 다른 식으로 보이게 된다. 이들 장
소는 장소의 혼령에 안티테제적이고 뒤르켐이 말하는 사회구조(1
장을 보라)에 부적합한 정체성들을 위한 곳이 아니라, 오히려 이탈
된 망자의 혼령이 이 땅의 진정으로 토착적이며 전(前)계보적인 혼
령들과 병합하는 장소의 모습을 보여준다. 두 종류의 근본적으로
다른 정체성이 이렇게 장소를 공유하는 것은 진정한 지역적 뿌리
를 가진 존재와 이탈되어 뿌리뽑힌 존재가 양립 불가능하지 않을
뿐만 아니라 후자가 실제로는 전자에 구성적이라는 점을 입증한다.
　이탈의 역사가 장소의 구성에 모순적이거나 외재적이지 않고 내
재하는 이러한 상황[52]을 염두에 두고, "객사"라는 관념을 다시 고
려해보자. 앞서 말했듯이, 이 관념은 한 장소에서는 망자의 정체성
이 신원불명의 상태이고 다른 장소에서는 그의 신체가 실종된 상
태인 상황을 지칭한다. 따라서 불명 상태와 실종 상태는 동일한 정
체성의 두 측면이라고 말할 수도 있을 것이다. 하지만 이것은 추상
적인 상상 속에서, 즉 장소를 추상적인 공간 속의 단순한 위치로 환
원시킬 때 가능하다. 이는 팀 잉골드(Tim Ingold)가 인류의 환경 지
각에서 장소가 갖는 중심성에 대한 탁월한 분석을 통해 논증한 바

---

52) 이와 연관된 관점에서, 케이시(Casey)는 이동이 장소에 내재적이라고 주장한다.
　　Getting back into place, p. 131, 280.

이다.[53] 장소에 한정된 사회적 현실에서, 불명 상태와 실종 상태가
동일한 정체성인 경우는 거의 없다. 베트남의 촌락 주민들이 정규
적으로 수행하는 것처럼, 사람들이 무명의 무덤이나 무명 유령이
출현하는 장소에 향을 봉헌할 때 그들은 조상숭배의례의 일환으로
그렇게 하는데, 이 의례에는 전쟁으로 인해 실종된 그들의 친척에
대한 추모가 포함될 수도 있다. 이 맥락에서 실종자와 불명자는 동
일한 의례체계 내에 포함되지만 그럼에도 불구하고 개념적으로는
분리된다. 먼 장소에서의 MIA 임무를 통해 실종된 영웅의 유해가
무명의 얕은 무덤에서 발견되면, 실종자와 불명자 사이의 거리는
소멸해버린다. 하지만 이것은 대부분의 베트남 가족들에게는 요원
한 가능성으로만 남아 있다.

누군가의 유령은 다른 이의 조상

성공적인 MIA 임무의 형태로 불명자와 실종자 간의 거리가 기적
적으로 소멸되는 경우가 아니더라도, 그리고 이들 두 정체성을 분
리하는 매우 장소에 한정된 숭배의 구조 속에서도, 이 둘 사이의 거
리를 좁히는 방법이 하나 있다. 하지만 그것을 제대로 파악하기 위
해서는 사회적 유대에 관한 뒤르켐의 도식뿐만 아니라 사회적 이
동성에 관한 짐멜의 이론도 초월해서, 사회적 유대와 인간의 이동
성 및 자유를 이 개념들의 양분된 사회학의 이론적 전통들로부터
재통합할 수 있는 가능성을 상상하기 시작해야 한다. 뒤르켐은 어
떻게 사회가 내적으로 스스로를 창출할 수 있는지, 그리고 왜 이것
이 집합표상 내에 장소의 신성한 혼령을 발명하는 것을 필요로 하

---

53) Tim Ingold, *The perception of the environment: essays in livelihood, dwelling, and skill*
(New York: Routledge, 2000), ch. 13.

는가를 보여준다. 또한 짐멜은 어떻게 개인들이 주어진 사회적 속
박으로부터 스스로를 자유롭게 하는지, 그리고 이동성이 어떻게 이
것을 가능하게 하는지를 보여준다(제7장을 보라).[54] 하지만 그들의
이론적 틀은 어떻게 통합과 이동성이 하나의 사회적 장에서 공존
할 수 있는지를 제시하지 않을 뿐만 아니라, 인간 행위자가 장소의
혼령과 이탈의 역사를 화해시키려고 노력하는 방식에 주목하지도
않는다.

　베트남 주민들이 배회하는 유령들의 장을 향해 두 손으로 향을
들고 기도할 때 그들은 보통 혼자서 기도를 올린다. 이것은 가내에
서뿐만 아니라 공동체적 맥락에서도 마찬가지이다. 가내 영역에서
는 친족들이 함께 조상의 제단을 향해 절을 한 후, 개별적으로 외부
의 제단으로 걸어나가 유령들을 위해 동일한 행위를 반복한다. 특
별한 경우에는 의례의 순서가 뒤바뀌어 조상숭배를 위해 집안으로
로 모이기 전에 개별적으로 유령에게 먼저 봉헌기도를 할 수도 있
다. 심지어 공동체 가옥 개원식과 유령을 위한 의례의 수행에서처
럼 기도하는 사람들이 의례복합체의 양측 사이를 집단적으로 이동
하고 따라서 그것이 집단적인 행위로 보이더라도, 실제로 이들 행
위는 분리되어 있지만 동시에 발생하는 개별적인 행동이다. 조상
을 위한 의례는 연령별 위계와 젠더적 질서에 따라 수행되지만, 유
령과의 의례적 상호작용에서는 그러한 미리 규정되어 있는 사회적
질서가 존재하지 않는다.

　하지만 거리 쪽의 개별적인 기념행위자가 전적으로 혼자인 것도
아니다. 사람들은 인근에 있는, 그리고 먼 장소의 다른 많은 사람들

---

54) Georg Simmel, *The philosophy of money,* trans. T. Bottomore and D. Frisby (New
　　York: Routledge and Kegan Paul, 1978), ch. 4.

도 마찬가지로 그렇게 할 것이라는 암묵적인 인식에 입각해서 유
령을 위해 식사를 마련하고 기도를 올린다. 이 순간 그들의 다원적
이고도 동시발생적인 숭배의 움직임은 고립된 개별적인 실천임과
동시에 통일된 행동이기도 하다. 개인적인 실천은 의례 형태 면에
서 집단적 조상숭배와 구분될 필요가 있다. 하나의 의식을 다른 많
은 고립된 유사 사건들과 연결시키기 위해서는 통일된 의례 행위
가 필요하다. 개인적인 실천으로 보면 그 의례는 떠도는 유령들, 즉
망자의 세계의 이방인을 위한 것이다. 하나의 통일된 의례 행위의
일부로서 상상되면, 그것은 반드시 유령만을 위한 것이 아니라 다
른 누군가의 조상, 즉 어쩌다 자신의 사회적 토대로부터 이탈된 친
족의 기억을 위한 것이다. 개인화된 행위의 이러한 복수성 내에서
는 이방인과의 연대도 (다른 누군가에 의해 수행되는) 친족적 실천의
한 형태가 되고, 이는 다시 (주어진 사회적 경계를 초월한) 사회적 유
대의 한 형태를 창출한다.

이탈된 이방인과 조화롭게 거주하는 관행은 친족관행을 한정된
장소의 경계를 넘어서 작동케 하는 하나의 방법일 수 있다. 이방
인과의 연대를 창출하는 장소에 한정된 인간 행동 하나하나는 먼
장소에서 발생하는 동등한 행동과 호혜적 관계를 형성하고, 윈터
(Winter)가 "사별의 연대(the bond of bereavement)"라 부르는 것에 토대
를 둔 실질적인 친족관계의 상상적이고 초지역적인 네트워크를 만
드는 데 참여한다.[55] 지역적이면서 동시에 지구적인 규모의 인간적
친족관계를 만드는 관행은 전쟁 동안, 그리고 전쟁 후에 수많은 이

---

55) "사별의 연대"라는 어구는 Winter, *Sites of memory, sites of mourning*, p. 228에서
인용. 주디스 버틀러(Judith Butler)는 이러한 연대를 "취약성과 상실에 기반을
둔 공동체"라고 부른다. 이에 관해서는 Judith Butler, *Precarious life: the powers of
mourning and violence* (New York: Verso, 2004), p. 20을 보라.

탈된 생명을 구원했고, 전쟁에서 생존하지 못한 수많은 이탈된 삶
에 위안을 제공했다.

하지만 위 마지막 논점을 제시하면서 나는 망자의 이탈된 혼령
과 관습적인 상호작용을 하는 베트남의 의례 행위자들이 자신들의
개인화된 행위에 호혜적인 친족관행의 한 측면이 내재해 있다는
사실, 혹은 울프가 "누군가의 조상은 다른 이의 유령"이라고 묘사
한, 망자의 범주에 내재하는 시차(視差)를 인식하고 있다고 주장하
는 것은 아니다.[56] 그들의 행동은 친족의 기억과 익명의 외부인들
의 장을 대비시키는 주어진 가치의 구조 내에서 이루어진다. 필자
가 일단의 비교종교학 전문가들에게 이 장의 초안을 발표했을 때
제기된 질문 중 하나는 유령을 위한 의례의 원격적 호혜성이 종교
적 경험의 무의식적 차원에 속하지 않느냐는 것이었다. 실제로 마
이클 타우직(Michael Taussig)은 파나마의 쿠나(Cuna) 치유의례에 포
함된 향수의 상징을 탐구하면서 장소와 집에 관한 프로이트의 관
념을 호출한다.

> 하지만 *운하임리히*(unheimlich, 기이한) 장소는 모든 인류의 이전
> *하임*(heim, 집), 즉 우리 각자가 과거 한때 시작 시점에 살았던 장
> 소로 통하는 입구이다. (…) 그렇다면 이 경우 또한 운하임리히(기
> 이함)는 한때 *하임리히*(heimlich), 즉 친숙했던 것이다. 따라서 접두
> 사 *운*(un)은 억압의 징표이다.[57]

오히려, 내 주장은 양면적인 의례행위에서 집에 관한 두 개의 상

---

56) Wolf, "Gods, ghosts, and ancestors," p. 146.

57) Michael Taussig, *The nervous system* (New York: Routledge, 2001), pp. 178-9.

이한 감각이 출현한다는 것이다. 유령은 사람들이 친숙하고 이상화된 집을 조상들을 위한 기억의 장소와 동일시할 때는 그에 대해 외부자가 된다. 이 맥락에서 조상들을 위한 기억은 그 장소를 계보적 통일성을 위한 배타적인 집으로 전용한다.[58] 반면 사람들이 거주장소(dwelling place)의 지평에서 단지 일부에 불과한 '계보적으로 제도화된 집'에서 벗어나 보다 광범위한 지평으로 나아갈 때 유령은 내부자가 된다. 유령은 전자에서는 기이한 것(das unheimlich)를 구성하고, 후자에서는 집(Heim)의 혼령을 구성한다.

돈 람(Don Lam)이 주장하는 바와 같이, 만약 베트남의 혼령숭배 의례가 하나의 "개방적"이고 "민주적인" 체계를 구성한다면, 나는 한편으로 폐쇄적이고 계보적으로 조성된 토착적 장소와 다른 한편으로 속박되지 않고 근본적으로 비계보적인 대안적 장소 및 보다 광범위하고 생성적인 의미의 고향-장소의 평행적 공존이 이러한 민주적인 종교성의 핵심을 구성한다고 주장하고 싶다.[59] 이러한 평행적 공존은 도덕적으로 분리된 내부와 외부의 맥락을 아우르는 양방향의 의례적 실천에서 가장 분명하게 표현된다. 더욱이 이중 동심원적 구조와 양방향·양능적 실천의 조합은 개방적이고 포괄적인 규범의 지평을 지시할 뿐만 아니라 이방인의 지위를 변환시킬 수 있는 능력을 수반하기도 한다. 메이어 포르테스(Meyer Fortes)

---

58) 꾸에(que) 또는 꾸에 흐엉(que huong)으로 표현되는 이러한 이상화된 토착 장소에 관해서는 Hardy, *Red hills*, pp. 23-8; Schlecker, "Going back a long way," pp. 510-12 등을 보라.

59) 여러 종교형태의 평행적 공존은 "베트남적 휴머니즘" 전통에 관한 초기 논쟁들의 측면에서 접근될 수도 있을 것이다. 이들 논쟁은 인도와 중국의 문화유산, 그리고 자기계몽에 관한 불교적 "지식"과 세속적 "행동" 및 도덕적 질서에 관한 유교적 관념 사이의 변증법적 결합에 관한 것이었다. Nguyen Dang Thuc, "Vietnamese humanism", *Philosophy East and West* 9 (1960), pp. 129-43을 보라.

는 짐멜의 이방인에 관한 글을 인용하면서 1930년대에 그가 함께
살고 연구했던 가나 북부의 탈렌시(Tallensi)족 주민들과의 관계에서
자신의 지위가 변화하는 과정에 관해 썼다. 그의 지위는 거주의 첫
번째 단계에서 *사안*(*saan*), 즉 이방인에서 손님으로, 그 후에는 손님
에서 *마비*(*mabii*, 친척)와 유사한 지위로 변화했다.[60] 짐멜에 따르면,
상관적 정체성의 이와 같은 진화는 "*삶의 상징*", 즉 자기통제적인
형태 속에서가 아니라 "오직 실제 개인들의 활력, 그들의 감성과 매
력, 그들의 완전한 충동과 신념 속에서"[61] 전개되는 특수한 종류의
사회성을 표현한다. 포르테스의 경험과 짐멜의 "삶의 상징"은 인간
과 유령 사이의 친밀한 상호작용을 통해 출현하는 베트남의 사회
적 드라마의 일부를 조명할 수 있도록 해준다. 다음 장에서는 망자
의 이탈된 혼령이 살아 있는 주민들과의 활동적이고 생성적인 상
호작용을 통해 어떤 식으로 한 장소의 강력한 친척 혼령으로 변환
하는지에 관해서 논의할 것이다. 이러한 상징적 변환의 드라마는
대규모 이탈의 비극적인 역사를 거주 장소의 새롭고 활기 넘치는
역사로 변환하는 인간 행위와 상상의 힘을 조명해준다.

---

60) Meyer Fortes, "Strangers," M. Fortes and S. Patterson (eds.), *Studies in African social
    anthropology* (London: Academic Press, 1975), pp. 229-30, 250.

61) Simmel, *On individuality and social forms*, p. 139.

유령의 변환

• • •

6   유령의 변환

  베트남에서 유령은 언제나 동일한 상태로 머물러 있지 않는다. 앞서 우리는 두 가지 수준의 중요한 사회적 토대, 즉 국가와 가족을 다루었는데, 이들 수준에서는 이탈된 전쟁 사망자가 "객사"의 상태를 초월할 수도 있다. 이들 각 제도의 행위자들은 고향에 매장되지 못한 실종 유해들을 설명하기 위해 노력해왔고, 그들의 기억물에 의미를 부여하는 특별한 의례체계를 구축하고 있다. 통상 이들 제도의 장례와 기념체계는 망자의 정체성을 두 개의 집단, 즉 제도에 이데올로기적으로 연결된 자들과 그렇지 않은 자들로 구분한다. 하지만 그럼에도 불구하고 이들 제도는 각기 상이한 배제 이데올로기와 배제 메커니즘을 명확하게 보여주는데, 그것은 가족의 경우 계보적 이데올로기에, 그리고 국가의 경우는 정치적 이데올로기에 토대를 두고 있다. 따라서 친족을 기념하는 제도가 국가의 기념제도로부터 배제된 정체성을 수용할 수 있는 것이다. 더욱이 이들 두 의례 체계는 구조적인 차이도 보여준다. 친족 기념 의례는 조상의 중심성과 유령의 주변성으로 구성되는 동심원적 이원론의 원리를 바탕으로 하는 반면, 정치적 영웅 숭배는 주변적인 기억의 존재를 전면적으로 부정하는 단선적이고 중심주의적인 원리를 가진다.

  앞 장에서는 친족 기념의 구조와 실천에 존재하는 연결성의 또 다른 차원을 탐구했다. 거기서 필자는 만약 우리가 유령과의 의례적 상호작용을 조상과의 상호작용에 반하는 것이 아니라 또 다른 유사한 행위와의 관련성 속에서 고려한다면 유령과의 의례적 상호작용이 다른 의미를 가지게 된다고 주장했다. 상징적 이항대립의 구도 내에서, 유령을 대상으로 한 의례 행위는 질서정연한 친족 공동체에 반하는 범주적 이방인의 무질서한 상황을 설정한다. 하지만 동일한 행위가 대규모 이탈의 일반화와 인간생명의 파괴라는 역사적 배경에서 보면 대안적인 친족 관행으로서 암묵적인 차원을 가지게 된다. 다시 말해, 특정한 집단의 사람들은 다른 어딘가에서 자신들의 이탈된 친족원의 기억을 위해 다른 누군가의 집단이 동일한 행위를 해줄 것이라는 상상의 호혜적 관계를 기대하면서 다른 사람들의 이탈된 친족 기억과 상호작용한다. 유령과의 의례적 관계가 갖는 이러한 측면은 유령을 조상의 기억과 이항대립 관계에 있는 것으로 인식하는 기존의 개념적 구조를 넘어서는 것으로서 본 장에서 논의하는 변환하는 유령에 관한 드라마에서 강력하게 부각된다.

조상들을 위한 장소와 영웅들을 위한 장소가 베트남의 전쟁유령들에게 유일하게 가능한 목적지는 아니다. 그들은 턴(than)으로 변환해서 이른바 *띠엔*(tien)이라는 지위를 획득한 후 기존 관계가 전혀 없는 공동체나 개인의 "상서롭게 강력한(*린, linh*)" 수호정령이 될 수도 있다. 베트남 지역 공동체에는 범주상의 외부자가 강력한 친척 신으로 변환하는 이야기가 풍부한데, 이 특수한 궤적 속에서 유령의 비극적인 이탈 경험은 입양으로 맺어진 집에 대한 철저한 헌신으로 발전한다. 이러한 맥락에서 "집"은 더 이상 "거리"에 개념적으로 반대되는 위치에 설정되지 않고 그 영성(spirituality)이 이탈의 역사와 화해할 수 있는 장소가 된다.

유령 소금의 맛

만약 당신에게 꽝남-다낭 지역 주민들이 턴(than)이라 부르는 존
재와 얘기 나눌 기회가 주어진다면, 당신은 대화의 말미에 그 영혼
이 가끔 물 한 잔을 권한다는 사실을 기억하게 될 것이다. 정확한
이유는 아무도 모르지만, 이 물은 일반적인 우물에서 길어 온 보통
의 물임에도 불구하고 약간의 짠맛이 나는 것으로 알려져 있다. 당
신이 의구심을 가지고 같은 주전자에서 또다시 물 한 컵을 부어 마
셔본다면, 이번에는 그저 보통의 물맛일지도 모른다. 다소 미심쩍
지만 짠맛이 나는 물을 마시는 경험은 모든 사람에게, 혹은 늘 일어
나는 것은 아니다. 이른바 "무거운 영혼(낭 비어, nang via)"을 가진 사
람은 소금을 넣지 않은 물에서 소금 맛을 느낄 가능성이 적다. 하지
만 반대로 "가벼운 영혼(낭 비어, nang via)"을 가진 사람이 강령회에
서 물맛이 정상적이라고 느끼는 것은 참가자들에게 충격이자 낙심
의 원인이 된다. 필자는 베트남의 배후지 농촌에서 이 영적인 물을
몇 갤런씩이나 마셨는데 겨우 몇 번 약간의 소금 맛을 느낄 수 있
었다. 그래서 나를 아는 사람들은 내가 심각한 다이어트가 필요할
정도로 아주 무거운 영혼을 가지고 있음에 틀림없다고 믿기 시작
했다. 제도화된 불교에서 영혼의 무거움은 그 근원이 여러 번의 생
애를 거슬러 올라가는 과도한 업보를 뜻한다. 하지만 운 좋게도 민
간신앙 담론에서 무거운 영혼은 이와 같이 특별히 부정적인 의미
를 가지고 있지는 않다. 다른 무엇보다 영혼의 가벼움은 타 영혼들
과의 소통능력을 뜻한다. 내 정보제공자들은 내가 유령들 중에서도
베트남-미국 전쟁의 유령들, 그리고 특히 국가적 영웅이나 가족의
조상신보다는 초지역적 신위로 분주하게 변환하고 있는 수많은 전
쟁 유령들에 대해 연구하고 있다는 사실을 알고 있었다. 그들 중 몇

몇은 유령을 연구하는 사람인 내가 영혼의 짠맛을 느끼는 데 어찌 그리 무능한지 도저히 이해할 수가 없었다.

베트남의 유령 소금은 감각과 감성, 그리고 주관적 경험과 객관적 지식에 대해 몇 가지 진지한 질문을 던지게 한다. 마을 우물에서 퍼 온 물이 어떻게 희석한 바닷물 같은 맛이 날 수 있을까? 왜 누구에게는 짠맛이 나고 누구에게는 그렇지 않을까? 소금 맛을 느끼는 것이 나의 몸일까 영혼일까? 왜 단맛이나 쓴맛이 아니고 하필이면 짠맛일까? 왜 일부 사람들은 영혼의 소금물로 사소한 신체적 통증이나 정신적 고통을 치료할 수 있다고 믿는 것일까? 다른 사람들은 짠맛을 느낄 수 있는데 나는 느낄 수 없다면, 그들과 나 중 누가 문제일까? 나는 중부 베트남에서 현지조사를 수행하면서 이러한 질문들에 대해 탐구했다. 하지만 이러한 질문들에 대해 아직까지도 이성적인 답을 찾지 못했다. 대신 유령 소금에 대한 경험이 다른 사건과 이야기로 나를 인도했으며, 다른 사람들과 마찬가지로 짠맛을 느낄 수 있길 바라는 나의 갈망은 이들 사건과 이야기를 새로운 시각에서 이해할 수 있는 길을 열었다. 이들 대부분의 사건은 과거를 기념하고, 현재의 당면한 문제에 대처하고, 미래의 특별한 전망이 현실화될 것을 갈망하는 것과 관련되어 있었다. 이들 모두는 동시에 그리고 상호작용하면서 얽히고설켜 있었다.

유령 소금은 베트남인들의 역사적 상상력 속에 이미 구축되어 있는 관념이다. 그들의 가장 오래된 역사적 속담 중 하나가 바로 소금 섭취와 연관되어 있다. 사람들은 하나의 사건을 익숙한 역사적 플롯 속에서 조급하게 설명하려고 할 때, "조상이 소금을 너무 많이 먹어서 자손들이 목마르다"고 말한다.[1] 이 플롯에서 진정한 인

---

1) 베트남어로는 "Doi Cha an manh, doi con khat nuoc." 베트남 문화의 영양 관련 은

간의 욕망은 고립된 개인의 욕망이 아니다. 욕망을 느끼는 것은 개인이지만, 욕망의 근원은 영혼의 유령 소금과 마찬가지로 다른 누군가에게 있을 수 있다. 왜냐하면 바로 이 다른 누군가의 존재로 인해 물이 짜지기 때문이다. 마찬가지로, 기억하려는 욕망은 과거와 현재 사이의 어딘가에서 발생하고, 기억하는 자아와 기억되는 타자 사이에 공유되는 무엇일 수 있다. 『선과 악을 넘어서(Beyond good and evil)』에서 니체는 "생각은 '내'가 원할 때가 아니라 '그것', 즉 생각이 원할 때 찾아온다. 따라서 주어인 '내'가 술부인 '생각한다'의 조건이라고 말하는 것은 오류이다. 그것이 생각한다. 하지만 이 '그것'이 바로 그 유명하고 오래된 '나'라는 데 자명한 확실성은 없다."[2] 자아의 불완전한 자율성과 타자의 불완전한 수동성은 모든 형태의 기념의식과 사회적 교환에 내재할 것이다.[3] 유령 소금의 경험은 기억하기의 간주관적(間主觀的, intersubjective)인 속성을 신체적으로 명확하게 만든다.

죽은 자들의 갈증은 물질적인 현상이다. 베트남인들의 전통적인 사고방식에 따르면 인간의 영혼은 혼(hon)이라는 영적인 영혼과 *비어*(via)라는 물질적 영혼으로 구성되어 있다. 이러한 이중성 때문에 망자의 영(spirit)은 물질적인 영혼을 통해 추위와 배고픔을 느낄 수 있고, 이러한 느낌을 그 영적인 영혼을 통해 자기연민이나 분노로 변환할 수도 있다. 유사하게, 전쟁으로 인한 폭력적 죽음의 경우에 발생하는 육체적 고통의 경험은 망자의 물질적 영혼 속에 남아 있

유에 관한 논의로는 리후코아(Le Huu Khoa)의 "Manger et nourrir les relations," pp. 51-63을 보라.

2) Bruno Bettleheim, *Freud and man's soul*(New York: Penguin, 1989), p. 61에서 인용.

3) J. S La Fontaine, "Person and individual: some anthropological reflections," in M. Carrithers, S. Collins, and S. Lukes(eds.), *The category of the person: anthropology, philosophy, history*(Cambridge: Cambridge University Press, 1985), p. 130.

을 수 있고 그 영적인 영혼은 고통을 완화하는 방법을 생각해내려고 시도할 수도 있다. 이러한 고통은 죽은 신체가 경험한 고통이 좋은 이유 때문인지 아닌지를 영적인 영혼이 인식하는 것과 상관없이 개념적으로 실재한다. 영적인 영혼이 세 가지 요소로 구성되는 데 반해 물질적인 영혼은 남성의 경우 일곱 가지, 여성의 경우 아홉 가지 요소로 구성된다.[4] 영적인 영혼이라는 관념은 플라톤 철학의 전통에서 "순수 이성"의 관념에 가깝다. 그것은 감정이나 육체적 욕망과 상관없이 독립적으로 생각하고 인식할 수 있다. 비록 영적인 영혼이 물질적 영혼과 짝을 이루기는 하지만, 전자가 더 우월하고 자신보다 저급한 파트너를 합리적인 길로 인도한다. 산 자에게 있어서 영적인 영혼은 보편적이고 특정한 개인의 인성보다는 인간성의 한 단면인 데 반해, 물질적 영혼은 다양한 요소들의 조합을 통해 구체적이며 도덕적 개인, 그리고 그 개인의 특유한 인성을 구성한다. 배고픔이나 갈증, 그리고 분노나 공포를 느낄 수 있는 것은 물질적 영혼이며, 인간의 영혼이 우호적(비어 라인, via lanh)이거나 사악(비어 즈, via du)할 수 있는 것 또한 바로 이 물질적 영혼을 통해서이다.[5] 베트남의 유령이 인간과 닮은 형상을 가지는 이유는 바로 베트남인들이 믿기에 망자가 영적인 영혼을 통해 생각하고 상상할 수 있는 만큼 물질적 영혼을 통해 느끼고 지각할 수도 있기 때문이다.

하지만 상황이 그렇게 단순하지만은 않다. 죽음으로의 전이에 대한 베트남인들의 세계관에서 보면 그것은 일종의 질서 역전, 즉 로이 와그너(Roy Wagner)가 형상-배경 반전(figure-ground reversal)이

---

4) 여성은 출산 능력과 감정을 느끼고 처리하는 데 남성보다 뛰어난 능력을 가지고 있다고 여겨지기 때문에 남성보다 더 많은 영적 요소를 가진 것으로 믿어진다.

5) Nguyen Van Huyen, *The ancient civilization of Vietnam*, p. 237.

라고 부르는 것이기 때문이다.[6] 내가 이해한 베트남인들의 대중적
사고방식에 따르면, 사후에 영적인 영혼은 반드시 모든 인간에게
보편적인 것이 아니라 구체적인 정체성의 특성을 가진다. 마찬가지
로 망자의 물질적 영혼은 개별적으로 특수한 것이 아니라 일반적
이고 보편적인 특성을 가진다. 따라서 의례기간 동안 생리 중인 여
성의 참여로 인해 초래된 불경에 화를 내는 것으로 알려진 껌레의
고래사원 수호정령은 자신의 분노를 불경을 저지른 외부 방문자가
아니라 무고한 어촌 가족을 익사시키는 형태로 표현할 수 있다. 이
러한 경우 고래의 영적 영혼은 살아 있는 우리가 물질적 영혼을 통
해 느끼듯이 이성적으로 생각하지 않고 공동체적이고 물질적으로
생각한다. 한 어촌 공동체의 고래신위에게 물질적 토대는 바로 그
공동체이다. 고향을 찾아가는 주술적 여행 중에 있는 군인 유령은
통상 연장자나 자신의 생존 가족인 노인들에게 문제를 일으키지는
않는다. 그의 영혼이 질병의 형태로 자신의 물질적 영혼을 투여한
신체는 전형적으로 그의 손아래 형제자매이거나 손아래 세대이다.
이 경우 혼령의 물질적 영혼은 자신의 인지적이고 언어적인 능력
을 통해 다른 사람의 물질적 영혼과 소통할 수 있고, 따라서 우리의
이성적 능력만큼이나 보편적이다. 이에 반해 영적인 영혼은 유교
윤리와 장유유서의 질서를 아는 사람처럼 특수하고도 문화적으로
사고한다. 따라서 베트남인들의 전통적인 세계관에서 산 자와 망자
는 무엇이 영혼을 구성하는가라는 문제에서는 동일하고 영혼이 어
떻게 구성되는가라는 문제에서는 차이가 난다고 잠정적인 결론을
내릴 수 있을 것이다.

  레오폴드 카디에르(Léopold Cadière)는 혼(hon)을 활력의 우성원리

---

6) Wagner, *Symbols that stand for themselves*, pp. 58-80.

(superior principles of vitality), *비어*(*via*)를 활력의 열성원리라고 부른다.[7] 그는 베트남인들의 인식 속에서 활력에 대한 이 두 가지 생명 원리가 어떻게 죽음과 함께 완전히 사라지지 않는지를 묘사한다. 일부 활력은 장소를 잡아 정착하고, 다른 일부는 정박할 장소 없이 부유한다. 일부는 존경과 좋은 대우를 받고, 다른 일부는 경멸, 회피, 공포의 대상이 된다. 카디에르에 따르면, 다양한 형태와 양식의 내세적 삶으로 인식되는 이들 다수의 영적 존재들과 관계 맺는 방식은 베트남인들의 종교적 상상력과 도덕적 삶에서 중심적인 문제이다.[8]

싹(*xac*)이라는 관념은 이들 형태의 내세적 삶을 이해하는 데 시사하는 바가 있다. 와그너(Wagner)는 뉴기니 다리비(Daribi) 사회에 관해 아래와 같이 주장한다.

> 정신적이건 육체적이건, 질병은 다른 말로 죽음을 통한 삶과 삶을 통한 죽음의 은유이다. 즉 한 사람이 능력상실로 고통을 받는 정도만큼 그는 "죽은" 것이고, 또 딱 그만큼 그의 증상은 "살아 있는" 것이다. 유령은 신들린 사람을 통해 "산다." 그리고 같은 원리로 신들린 자는 유령을 통해 "죽는다."[9]

베트남의 *싹*(*xac*)이라는 개념은 유사한 형태의 삶과 죽음의 은유적 융합을 지칭한다. "싹"이라는 단어는 상승하는 성조로 빠르게 발음하면 문자 그대로 시체를 의미한다. 이 단어는 또한 동일한 상황을 정반대의 관점에서 지칭하는 말로, 생명의 활력 원리가 그 신

---

7) Cadière, *Croyances et pratiques religieuses des viêtnamiens*, vol. 3 pp. 182-3.
8) Cadière, *Croyances et pratiques religieuses des viêtnamiens*, vol. 2 pp. 53-66.
9) Wagner, *Symbols that stand for themselves*, p. 69.

체적 그릇에서 벗어나 보다 예측불가능해지는 상황을 가리킬 수
도 있다. 이러한 두 번째 의미에서 싹(xac) 관념은 가장 완전하고 가
장 급진적인 기념행위 중에 있는 인간 신체의 상태를 뜻할 수 있다.
혼령이 누군가의 몸으로 들어가고 그 몸을 통해 말과 몸짓을 할 때
꽝남 지방 베트남인들은 이러한 특수한 상태를 싹(xac) 혹은 넙 싹
(nhap xac)이라고 하는데, 이 맥락에서 이 단어는 "혼령이 몸으로 들
어감" 혹은 "몸을 혼령에게 빌려줌"이라는 뜻을 가진다. 혼령이 대
화를 끝내고 몸을 떠나는 행위는 몸에서 나온다는 뜻의 쑤엇 싹
(xuat xac)이라고 부른다. 그러한 몸을 가지고 정규적으로 혼령을 몸
으로 받아들이는 의례전문가를 싹(xac) 혹은 넙 싹(nhap xac)이라 부
르는데, 이 경우 이 단어는 "자신의 몸을 혼령에게 빌려주는 사람"
을 뜻한다.

   넙 싹(nhap xac)의 조건과 지위는 렌 동(len dong, 혼령이 "영매의 몸에
올라타다")과 같은 여타 더 잘 알려진 개념으로 표현되며, 이러한 특
수한 실천의 목적은 "망자를 구하고 산 자를 구명하는 것"으로 알
려져 있다.[10] "몸-빌려주기"는 또 다른 다소 덜 신비적인 형태를 취
하기도 한다. 무명 전사자의 혼령이 한 소년의 몸에 들어가서 소년
의 검지손가락을 통해 꼰 꼬(con co)라는 주술적 도구의 지침을 움
직일 때 그 소년과 혼령은 함께 싹이 된다. 미라이 지역의 한 경찰
이 '하늘과 맞닿은 언덕'을 뜻하는 띠엔안(Tien An)에서 낮잠을 자
다 깨어나 과거 프랑스에 저항했던 유명한 애국자이자 정치운동가
인 후인 툭 캉(Huynh Thuc Khang)의 말투로 말을 해서 사이공 관광
객들을 깜짝 놀라게 한 적이 있는데, 그 경찰은 15분 동안 싹이었

---

10) Durand, *Technique et pantheon des mediums viêtnamiens*, p. 8.

다.[11] 심지어 복권에 당첨되는 사람도 *싹*이 될 수 있다. 늘 복권에 당첨되지 못했던 한 여성이 복권에 당첨되면, 그녀의 친구들은 혼령이 결국 도래해서 그녀를 도운 것을 축하하기 위해 그녀를 "바녑(Ba Nhap)!"이라고 부를 것이다. 이를 포함한 여타 유사한 상황에서, 혼령의 도래는 뜻밖의 기쁨과 행운을 맞이하는 것에 대한 핵심적 은유가 된다. 앞서 소개한 적이 있는 가족묘지와 기념의례에서 누락된 형의 성난 유령 때문에 병에 걸렸던 당 간부의 경우, 비록 중재를 필요로 한다는 점에서 논쟁의 여지가 있긴 하지만 상황은 *싹*에 가깝다. 어떤 여성이 정신병에 걸렸는데 그 이유가 지나친 활력을 가진 전몰자의 혼령이 그녀의 몸속에 있기 때문이라고 여겨진다면, 이 여성은 몸-빌려주기라는 관용적 의미에서의 *싹*이라고 절대 불리지 않는다. 이 경우 유령과 여성이 너무 긴밀하게 연결되어 있어서 그 결합을 *싹*이라 부를 수 없다. 나가지는 않고 들어오기만 하는 것은 *싹*이 아니며, 이동성 없이 존재하는 혼령은 *싹*이라는 개념과 어울리지 않는다.[12] 이런 의미에서 비교종교학 문헌들이 유사한 상황[13]을 묘사하기 위해서 흔히 사용하는 신들림(spirit possession)이라는 개념은 *싹*이라는 관념이 의미하는 것과 전혀 관계가 없다. 갚아야 할 사유재산 혹은 재화나 노예의 소유라는 의미에서 몸-빌려주기에는 신들림이 없다. 이러한 특수한 경제적 관념은

---

11) 꽝남 성과 꽝응아이 성에서 명성이 자자한 이 민족주의자 영웅에 관해서는 Nguyen Thang, *Quang Nam: dat nuoc nhan vat*(꽝남: 땅과 사람들), (Da Nang: Nha Xuat Ban Ban Hoc, 1996), pp. 491-532를 보라.

12) 브루노 베틀하임(Bruno Bettleheim)의 설명에 따르면, 프로이트 정신분석학에서 정신병은 경험적 실제일 뿐만 아니라 일종의 은유이고, 이 은유에서 "몸은 영혼을 상징한다." 즉 분석가들은 환자의 영혼을 마치 임상의학에서의 몸처럼 바라본다. *Freud and Man's Soul*, pp. 39-40.

13) Marcea Eliade, *Shamanism: archaic techniques of ecstasy*(London: Akana, 1989), pp. 5-6.

존 로(John Law) 같은 18~19세기 유럽 계몽주의의 공격적 주창자들에게나 어울리는 것이었다. 존 로는 당시 성행하던 현상인 신들린 집을 과거의 유령이 사적소유권을 잘못 주장하는 것으로 이해했다.[14] 베트남인들의 몸-빌려주기에서 몸은 그와 같은 사유재산이 아니다. 대안적 이미지를 제시하면 그것은 오히려 영국의 공유지나 미국의 공원 같은 장소에 가깝다. 그곳은 다양한 혼령들이 모이는 것이 허용되는 장소이다. 하지만 누구도 그 장소를 소유할 수 없고 또 언젠가는 반드시 빠져나와야 한다는 규칙을 알고 있다.

혼령이 몸으로 들어가거나 몸에 들러붙으려고 할 때 들어가는 방식은 모두 같다.[15] 하지만 몸에서 빠져나갈 때는 쑤엇(xuat)처럼 단순하게 나가거나 탕(thang)처럼 위로 상승할 수도 있다. 베트남인들의 혼령에 대한 믿음은 신들 사이의 위계질서를 도덕적인 위계 혹은 봉건국가의 제국적 관료제를 반영하는 방식으로 투사하고 있다.[16] 일부는 봉건적 질서에 따라 승급되고 다른 일부는 강등된다. 또 일부는 강력하고 유명해지며 다른 것들은 미미해지고 기력을 상실하게 된다.[17] 일부는 폭력적인 전쟁 사망자의 철저한 궁핍 상

---

14) Mackay, *Extraordinary popular delusions and the madness of crowds*를 보라.

15) 이 문제에 대처하기 위해, 꼰 꼬(con co) 주술판에는 네 개의 분리된 진입점, 즉 타인(thanh, 성인聖人), 탄(than), 띠엔(tien), 꾸이(quy, 괴물, 악령)가 그려져 있다. 탄과 띠엔은 정령(genies), 신령(deities), 신(gods), 여신(goddesses), 혼령(spirits)으로 다양하게 번역된다.

16) Cadière, *Croyances et pratiques religieuses des viêtnamiens*, vol. 2, p. 59; Phan Ke Binh, *Viêt-Nam phong-tuc*, book 1, pp. 79-80. 또한 Durand, *Technique et pantheon des mediums viêtnamiens*, 그리고 Ann Helen Unger and Walter Unger, *Pagodas, gods and spirits of Vietnam*(London: Thames and Hudson, 1997), p. 20. *Dror, Cult, culture, and authority*, pp. 30-42.

17) Ibid, p. 20. Stevan Harrell, "When a ghost becomes a god," in Arthur P. Wolf (ed.), *Religion and ritual in Chinese society*(Stanford: Stanford University Press, 1974), p. 201.

태에서 우아하게 옮겨 다니는 요정 같은 모습의 *띠엔*(*tien*)으로 부
상하기도 한다. 일부 역사적으로 애국적인 인물은 3장에서 소개한
후인 풍(Huynh Phung)의 사례처럼 *타은*(*thanh*)으로 변환하는데, 이
는 이 맥락에서 대충 "성인(聖人)" 정도로 번역될 수 있을 것이다.
다른 혼령들은 이른바 *꾸이*(*quy*)라고 불리는 악마적이고 괴물 같이
비참한 혼령에서 시작해서 결국은 중요한 지역 신위 혹은 수호신
인 *턴*(*than*)의 지위에 오른다.[18] 이들 상향으로 이동하는 혼령 대부
분은 본래의 흔적을 유지한다. 따라서 괴물의 배경을 가진 것으로
추정되는 신위는 심지어 일련의 승급 후에도 여전히 봉헌된 제사
음식을 야만적인 방식으로 먹는다. 그리고 높은 사회 계급 출신인
영매와 달리 생애 중 고등교육을 받은 적이 없는 여자 신령은 고객
의 한 해 신수를 예견할 때 영매의 몸짓을 통해 고대 점술서를 참
고하는 경우가 거의 없다.

　의례행위를 수행하고 신들린 행동을 할 때 베트남 사람들은 유
령을 친족관계 용어인 *꼬 박*(*co bac*, "아주머니와 아저씨")이라고 지칭
한다. 공동체 조상과 기성 신위의 호칭인 *옹 바*(*ong ba*, "할아버지와
할머니")와 유령을 구분해서 그렇게 부르는 것이다.[19] 신위로 변환
하는 유령은 *꼬 박*(*co bac*)의 특징과 뒤에서 소개할 *꼬 티엔*(*Co Tien*)
같은 신들의 특징이 조합된 모습을 취할 수도 있다. *꼬 티엔* 같은
인격신들은 개념적으로 신의 영역에 속하지만 유령의 영역을 완전
히 벗어나지는 않았고, *꼬 박*과 *옹 바*라는 의례의 이중적 분류체계
내에서 나타나는 화신들의 애매함은 베트남인들의 의례담론에서
특히 상상력이 풍부한 형태를 띤다고 말할 수 있다.[20]

---

18) Cadière, *Croyances et pratiques religieuses des viêtnamiens*, vol. 2, pp. 65-6.
19) Ibid., pp. 66-70.
20) 이러한 양가성에 대해서는 조나단 페리(Jonathan Parry)의 다음과 같은 힌두교에

리엔 호아(Lien Hoa)

1997년 음력 12월 보름날은 리엔 호아(연꽃) 그리고 원래 후에 (Hue) 태생인 이 열 살짜리 소녀 혼령에 대해 알고 있는 껌레 주민들에게 매우 특별한 날이었다. 그날은 연꽃이 주민들에게 작별인사를 고하고 정식교육을 받기 위해 먼 곳으로 떠나는 날이었다. 수십 명의 껌레 주민들이 한 가족의 집에서 열리는 모임에 초대되었고 거기에는 이 중요한 날을 기념하기 위해 소박한 연회가 준비되어 있었다.

이 가족의 막내딸인 비엔(Bien)은 지난 6년 동안 연꽃과 접신해 왔고, 이러한 싹 관계가 그녀의 삶에 상당한 영향을 끼쳤다. 첫 접신 이후부터 비엔은 주기적으로 자신의 목소리가 아닌 다른 사람의 목소리로 말을 하곤 했는데, 이에는 연꽃의 뚜렷한 후에 지방 사투리가 포함되어 있었다. 껌레와 껌레를 벗어나 그녀가 방문했던 장소들에서 다양한 전쟁 유령들이 개인적 넋두리를 하기 위해 비엔의 몸을 빌렸다. 껌레와 그 주변에 사는 수십 가족이 비엔을 통해 보이지 않는 유령 이웃들을 발견했는데, 비엔은 엄(am)과 즈엉 (duong)의 이원성이 단순한 추상이 아니라 단단하게 다져진 흙바닥과 바로 그 아래 세계 사이에 존재하는 자명한 물질적 현실임을 그들에게 증명했다. 비엔은 결국 심지어 증거가 발견되기도 전에 숨

대한 논의를 통해 생각해볼 수 있을 것이다. "[순수와 오염의] 이원성이 폐기되고, 양극성은 재결합된다. 따라서 [그것은] 차별 없는 시원적인 상태를 되찾는다." Jonathan Parry, "Sacrificial death and the necrophagous ascetic," in M. Bloch and Perry (eds.), *Death and the regeneration of life*(Cambridge University Press, 1982), p. 100. 대안적으로, 그 상태를 양가성의 구성적인 상태로 생각해볼 수도 있는데, 이는 지그문트 바우만(Zygmunt Bauman)에 따르면 범주화의 사회적 힘에 대한 도전이다. Bauman, *Modernity and ambivalence*.

겨진 죽음이 있는 장소로부터 이야기를 발굴해낼 수 있는 일종의
인지고고학자가 되었고, 그녀의 유해발견 활동은 마을의 구술사를
풍부하게 하는 데 기여했다. 땀끼의 유해발견 전문가인 찌엔 쎔 마
가 초기 활동에서 경험했던 것과 마찬가지로(3장을 보라), 비엔은
유해를 찾는 데 전혀 주도권을 행사하지 못했다. 그녀는 단순히 일
상적 활동을 하며 돌아다니다가 알려지지 않은 매장 장소에 이르
면 신들린 상태에서 죽은 사람을 재현하기 시작했고, 깨어났을 때
는 자신이 말했던 것을 모두 잊어버렸다.

마을 유령들과 교감할 수 있는 비엔의 영적 소통능력은 연꽃과
의 파란만장한 우정에서 시작되었다. 그녀는 그 일로 인해 거의 죽
을 정도로 앓았고, 그녀의 가족들은 이 위기를 맞아 큰 어려움을 겪
었다. 그 보름날 저녁, 연꽃은 자신의 믿음직한 친구를 무기한으로
떠날 참이었다. 비엔은 오후 늦게 머리를 감고 새 옷으로 갈아입었
으며 저녁 행사를 준비하느라 분주했다. 나중에 그녀는 작은 걸상
에 앉아 연꽃을 기다렸고, 그녀의 부모는 관심을 가지고 찾아온 손
님과 이웃들을 위해 자신들의 소박한 강변 오두막에 지리를 마련
했다.

비엔의 이모인 바 흐엉(Ba Huong)도 방문객들 사이에 섞여 있었
다. 흐엉은 마을에서 그리고 특히 시장에서 유명한 인물이었다. 그
녀는 전쟁 전에 부유한 상인이었는데 전쟁 때는 꺼 소(co so, 비밀 시
민 혁명 활동가)로 활동했다. 그녀는 음식과 약품을 관 속에 숨겨 장
례를 치르는 척하며 이를 베트콩 기지로 비밀리에 반출했다. 그녀
는 다낭의 교도소에서 끔찍하게 폭력적이었던 심문을 견뎌내면서
도 공산당 조직 네트워크에 대해 단 한마디도 하지 않았다고 한다.
해방 후 그녀는 아버지가 미군 병사이거나 독일 의료진인 몇몇 버
려진 혼혈아들을 입양하려고 시도했으며, 아이들을 특수고아원으

로 데려가려고 하는 당국과 격렬하게 충돌하기도 했다.[21] 이런 이
야기는 시장 여성들 사이에서 전설적이었고, 비엔은 친구들에게 이
꼽까이(cop cai, 암호랑이) 이모에 관해 얘기하는 것을 매우 즐겼다.

그날 저녁, 연꽃은 여러 주민들과 대화를 했으며 그들에게 종이
부적을 나눠주고 유령 소금을 제공했다. 이는 한 시간 동안 진행되
었다. 그다음 그녀는 이제 떠나야 할 시간이라고 말하고 주변을 둘
러보며 또 다른 누군가가 괴로운 문제에 시달리고 있는지 물었다.
그 순간 바 흐엉이 앞으로 나와 연꽃에게 말했다. "당신이 학업을
위해 오늘 우리를 떠난다고 들었습니다. 또한 당신이 아름다운 시
를 썼다고 들었습니다. 당신은 우리를 위해 충분히 했습니다. 이제
당신의 심정에 관해 말할 차례가 왔네요. 우리가 껌레에서 당신의
마지막 밤을 기억할 수 있도록 젊은 숙녀분께서 시 한 수를 남겨주
시렵니까?" 이 말을 들은 연꽃은 자신의 손으로 흐엉의 손을 잡았
다. 그녀는 눈물을 흘리면서 아래의 시를 낭송하기 시작했다.[22]

> 나는 내 부모의 근심과 그들의 이별을 기억한다,
> 후에에서 다른 이의 옷을 세탁하시던 어머니,
> 오두막에 앉아 자신의 운명을 저주하고 분노의 노래를 부르시던
> 아버지.
> 어머니의 달콤한 자장가, 아버지의 만돌린 소리를 회상한다,
> 그들의 화음을 산산이 부수었던 천둥 같은 대포소리,

---

21) 응우옌 끼엔(Nguyen Kien)의 전기를 보라. *The unwanted*(New York: Little and Brown, 2001).

22) 연꽃의 이 시는 내가 기록한 것이고 그녀가 감옥에서 보낸 다른 편지는 나중에 제시될 것이다. 그녀의 삶에 대한 앞의 시적 묘사는 껌레의 한 중등학교 학생이 보관하고 있던 굿 관련 수기인 「연꽃의 일기」에서 인용했다. 이 기록을 내게 보여준 학생에게 고마움을 전한다.

그리고 싸락밥을 공기에 담아 먹으며 함께 느꼈던 그 조용한 공포.

우기에 나는 추위에 몸을 떨었고,

건기에는 갈증으로 숨이 막혔다.

껨레의 아름다운 종려나무가 내 고향을 생각나게 했다,

껨레의 새들은 이곳 사람들의 후한 마음씨를 아름답게 노래했다.

삶은 오고 가고 또다시 온다.

껨레의 인심 많은 아주머니, 아저씨들이 이 불쌍한 소녀에게 새 삶의 기적을 주셨다.

부와 권력을 쫓는 것,

너무 자신만을 사랑하는 것,

이렇게, 감옥은 우리에게 있고 우리는 그 감옥 속에 갇혀 있다.

부자라도 가난한 사람을 존중하는 것,

모든 살아 있는 생명을 내 자신처럼 사랑하는 것,

이렇게, 감옥 문은 우리 뒤에서 닫히고 우리는 자유로워진다.

　1991년 비엔은 16세가 되었고 가족 채소밭을 경작하면서 시장에 채소를 내다 팔았다. 그해 여름 그녀는 심각한 요통에 시달리기 시작했다. 밭에 나가 일하는 것이 불가능했고, 얼마 지나지 않아 일상적인 가사일도 힘들어졌다. 장애가 발생하기 직전 비엔은 집으로 돌아오는 길을 계속 잃어버려 부모님을 걱정시켰다. 그녀가 이른 아침 자전거를 타고 떠돌아다니고 있는 모습이 여러 번 발견되었는데, 짐바구니에 벽돌 하나를 싣고 가족들이 전에는 전혀 들어본 적이 없는 노래를 부르고 있었다. 비엔은 한 번은 어린 소녀를, 다른 한 번은 노인을 태워 주는 중이라고 주장했다. 이런 곤혹스러운 사건들이 1991년 음력 7월의 어느 날까지 꼬리를 물고 계속 발생했다. 저녁 식사 직후 비엔은 감기 기운이 있고 몸이 급격하게 떨리기 시작한다고 호소했다. 그녀는 그렇게 혼절했고 깨어난 다음 강한 후에 지방 사투리를 쓰는 다른 누군가의 목소리로 말을 했다. 존경받는 농부이자 과거 공산당 전투원이었던 비엔의 아버지가 그 이상한 목소리를 들었다. 아래는 그날에 대한 아버지의 회상이다.

아버지: 너는 누구냐?

연꽃: 내 이름은 연꽃입니다. 우리 가족은 후에 출신이에요. 나는 껌레의 상류 지역에 살았습니다. 나는 남동생과 함께 숲속에서 땔감을 모았고 강에서는 유목(流木)을 주우러 다녔어요.

아버지: 왜 너는 내 딸과 함께 여기 있느냐? 네 의도가 무엇이냐?

연꽃: 나는 당신의 채소밭에서 살고 있어요. 당신이 내 몸에 양파를 심었어요. 양파 냄새가 싫어요.

아버지: 그게 사실이라면, 침범에 대해 사과하겠다. 하지만 나는 우리에게 연(緣)이 없다고 믿는다. 개인적으로 어떤 불평이 있을지라도 이런 식으로 내 딸에게 피해를 주는 것은 잘못이다.

연꽃: 예, 아저씨 말이 맞아요. 아저씨가 친절하게 들어주실 의향이 있으시면, 하고 싶은 긴 이야기가 있어요.

유령은 그 후에도 3일간 다시 나타났다. 이번에는 비엔의 아버지가 향로와 향을 준비해서 딸이 경련을 일으키기 시작할 때 향을 피웠다. 비엔의 가족이 그날 저녁에 들은 얘기는 1960년대부터 시작되는 한 어린 소녀의 잘 구성된 생애사였다.

연꽃은 후에 교외에서 가난한 가족의 맏딸로 태어났다. 그녀의 어머니는 농민이었고 아버지는 숯쟁이이자 재능 있는 음악가였다. 어머니가 아이를 낳다 죽은 후 아버지는 술을 마시기 시작했고, 점점 더 자식들을 돌보지 않고 폭력적으로 변했다. 그녀는 여섯 살 때부터 가장으로 가족을 돌봐야 했는데, 이를 위해 땔감을 모아 팔기도 하고 마을에서 구걸을 하기도 했다. 그녀 가족의 이런 생활방식은 전쟁의 참화를 피해 껨레 상류지역에 버려진 한 외딴 오두막집으로 이주해서 정착한 이후로도 계속되었다. 1967년 11월 24일, 연꽃은 강둑을 따라 커다란 유목 꾸러미를 옮기고 있었다. 그녀의 등은 나무의 무게 때문에 쑤셨고 등뼈도 부러질 듯 아팠다. 그녀는 그만 균형을 잃고 강에 빠져버렸다. 범람하는 강물이 그녀를 휩쓸고 내려가서는 껨레 강둑의 진흙 속에 묻어버렸다. 연꽃은 이 이야기를 한 후 바로 비엔의 몸에서 빠져나갔다.

다음에 그 유령이 다시 나타났을 때, 비엔의 아버지는 그녀에게 유해를 찾아 어딘가 묻어주길 바라는지 물어보았다. 이 말을 듣자마자 그의 딸이 벌떡 일어나 강으로 달려갔다. 비엔의 아버지는 다음과 같이 진술했다.

나는 딸을 뒤쫓아 달렸지만 따라잡을 수가 없었다. 그 애는 너무 빨리, 그러니까 미친 듯이 달렸다. 운 좋게도 아들이 내 자전거를 타고 따라와서 합류했다. 나는 진력을 다해 페달을 밟아 비엔을 따라잡았다. 우리는 강둑 위에 있는 우리 채소밭에 도착했다. 비엔은 막대기를 하나 집어 상추가 심어져 있는 곳에 놓았다. 그러고는 의식을 잃고 쓰러졌다. 이튿날 아침 세 명의 이웃과 함께 그 지점으로 돌아갔다. (…) 우리는 밭 한가운데에 큰 구덩이를 팠다. 얼마나 많은 양파가 상하는지는 개의치도 않았다. 그래도 아무것도 발견

하지 못했고 강물이 구덩이 속으로 스며들어 왔다. 내 아들과 찌엠
(Chiem)이 펌프질을 해서 물을 퍼내었다. 그 후 갑자기 모래가 무
너졌고 바로 그곳에 우리가 찾던 것이 있었다. 어린아이의 작은 두
개골이 보였다. 우리는 계속 땅을 파내고 발견한 뼈들을 대나무 바
구니에 넣었다. 너무 어두워져서 작업하기가 어려웠는데 넓적다
리뼈 하나를 아직 찾지 못하고 있었다. 절실하게 땅을 파서 모두
땀으로 흠뻑 젖어 있었다. 옹 찌엠(Ong Chiem)은 하루 종일 삽질을
하기에 너무 늙었고, 나는 사실상 내 채소밭 전체를 엉망으로 만들
어버렸다. 그 때 혼령이 내 딸에게 왔다. "아저씨 멈추세요, 그만하
면 됐어요. 제발 멈추세요. 나를 위해 할 만큼 하셨어요!"라고 그
녀가 말했다. 옹 찌엠이 "이 작은 숙녀가 고향땅으로 되돌아가기
를 원하는가? 아니면 이 땅 경작자의 가족과 함께 묻히기를 원하
는가?"라고 그녀에게 물었다. 연꽃은 "나는 여기서 아저씨 가족과
몇 년을 함께 살았어요. 나는 이 가족에게서 음식과 옷을 받았어
요.[23] 떠나면 매우 슬플 거예요. 당신은 내 가족이에요. 제발, 아저
씨, 제가 당신 가족과 함께 묻힐 수 있는 영광과 행복을 제게 주세
요!"라고 말했다.

　3일 후 비엔의 가족은 소박한 재매장 의식을 준비했다. 그들은
작은 관을 준비했고, 옹 찌엠과 다른 이웃들은 집에서 만든 다과
와 약간의 찬조금을 제공했다. 연꽃의 요청에 따라 관은 비엔의 가
족묘지 근처에 있는 오래된 과일 나무 아래에 묻혔다. 이웃들이 증
언한 구술사에는 매장을 하는 내내 많은 새들이 나무에 모여 앉아

---

[23] 아마도 연꽃은 자신을 위한 특별한 것이 아니라 떠도는 영혼들에게 주는 가족의
　　봉헌물을 뜻했던 것 같다. 베트남 강변은 유령들이 흔히 나타나는 곳으로 알려
　　져 있으며 따라서 사람들은 흔히 그곳에 봉헌물을 바친다.

행복하게 노래를 불렀다는 내용이 포함되어 있다. 이야기는 여전히 계속되어, 매장 후 3일째 되던 날 비엔의 부모가 외출 중일 때 그 소녀 유령이 다시 비엔에게 돌아왔다. 이번에는 옹 찌엠이 유령과 마주했다. "이 가족은 너를 후하게 대해주었다. 그들은 마치 자기 딸처럼 너를 묻어주었다. 그런데 왜 다시 돌아왔는가?" 그에 따르면, 그 후 비엔은 조용히 마치 누군가에 의해 떠밀리듯 마을의 공동우물 쪽으로 걸어가서는 쓰러졌다. 비엔이 다시 깨어나 일어났을 때 그녀는 허리 통증을 잊어버렸고 그 후로 다시는 아프지 않았다는 것으로 이야기는 계속된다.

연꽃은 자신을 매장하던 날 아래와 같은 시를 읊었다. 이 시는 "리엔 호아의 일기(So nhat ky cua Lien Hoa)"라는 제목의 문서에서 인용되었다. 이 문서는 껌레중학교 학생인 비엔의 한 이웃이 리엔 호아의 시를 기록한 것이다.

내 기억의 파편들이 당신과 함께할 수 있게 해주세요.
길을 따라 늘어선 거대한 버드나무, 북적거리는 학교,
학생들을 실어 오고 실어 가는 통학 보트,
그들이 너무나 많이 부러웠고, 배움에 대한 갈망이 내 안에서 불같이 일었습니다.
나는 껌레의 종려나무를 사랑합니다,
나는 그 나무들이 부르는 노래를 사랑하고, 논에서 부르는 당신들의 노래를 사랑합니다.

오늘 오후에 기적이 일어났습니다.
당신들은 마치 그녀가 당신의 혈육인 양 무명의 영혼을 받아주었습니다.

당신들은 마치 그녀가 상류층인 양 가난한 영혼을 달래주었습
니다.

나는 몰래 당신들 가족과 함께했고, 당신들은 제게 음식과 옷을 주
었습니다.

지금 나는 이 가족의 영예로운 조상의 일부가 되어 너무나 영광스
럽습니다.

소속의 안락함과 효성이 내 마음을 충만하게 합니다.

침입하는 유령

비엔은 1991년 연꽃과의 첫 접신 후 껌레와 이웃 마을의 여러 전
쟁 유령들과 조우했다. 이런 만남은 대부분 의도한 것이 아니었다.
그녀는 유령들과 접신할 의도가 전혀 없었으며 사람들도 그녀가
그러기를 기대하지 않았다. 알려진 바로는 숨겨진 전쟁 유령들이
단순히 비엔의 몸으로 들어와서 자신의 존재를 내세운다는 것이다.
일부 사람들은 비엔의 몸에 체류하는 통제되지 않는 유령들을 무
서워하긴 했지만 그렇다고 해서 그녀를 피하지는 않았다. 대다수
주민들은 그저 이러한 위기를 다양한 임시방편으로 해결하려고 노
력했다. 점차 비엔은 마을 사람들 사이에서 응으어이 투엇 싹(*nguoi
thuat xac*), 즉 "시신 찾는 사람"이라는 호칭을 얻게 되었다.

한번은 그녀가 이웃 읍내의 친구 집을 방문했을 때, 세 유령이
동시에 그녀에게 달라붙었던 적이 있는 것으로 추정된다. 그 친구
의 집은 해방 전에는 남베트남군 보안 장교의 집이었고 가끔 그의
개인 사무실로도 사용되었다. 이는 맥락상 그 집이 전쟁포로를 심
문하는 장소였음을 뜻하기도 한다. 그 집은 혁명당국에 의해 징발
된 읍 소유물 중 하나였고, 혁명에 대한 공헌이 뛰어난 것으로 판명
된 가족들에게 제공되었다. 프랑스 전쟁 이래 계속 애국자로 살아

온 사람이 그 집의 새로운 주인이 되었다. 세 유령은 그 집의 지하 방공호에서 발생했던 폭력적인 심문의 희생자들인 것으로 밝혀졌고, 그들은 모두 각기 다른 성(省) 출신의 혁명 공작원들이었다. 그들은 차례로 자기 출신지와 죽음의 정황에 대해 이야기했다. 사실 이들 세 유령은 서로 먼저 말하려고 상당히 사납게 다투었기 때문에 이웃들은 누가 누군지 알 수가 없었다. 비엔은 고산족 출신으로 추정되는 나이 많은 꺼뚜(Ka Tu) 유령과 접신할 때 물탱크 아래의 한 지점을 가리켰다. 며칠 후 비엔은 다시 그 집으로 초대되었다. 그 집의 가족들은 세 유령의 지시에 따라 세 가지 다른 유형의 음식을 올린 제사상을 준비했고, 물탱크 아래에서 세 개의 해골을 발굴했다. 그 후 세 유령은 차례로 제사상에 차려진 각자 가장 좋아하는 음식으로 연회를 즐겼다. 빈딘(Binh Dinh) 성 출신인 중년의 남자 유령과 꽝응아이(Quang Ngai) 성 출신의 여성 유령은 야채와 쌀죽을 시식한 반면, 서부 고산지대 출신인 꺼투 유령은 소금이나 생선장 없이 돼지고기 수육을 게걸스럽게 먹었다. 이 제사는 경찰이 두려워서라기보다는 그 집의 가치에 해를 끼칠 수도 있는 소문이 두려워 엄격하게 비밀로 진행되었는데, 그 가족은 필자에게 의식이 진행되는 동안 비엔이 먹은 음식의 양에 엄청나게 놀랐다고 말했다. 그날 비엔이 먹은 음식은 성인 열 명 이상을 만족시키기에도 충분한 양이었다.

1995년 신년 연휴기간에 비엔은 바 흐엉 이모에게 인사를 드리러 왔다. 흐엉의 오래된 읍내 집은 한 초등학교와 뒤쪽 담을 공유하고 있었다. "한 군인 유령이 담과 창을 타고 올라와서는 심하게 몸을 떨었어요. 그는 벌거벗고 죽었어요." 흐엉은 이 말을 시작으로 그날 저녁에 무슨 일이 있었는지 회상했다. 흐엉이 화가 나서 물었다. "당신은 누구냐? 왜 내 조카를 괴롭히느냐?" 그 혼령은 대답을 하지 않았다. 당황한 흐엉은 그에게 펜과 노트를 제공했다. 하지만 그는 글을 쓸 수 없었다. 글을 배운 적이 없기 때문이었다. 그녀는 유령을 계속 추궁했다.

"당신은 학생인가?"

혼령이 고개를 저었다.

"남자인가 여자인가? 남자?"

혼령이 고개를 끄떡였다.

"군인인가?"

또 고개를 끄떡였다.

"왜 내게 말을 할 수 없는가?"

그 남자는 자신의 목을 가리켰다.

"목에 총을 맞았는가?"

"그렇습니다."

"필요한 게 무엇이냐?"

남자는 몸을 떨었고 춥다는 몸짓을 했다.

"옷이 없는가?"

"네."

흐엉은 며느리에게 시장에 달려가서 종이옷을 사 오라고 부탁했다. 자정이 다 되어갈 즈음이라, 그녀는 시장에서 의례용 돈과 봉헌용 옷을 파는 친구의 집으로 곧장 가라고 시켰다. 종이로 만든 물건들이 도착하자 군인 유령이 꾸러미를 잡으려고 며느리에게 뛰어올랐다. 흐엉이 말했다.

"오늘 밤은 따뜻하다. 왜 그래? 좀 공손할 수 없어?"

군인은 아무런 반응을 하지 않았다.

"다른 유령이 옷을 훔쳐갈까 봐 두려워?"

혼령이 고개를 끄덕였다.

"이 옷을 네게 준다. 너는 내게 신세를 진 것이다. 반드시 네가 누구인지 말해야 한다. 정말로 말을 할 수 없는가?"

그 군인은 고개를 끄덕였고 진정으로 신세를 져 미안하다는 표시로 인사를 했다. 그러고는 학교 운동장 쪽으로 돌아가려고 열린 덧문을 오르려고 했다. 흐엉은 그의 다리(실제로는 비엔의 다리)를 붙잡고 명했다. "네가 이쪽으로 가면, 내 밭의 신령이 네게 화를 낼 것이다. 내 집을 방문한 누구도 뒤쪽으로 나갈 수는 없다." 이때, 흐엉의 며느리가 이웃에서 청년 둘을 데리고 왔다. 청년 둘은 군인 유령의 새 옷을 가져왔고 흐엉과 며느리는 비엔의 양팔을 잡았다. 그리고 모두 문을 통해 학교 쪽으로 걸어갔다. 학교에 도착하자 비엔이 벽을 오르려고 했다. 학교 담장 꼭대기에 박혀 있는 깨진 유리 조각들이 걱정된 흐엉은 그녀의 다리를 다시 붙잡고 못 가도록 했다. 그러자 군인 유령이 비엔을 남겨둔 채 쏜살같이 도망, 즉 쑤엇(xuat)을 했고, 비엔은 그대로 바닥에 쓰러졌다. 서서히 제정신으로 돌아온 비엔은 이모에게 모두들 학교 앞에서 무엇을 하고 있는지 물었다. 흐엉은 혼란스러워하는 조카를 안아주며 말했다. "방금 전쟁 때 알던 옛 동지를 봤어. 여기서 잠시 휴식을 취하려고 앉아 있는 거야."

이동성

비엔이 다양한 전쟁 유령들과 예기치 않게 조우하는 것은 외출했을 때인 반면, 연꽃의 정기적인 방문은 집에서 이루어진다. 이때쯤 연꽃은 자신만의 이동 경로를 가지고 있었다. 싹(xac)의 짝을 이

루는 두 행위자는 1990년대 후반에 이르러 점점 더 유동적으로 변
화하고 있었으며, 나는 그들 각각의 이동패턴이 어떤 방식으로 연
결되어 있는지 궁금했다. 비엔은 시신 발견 사건들로 인해 마을과
마을을 초월한 지역까지 상당한 명성을 얻었다. 일부 마을 사람들
은 그녀를 *앰 싹*(em xac) 혹은 *꼬 가이 싹*(co gai xac), 즉 소녀 무당이
라고 불렀다. 연꽃의 경우, 그녀는 지역 주민의 관점에서 볼 때 치
료를 위한 강령회에서 더욱 효험을 보이고 있었고, 그녀의 시도 더
밝아지고 있었다. 특히 그녀는 자신의 여행과 항해 과정에서 만난
여러 명의 떠도는 아이 유령을 마을에 소개하기 시작했는데, 그녀
는 강령회에서 그들을 "새로운 친구"라고 불렀다.

　이때 비엔의 부모는 연꽃의 요청에 따라 그녀를 딸처럼 대하기
시작했다. 이러한 새로운 관계에 어려움이 없었던 것은 아니다. 비
엔의 부모는 계속 이 수양녀를 꼬 띠엔(Co Tien)이라는 존칭으로 불
렀다. 하지만 연꽃은 그들을 어머니와 아버지라 불렀다. 이러한 새
로운 상황으로 인해 그녀가 집으로 데려온 모든 떠도는 혼령들은
범주적으로 "딸의 친구"가 되었다.

　1993년 1월, 연꽃은 비엔의 가족들에게 새롭게 친구가 된 두 소
녀가 있다고 알려주었다. 이 두 소녀는 후에 부이(Bui) 자매로 알려
졌으며, 프랑스 전쟁 때의 전쟁 유령이었다. 그 해의 후반에 연꽃과
부이 자매는 여섯 명의 아주 어린 유령 한 무리를 데리고 왔다. 비
엔의 가족에 따르면 이 아이들은 모두 무명(vo danh)이었으며, 세 명
의 소녀가 두 명의 어린 아이를 자랑스럽게 팔에 안고 있었다고 한
다. 이러한 유령 친구들의 방문은 계속되었고, 일단 한 번 소개받
은 유령들은 계속 돌아왔으며 또 새로운 유령들이 계속 추가되었
기 때문에 방문의 횟수가 늘어나면서 방문하는 유령들의 수도 계
속 늘어났다. 1996년까지 연꽃이 껌레에 너무나 많은 어린 유령들

을 소개해서 옹 찌엠(Ong Chiem)은 전 지역 공동체가 거대한 유령 고아원으로 변했다는 농담을 할 정도였다. 모두는 아니지만 상당수의 어린 유령들이 껨레와 껨레 근교의 광범위한 지역 출신이었다. 이들 토착 유령 중 극소수는 본래의 가족들에게 인도되었다. 비엔의 부모는 이들 가족들의 의견과 소망하는 바를 알아보기 위해 그들에게 사전에 정보를 제공해주었다. 한 가지 예외적인 사례를 제외하고, 이들 가족 중 아무도 그들의 어리지만 오래된 성원과 다시 만나는 것을 거절하지 않았다. 이러한 방법으로 소개받은 대부분의 아이들은 적어도 한 세대 이전에 사망한 이들이었는데, 이로 인해 통상 옛 세대와 조상들만을 위한 장소인 가내의 조상의례 공간으로 그들을 받아들이는 것이 이론적으로 가능했다. 한 세대나 두 세대의 시간적 경과로 인해 아이 유령은 가족의 젊은 성원들보다 연상이었다. 이들 어린 유령 대부분이 전쟁이 초래한 폭력이나 전쟁과 관련된 고난이라는 다양한 상황에서 죽음을 맞이했다는 점 또한 그들의 복귀에 도움이 되었다. 조기사망은 원칙상 기성의 조상숭배 장소로부터 배제되어야 하는 나쁜 죽음이지만, 그 어린 유령들의 죽음은 피할 수 없는 돌발적인 죽음의 상황에서 발생했기 때문이다.

일부 가족들은 어린 유령의 귀향이라는 통상적인 패턴에서 한 걸음 더 나아가 오래전에 잃은 자녀들의 혼령을 찾아달라고 비엔에게 부탁했다. 연꽃은 이러한 요청에 매우 행복해했고 어린 혼령들을 찾아 먼 곳으로 여행하는 것을 아주 흔쾌히 받아들였다. 껨레 지역의 많은 사람들은 연꽃이 이러한 영혼-찾기 활동에 특별한 열정을 가지고 있다고 믿었고, 연꽃은 그 일을 통해 세계여행가가 되었다. 그녀는 많은 장소를 여행했고, 그 장소에 대해 배웠으며, 많은 "사람"을 만나고 그들의 관습을 배웠다. 친구도 많이 만들었다.

늘 상상력이 풍부한 옹 찌엠은 이때의 연꽃을 시내에서 본 젊은 외국인 여행자들에 비유했다. 실제로 연꽃은 여행하면서 만난 다른 혼령들의 삶과 정서에 대해 관찰한 내용을 간혹 시로 전해주었는데, 이는 인터넷 카페에 자리 잡고 앉아서 고향에 있는 친구와 부모에게 자신의 여행에 관한 이메일을 보내는 서양 여행자들의 행위와 흡사했다. 연꽃이 첫 번째 남성 친구를 데리고 왔을 때, 빈(Binh)이라는 이름의 이 혼령은 너무 감정적이어서 살아 있는 그의 가족과 대화를 나눌 수가 없었다. 그래서 연꽃이 그를 대신해서 노래했다.

> 슬픔은 자연스럽지만 어리석다.
> 기쁨은 드물고 얻는 데 고통이 따른다.
> 숨겨진 인간성을 해방시킬 용기는 어디에 있는가?
> 우리가 우리를 해방시킬 수 있기 전에 반드시 그들을 해방시켜야
> 한다는 지성은 어떻게 된 것인가?
> 그, 그리고 그와 비슷한 존재를 위해 기도하라.
> 무관심은 모든 비극 중에서 가장 큰 비극이다.[24]

혼령들의 네트워크

베트남에서 유령이 요정처럼 이동하는 신위로 변환하는 것이 일상적인 일은 아니지만 드문 일도 결코 아니다.[25] 나는 10년 사이 껌레에서만 그와 같은 사례를 여섯 건이나 기록했다. 인근 어촌 마을

---

24) 「연꽃의 일기」에서 인용.

25) 이동의 자유, 그리고 그와 연관된 독립적 인성은 성모(Dao Mau) 숭배에서 제일 중요한 신위인 리에우 하인(Lieu Hanh) 공주의 예처럼 베트남의 전통에서 강력한 여성 초자연적 인물에 관한 전설의 중요한 요소 중 하나로 보인다. Vu Ngoc Khanh, *Lieu Hanh Cong Chua*(리에우 하인 공주), (Hanoi: Nha xuat ban van hoa, 1991)를 보라.

사람들은 최근 어느 소녀의 혼령을 위해 작은 사당을 세웠다. 그 소녀의 유해는 어부들의 수호신인 고래(Ca Ong) 정령을 숭배하는 그 공동체의 사원 바로 옆에서 발견되었다. 이러한 재매장 정황과 그 이후의 변환은 연꽃의 경우와 유사했다. 이 경우에서도 역시 유령과 그것을 맞아들이는 가족 사이의 입양으로 맺어진 친족관계가 그 유령이 여신으로 변환하는 데 핵심적인 역할을 했다. 이 여신의 힘은 현재 오래된 고래 정령의 힘과 같다고 여겨진다. 이 여신은 현재와 같은 위세와 권위를 얻기 전에 연꽃과 마찬가지로 집중적으로 떠돌아다니는 시기를 겪었다. 이들 승급하는 혼령은 전형적으로 세 가지 뚜렷한 단계로 구성된 사후 삶의 궤적을 따른다.

첫째, 그들은 지역성의 원리(locality principle)를 통해 익명적인 유령의 상황으로부터 벗어난다. 그들의 출현은 자신의 유해가 우연히 매장된 장소의 주민들이나 자신이 출생한 가족, 혹은 공동체가 아니라 그로부터 이탈되어 머무는 장소의 주민들을 대상으로 한다. 그들은 3장에서 논의한 바와 같이 동일한 상황이 친족의 관점에서 실종된 사망자로 표명되는 경우보다 2장에서 묘사한 경우(지역 내 무명의 사망자)에 더 가깝다. 일부 사례에서는 가족적 뿌리가 아예 존재하지 않아서 유령이 실질적으로 고아이다. 또 다른 경우는 유령이 자신이 기원한 기존의 관계로부터 단절되어 이방인들 사이에서 의도적으로 새로운 관계를 형성하려고 한다. 연꽃은 재매장을 축하하기 위해 낭송한 시에서 비엔 가족의 묘지에 묻히는 기쁨과 영광을 노래했다. 그녀는 또한 그 가족이 새로운 친족관계에 대해 알기도 전에 자신은 이미 그 가족의 일원이었다고 표현했다. 연꽃은 떠도는 혼령들을 위해 그 가족이 정기적으로 행하는 의례를 상이한 의미로 이해했다. 증여자의 관점에서는 익명의 대상들에게 베푸는 일반적 선물이 익명의 수혜자의 관점에서는 가내적 나눔(혹은

조상숭배)으로 오인되었다.[26)]

  이러한 오인과 (인간의 관점에서) 허락받지 않은 애착의 시기는
명시적 동화(explicit assimilation)라는 두 번째 국면으로 발전한다. 이
시기 동안 비엔의 가족은 연꽃의 기일(忌日)과 재매장일이 되면 음
식과 옷을 바치는 등 연꽃을 마치 가족의 일원인 양 대해주었다. 인
간과 허구적 친족관계 혹은 수양친족관계를 맺은 혼령들이 단순히
가족성원이나 의사조상(quasi-ancestor)으로만 남아 있는 경우는 드
물다. 유령과 인간 사이의 상상의 친족관계가 드라마에 계속 영향
을 미쳐서 유령이 그 이상으로 변환하는 데 동력으로 작용하게 된
다. 연꽃처럼 승급하는 혼령들은 자신이 속한 가족이나 공동체에
자신의 성원권이 생산적이라는 점을 입증하기를 열망한다. 버려진
어린 유령들을 찾는 연꽃의 임무는 공동체의 구성원이 되고자 혼
령이 수행하는 자의식적 노력의 일부이다. 그리고 잠시 후 소개할
사건과 같이 그녀가 혼령세계에서 절도와 감금을 하는 행위 또한
이러한 역동성을 방증하는 예이다. 한편 가족과 공동체는 승급하

---

26) 이러한 상황을 선물 교환에 관한 살린스의 유명한 도식을 통해 이해해볼 수 있
   을 것 같다. 즉 중앙 동심원에서의 가내 음식 공유가 훨씬 더 먼 외부영역으로
   무한대로 확장되어 결과적으로 친족관계가 없는 익명의 혼령에게 제공된 제
   물이 그것을 받는 자의 관점에서 볼 때 가족식사로 이해되는 상황이 조성되
   는 것을 상상해볼 수 있을 것이다. Marshall Sahlins, "On the sociology of primitive
   exchange," *Stone age economics*(New York: Routledge, 1974), p. 199를 보라. 선
   물 증여 행위가 두 개의 완전히 다른 관점의 조합을 생성한다는 관념이 현재
   의 정설이다. Marilyin Strathern "Qualified value: the perspective of gift change,"
   in C. Humphrey and S. Hugh-Jones (eds.), *Barter, exchange and value*(Cambridge:
   Cambridge University Press, 1992), pp. 179-81을 보라. 이 관념은 "교환 대상으
   로서의 여성"에 토대를 둔 구조주의적 도식에 대한 비판에 입각해 있다. Marilyin
   Strathern, *Women in between: female roles in a male world*, Mount Hogen, New Guinea
   (New York: Seminar Press, 1972)를 보라. 이러한 시차적 시각(parallax vision)의
   문제를 "두 가지 인지체계"라는 측면에서 설명하려는 시도로 Maurice Bloch, "The
   past and the present," *Man* 12 (1977), pp. 278-92를 보라.

는 혼령을 친족뿐만 아니라 신위로서도 대한다. 신위의 육체적 용기, 즉 몸을 빌려주는 자는 자신의 관계의 영역을 공동체와 그 너머로 광범위하게 확장하고, 그 지역의 또 다른 다양한 혼령들 및 살아 있는 이웃들과 유사한 방식으로 네트워크를 형성한다. 신위는 또한 여행을 하고 다른 혼령들을 만나 그들에 관해 배우며 자신을 입양한 고향과 그들을 연결한다. 관계의 확장은 두 사회적 영역 모두에서 우주론적 경계를 가로질러 동시에 그리고 상호적으로 발생한다.

아시아 민간신앙 전문가들은 이러한 승급하는 정체성들이 유령과 신 사이에 존재한다는 의미에서 그들을 "중간적 혼령" (intermediate spirits)이라고 부른다.[27] 나는 그들이 가로지르는 경계들 자체보다 분류적 경계를 가로지르는 넘나듦의 역동성을 강조해서 그들을 변환적 혼령(transformative spirits)이라 부른다. 내가 관찰한 바에 따르면, 변환의 과정은 비록 중국에는 종언을 맞이할 수도 있긴 하지만 완전히 종결되지 않는다. 베트남의 신과 여신들이 역사적 세계에 속하는 자신의 배경을 완전히 초월하는 경우는 드물다. 절도를 범했다는 이유로 연꽃을 처벌한 다이 띠엔(Dai Tien)이라는 신위는 신들의 위계에서 높은 지위에 있지만 원래는 위협적이고 해로운 혼령인 꾸이(quy)였던 것으로 여겨진다. 이 신위의 불같은 기질과 위협적인 행동은 초월적인 사회적 지위로 승급하기 이전에 위험한 혼령이었던 때로 거슬러 올라간다. 고산지대 소수민족의 혼령들은 일군의 베트남 영매들 사이에서 인기가 있는데, 이들은 식습관, 언어 사용, 춤의 패턴, 도덕적 관점 등에서 다른 수호정령들과 구분된다. 신과 여신들의 문화는 그들을 신봉하는 사람들의 문화만큼 다양할 수 있다.

---

27) Harrell, "When a ghost becoming a god," p. 195.

연꽃은 바로 지금 현재에도 역동적으로 변환하고 있다. 미래에 그녀는 어떻게 될까? 넙 싹으로 인정받는 껌레의 기존 수호정령 중 하나는 연꽃과 놀라울 정도로 유사한 생애사를 보여준다. 이 여신의 완전한 호칭은 꼬 찐 쭝 티엔(Co Chin Trung Thien), 즉 중천(中天, 혹은 공평천국)의 찐 부인이며, 나는 그녀를 공평천국이라 부를 것이다. 이 여신은 어린 소녀이자 호치민 시 인근 바댄(Ba Den)에서 전생을 살았던 것으로 알려진 역사적 인물로부터 파생된 혼령이다. 역사적인 삶에서 이 소녀는 결손가정에서 고생을 했고 비극적인 환경에서 네 살이라는 이른 나이에 전염병으로 사망했다. 연꽃과 마찬가지로 그 혼령은 사후에 그녀를 낳아준 가족과의 유대를 상실했다. 이는 적절한 매장이나 주기적인 기념의례가 없었음을 의미한다. 이 두 어린 여성 혼령은 비극적이고 이른 죽음, 부절적한 매장, 의례적 기념의 부재, 그리고 더 나아가 신체적 죽음 이후 한 세대라는 시간이 경과한 후 이루어진 출신으로부터의 분리, 재매장, 초지역적 신위로의 부활이라는 동일한 거시사적 플롯을 공유한다. 하지만 연꽃과 달리 공평천국은 저승의 학교에서 공부를 마치고 그 결과 명성을 얻은 이미 확고하게 구축된 신위이다. 그녀는 후에에서 꽝응아이까지 15명 이상의 신봉자 영매를 가지고 있고, 아마도 베트남 남부지역에 더 있을 것으로 추정된다. 이들 신봉자 중 일부는 베트남 옛 왕국의 수도인 후에에서 연례적으로 모임을 가진다. 이 신위가 지방을 가로질러 비교적 작지만 강력한 신봉자 네트워크를 형성하는 데 얼마나 시간이 걸리는지는 명확하지 않다. 하지만 지리적 분포가 마치 그녀의 반도시적 출신을 재현하기라도 하듯 그녀의 영향력은 여러 읍내의 주변부에서 강하게 느껴진다. 공평천국의 신봉자들은 그녀가 사회사업에 헌신하고 있고, 특히 가난하고 헐벗은 자들에게 동정심을 가지고 있으며 대단히 도량이

넓은 것으로 믿고 있다. 이 신위가 도량이 넓다는 것이 무엇을 뜻하
는지 내게 분명하게 다가오지는 않았다. 하지만 사람들의 공통적인
생각에 따르면, 공평천국이 미천한 출신배경을 가지고 있어서 일반
민중들의 고민을 잘 이해한다는 뜻인 것 같다. 그녀는 아주 어린 나
이임에도 인간사의 모든 유형에 대해 그 도덕적 함의와 상관없이
호기심을 가진 것으로 알려져 있다.

사람들은 공평천국이 너무 활동적이어서 지역신위로 정착하지
못하고 있으며 인간의 삶을 통해 새로운 경험을 탐구하려고 상이
한 장소들을 떠돌아다니고 있다고 믿는다. 그녀를 숭배하는 껌레
의 어느 몸 빌려주는 사람은 후에의 모임에는 전혀 참석하지 않지
만, 연례 모임이 열리는 동안의 정교한 의례와 참석자의 신원에 대
해 알고 있다고 주장한다. 그에 따르면 자신을 기쁘게 해주는 사건
에 관해 수다 떨기를 좋아하는 여신이 알아서 이러한 정보를 그에
게 중계해준다. 이 다장소적 여신은 지역에 뿌리내리고 있는 개별
신봉자들을 연결하여 고립되어 있을 지역 행위자들을 위해 베트
남 용어로 네트워크를 뜻하는 *망 르어이*(mang luoi)의 감각을 생성한
다.[28] 한 흥미로운 사건에서 공평천국은 껌레 출신의 남자와 결혼
해서 시가를 방문하고 있던 한 이방인 여자를 알아보았다. 이 여성
은 단순한 호기심에 끼(Ky)의 집에 와서는 마침 열리고 있던 굿판
(séance)에 자리 잡고 앉았다. 여신은 방의 멀리 떨어진 구석에 앉아
있는 이 여성에게 전에 혹시 바댄에서 자기를 만난 적이 있는지 물
었다. 여신은 그 지역에서 알고 있던 사람들의 이름을 언급했고, 방
문자는 그들 중 몇 사람과의 관계를 설명했다. 껌레의 주민들은 전
혀 알지 못하는 사람들의 신원과 그 여성의 먼 친척에 관한 여신의

---

28) Norton, "Vietnamese mediumship ritual," pp. 75-97을 보라.

지식에 놀라워했다. 끼가 눈을 비비고 수줍게 웃으며 신들린 상태
에서 깨어나자 방금 껌레 가상 네트워크의 일부분이 된 바댄 산에
대해 열띤 대화가 이루어졌다.

　내 생각에 공평천국은 연꽃의 미래에 관한 밑그림을 보여준다.
만약 연꽃이 공부에 성공하고 스스로 무엇인가를 성취한다면, 그녀
의 미래는 아마도 유사한 패턴과 환경하에서 펼쳐질 것이다. 공평
천국과 연꽃 양자 모두를 알고 있는 끼의 몇몇 친구들은 이러한 견
해에 동의하고 그렇게 되기를 희망한다. 껌레에서는 연꽃이 바 쭈
어 티엔(Ba Chua Tien)의 후견 아래(일부 주민들의 표현에 따르면 "학교
에")에 있다는 소문이 떠돌았다.[29] 이 소문은 연꽃이 곧 유식하고
강력한 여신이 되어 돌아올 것이라는 기대를 강화시켰다. 바 쭈어
티엔은 지역적 지식 내에서 동정심 많고 자비로우며 모신(母神)들
의 판테온에서 매우 강력한 인물로 알려져 있다(5장을 보라). 공평
천국은 교육과 입회의 과정에서 유사한 과정을 겪었다. 고대 학자
이자 신화적 전사인 응에 찌엔 싸(Nghe Chien Xa)라는 혼령이 공평
천국의 스승 중 한 명이고, 끼의 경우 이들 스승과 학생 혼령들이
느슨하게 연결된 네트워크 내에서 함께 일했다. 공평천국은 그녀의
스승을 지식과 힘 면에서 더 뛰어난 존재로 언급했다. 의뢰자로부
터 어려운 부탁이 있을 때 가끔 그녀는 그런 문제를 해결할 능력이
없다며 스승을 추천하곤 했다. 예를 들어, 마을의 한 남성이 가족의
조상사당 개원 날짜에 대해 공평천국에게 문의해 왔을 때 그녀는
개입하기를 거부했다. 그녀는 거절의 이유가 자신은 지위가 낮은
등급의 신위이고 의뢰자의 조상들과 대등한 위치에 있기 때문이라

---

29) 유사한 존재에 대한 탁월한 논의로 Taylor, *Goddess on the rise*, pp. 111-18을
　　보라.

고 말했다. 그녀는 위계상 대등한 위치에 있는 혼령들의 일을 파고
드는 것은 부적절하다고 말했다.

공평천국에게는 응에 찌엔 싸 외에 또 다른 스승 혼령이 있는데,
이 스승 혼령은 공평천국 외에도 부차적인 추종 혼령들이 있다. 이
들 두 혼령은 끼의 의식에서 서로 협력하지만, 다른 영매 수행자들
을 위해서는 각각이 일단의 상이한 수호정령들과 함께 협력한다.
베트남의 영매들은 상이한 조합의 초자연적 행위자들을 숭배할 수
있으며, 부분적으로 그들이 연결하는 혼령 네트워크의 특수성과 변
이로 인해 서로 분명하게 차이가 난다. 끼의 주요 조력자 혼령은 응
에 찌엔 싸와 공평천국인데, 이 두 혼령은 다시 여러 부차적인 혼령
들에 의해 보충된다. 그들의 배경은 신화적 혹은 역사적이며, 그들
의 작용패턴도 지역에 국한되어 있거나 초지역적일 수도 있다. 끼
의 경우, 응에 찌엔 싸는 일곱 개의 태양으로 이루어진 고대 태양계
중 여섯 번째 보조적인 태양을 마법의 화살로 쏘아 떨어뜨렸다는
기원신화를 가진 가장 신화적인 인물이다. 턴 도(Than Do, 혹은 꾸
이 도[Quy Do], "붉은 괴물")라고도 불리는 꾸이 바 짠(Quy Ba Chan)은
반(半)신화적 성격을 가지고 있으며 지역적인 정령이다. 이 정령은
집단학살을 저질렀다는 모호한 역사적 배경이 있으며 그의 활동
은 껌레 인근 연안에 국한되어 있다. 몽 린 꽁 쭈어(Mong Linh Cong
Chua)는 반(半)역사적 성격을 가진 고대적 공주이다. 그녀와 그녀의
하인 보 티엔 응아(Bo Thien Nga)는 다른 수호정령과는 독립적으로
활동하고, 특히 특수한 정신적 질병의 치유를 목적으로 할 때 개별
적으로 의뢰를 받는다. 이 공주는 다소 은둔자적 생활을 하고 그녀
의 하인은 변덕스럽다고 알려져 있다. 사람들은 그들의 비사교성과
오만방자함이 공주라는 상류층 출신배경과 관계가 있지 않을까 추
정했다. 반대로 공평천국 그리고 공산군 혼령 같은 여타 동시대의

인물들은 구체적인 장소 및 역사적 사건과 연결되어 있다. 끼의 활동 맥락에서, 신화와 역사라는 시간적 구분, 그리고 지역적 신위 대(對) 이동하는 신위라는 공간적 구분은 역할, 인성, 전문성, 힘으로 환원되어버린다.

이러한 혼령과 인간 신봉자들의 복잡한 네트워크는 몇 가지 독특한 특징을 보여준다. 다양한 힘과 전문성을 가진 서로 다른 혼령들은 특정한 영매의 혼령 가족 내에서 특유한 동맹관계를 형성한다. 각 혼령이 여러 신봉자들에게 분포하고, 각 영매는 또 다수의 혼령과 연결된다. 이러한 인간과 혼령 사이의 사업에는 연합의 층위들, 그리고 네트워크의 네트워크들이 존재한다. 가장 기본적인 연합은 근래의 비엔과 연꽃의 관계와 같이 한 개별적인 몸-빌려주는 사람과 한 명의 조력자 혼령 사이의 관계이다. 만약 효과적으로 작동한다면, 이 단순한 조직은 점차 복잡한 조직으로 발전한다. 이 신참 여신은 기존의 우월한 신위들과의 도제관계라는 위계질서로 진입한다. 이 여신의 자기 계발 과정은 이 세상에서 그녀에게 몸을 빌려주는 것을 선택했거나 선택당한 사람들과의 연결망을 횡적으로 확대해나가는 것을 수반한다. 결국 이 여신은 공평천국 여신이 해온 것처럼 다수의 장소에서 명성을 얻을 수 있을 것이고, 비록 각 장소 혼령 조력자의 특수한 구성 내에 여전히 남아 있으면서도 지역을 가로질러 작용할 것이다. 한편 개별 영매는 기존의 조력자 혼령 외에 새로운 혼령들과 접신을 계속하고, 이 과정에서 그 혹은 그녀의 혼령 사회는 계속 성장한다. 이들 혼령은 원래 떠돌아다니는 평범한 유령, 위협적인 괴물, 혹은 기성의 신위나 정령일 수 있다. 원래의 조력자 혼령이 신참 영매에게 새로운 동료, 스승, 친구 혼령들을 소개하는 일은 흔히 발생한다. 그 신참 영매가 지역의, 혹은 이동해 다니는 혼령들을 우연히 만나 그들이 결국 자신의 혼령 네트워크 내에 정착하는 일도 드물지 않다. 이렇게 점차 복잡하고 풍부해지는 네트워크 형성은 영매의 혼령 사회가 자신의 인성뿐만 아니라 의뢰인 네트워크의 특수성에 적합한 특정의 질서와 구성을 형성하기 시작할 때 안정적으로 자리를 잡는다. 누군가의 개별 조력자 혼령 또한 다른 행위자들 및 그들의 지역과 형성된 상이한 네트워크 내에서 작용하기 때문에, 개별 영매는 비록 지역에 토대를 두고 있다고 하더라도 일단의 수호 혼령들을 통해 광범위한 사회적 · 가상적 공간에 연결될 수 있다.

끼(Ky)의 영역 내에서, 공평천국은 주로 옹에 찌엔 싸와 친밀한 관계를 유지한다(앞으로 그를 명사수라 부르겠다). 붉은 괴물은 비록 공평천국에게는 유순한 경향이 있는 것으로 추정되긴 하지만 집요하게 독립적이며 권위와 질서에 거칠게 불복한다. 이 괴물은 지역의 다른 혼령들을 괴롭히고 자기 지역에 우연히 침입한 상위의 혼령들과 힘겨루기 하는 것을 좋아한다. 껌레의 한 인근 공동체에는 이 괴물에게 자주 사로잡히는 한 농부가 있다. 붉은 괴물이 몸에 들어갔을 때 이 젊은 농부는 의례용으로 특별히 사용되는 도자기 밥그릇 하나를 깨트렸고, 그 깨진 유리 조각을 삼키려고 했다. 마을 사람들은 이 유리 먹는 괴물의 오만하고 위협적인 웃음소리에 불만을 토로했다. 붉은 괴물은 신체적인 상해를 입히지는 않았지만 시장에서 돌아오는 비엔을 여러 번 습격한 것으로 알려져 있다. 하지만 끼의 경우 붉은 괴물과의 조우가 매우 폭력적이었는데, 이는 결국 그의 경력을 형성하는 데 중요한 사건이 되었다.

끼는 한 손의 손가락이 여섯 개인 육손이로 태어났으며 어린 시절에는 매우 병약한 아이였다. 그의 아버지는 대중적인 꼰 꼬(con co) 주술의 열광적인 팬이었다. 나는 꼰 꼬 주술을 이 마술적 장치에 사용되는 심장 모양의 지침을 참조해서 "유령하트" 주술이라 부르겠다. 여덟 살이 되었을 때 끼는 마을에서 아주 가벼운 영혼을 가진 소년(nghe via)으로 알려졌고, 유령하트 주술 모임에서 혼령과의 대화를 위해 몸을 빌려주는 역할로 자주 동원되었다. 그의 첫 번째 심각한 신들림은 전쟁 중 그가 지역의 공산당 전투원으로 활동하던 때에 발생했다. 끼는 자신의 게릴라 부대가 참가했던 혼란한 전투 때 사당이 부서져버린 지역 신위의 목소리로 말을 해서 동지들을 아연실색케 했다. 농민 전투원들은 부대의 정무장교가 알아채지 못하도록 조치를 취해놓고 파괴된 사원에서 사죄의 의식을 조직했다. 그 혼령의 방문은 끼의 부대가 그 지역에서 작전을 수행하는 내내 계속되었는데, 현재 그의 옛 동지들은 그 전투부대원들의 상대적으로 높은 생존율을 끼와 그 지역 신위의 관계 때문이라고 여긴다.

어느 우기에 끼의 동지 중 한 사람이 붉은 괴물에게 사로잡혔다. 그 소란은 이 남자가 붉은 괴물의 일상적인 은신처 중 한 곳에 모르고 용변을 보면서 발생했는데, 이로 인해 괴물이 악명 높은 분노를 터트리게 되었다. 붉은 괴물의 분노는 그 전투원의 무례한 행동을 통해 드러났다. 그는 오밤중에 벌거벗고 뛰어다니기 시작했다. 그리하여 그 전투부대의 안전뿐만 아니라 평판조차 위태롭게 했다. 사람들은 파괴된 사원에서 온 끼의 조력자 혼령에게 이 남자의 구원을 부탁했다. 당시 이 혼령은 '명사수'라는 정체성을 통해 이미 끼와 친숙해져 있었다. 끼의 동지들은 끼가 그 못된 괴물과 싸움을 시작하도록 재촉했다. 끼의 옛 동지들이 내게 말한 바에 따르면, 한동안 그의 게릴라 부대는 부대원들의 생존에 동등하게 중요한 두 개의 다른 전투에 관여하고 있었다. 한 참전용사는 고양된 목소리로 붉은 괴물 흉내를 내어 옛 친구들을 한바탕 웃게 만들었다.

어느 날 저녁, 턴 도(Than Do)가 우리 친구를 다시 점령했다. 우리는 그의 얼굴에서 턴 도의 무서운 미소를 보자마자 그의 카빈총을 빼앗아서 해먹 아래에 숨겼다. 끼와 나는 우리의 *끈 꼬*(con co)를 준비했고 턴 도에게 지침을 주었다. 그 괴물은 생 돼지고기, 즉 돼지 한 마리를 통째로 공물로 바칠 것을 요구했다. 사람이 살지 않는 땅에서 돼지를 어떻게 구하겠는가? (…) 우리 친구는 네 발 달린 절름발이 짐승처럼 길길이 날뛰기 시작했다. 나는 그에게 지금은 모두가 어려운 때이며 누구도 그를 위해 돼지 한 마리를 바칠 방법이 없다고 말하며 그를 진정시키려고 노력했다. 우리는 아주 가까운 친구였기 때문에 그 친구를 구원하는 위험한 일을 자처하고는 했다. 하지만 턴 도와는 그렇게 할 수 없었다. 그는 울부짖었고 누구도 그를 저지할 용기가 없었다. 끼가 향을 피우며 기도를 했다. 우리는 그가 띠엔 옹(명사수)을 부르고 있다는 것을 알았다. 몇 분 안에 끼가 *쌱*으로 변했고 턴 도에게 사로잡힌 남자는 의식을 잃었다. 우리는 참호에 두 명의 *쌱*과 함께 있었다. 우리는 그러지 않으려고 최선을 다했지만 그날 밤 모두 공포에 질려 자기 자리를 버리고 도망쳤다. (…) 어떤 때 우리는 턴 도가 남베트남군과 연결되어 있을지도 모른다고 생각했다. 그가 우리 일을 방해했으며 우리를 약하게 만들었기 때문이다. 다른 부대의 일부 동지들은 우리가 총이나 수류탄으로 턴 도를 제거해야 한다고 주장했다. 어떻게 그렇게 할 수 있단 말인가? 그가 누군가의 안에 있지 않으면 보통 사람들은 턴 도를 볼 수 없다. 만약 수류탄을 사용했다면, 우리는 오늘 여기 이 사람을 보기 위해 전몰장병 묘지에 가야만 했을 것이다.

명사수와 붉은 괴물 사이의 주술적 전투는 심지어 전쟁 이후에도 몇 년 더 지속되었다. 한편 괴물은 끼를 주기적으로 혼미한 상태로 만들고 무례한 행동을 유도하면서 그를 공격했다. 끼의 입사 고 행의 길고 극적인 이야기 중에는 다음과 같은 내용도 있다. 어느 날 밤 분개한 명사수가 괴물을 습격하기 위해 일단의 엄 꽁(am cong, 지 하세계의 군인들)을 보냈다. 그 군인들은 위장을 하고 손에 밧줄을 쥔 채 괴물이 자주 출몰하는 길에서 기다리고 있었다. 그쪽 지형과 괴물의 습관에 익숙하지 못했던 군인들은 괴물이 야간정찰 때 지 그재그로 길을 걷는다는 걸 모르고 있었다. 결국 불시에 잡힌 것은 지하세계의 군인 모두였다. 조심스러운 괴물은 그들을 한 명씩 잡 아서 적의 밧줄을 이용해서 묶은 다음 긴 포로 행렬을 만들었다. 5 천 살이나 먹은 명사수는 이 실패에 격노했고, 노련한 악인인 붉은 괴물은 대승리에 신이 났다. 명사수는 결국 교활하고 오만한 붉은 괴물에 대해 전면전을 선포했지만, 이 고대의 신위는 어느 날 마찬 가지로 교활한 게릴라전 베테랑이 이 대결에 자원할 때까지 아무 런 대책이 없었다.

타고난 공산주의자 혼령

붉은 괴물에 대항한 명사수의 전쟁 영웅은 마을 사람들이 핫 종 도(hat giong do)라고 믿는 한 젊은 군인 혼령이었다. 핫 종 도는 공산 주의에 남다르게 헌신하는 사람, 혹은 문자 그대로 "씨부터가 붉은 (red in seed)" 공산주의자인 인물이다. 나는 그를 '붉은 씨앗'이라고 부를 것이다. 이 혼령은 매우 민첩하고 동정적이지만 도덕주의적이 고, 명사수에 대해 매우 충성스럽지만 독립성을 유지하는 것으로 알려졌다. 사실 이 혼령이 정규 공산당 군대에서 기관총 사수였다 는 사실 외에는 그의 생전 배경에 대해 제대로 아는 사람이 아무도 없었다. 그는 공평천국과 마찬가지로 떠도는 유령이었는데, 우연히 명사수를 만났으며 지금은 끼의 네트워크 내에 정착했다. 바로 이 군인 혼령이 붉은 괴물을 잡자는 제안을 했다. 명사수는 회의적이었만 한 번 시도해보기로 작정했다. 그는 의기양양해 하고 있는 괴물에게 대항할 그럴듯한 전략이 없었고, 제자들 앞에서 체면을 세울 무엇인가를 해야만 한다고 느끼고 있었다. 붉은 씨앗은 붉은 괴물의 저녁 나들이 길에 숨어 있다가 그를 습격했다. 붉은 씨앗은 지하세계의 군인들과 달리 매복 공격을 시작하기 전에 붉은 괴물이 다니는 오솔길과 주변 지형을 주의 깊게 그것도 여러 번 연구했다. 그는 오솔길의 한쪽에서 불시에 괴물을 공격했고, 그러자 붉은 괴물은 군인 유령이 이미 부비트랩을 준비해놓은 반대편으로 몸을 날렸다.

껌레에서는 명사수가 붉은 씨앗의 단순하지만 총명한 행동에 대한 보상을 거절한 것으로 알려져 있다. 사실 명사수는 이 도덕주의적인 젊은이를 진정으로 좋아한 적이 없었다. 그는 명사수가 자신을 못마땅해 함에도 불구하고 유명한 스승으로부터 지식을 배우려는 결심으로 계속 남아 있었다. 명사수는 다양한 수단을 동원해 그를 쫓아버리려고 시도했다. 그의 단호한 고집에 화가 난 그 늙은 신령은 여러 차례나 붉은 씨앗을 감금하라고 다이 띠엔에게 명령했다. 망치로 귀청이 터질 듯 강하게 내리쳐도 구부러지지 않는 모루처럼, 붉은 씨앗은 굴복을 거부하고 계속해서 정의를 요구했다. 즉, 붉은 괴물에 대항해서 싸운 공에 대한 대가로 베트남의 가난하고 힘없는 사람들에게 어떻게 도움을 줄 수 있는지 가르침을 받아야 한다고 주장한 것이다. 전설에 따르면, 전생에서 이루지 못한 혁명에 대한 소망을 가진 붉은 씨앗은 부유하고 민주적인 베트남을 위한 투쟁을 계속하기를 열망했다. 명사수는 신들의 세계가 세속적 이상을 위한 장소가 아니라는 근거로 붉은 씨앗의 호소를 거절했으며, 붉은 씨앗은 자신의 이상주의가 초자연적 존재의 고대적 전통에 위배된다는 명사수의 판단에 따르기를 거부했다. 이러한 공산주의자 군인의 유령과 문명의 신화적 기원부터 존재해온 고대적 신위 사이의 정면대결은 계속되었고, 이는 법률 집행의 수장 다이띠엔을 포함한 저승의 여러 관료들에게 골칫거리로 작용했다.

돌파구는 공평천국으로부터 찾아왔다. 이 젊은 여신은 저승의 감옥에서 처음 붉은 씨앗을 본 순간부터 그를 좋아했으며, 그 군인 삼촌을 위해 중요한 외교적 역할을 수행했다. 그녀는 어느 날 명사수와 함께 여행을 하던 중 무릎을 꿇고 울면서 여전히 외롭우니 삼촌이 자신의 집에 함께 머물 수 있도록 해달라고 그에게 빌었다. 자신이 가장 좋아하는 제자가 한 이 부탁으로 인해 근본적으로 마음씨가 좋은 명사수는 며칠 밤이나 잠을 이루지 못했다. 공평천국은 또한 자신의 술책에 붉은 괴물을 동원하기도 했다. 그녀는 괴물이 스스로 긍정적이고 도덕적인 혼령이 되도록 노력하려는 의사가 있다는 것을 명사수에 보여주도록 설득했다. 괴물은 명사수가 붉은 씨앗을 제자로 받아들인다면 자신도 변화하기 위해 노력하겠다고 제안했다. 명사수는 왜 붉은 괴물이 갑자기 마음을 바꾸었는지 전혀 알 수 없었고, 또 그는 몰랐지만 서로 연결되어 있었던 다각적인 설득에 직면해 어찌 할 수가 없어서 결국 제안을 받아들였다. 끼의 아버지는 명사수가 붉은 씨앗을 받아들였던 날에 대해 내게 말해주었다. 공평천국은 그에게 와 이렇게 말했다고 한다. "나는 오늘 행복해요. 삼촌이 우리와 함께 있을 거예요. 오늘, 나는 내 평생 그 어느 날보다 더 행복해요. 여러분들의 기도에 감사드립니다."

감옥에서 온 편지

1998년 껌레 사람들은 연꽃에 대해 의아해하고 있었다. 연꽃은 주민들에게 작별을 고하고 공부를 하기 위해 먼 곳으로 떠난 후

에도 비엔에게, 그리고 껌레에 주기적으로 계속 돌아왔다. 그녀는
1997년 음력 설날 직전에 모습을 드러내어 가족과 마을을 위해 소
망을 비는 새로운 시를 낭송했다. 하지만 청명절(淸明節) 이후 비엔
의 가족은 연꽃으로부터 한 마디도 듣지 못했고, 이 침묵이 가족들
을 걱정스럽게 만들었다. 1998년 음력 7월 직전에 비엔에게 한 방
문객이 찾아왔다. 그 방문객은 연꽃이 아니었지만 그의 방문은 그
녀에 관한 것이었다. 그 방문객은 자신을 연꽃의 "동지(dong chi)"라
고 소개했다. 비엔의 부모는 연꽃이 동료 혼령을 통해 감옥으로부
터 편지를 전하고 있다는 사실을 듣고 깜짝 놀랐다. 이 편지는 연꽃
이 믿음직한 전령인 띠엔 누(Tien Nu)를 통해 입양으로 맺어진 고향
에 보내게 될 열 통의 옥중서신 중 첫 번째였다.

그 동지 혼령은 잠깐 방문하는 동안에도 뜰과 대문을 계속 살피
며 경계했다. 한 명은 공산당 전투원, 다른 한 명은 도시의 꺼 소 조
직원이었던 비엔의 부모는 즉시 상황을 이해하고 적절한 행동을
취했다. 비엔의 어머니는 대문과 창문의 셔터를 닫고 외부 사당의
촛불을 껐으며, 아이들에게는 부엌 뒤쪽과 공동우물 근처에서 망
을 보라고 시켰다. 그녀의 "딸"이 감옥에 갇혔고, 그녀로부터 은밀
한 전령이 왔다. 혹시 감옥의 간수가 전령의 뒤를 쫓아왔을지도 모
른다. 이 간수 혼령은 특별한 감시의 눈을 가지고 있을지 모른다.
이러한 가능성들로 인해 긴장감이 감돌았고, 비엔의 가족은 경계
를 취했다. 연꽃에게서 온 첫 번째 옥중편지는 간단했다. 그녀는 해
명할 수 없는 범죄를 저질렀다는 이유로 다이 띠엔의 명령하에 투
옥되었다고 적고는 가족들에게 걱정하지 말라고 했다. 전령은 다음
날 더 세부적인 전갈을 가지고 돌아왔다.

연꽃이 재산과 관련된 범죄를 저질렀다는 소식이었다. 그녀는
학교에서 공부를 하던 중 부적 보관 창고를 발견했다. 그녀는 그때

이미 효과가 좋은 부적과 효과가 없는 부적을 어떻게 구분하는지 알고 있었다. 그녀는 아직 스스로 부적을 만들 수는 없었지만 몇 개를 갖고 싶다는 유혹을 뿌리칠 수 없었다. 비엔의 아버지에 따르면, 연꽃은 자신이 수양 가족을 얼마나 소중하게 생각하는지 보여주고 싶었다. 그래서 연꽃은 자신을 포함한 일부 학생 혼령들이 연루된 비밀작전을 통해 동물 이빨로 만든 반(van)으로 알려진 부적 몇 장을 다음 번 껌레를 방문할 때 집으로 가져갈 생각으로 훔쳤다. 그녀는 또한 두부외상에 효과가 있는 것으로 추정되며 커피 향이 나는 정체불명의 약품도 훔쳤다. 비엔의 아버지는 몸속에 파편이 남아 있어 고생하고 있는 껌레의 참전용사들 중 한 명이었다. 그녀가 학교로부터 훔친 부적은 총 7개였던 것으로 알려져 있다. 저승의 간수 우두머리이자 성격이 급한 다이 띠엔은 그 불법 작전을 곧바로 알아차렸다. 연꽃은 이 신령 앞으로 끌려왔고 범죄 공모자들에 대한 심문을 받았다. 그녀는 실토를 거부하고 그 일이 전적으로 자기 혼자서 한 일이라고 주장했다. 이 때문에 격노한 다이 띠엔은 병사들에게 즉시 연꽃을 투옥하라고 명령했다. 전령 띠엔 누는 연꽃이 학생들 사이에서는 인기가 좋다고 덧붙였다. 학생들은 연꽃의 상냥함과 고향을 위한 헌신에 대해 찬양했다. 비엔의 아버지에 따르면, 이 학생들은 저승에서 학업을 하면서 좋은 부적은 오직 부자들에게만 제공된다는 문제를 발견하고, 청년 정신에 입각해서 그 상황에 대해 무엇인가를 해야 한다고 뜻을 모았다. 연꽃은 두 번째 편지에서 다음과 같이 썼다.

　　나는 아주 슬퍼요. 그래서 여러분에게 몇 안 되는 조각난 단어로 편지를 씁니다.
　　나는 항상 당신들에게 충실했고 앞으로도 항상 그럴 겁니다.

내 사랑은 그들이 정의라 부르는 것 때문에 혼란스러워졌어요.

하지만 나는 당신들을 향한 내 사랑을 절대 포기하지 않을 걸 알
고 있어요.

제발 저에 관해 들은 것 때문에 저를 포기하지는 마세요.

제 몸은 이국에 있지만 제 영혼은 고향의 당신들과 함께 있습니다.

2001년 봄, 연꽃이 감옥에서 풀려나자 그녀의 전령 친구는 연꽃
을 공개적으로 동반해서 껌레를 방문할 수 있었다. 연꽃 또한 학교
에서 또 다른 두 명의 학생동지 혼령을 고향으로 데리고 와 각각
투이 린(Thuy Linh)과 르우 흐운(Luu Huynn)이라고 소개했다. 껌레
사람들은 투옥 경험이 연꽃을 성숙하게 했다고 평가했다. 일부 주
민들은 수치스러운 범죄기록 때문에 연꽃이 과연 초자연적 학교를
졸업할 수나 있을지 우려했지만, 그러한 우려는 그 초보 여신이 고
향에 대해 깊은 헌신감을 가지고 성숙하고 있다는 기대와 비교할
때 사소한 것에 불과했다. 그녀가 짧은 방문을 위해 고향에 데려온
친구들로 인해 연꽃의 이미지는 승급할 잠재력이 있는 여신으로
강화되었다. 연꽃의 친구들은 모두 그녀처럼 요절했고 생전에 비천
한 사회적 배경을 가지고 있었다. 사망한 나이로 보면 연꽃이 그 집
단에서 가장 어렸다. 그녀보다 손위의 친구들이 연꽃에게 깊은 존
경을 보여준다는 사실은 마을 사람들에게 그녀가 곧 강력한 행위
자로 변화할 것이라는 명백한 징후였다. 관료주의에 대한 그녀의
비판적 태도 또한 그녀의 자비심에 대해 더욱 각별한 신뢰감을 갖
게 만들었다. 옹 찌엠은 이를 두고 "과거는 창조하고, 현재는 그것
을 모방한다"라고 농담을 했다. 비엔의 아버지는 지역의 공산당 지
도자였는데 해방 후 정치권의 사무직 대신 농사일로 돌아왔다. 그
녀의 어머니는 꺼 소였고, 그녀의 이모 바 흐엉은 수백 명의 굶주린

공산당 전투원들에게 식량을 공급하는 일을 도왔다. 해방 후 바 흐엉은 그녀의 외할머니와 어머니로부터 물려받아 시장에서 평생 해온 천직을 포기하는 것을 거부했다. 찌엠(Chiem)에 따르면, 이 가족의 드엉 깍 망("혁명의 발자취") 전통이 혼령 딸에게까지 이어졌다. 그의 관점에서 볼 때 연꽃은 수양관계를 맺은 가족을 모방하고 있었고, 가족 전통의 향기로운 토양에서 자양분을 받아 언젠가 향기로운 꽃나무로 성장하게 될 인물이었다. 어느 날 나는 옹 찌엠에게 절도 사건에 대해 어떻게 생각하는지 물었다. 그는 "그건 잘못한 일이었다. 도둑질은 잘못이다"라고 대답했다. 우리의 대화는 계속되었다.

"하지만 그녀는 오직 가족을 돕기를 원했을 뿐이었어요. 나쁜 의도는 전혀 가지고 있지 않았습니다."

"그래도 절도는 잘못이다. 돕기를 원한다면 어떻게 훔치는지가 아니라 어떻게 만드는지를 배워야 한다."

"하지만 그런 작은 일 때문에 그녀를 그렇게 오랫동안 감옥에 가두는 것은 잘못이 아닌가요?"

"당연히 그녀의 의도를 고려하지 않은 것은 잘못이다. 관료들은 결코 행위의 의도를 고려하지 않는다."

"당신은 연꽃이 그것을 변화시킬 수 있을 거라고 생각하나요?"

"혁명가를 길러내는 것은 그녀 가족의 전통이다. 누구도 그걸 바꿀 수는 없어."

"아저씨, 실례가 된다면 용서하세요! 당신은 연꽃이 진짜라고 진정으로 믿고 있나요?"

"조카야, 그녀가 진짜가 아니라면, 너는 왜 내게 그녀에 대해 묻고 있는 거냐?"

해방

베트남인들은 유령의 변환을 *자이 오안*(giai oan), 즉 "불만으로부터의 해방"이라는 개념으로 표현한다. 이는 "감옥을 열다" 혹은 "감옥을 파괴하다"라는 뜻의 *자이 응옥*(giai nguc)으로도 표현될 수 있다. 이 관념은 비극적인 죽음의 역사가 망자의 영혼을 죽음의 치명적 드라마에 옭아매고 그것을 죽은 장소에 가두어서 저승에서의 삶에 부정적인 조건을 생성한다는 것이다. 죽음으로의 비극적 혹은 폭력적 이행은 사후에 감금의 상황으로 변화한다. 가장 일반적으로 인용되는 사후 응옥(nguc) 감금 사례는 교통사고가 발생한 장소이다. 이들 장소에서 기존의 사후 수감자들이 자신의 비극적인 죽음의 역사를 되풀이하고, 이것은 실제에서 반복적인 교통사고의 형태로 드러난다. 이는 그 장소에 더 많은 새로운 운명적 수감자를 초래하고, 따라서 그 장소는 점점 더 확고한 감옥으로 자리매김한다. 베트남 의례전문가들은 이러한 역사의 수감자들을 위한 여러 종류의 주문을 알고 있다. 내가 껌레 지역의 한 *터이 꿍*(thay cung, 의식 수행자)으로부터 녹음한 주문은 아래와 같다.

> 이제 네가 감옥에서 보낼 시간은 끝났다.
> 내가 감옥을 열어 너의 영혼을 해방시키겠다.
> 전생이 너를 강제로 이 장소에 속박했다.
> 이제 이 힘으로 너를 자유롭게 하노라.
> 지금 나는 이 시로써 너의 감옥을 부순다.

엠마뉴엘 레비나스(Emmanuel Lévinas)는 마르틴 부버(Martin Buber)를 인용하며 "타자의 타자성으로의 진정한 접근은 인식이 아니라 그에게 말하기(thou-saying)로 구성된다. 그에게 말한다는 것은 그로 하여금 자신의 고유한 타자성을 깨닫게 하는 것이다. 따라서 나-그(I-Thou) 관계가 외면화된 대상이 여전히 감금되어 있는 나-그것(I-It)의 중력장으로부터 탈출한다"[30]고 주장한다. 앞에서 언급한 유령 소금 현상처럼, 비극적인 죽음의 불만족(oan)은 커뮤니케이션 행위의 해방적이고 윤리적인 지평을 지시하는 근본적으로 관계적인 개념이다. "객사"라는 비극적이고 폭력적인 상황은 영혼들을 내세의 감옥에 가두어버리고, 산 자들 측에서 그들의 비참한 존재에 대해 기억하지 않으면 이들 역사의 수감자 측에서는 불만의 강도와 양이 증가한다. 이러한 개념적인 도식에서, 산 자들은 행동하지 않음을 통해 망자들의 불만 증가에 적극적으로 참여한다. 살아 있는 세대가 비극적 죽음의 발생에 반드시 책임이 없을 수도 있지만("우연한 사고"일 수 있다), 그들이 그 죽음을 점점 더 불만스러운 죽음으로 만들기는 쉽다. 이러한 기억 이론에서 트라우마는 망자의 삶에 지속적인 영향을 미치는 역사적인 상처이고, 그 효과는 망자들의 고통에 대한 산 자들의 무관심에서 비롯된다. 산 자들이 타자의 육체적 고통에 대해 이러한 윤리적 책임감을 의식하고 그것을 해결하려는 실질적인 행동에 착수할 때 불만족이라는 축적의 경제는 기억이라는 분배의 도덕성에 굴복하게 된다. 망자들의 불만스러운 기억은 오직 산 자들에 의해 인정되고 공유될 때에만 그 트라우마적 효과를 상실하게 된다.

따라서 불만스러운 죽음으로부터의 해방은 쌍방향의 과정이다. 그것은 감옥 개방을 위한 주문 낭송, 그리고 여타 관련된 의례적 행위같이 공감하는 외부자의 개입을 반드시 수반할 뿐만 아니라, 운

---

30) Emmanuel Lévinas, *The Lévinas reader*, ed. S. Hand (Oxford: Blackwell, 2000, p.64.

명의 수감자 스스로가 해방되고자 하는 강력한 의지를 보여주는
것 또한 필요로 한다. 유령 출현은 이러한 자유를 향한 의지가 존재
함을 증거하고, 통상 이를 토대로 외부자의 의례적 개입이 이루어
진다. 연꽃의 경우, 유령의 자유를 향한 의지는 그 가족의 딸의 몸
에 빙의하는 형태로 드러났고, 이 사건에서 가장 중요한 외부적 개
입은 조상묘지 주변에 그녀의 몸을 재매장한 것이었다. 이들 두 신
체적 관계가 연결되어 있지 않은 이방인들 사이의 생성적 친족유
대로 발전했고, 이를 통해 그 소녀 유령과 그 가족의 딸은 영매적
실천의 과정에서 정체성의 병합이 이루어졌다. 그 유령은 생성적
친족관계를 통해 자신의 이탈되고 기억되지 않은 죽음의 슬픔을
수양 가족과 공동체에 대한 철저한 헌신으로 변환했다. 동일한 과
정이 붉은 씨앗에게도 진행되었다. 하지만 그의 경우 공동체의 수
용보다는 지속적인 혁명에 대한 그의 확고한 의지가 상징적 변환
의 보다 명백한 추진력으로 작용했다.

친족관계 만들기

베트남의 유령들은 하나의 추상적인 범주일 수도 있고 구체적이
고 독특한 정체성일 수도 있다. 하나의 범주로서 그들은 조상과 신
들에 대해 보완적인 배경, 즉 도덕적 사회질서의 외부에 이탈되고
알려지지 않은 죽음의 가상적인 집합체를 구성한다(1장을 보라). 하
지만 이러한 재현의 구조는 인간과 유령들이 무수히 많은 종류의
직접적이고 구체적인 상호작용을 하는 보다 광범위한 맥락 내에
존재한다. 유령들은 사회질서의 범주적 외부자이거나 사회적 행위
의 동반자일 수 있는데, 변환하는 유령이라는 현상은 이데올로기적
인 것으로부터 실질적인 관계의 영역을 향한 이와 같은 변화를 가
장 강력하게 재현한다.

폭력적인 죽음, 즉 쩻 오안(*chet oan*, 통탄할 죽음, 부당한 죽음)의 영적인 유해를 신격화하는 베트남 남부의 종교적 전통에 관해 논하면서, 티엔 도(Thien Do)는 다음과 같이 말한다.

> [쩻 오안]은 가족과 집에서 멀리 떨어진 낯선 장소에서 맞이한 죽음에 관한 것이다. (…) 따라서 집 없는 영혼의 위안은 주로 상호 돌봄의 의례적 관계에 대한 문화적 굶주림이자 그 의례적 관계를 위해 산 자들에게 그 영혼들이 이용가능한가에 관한 문제이다. 하지만 폭력적인 죽음으로 고통받는 자들에 대한 공동체적 숭배와 함께, 신격화는 결속을 위한 초종족적 동원(extra-lineage mobilization)을 의례로 도입한다.[31]

자넷 칼스텐(Janet Carsten)은 집단 정체성의 "초종족(extra-lineage)"적 측면을 논하면서, 누가 누구와 어떻게 연결되는가에 관한 규범적 규칙이 아니라 친밀한 인간적 연결성을 구성하는 적극적인 과정으로서의 친족관계를 강조한다. 위탁양육(fostering)을 광범위하게 실천하는 말레이 공동체에 관한 연구에 입각해서, 칼스텐은 말레이인들의 친족관계를 판단하는 데 공동거주 그리고 음식과 상호돌봄의 일상적 나눔이 갖는 중심성을 역설하고, 집을 말레이의 생성적 친족관행이 전개되는 핵심적인 장소로서 강조한다.[32] 그녀가 말하는 의도는 "내부로부터" 그리고 "거기서 발생하는 일상적인 친밀

---

31) Thien Do, "Unjust-death deification and burnt offering."

32) Janet Carsten, *The heat of the hearth: the process of kinship in a Malay fishing community* (Oxford: Clarendon, 1997); Janet Carsten and Stephen Hugh-Jones (eds.), *About the house: Lévi-Strauss and beyond* (Cambridge: Cambridge University Press, 1995).

함"을 통해 친족관계를 파악하는 것이다.[33] 칼스텐은 친족을 외부
로부터 규칙과 공적 규범의 체계로 접근하는 관점과 달리 "내부로
부터" 접근하는 관점을 강조하기 위해 자신의 사례를 제시하지만,
그렇다고 해서 전자의 타당성을 반드시 부정하는 것은 아니다. 그
녀의 의도는 오히려 사회적 삶의 영역을 전면에 내세우고자 하는
것으로서, 이는 그녀에 따르면 친족을 규범적 규칙의 체계로 접근
하는 지배적 관점에서는 주변적 배경으로 잘못 이해되어왔다.[34]

칼스텐의 친족 관점을 연꽃의 드라마에 적용해볼 수 있을 것이
다. 이 소녀 유령의 살아 있는 이웃들은 연꽃이 영적 고통의 형태로
자신의 정체성을 드러내기 전에 이미 그녀와 특정한 유대관계를
유지해왔다. 이러한 유대는 알려지지 않은 익명의 영혼들에게 제
물을 바치는 관습적 실천에 기반해 있는 보편적인 것이었다. 이러
한 유대의 의미는 망자에 관한 알려지고 연관된 기억을 통해 집에
서 유지되는 의례적 결속의 의미와 분명히 모순된다. 연꽃의 해방
드라마는 익명성의 감옥을 파괴하면서 진행되었고, 그 후 그녀가
초보 여신으로서 권능을 가지게 되는 과정은 조상숭배의 구도 내
에서 그녀 자신의 고향이 아닌 땅에 사는 일단의 사람들과 대안적
친족유대를 형성함으로써 가능했다. 하지만 그녀의 이야기에는 장
소에 관한 또 다른 관념이 부각된다. 그것은 잠재적 의미에서의 고
향, 즉 살아 있는 이웃들과의 친밀하고 생성적인 접촉을 통해 미래
에 고향이 될 수 있는 잠재력을 가진 장소이다. 그녀의 이야기는 고
향에 관한 두 가지 관념과 연결되어 있다. 하나는 연꽃이 죽으면서

---

33) Carsten, *After kinship*, p. 45, 56.

34) 칼스텐은 "많은 문화에서, 집은 여성과 자녀들의 특수한 영역이다. 따라서 집을
통해 친족관계에 접근하는 것은 여성과 자녀들을 주제로 전면에 내세우는 효과
가 있다"고 적고 있다. Ibid., p49.

잃어버린 것으로서 이방의 정체성들에게 닫혀 있는 장소이다. 다른
하나는 그녀가 갖고자 열망하는 것으로서 이탈된 정체성들이 고향
으로 삼을 수 있는 장소이다. 연꽃의 해방은 계보적으로 닫힌 장소
의 주변적 배경을 깨고 나와 열린 관계를 부양하는 대안적 고향으
로 들어가는 것, 그리고 이러한 열린 장소의 미학과 윤리를 보다 중
요시하는 것으로 구성되어 있다.

　스테판 티서(Stephan Teiser)는 중세 중국의 유령 축제인 백중절(白
中節) 전통에 대한 연구에서 "유령들은 과도기에 있는 종(種)이다"
라고 주장한다.[35] 통과의례의 언어로 표현하면, 과도기적 정체성
들은 산 자들의 세계에서 분리되지도 않았고 망자의 세계에 통합
되지 않은, 그리고 "나쁜 죽음"의 부정적 공간에서 완전히 분리되
지도 않았고 조상과 신들의 초월적이고 긍정적인 상징적 공간으로
완전히 동화되지도 않은 이중적으로 임계적인(Liminal) 존재이다.[36]
티서는 "연속체의 한쪽 극단에 있는 죽음은 진정한 조상이고, 다른
극단에 있는 죽음은 대부분 유령이다"라는 아서 울프(Arthur Wolf)의
주장을 논하면서, 유령과 맺어진 의례적 유대가 "하나의 지위에서
다른 지위로의 전이를 가능케 한다"라고 결론 내린다.[37] 이러한 과

---

35) Teiser, *The ghost festival in medieval China*, p. 220.

36) van Gennep, *The rites of passage*, pp. 163-5.

37) Teiser, *The ghost festival*, p. 219. 카디에르(Cadière) 또한 베트남인들의 개념에
　　서 턴(*than*, 정령-혼령genie-spirit)과 마(*ma*, 유령) 사이의 의미론적 대조를 강
　　조하고 그것을 도덕적 위계 개념으로 설명한다. 카디에르에 따르면, 턴은 도덕
　　적 공동체의 존경받는 혼령들을 지칭하고, 그들은 가족의 조상과 촌락의 수호정
　　령에서부터 국민적인 숭배의 대상에 이르는 사회의 모든 수준에 존재하는 긍정
　　적인 초자연적 정체성들을 포함한다. 그에 따르면 이들 정체성은 마(*ma*)의 범
　　주에 속하는 정체성들과 대조되는, 사회에 의해 버려지거나 회피되는 나쁜 죽
　　음의 영혼들을 가리킨다. Cadière, *Croyances et pratiques religieuses des viêtnamiens*,
　　vol. 3, pp. 53-65.

도기적 지위는 변환하는 유령들을 사회적으로 모호한 존재로 만든
다. 따라서 이들 정체성은 분류체계상 안과 밖의 특징 모두, 즉 결
합적 친족의 요소와 익명적 이방인의 요소, 그리고 장소에 뿌리내
린 공동체적 삶의 측면들과 장소의 경계를 뛰어넘는 상상의 유동
적 활동들을 동시에 드러낸다. 어떤 면에서, 변환하는 유령들은 죽
음의 장소 중심적인 도덕적 양극성을 붕괴시킴으로써 힘을 얻는다.
그들은 한편으로 조상이나 기성의 신위와 마찬가지로 특정한 공동
체에 뿌리내리고 있기 때문에, 다른 한편으로는 사람들이 상상하는
바와 같이 그들의 주술적 활동이 공동체의 경계를 초월하기 때문
에 상서롭게 강력하다. 필립 테일러(Philip Taylor)가 지적하듯이, 이
들 특수한 영적 정체성의 "주술적 명성"은 그들의 "상징적 모호성"
과 불가분의 관계가 있다.[38]

이 상징적 모호성은 또한 변환하는 유령들의 실질적인 활동에서
도 드러난다. 그리고 그들의 실질적인 활동은 그들 죽음의 특수한
역사적 상황과 죽음 이전의 생애사를 반영한다. 격노한 명사수가
붉은 씨앗을 공격했을 때, 이 공산주의자 군인 유령은 단순히 인민
에게 봉사하는 자신의 타고난 소명을 계속할 수 있게 해달라고 그
노인에게 애원했다고 알려져 있다. 또한 껌레에서는 붉은 씨앗이
제단에 모셔지는 것뿐만 아니라 심지어 베트남에서 모든 승급하는
혼령들에게 주어지는 시적인 이름도 거절한 것으로 알려져 있다.
무명의 군인으로 남아 있는 붉은 씨앗은 1990년대에 왕성한 사회
활동가로 부상했다. 그는 MIA 가족들을 위해 실종 유해를 찾으러
여행했고, 아픈 사람들에게 약효가 있는 작은 부적을 가져다주었으
며, 더욱 유능한 활동가가 되기 위해 노스승으로부터 가르침을 받

---

38) Taylor, *Goddess on the rise*, pp. 199-208.

고 있었다. 껌레의 몇몇 사람들은 이 군인 혼령의 특별한 태도가 생전의 혁명적 이상의 강력한 추종자로서의 경험에서 비롯한다고 설명했다.

붉은 씨앗은 그를 알고 있는 사람들의 눈에 관료제를 참지 못하는 사람으로 보였고, 연꽃도 마찬가지였다. 이들 승급하는 혼령은 기성질서와 문제를 일으켰고 죽음 이후에 저승에서 추가적인 투옥을 경험했다. 그들의 이야기를 들어보면, 해방을 위한 투쟁은 해방 이후에도 계속되고, 심지어 해방된 존재를 위해서도 해방은 투쟁해서 쟁취해야 할 어떤 것으로 보인다. 무엇이 엄(am)의 세계에서 이 젊은 혼령들의 정치적 행동주의를 추동할까? 어떤 종류의 상상력이 연꽃으로 하여금 비슷한 뜻을 가진 다른 혼령들과 관계 맺고, 서로 협력하고, 네트워크를 형성하고, 그 네트워크를 네트워크의 네트워크로 확장하고, 서로를 보호하고, 고대적 위계질서에 도전하고, 그 때문에 수감당하고, 고난을 통해 영혼을 강화하고, 옥중서신을 쓰고 시를 낭송하며, 그러면서 울고 웃고, 사회정의를 위한 이상을 키우게 하는 것일까? 비엔의 이웃인 찌엠이 설명하는 것처럼, 이것은 그들이 새로운 고향으로 삼은 장소에 존재해온 친밀한 혁명적 투쟁 전통이 발현된 결과일까? 아니면 그 장소 자체가 현재 경험하고 있는 정치적이고 경제적인 변환을 드러내는 것은 아닐까? 무엇이 그 장소들의 이동하는 혼령(mobili animi)을 부추기고, 또 그들로 하여금 초자연적 정치체제 내에서 더욱 민주적인 질서를 추구하도록 추동하는 것일까?[39] 다음 장에서는 전쟁 유령의 해방이 갖는 정치적 함의

---

39) 마키아벨리(Machiavelli)에 따르면, *mobile animi*는 그 앞에서 "권력을 가진 자들이 끊임없이 몸을 떠는" "대중의 유동하는 혼령"을 지칭한다. Waldemar Voisé, "La Renaissance et les sources des sciences politiques," *Diogène*, no. 23 (1958), p. 61에서 인용.

로 주제를 바꾸어, 이 주제를 당대 베트남인들의 삶에서 유령 해방
의 중요한 상징적 수단인 돈이라는 측면에서 탐구해볼 것이다.

유령을 위한 돈

• • •

7   유령을 위한 돈

그날 저녁은 음력 7월치고는 놀라울 정도로 서늘했고, 습한 공기에 바람 한 점 없는 날씨였다. 고대 달력[1]에 따르면 음력 7월은 떠도는 유령을 위한 의례 기간이었다. 우리 세 명은 반쯤 성숙한 달걀을 파는 행상을 지나고, 군 기지를 통과하며 껨레를 향해 난 좁은 오솔길 쪽으로 방향을 돌리고 있었다. 위병소의 초병이 멀리서 색색의 등을 살펴보고 있었는데, 그는 우리가 그의 발치에 거의 다가섰을 쯤에야 초점 없는 눈으로 우리를 바라보았다. 도처에 향 연기가 자욱했다. 붉은색, 노란색, 파란색 등에서 나오는 빛에 따라 연기구름은 시시각각 색깔이 변했다. 가게들은 입구와 덧문 사이의 공간에 어마어마하게 화려한 연회상을 준비해놓고 있었다. 개별 주택들은 마당 앞에 임시로 꾸민 제단에 상대적으로 소박하지만 마찬가지로 인상적인 제물을 준비해놓았다. 우리가 지날 때 이미 일부 조급한 사람들은 연무를 내는 굵은 향 다발을 이마로 들어 올리며 우리 쪽으로 연신 절을 해댔다.

우리 일행 셋은 이러한 축복의 기념 무대를 뒤로 하고 군부대 뒤편의 어두운 묘역으로 들어섰다. 이렇게 시끌벅적한 저녁에는 누구도 이 오솔길 근처를 돌아다니지 않는다. 우리는 일렬로 나란히 걸

---

1) Huu Ngoc, *Dictionnaire de la culture traditionnelle du Vietnam*, pp. 147-8, 350-1. 음력 7월 15일은 뗏 쯩 응우옌(Tet Trung Nguyen)이라고 하며, 이때 내세의 주민들이 현세의 주민들을 방문해서 산 자들의 세계의 기쁨을 누리는 것이 허용된다.

으면서 다시 한 번 그 계획에 관해 의논했다. 전에 만났을 때 우리는 고대 신위 명사수나 젊은 여신 공평천국에게 각자 비정통적인 질문을 하나씩 던지기로 했다. 동료들은 건강과 금전적인 문제에 관해 걱정하는 것과 이에 대해 끼의 수호정령들에게 부탁하는 데 지쳤다고 말했다. 이번만큼은 자기들 삶에 대해 천착하는 것을 그만두고 "그들의 삶"에 관해 얘기해보고 싶었다. 나는 기꺼이 이러한 흥미로운 계획에 연루되어 전쟁의 유령에 관한 나의 선입견을 관념적으로가 아니라 경험적으로 직면해보고 싶어졌다. 하지만 이 계획에는 위험이 따랐다. 나는 "천기를 누설해서는 안 된다(*thien co bat kha lau*)"는 끼의 아버지의 신조, 그리고 베트남의 신과 여신들은 그들의 문화와 역사에 대해 꼬치꼬치 캐묻는 태도에 기분이 상할 수도 있다는 사실을 알고 있었다. 한 번은 다이 띠엔(Dai Tien)이라 불리는 신위가 굿을 하는 동안 필자가 순진하게도 그의 전생에 대해 질문해 격노했던 적이 있었다. 그 영매의 안면 근육과 눈은 잊지 못할 정도로 무시무시한 모양으로 변했고, 그 신위는 의자를 들고 나를 치려고 위협하기까지 했다. 아마도 그는 내가 그를 심문하고 있다고 생각했던 것 같다. 나는 완전히 공포에 휩싸였고 다시 회상해도 여전히 마찬가지이다. 이 사건과 또 다른 유사한 사건을 통해 나는 떠도는 혼령이나 새롭게 변환하는 유령들과 달리 베트남의 일부 신과 여신은 자신의 역사적 정체성에 관해 얘기하는 것을 좋아하지 않는다는 생각을 가지고 있었다. 그들은 느낌을 표현할 수 있으며, 사람들이 자신들의 신화적 삶을 찬미하는 시를 낭송하기를 원한다. 그들은 살아 있는 사람들이 그들의 초월적인 삶에 대해 말해야 하는 상황에 대해 큰 관심을 보인다. 하지만 그들은 그들 자신의 역사적 배경이나 자신들 세계의 사회적 문제에 관해 거의 말하지 않고, 이들 문제에 관한 우리의 관심에도 많게든 적게든 못마땅해한다. 따라서 나는 신이 나면서도 초조할 수밖에 없었다. 우리는 일렬로 행군하듯 걸어가면서 우리의 질문들, 원치 않는 상황이나 위기가 발생할 경우 그에 대처할 수 있는 공동의 전략 등에 관해 검토했다.

공평천국과의 대화는 우호적으로 진행되었다. 그녀는 우리의 어떤 질문도 거절하지 않고 정중하게 답했다. 우리 중 한 사람은 그녀에게 저승 세계에서 호치민의 근황에 대해 질문했다. 호치민은 민족주의와 사회주의 혁명과 관련된 베트남의 시민 종교에서 최고의 인물이다. 또한 최근 이 민족 최고의 영적 지도자는 특정한 범위의 사람들 사이에서 민간신앙의 가장 중요한 신위로 자리매김했다.[2] 이 사실을 알고 있었던 한 동료는 엄(am) 세계에서 호치민 아저씨가 갖는 영적 권력의 실체와 그 세계의 권력위계에서 그의 권력이 차지하는 등급에 대해 호기심을 가지고 있었다. 여신은 호치민을 만난 적이 없기 때문에 우리에게 그에 관해 어떤 이야기도 해줄 수 없다며 미안해했다. 그녀는 자신은 원래 베트남 최남단 지역 출신이고 호치민은 북동부 출신이라는 말을 덧붙였다. 자신은 베트남 북부에서 지낸 적이 전혀 없다고 그녀는 말했다. 그것은 완벽하게 받아들일 수 있는 답변이었으며 내 동료는 그 답변에 만족했다. 그녀는 자신의 가족생활에 대한 두 번째 질문에 대해서는 다소 주저했지만 여전히 수용적이었다. 그 질문을 한 나의 동료에게 그녀는 고향의 부모나 다른 사람들을 그렇게 많이 그리워하지는 않는다고

---

2) Christopher Giebel, "Museum-shrine: revolution and its tutelary spirit in the village of My Hoa Hung," in Hue-Tam H. Tai(ed.), *The country of memory: remaking the past in late socialist Vietnam*(Berkeley: University of California Press, 2001); Shaun K. Malarney, "The emerging cult of Ho Chi Minh?: a report on religious innovation in contemporary northern Viet Nam," *Asian Cultural Studies* 22(1996), pp. 121-31를 보라.

말했다. 그녀는 자신의 사회적 사업에 너무 몰두해 있어서 고향 사람들을 생각할 틈이 없었다고 말했고, 그녀의 그런 행동이 불효일 수도 있다는 우리의 의견에는 동의하지 않았다. 내 동료는 세상에는 집에서 부모와 조상을 모시는 일보다 중요한 일들이 많이 있다는 그녀의 자기변호를 충분히 인정했다.

그다음은 내 차례였지만, 나는 그 자리에 있었던 것을 후회했다. 내가 준비해 왔던 말을 하기 위해서는 약간의 용기가 필요했다. 내 질문을 듣자 여신은 차가운 눈빛으로 나를 노려보았고, 나는 벌벌 떨기 시작했다. 나의 두 동료는 허겁지겁 돌아가면서 내가 왜 그런 특이한 질문을 하기를 원하는지, 또 내 의도가 얼마나 순수한지를 여신에게 설명하려고 했다. 내가 느끼기에 길고 무서운 침묵이 흐른 후, 여신은 망자의 세계에 대한 지식이 제한되어 있고 너무 어려서 그러한 일들을 이해할 수 없기 때문에 내 질문에 답할 수 없다고 말하며 사과했다. 그다음 그녀는 대신 내 질문과 의도를 명사수에게 전하겠다고 말했다. 약 한 시간 후, 나는 그 늙은 신위를 만났다. 그와의 대화를 내 현지조사 일지에서 인용하겠다.

> 권: 당신 세계의 사람들도 여전히 명분 때문에 논쟁하고 싸우나요? 망자들의 세계에도 "우리 편"과 "그들 편"이 있나요?
>
> 명사수: 아니오, 친애하는 외국인 친구! 망자들은 싸우지 않는다. 전쟁은 산 자들의 일이다. 내 세계의 사람들은 그들이 당신 세계에 있었을 때 싸웠던 전쟁의 동기와 목적을 기억하지 않는다.

명사수는 이 지점에서 말을 멈췄고 기침을 했으며 숨을 고르려고 했다. 그는 골초로 알려져 있었고, 끼는 평소 담배를 피우지 않지만 명사수로 빙의했을 때는 줄담배를 피운다. 명사수는 이야기를 다시 시작하면서 추상적인 것에서 실제적인 문제로 화제를 돌렸다.

> 명사수: 외국인 친구! 당신이 내게 질문을 했기 때문에 나도 당신
> 에게 질문을 하겠다. 내 세계 사람들은 당신 세계 사람들로부
> 터 돈, 그것도 아주 많은 외국 돈을 받는다. 우리는 그걸로 무엇
> 을 해야 할지 모른다. 이 외국 돈을 더 이상 보내지 말고 대신
> 우리에게 익숙한 돈을 보내라고 당신 세계 사람들에게 요청할
> 수 있겠는가?

후에 내 동료들은 내가 명사수의 이야기를 듣고 너무나 놀란 나
머지 말문이 막혀서 그의 정중한 요청에 답할 수조차 없었다고 말
해주었다. 그들에 따르면 명사수는 나의 대답을 잠시 기다리다가
희미하게 사라졌다. 그날 이후 공평천국과 명사수와 나눈 우리 대
화의 상세한 내용이 읍내의 이웃들에게 널리 유포되었다. 많은 사
람들이 그 일에 대해 박장대소했다. 일부 사람들은 그 고대신이 우
리에게 앙갚음하려고 했다고 생각했다. 즉 우리가 이상한 질문으로
그를 성가시게 했기 때문에 그도 수수께끼 같은 질문으로 우리에
게 보복을 했다는 것이다. 망자들이 새로운 화폐를 환영하지 않는
다는 생각이 이웃들에게 널리 전해졌고, 지역의 남성들은 이른 아
침 커피집에서 만난 내게 그날 저녁의 일에 대해 캐물었다. 하지만
그 소문이 후에 사람들이 달러 지전을 태우는 일을 그만두게 하지
는 못했다는 사실은 분명하다.
   나는 망자의 세계가 산 자의 세계의 이데올로기를 망각한다는
명사수의 말에 매료되었다. 명사수는 자신의 세계 사람들은 *벤 따*
(*ben ta*)와 *벤 끼어*(*ben kia*), 즉 우리 편(혁명 편)과 그들 편(미국 편) 사
이의 전선에 신경을 쓰지 않는다고 말했다. 그에 따르면, 사후세계

에서는 양극적 갈등의 전선이 완전히 비무장화되고, 삶의 거대한
연쇄 내에서 냉전의 정치적 이데올로기로부터의 해방은 가능한 것
일 뿐만 아니라 당연한 것이기도 하다. 명사수는 죽음으로의 이행,
즉 또 다른 삶이 특수한 망각을 동반한다고 주장하는데, 이는 우주
의 다른 절반으로부터 사회적 도덕성은 아니지만 정치적 이데올로
기를 제거해버리는 대중적인 지식을 반복하는 것이다. 이러한 도식
내에서 죽음의 고통 그리고 사랑하는 이와의 이별의 고통은 망각
되지 않는 반면, 죽음을 초래한 전쟁의 원인과 의도는 망각되어버
린다. 그의 설명에 따르면, 전쟁으로 인한 죽음은 바로 전쟁 이데올
로기의 죽음을 의미하게 된다.

이 고대의 문화적 영웅은 자신의 세계에 사는 사람들이 돈에 관
심이 많다고 덧붙였다. 그의 관점에 따르면 이데올로기가 아니라
돈이 사회적 문제이다. 이러한 엄 세계의 주민들이 반대쪽 세계에
있는 우리들 대부분이 그러하듯 돈을 너무 적게 가진 것 때문에 스
트레스를 받았을까? 혹은 돈이 너무 많은 것이 문제일 수도 있을
까? 더욱이, 그 신위가 내게 한 질문이 내가 그에게 한 질문과 관련
될 수 있을까? 망자들의 세계에서 돈이라는 문제가 산 자와 망자
사이의 기억이라는 문제와 어떤 연관성을 가지고 있을까? 이 장은
망자에게 바쳐지는 돈, 그리고 이 봉헌된 돈이 전쟁의 이데올로기
및 기억과 맺는 주술적 관계에 관한 것이다.

죽음과 부

관에 묶인 대나무 끈을 풀고 매장할 준비가 되었을 때, 장례 전문
가가 관의 방향에 대해 투덜거렸다. 다낭에서 치러진 이 장례식은
혁명전쟁에서 다섯 자녀를 잃어 '베트남의 영웅적 어머니(*Ba Me Anh
Hung Viet Nam*)' 자격을 가졌던 한 여성을 위한 것이었고, 영혼안내

자라 불리는 그 장례 전문가는 고인의 고향에서부터 읍내의 묘지
까지 장례식 관계자와 추모객들을 인도하고 매장을 감독하기 위해
고용된 인물이다. 영혼안내자는 고인이 진정으로 편안해질 수 있
도록 관의 발 부분을 남쪽으로 약 20도 정도 돌려야 한다고 주장했
다. 고인의 친척들은 현재 관의 방향이 앞으로 자신들의 번영에 도
움을 주지 않을 것이라는 영혼안내자의 암묵적인 메시지를 이해했
다. 그들은 영혼안내자를 지지했고, 국립묘지의 정연하고 엄격하게
기하학적인 매장 관습을 따를 것을 고집하는 읍의 인민위원회 관
료와 논쟁을 벌였다. 얼마 지나지 않아 장례식에 참여한 군중들 모
두가 논쟁에 합류했고, 그들 중 절대다수가 가족의 입장을 지지했
다. 네 명의 상두꾼이 어쩔 수 없이 구덩이로 뛰어들어 관의 위치를
바꾸려고 애를 썼다. 영혼안내자는 그들에게 관 위에 지전이 놓여
있음을 환기시키며 주의를 당부했다. 몇 번 더 실랑이를 벌인 후에
야 관의 방향이 완전하게 전환되었고, 가족들은 상두꾼들과의 언쟁
을 멈추고 곡을 계속했다. 몇 삽의 적토가 관 위에 뿌려졌고, 네 장
의 진짜 베트남 은행 지폐가 잇따라 시야에서 사라졌다.

죽음과 부는 다른 많은 문화적 전통에서와 마찬가지로 베트남의
전통에서도 익숙한 조합이다.[3] 베트남 전통 사회에서 부유함을 과

---

3) Marcel Mauss, *The gift: the form and the reason for exchange in archaic societies*, trans.
   W. D Halls(London: Routledge, 1990[1925]), pp. 5-7. 말리놉스키는 폴리네시아
   의 트로브리안드 군도에서는 중요한 인물이 죽었을 때 공동체가 장례의식과 추
   도식을 준비하기 위해 엄청난 양의 음식과 가치재를 축적해야 한다고 기록하고
   있다. 말리놉스키에 따르면 마치 정해진 때가 되면 댐에 저장한 대량의 물을 엄
   청난 속도로 방류하는 것처럼, 트로브리안드 사람들은 축적된 부를 극적인 의례
   와 방문을 통해 군도 전체에 걸쳐 분배한다. 이러한 장례의식을 통한 부의 분배
   는 공동체 교환 네트워크의 범위를 확대하는 것으로 추측된다. 아메리카 북서부
   해안 원주민들은 "먹이다" 혹은 "소비하다"를 뜻하는 포틀*라치*(potlatch)라는 의
   식의 네트워크를 유지했는데, 이를 통해 집단들은 부를 경쟁적으로 과시하고 때

시하는 주된 방법 중 하나가 죽음(혹은 결혼)과 관련된 의례를 통해
서이다. 그리고 전통적으로 죽음과 관련해서 부를 과시하는 수단은
세 가지, 즉 조상 사당, 가족묘지, 장례식이다.[4] 고인을 사치스럽게
꾸미는 것은 부의 상징일 뿐이 아니었다. 고인의 호사스러움은 가
족의 부 그 자체이기도 했다.[5] 이러한 가치의 영역에서 부의 개념
은 표현적이고 과시적이다. 만약 어떤 사람이 부유하고 성공했다면
반드시 일반대중의 눈에 그렇게 보여야 한다. 왜냐하면 그의 부유
함은 대중적으로 인정되는 형태로 과시되어 이웃과 친구들이 그의
부를 보고 평할 수 있을 때 비로소 실제적인 것이 되기 때문이다.[6]
호사스러운 매장의례와 매장시설은 조상을 부유하게 만들고, 이것

로는 파괴하기도 한다. 19세기에는 이들 원주민 중 많은 이들이 백인 정착민들
을 위해 일해야 했다. 그들은 허드슨 만 회사(Hudson Bay Company)로부터 상품
들을 축적한 후 이들 재화를 포틀라치 의식을 통해 방탕하게 처분해버렸다. 인
도차이나 고산지대에 사는 소수종족들은 망자를 위해 분리된 장례용 집을 짓
고 그것을 정교한 목조각으로 화려하게 장식했다. 베트남 전쟁 동안에 지아라
이(Gia Lai) 장례용 집들 내에 있는 일군의 만신상에 두 개의 새로운 조상, 즉 미
군 장교와 공산당 군인의 조상이 추가되었다. 각각의 집이 완성되자 그 고산족
들은 2~3년 안에 집단 소비의식을 치르려는 희망으로 부(곡물과 돼지)를 축적
하기 시작했다. 축제가 끝나면 장례용 집은 방치되고 망자는 잊히며 흔히 그 지
역 전체가 방치되는 것으로 알려져 있다. Bronislow Malinowski, *Argonauts of the
western Pacific*(New York: E. P. Dutton, 1922), p. 492를 보라. 포틀라치 의식에 관
해서는 Helen Codere, *Fighting with property: a study of Kwakiutl potlatching and warfare,
1792-1930*(New York: J. J. Augustin, 1950)을 보라. 지아라이(Gia Lai) 장례용 집에
관해서는 Bernard Y. Jouin, *La mort et la tombe: l'abandon de la tombe*(Paris: Institute
d'Ethnologie, 1949); Phan Cam Thuong and Nguyen Tan Cu, *Dieu khac nha mo Tay
Nguyen*(The sculpture of funeral houses in Central Highlands), (Hanoi: Nha xuat ban
my thuat, 1995)을 보라.

4) Nguyen Van Huyen, *The ancient civilization of Vietnam*, pp. 51-67.
5) 클리포드 기어츠(Clifford Geertz)에 따르면 의례의 화려함은 "사회질서의 단순
   한 반영일 뿐만 아니라 전형이다." *The interpretation of cultures* (New York: Basic
   Books, 1973), p. 332.
6) Geertz, *Negara: the theater state in nineteenth-century Bali*.

이 부유한 자의 위신에 중요한 조건으로 간주된다.

호우 칭-랑(Hou Ching-lang)에 따르면, 호화로운 죽음이라는 개념은 삶을 은행 대출의 한 유형으로 간주하는 고대적인 관념과 연관되어 있다.[7] 오래된 중국의 믿음에 의하면, 이 세상의 모든 출생은 "저세상의 금고(the Treasury of the Other World)", 혹은 "지옥은행(The Bank of Hell, 베트남어로는 *nhan hang dia phu*)"의 대출 승인에 기초를 두고 있다.[8] 살아 있는 사람의 삶은 은행의 대출기록에 상징적으로 대응해서 전개된다. 이론적으로 한 개인은 삶의 조건이 소박할수록, 그리고 세속적 쾌락에 탐닉하지 않을수록 자신의 대출을 더 오랫동안 누릴 수 있다. 만약 그 사람이 대출금을 다 써버리고 사망하면 반드시 대출금을 갚아야 하는데, 이 부담은 통상 현재 도산 상태인 대출자의 자손에게 돌아간다.[9] 호우의 설명에서 지옥은행이 삶의 대출에 대해 이자를 요구하는지 혹은 신용이 나쁜 고객에 대한 정책은 무엇인지 분명하지 않다. 하지만 그는 실질적이든 상징적이든 재화의 형태로 바치는 사후의 제물과 망자에게 돈을 바치는 연관된 관습이 고대 중국에서 거의 법적으로 의무적인 채무상환(호우에 따르면 "사법적인 돈") 행위였다는 점을 명확하게 밝히고 있다.[10]

---

7) Ho Ching-lang, *Monnaies d'offrande et la notion de Trésorerie dans la religion chinoise* (Paris: Collège de France, 1975), pp. 5-16.

8) 여기서 "지옥"이라는 관념은 우리가 일반적으로 사용하는 "내세"라는 개념에 의미론적으로 가깝고 로마 가톨릭 전통에서 말하는 지옥과는 다르다. 하지만 이 관념도 원래 특정한 죄와 속죄라는 관념을 포함하고 있기는 하다. Teiser, *The ghost festival in medieval China*, pp. 179-90. 베트남 전통사회의 "내세(*the gioi khac*)" 개념은 "지하 세계(*am phu* 혹은 *dia phu*)"뿐만 아니라 "천국(*thien*)"도 포함한다. 의례용 화폐는 비록 용어상 엄푸(*am phu*)와 연결되지만, 이들 두 영역에 거하는 모든 존재들을 위해 사용된다.

9) John McCreery, "Why don't we see more real money here?: offering in Chinese religion," *Journal of Chinese Religious* 18, p. 5.

10) Hou, *Monnaies d'offrande*, p. 30.

망자는 금융적인 통제에 종속된다. 그들 역시 우리와 마찬가지로 부채가 있으면 자유롭지 못하다.[11]

　이러한 죽음 중심적인 부의 개념을 초창기 정치경제학에서 발달한 돈의 철학과 비교해보는 것은 흥미로운 일이다. 아담 스미스(Adam Smith)는 『국부론』에서 18세기 담배 상인들의 삶을 기술한다. 이 글라스고(Glasgow) 상인들은 신세계와의 교역 증가 덕분에 당시 놀라울 정도로 엄청난 돈을 벌었고 부의 증가가 갖는 의미에 대해 직관적인 이해를 발달시켰다. 이들 초기 상업사회의 영웅은 위대한 돈벌이 꾼이었지만 종교적으로는 반(反)소비주의자였다. 돈에 대한 이러한 금욕주의적 태도를 지지하면서, 스미스는 우리로 하여금 저축을 하도록 촉진하는 절약의 원칙은 "우리의 조건을 향상시키려는 욕망, 즉 비록 조용하고 냉정하지만 우리가 자궁에서부터 타고나는 것이고 무덤에 묻힐 때까지 결코 우리를 떠나지 않는 욕망이다"라고 적고 있다.[12] 이 주류 정치경제학에서 낭비는 공동체의 안전을 위태롭게 하는 공공의 적이었고, 스미스는 전쟁이 모든 인간행동 중에서 가장 낭비적인 것이라고 믿었다.[13] 절약은 공익을 위한 것이다. 오직 절약만이 국가를 번영케 하고, 돈을 벌고 저축하는 시민들이 방탕하고 돈을 낭비하는 세습적 토지소유 엘리

---

11) 이러한 동등성에도 불구하고, 부의 축적은 산 자와 망자에게 반대의 의미를 가질 수도 있다. 망자의 경우, 부와 돈이 많다는 것은 지옥은행에서 삶의 부채를 갚고 저축을 증가시키며 이를 통해 산 자의 세계로 회생할 가능성을 높이기 때문에 긍정적인 것이다. 산 자들에게는 동일한 상황이 나쁜 일일 수 있다. 왜냐하면 부와 돈이 많다는 것은 지옥은행의 저축을 감소시키고 죽음을 가속화시키기 때문이다.

12) Adam Smith, *The wealth of nations*, book 1–3 (New York: Penguin, 1982[1776]), p. 305.

13) Samuel Fleischacker, *On Adam Smith's wealth of nations: a philosophical companion* (Princeton: Princeton University Press, 2004), pp. 250–7.

트에 저항해서 참여민주주의를 건설할 수 있는 가능성을 열기 때문이다.

스미스는 무덤을 철학적인 관심의 마지막 한계점으로 간주했다.[14] 그에게 정치경제학은 요람에서 무덤까지 삶의 영역에 한정되어 있었고, 그는 우리 내면에서 저축하고 부를 축적하려는 자연적인 욕구가 재산을 낭비하려는 비자연적인 열정에 저항해서 치르는 항구적인 전쟁을 묘사했다. 이러한 경제적인 금욕주의는 투자의 윤리, 즉 미덕이 미덕이 되기 위해서는 이익을 가져다주어야만 하고 만족은 물질적인 것이 아니라 개념적인 것이어야 한다는 믿음을 낳았으며, 이는 후에 막스 베버가 천착했던 바이다.[15] 투자의 논리는 미래의 더 큰 이익을 위해서 경제활동의 이익을 누리는 것을 연기해야만 한다는 것이다. 초기 상업사회에서의 진정한 미덕은 세속적 쾌락의 자제 그리고 부의 증대를 통한 신성한 만족이었다.[16]

경제개혁 이후 베트남의 경제학은 대중적인 수준에서 근본적으로 상이한 두 가지 정치경제학의 혼합이다. 축적과 투자의 이론은 산 자의 세계에 적용된다. 절약은 내가 만난 대부분의 베트남인들에게 1차적이고 근본적인 삶의 기술이자 국가 이데올로기의 중요한 요소였고, 베트남의 국가체제 또한 자본의 축적에 몰두했다.[17]

---

14) David E. Stannard, *The puritan way of death: a study in religion, culture, and social change* (New York: Oxford University Press, 1977)를 보라.

15) Max Weber, *The protestant ethic and the spirit of capitalism* (London: Routledge, 1990[1930]), pp. 39-50.

16) Michael H. Lessnoff, *The spirit of capitalism and the protestant ethic* (Cheltenham, England: Edward Elgar, 1994), p. 90.

17) 사회주의 베트남의 근검절약이라는 정치적 이데올로기에 관해서는, Marcus Schlecker, "Going back a long way," pp. 512-15를 보라. 개혁개방 후 자본축적 장려에 관해서는 Gabriel Kolko, *Vietnam: anatomy of a peace* (New York: Routledge, 1997), pp. 31-57을 보라.

농촌과 도시 주변부 지역의 주민들은 자녀교육과 집 수리 혹은 개업을 위해, 그리고 조상사당에 더 많이 봉헌하거나 죽은 친척들을 제대로 재매장하는 데 필요한 돈을 모으려고 매일같이 열심히 노력했다. 다른 한편, 망자와 관련된 경제적 영역에서는 자제의 미덕을 보기 힘들었다. 앞서 언급한 베트남의 영웅적 어머니는 무덤에 묻힐 때 (진짜) 소액권 지폐 네 장을 받았다. 하지만 그녀는 매장 후 얼마 지나지 않아 베트남의 다른 많은 망자들이 기념의례의 일부로서 성규적으로 (위조) 지폐를 받는 것과 마찬가지로 훨씬 많은 돈을 벌 것이다. 큰 돈은 죽음의 순간부터 흘러들어오기 시작한다.

돈 이외에도 그 베트남의 영웅적 어머니의 관은 금으로 사치스럽게 장식되어 있었다. 금색의 플라스틱 호일로 만들어진 이러한 관 장식은 보통 매장 전에 바로 떼어내어 버려진다. 하지만 일부 관은 이런 그럴듯한 가짜 재화를 땅속까지 함께 가지고 간다. 진짜 재화를 망자와 함께 묻는 봉건 왕실의 매장 관습과 달리, 오늘날의 장례 산업은 그것이 재현하는 부의 아주 일부만 지불해도 되는 장례 제물 창고를 운영한다. 이 산업은 옛 공예인 길드의 한 변형으로 시장개혁 이후 번창해왔다. 이러한 망자를 위한 가상 경제에서는 현실 경제에서 어려운 일이지만 가난한 자가 부자 행세를 할 수 있고, 가난한 자와 부유한 자 간의 차이도 현실의 삶에서보다 훨씬 덜 분명해진다.

구권과 신권

베트남에서는 지전 태우기가 점점 더 일상적인 활동이 되고 있다. 국가가 전면적인 경제·정치 개혁에 착수한 1980년대 후반 이전에는 이 행위가 공식적으로 금지되어 있었지만, 그 후에는 전국적으로 크게 유행했다. 지금은 음력 초하루와 보름 저녁에 거리나

누군가의 집 마당에서 대량의 지전이 불타고 있는 것을 쉽게 볼 수 있다. 이런 식으로 재가 되는 돈은 특별한 유형의 것이며, 특별한 존재를 위한 것이다. 사람들은 "돈은 산 사람과 마찬가지로 죽은 사람에게도 중요하다"라고 말하면서 기념의례나 공동체 축제의 일부로 신, 조상, 유령들에게 돈을 바친다. 이러한 목적을 위해 사용되는 지폐는 비록 그 일부가 아주 진짜같이 보이긴 하지만 진짜 돈이 아니다. 그것은 베트남의 영웅적 어머니 장례식에 사용된 화폐 혹은 우리가 은행에 보관되어 있다고 믿는 돈과는 다르다. 이 돈의 송금 방식 또한 산 자들의 경제 질서 내에서 이루어지는 방식과는 다르다. 즉 돈을 태우는 것이다. 이러한 맥락에서 지전 태우기는 돈을 하나의 경제 질서에서 다른 하나의 경제 질서로 변환시키는 것이다.

1990년대 초 화폐 봉헌/지전 태우기 관행이 국가체제에 의해 공개적으로 용인되기 시작되었을 때, 다양한 의례용 화폐가 시장에 나타났다. 일부는 오래된 전통적인 종류(*지앙 방 박giang vang vac*이라 불리는)인데, 이는 얇은 봉헌지에 인쇄된 동전 혹은 마찬가지로 종이에 인쇄되거나 종이로 만든 금괴와 은괴의 형태를 취한다. 오늘날은 이러한 동전과 귀금속 의례용 화폐(짐멜의 "실질화폐", 즉 귀금속 형태의 돈)가 현대 베트남 지폐나 미국달러 지폐(케인즈의 "명목화폐", 즉 환상적 자연주의에서 비롯된 사회적으로 창조된 돈)를 모사한 지전과 함께 태워질 수 있다.[18]

동전과 귀금속 봉헌용 지전은 프랑스와 일본의 식민지 강점기 전체에 걸쳐, 그리고 그 후 일련의 전쟁 기간에도 존재했다. 그것은 남부와 중부 지역에서 종전과 함께 베트남 통일 국가 당국이 북부

---

18) "실질화폐"는 Simmel, *The philosophy of money*, pp. 190-203에서 인용했다. "명목화폐"는 Keith Hart, *The memory bank: money in an unequal world* (London: Profile Books, 2000), pp. 245-51에서 인용했다.

지역에서 구축된 혁명문화정책을 해방된 남부 지역으로 확장하면서 지전을 봉헌하는 관행을 금지했던 1975년 이후에도 잠시 동안 지속되었다. 초기의 강경책 중 일부가 보다 수용적인 형태로 수정된 1979년 이후에는 동전과 금괴 지전이 부활해서 비공식 경제로 유통되었다. 한편, 국가는 혁명전쟁의 유산을 국가적 통합의 도구로 동원했고, 신, 조상, 유령에 대한 다변적인 전통 신앙을 전사한 혁명군을 기념하는 의식에 초점을 맞춘 획일적인 시민종교로 대체하려고 시도했다(3장을 보라).[19] 종교적 사당들은 해체되었고, 지역사회의 독특한 정체성을 구성했던 이들 숭배 장소의 느슨하고 복잡한 네트워크는 전후 촌락 생활의 중심에 위치한 혁명전사 묘지 같은 중앙화되고 표준화된 전쟁 기념시설로 대체되었다. 국가는 영웅적 전사자에 대한 금욕적인 기념활동을 강력하게 추진하는 한편, "혁명적 정서"와 양립 불가능한 미신적이고 낭비적인 행위라고 여겨지는 것들은 강력하게 저지했다.[20]

오늘날, 베트남의 기념의례는 과시적 부라는 측면에서 광범위한 정치적 스펙트럼을 가진다. 그 한 극단에는 영웅적인 전사자를 위한 마을 기념관 같은 공적인 국가 사당이 존재한다. 통상 이들 세속적인 국가기억의 검소한 사당에서는 봉헌 지전이 사용되지 않는다. 하지만 일부 장소에서는 상황이 변화하고 있기도 하다.[21] 스펙트럼의 다른 극단에는 부활한 조상숭배 의례 혹은 공동체 종교 의례

---

19) Malarney, *Culture, ritual, and revolution in Vietnam*.

20) Ibid., pp. 52-76. 또한 Malarney, "The limits of state functionalism and the reconstruction of funerary ritual in contemporary northern Vietnam," pp. 540-60; Duiker, *Vietnam: revolution in transition*, pp. 181-4.

21) Malarney, "The emerging cult of Ho Chi Minh?"을 보라. 또한 Giebel, "Museum-shrine."을 보라.

가 존재하는데, 여기서는 부가 사치스럽게 과시되어야 한다.[22] 가
내 기념의례는 이 양극단에 거의 치우치지 않는다. 가장 흔한 활동
은 조상신과 가족 신위를 모신 제단의 제기에 신선한 물과 꽃을 다
시 채우는 것이다. 음력 초하루와 보름에는 향을 피우고 초를 밝힌
다. 간혹 특별한 기념의례를 수행할 때는 음식과 지전을 바치기도
한다.

   보통사람들의 일상적인 기념 활동은 필요와 능력 혹은 정서에
따라 다양한 방식으로 수행된다. 내가 알고 지낸 한 가족의 경우 부
인이 허리가 무척 아픈데도 불구하고 음력 보름에 바칠 죽을 요리
하는 데 수고를 아끼지 않았다. 그들의 이웃인 한 재단사 가족은 한
주의 사업이 이례적으로 잘되자 어느 날 밤 거리에서 달러를 복사
해 만든 지전 다발을 불살랐다. 멀리 떨어진 공업지대에 근무하는
딸이 걱정이 된 또 다른 이웃은 불길한 꿈을 꾼 이튿날 가내 수호
여신을 위해 종이 신전을 태웠다. 자식이 악몽에 시달린다고 불평
하자 그녀는 집 밖에 있는 유령을 위한 제단에 무명 고아의 혼령을
부르면서 몇 개의 제례용 사탕을 놓아두었다. 그녀의 시어머니가
심각한 병에 걸렸다고 느꼈을 때, 가족 모두는 공동체 사원에 기부
할 여분의 돈을 마련하기 위해 허리띠를 졸라매고 검소하게 한 달
을 보냈다.

   전쟁 동안 발생한 대규모 민간인 학살 사건으로 고통을 겪고 있
는 공동체들의 경우 사망자의 기일 추도의례를 개별 가족이 따로,

---

22) Kirsten W. Endres, "Spirited modernities: mediumship and ritual performativity in
    late socialist Vietnam," in P. Taylor (ed.), *Modernity and re-enchantment: religion in
    post-revolutionary Vietnam* (Singapore: Institute of Southeast Asian Studies, in press);
    Taylor, *Goddess on the rise*, pp. 83-110.

하지만 같은 날 동시에 수행했다.[23] 이런 날에는 향과 지전이 타면서 나오는 연기가 마을 전체를 뒤덮었다. 아직 유해가 실종상태라 가족묘지에 매장하지 못한 전쟁 사망자들은 상황으로 인해 그 정체성이 범주적으로 유령에 속한다(3장을 보라). 그들의 가족은 조상숭배 의례를 수행하는 동안 조상보다 유령을 위해 더 많은 지전을 태우는 경향이 있다. 사실, 베트남 가족의 의례적 리듬은 그 가구의 역사적 정체성과 파란 많은 집단적 삶을 가장 분명하게 드러낸다. 봉헌용 지전은 현재 베트남의 가내적 삶에 중요한 일부를 차지하고 있다. 국가 부문에서는 봉헌용 지전을 찾아볼 수 없지만 종족이나 지역적 결속을 대중적으로 드러내는 상황에서는 넘쳐난다. 개별 가구 내에서 의례용 화폐는 마치 진짜 돈처럼 들어오고 나간다.

1990년대에는 의례용 달러(베트남 발음으로 "돌라Do La") 지전이 가내생활에서 익숙한 물건으로 자리 잡았다. 이 특별한 봉헌 화폐의 기원에 관한 토착적 설명방식은 다양했다. 필자의 정보제공자 중 한 명은 일반적 교환 이론과 흡사한 설명을 제시했다.[24] 그는 다음과 같이 말했다.

사람들은 점점 더 부유해지면서, 말하자면 덜 가난해지면서, 빈곤과 폭력 외에는 경험해본 적이 없는 망자들과 자신의 부를 나누어 갖기를 소망한다. 미국 돈인가 베트남 돈인가가 중요한 것이 아니다. 망자들이 우리 돈을 받을 수 있든 없든, 그것은 근본적인 문제가 아니다. 그 이면에 있는 것, 즉 우리의 동기와 좋은 기분, 그것이 근본적인 문제이다.

23) Kwon, *After the massacre*, pp. 60-2.
24) Shalins, *Stone age economics*, pp. 191-6.

전쟁기간 동안 당 간부였던 이 남성에게 돈의 이면에 숨겨진 것
은 나눔과 분배의 욕구이다.[25] 혁명의 역사를 이렇게 우아하게 묘
사하는 사람에게 이 공유의 욕구는 코코넛 나무가 코코넛을 생산
하는 것만큼이나 자연스러운 인간성의 본질이다. 다낭 중앙시장
인근의 한 의례용품 도매업자에 따르면, 봉헌용 달러 지전의 발명
은 *쓰어 바이 나이 벗 쯔억*(xua bay, nai bat chuoc, "과거는 창조하고, 현재
는 그것을 모방한다")이라는 베트남 속담이 구체화된 것이다. 그는
최근의 돌라 붐이 부분적으로 1975년 이전 시장정신의 부활이라
고 믿었다. 위도 17도 이남의 전시 경제는 원칙적으로 달러 경제
였다. 따라서 4세대에 걸쳐 의례용품 도매업을 해온 이 남자에 따
르면, 이러한 전시 달러 경제가 전 지구적으로 달러가 지배하는 현
재 세계에 다시 부활한 모델인 것은 당연한 일이다. 그는 현재 대다
수의 유령이 전쟁 사망자들이기 때문에, 이들 유령이 전쟁 당시의
GI("Government Issue"의 약자로 미군을 지칭-역주) 달러에 익숙할 수밖
에 없다고 덧붙였다. 따라서 오늘날 사람들이 남부 출신의 많은 유
령들이 생전에는 몰랐던 "호치민 화폐"보다 달러 지전을 태우는 것
을 더 선호하는 것이 당연하다는 것이다.

　일부 소매업자들은 이 도매업자보다 한술 더 떴다. 한 은퇴한 소
매업자는 전쟁 당시 번창했던 다낭 시장에서 옛날 의례용 지전을
팔았는데, 이곳에서는 미군 부대 매점(PX)에서 빠져나온 물건부터
지뢰와 유탄발사기까지 모든 종류의 물건이 거래되었다. 그녀에 따
르면, 돌라 지전은 외국인들을 위해 발명되었다. 너무나 많은 외국

---

25) 같은 사람이 다른 맥락에서 표현한 유사한 생각에 관해서는 Kwon, *After the
massacre*, p. 114를 보라.

인들이 베트남 땅에서 베트남인들과 뒤섞여서 사망했다. 따라서 산 자들이 이렇게 뒤섞인 전사자 집단에게 외국 돈을 봉헌하는 것은 자연스러운 일이었다. 그녀의 이론에 따르면, 망자들은 그들의 생애 동안 익숙했던 물건을 받아야 한다. 미군병사들은 고국의 푸른색 달러와 그들이 살아 있을 때 받은 군대 쿠폰 외에는 아무것도 모르기 때문에 망자의 세계에서도 동일한 유형의 돈을 요구한다. 그러면 베트남의 유령들은 어떨까? 그녀는 베트남 유령들도 이 외국 돈에 익숙하고 실제로 돌라를 더 선호한다고 말했다. 그들은 이 돈으로 무엇을 살 수 있는지 알고 있다. 만약 그들이 달러를 충분히 가지고 있었다면 아마 어떤 식으로든 전쟁유령의 운명에서 벗어날 수도 있었을 것이다. 따라서 그들 또한 이 돈을 받아야 한다고 그녀는 열정적으로 말했다.

역사적 익숙함이라는 이 소매업자의 논리는 다른 봉헌물(hang ma, do ma)에서 발생한 변화에도 적용되었다. 베트남의 시장에서 팔리는 기념의례 용품들은 망자의 역사적 정체성에 점점 더 특화되는 방향으로 생산되어왔다. 봉헌용 의복을 예로 들면, 이 종이 직물에는 다양한 패턴의 무늬가 인쇄되었다. 전통적인 문양의 생산품들이 여전히 팔리기는 하지만 복잡한 식물 문양과 색상 혼합을 이용해서 만들어지는 새로운 산품들에 수적으로 완전히 압도당하고 있다. 전통적인 관료 복장, 의례용 여성 정장, 카우보이 모자, 켈빈 클라인 셔츠와 바지, 그리고 군인들을 위한 군복 정장이 깔끔한 비닐 포장지 속에 준비되었다. 군복 정장 꾸러미에는 종이가죽 권총집도 포함되어 있다. 이러한 재단사가 직접 재단해서 만드는 세부적인 봉헌물도 1990년대의 발명품으로서, 당시는 개인화된 의복이 과거의 *아오 잡*(ao giap), 즉 (죽은 군인들을 위한) 전통적인 갑옷 형태의 미니어처 종이 의복의 획일성에서 급격하게 벗어날 때였다. 일부 봉헌물은 형태가 바뀌었고, 다른 것들은 의미가 바뀌었다. 전통적으로 나이 든 학자에게 바쳐졌던 무늬 없는 흰색 종이 봉헌물은 이제는 학업과 학자의 꿈을 이루지 못하고 죽은 젊은이를 위해 봉헌되기도 한다. 이들 젊은 혼령은 사탕과 그들의 생각을 기록한 종이를 받았다. 젊은 여자 혼령은 종이 비단 예복이나 청바지, 그리고 여러 상자의 종이 보석과 함께 종이 하이힐을 받을 수 있었고, 특별한 경우에는 이들을 위해 화장품과 우산을 태우기도 했다.

베트남의 도시에서는 이외에도 역사적으로 독특한 돈들이 망자의 필요에 따라 상이한 집단에 역사적·문화적으로 더 익숙한 형태로 발명되었다. 예를 들어, 2000년에는 식민지 시대 인도차이나 프랑스 금화를 구할 수 있게 되었다. 그것은 프랑스인들이 성 니콜라스 축일에 자녀들을 위해 사주었던 금화(*pièces d'or*)처럼 생겼다. 몇 세대의 조상들을 기념하기 위해, 일부 사람들은 조상들에게 봉헌하는 돈이 조상이 죽기 전 특정한 역사적 시기에 사용했던 돈과 일치해야 한다는 믿음하에 상이한 형태의 의례용 화폐를 갖추기 위해 세심한 주의를 기울인다. 그리고 시장에서는 이러한 고객들을 끌어들이기 위해 여러 가지 돈을 혼합해서 포장한 세트들이 판매된다. 이러저러한 형태의 돈을 선택하는 것은 개별 기념의례 수행자에게 달려 있었고, 이런 의미에서 돈의 다양성은 소비자 시장의 한 양상이었다. 이러한 다양화에도 불구하고, 그리고 실제로는 이 다양화와의 상호작용을 통해, 중부지방의 가내 의례는 일반적으로 점점 더 달러화되는 경향을 보여주었다.

앞서 언급한 그 소매상은 구식의 통일적인 봉헌의복과 다양한 패턴의 새로운 의복, 혹은 종이로 만든 "진짜(실물 크기)" 봉헌용 우산과 단순히 종이에 인쇄한 "가짜" 봉헌용 우산이 망자에게 동일한 효용을 가진다고 주장했다. 그녀는 살아 있는 소비자들만 그것을

다르게 본다고 말했다. 그녀의 설명에 따르면, 봉헌용 상품들의 다
양성은 보다 높은 사용가치가 아니라 보다 높은 미학적 가치와 연
관되어 있다. 게오르그 짐멜에 따르면, 사물들이 실용적 가치에서
미학적 가치에 이르는 발달 과정은 "대상화의 과정", 즉 사물들이
"단지 유용한 수준을 넘어서서 주체의 처분과 필요로부터 보다 더
독립적으로 되어가는" 과정이다.[26] 잠시 후 논의하겠지만, 베트남
의례용 화폐가 점점 달러화되는 것은 그것이 도구성의 전통적 영
역으로부터 점점 더 독립해간다는 측면에서 이해될 수 있는데, 이
는 부분적으로 신, 조상, 유령의 사회적 위계를 입증하는 것이기도
하다.

　　1990년대 말이 되면 다낭과 꽝남 지방의 가정에서는 돌라 지전
이 가장 현저한 의례용 화폐로 자리 잡게 된다. 탑 사원과 공동체
사원들은 여전히 내부의 신과 여신을 위해서는 금을, 외부의 떠도
는 혼령들을 위해서는 베트남 은행권이나 미국 은행권을 사용하는
차별성을 보여주었다. 중국-베트남 문헌에 조예가 있는 몇몇 공동
체 원로들의 회상에 따르면, 옛 관습에서 의례적인 화폐 봉헌은 일
정한 질서 내에서, 즉 신에게는 금을 바치고 조상에게는 은을 바치
며 나머지에게는 동전을 바치거나 돈을 바치지 않는 식으로 이루
어졌다고 한다.[27] 껌레의 호랑이 사원 개관일에 옹 꼽(Ong Cop, 호
랑이 정령)은 상당한 양의 돈을 벌었다. 주최자들은 제단 위에 금화
와 은화를 긴 줄로 쌓아 과시적으로 전시해놓았다. 떠도는 혼령들
을 위해 반대편에 준비한 제단 위에는 봉헌탁자 중앙에 놓인 큰 대

26) Simmel, *The Philosophy of money*, p.74.

27) Stephan Feuchtwang, *Popular religion in China: the imperial metaphor* (Surrey:
　　RoutledgeCurzon, 2001), pp. 19-22; Gary Seaman, "Spirit money: an interpretation,"
　　Journal of Chinese Religions 10 (1982), pp. 82, 86-7을 보라.

나무 바구니에 베트남 지전과 미국 지전이 가득 차 있었다. 1달러,
5달러, 20달러짜리 푸른 지폐가 베트남의 5백 동, 1천 동, 1만 동
짜리 붉은색 및 녹색 지폐와 뒤섞인 채 바구니 속에 쌓여 있었다.
개관식이 열린 당시 베트남 화폐 1만 동은 미국의 1달러에 해당했
다. 몇 년 후에 열린 의식에서는 바구니에 모조 외국 돈 다발이 쌓
여 있었는데, 각 다발은 1996년 판 100달러짜리 신권으로 구성되
어 있었다. 의식을 주최하는 원로들은 사원에 모셔진 수호정령에
게는 전통적인 돈을 바칠 것을 여전히 고집했다. 필자 같은 참가자
들이 보기에 이러한 발전은 떠도는 유령들이 신들보다 상대적으로
더 빨리 부자가 되고 있다는 인상을 주었다. 떠도는 유령들 편에 준
비된 화폐의 액면가는 해마다 증가하는 데 반해, 다른 편에 봉헌된
오래된 전통 화폐의 형식적 가치는 변화하지 않고 있었다.

앞면과 뒷면

  돌라 지전은 형태와 가치 면에서 변동을 거듭했다. 1990년대 중
반 가장 대중적이었던 지전의 앞면에는 벤자민 프랭클린(Benjamin
Franklin)의 초상화와 미국 재무장관의 휘장이 조판되어 있었다. 반
대편에는 지옥은행(저세상의 재무부)을 표상하는 중국식 건물 그림
이 인쇄되어 있었다. 또 다른 판본으로는 지폐 뒷면에 미국 독립기
념관이 섭리의 눈(the eye of Providence)[28] 아래에 있는 불완전 피라미

---

28) 곰브리치(Gombrich)에 따르면, 미국 1달러 지폐의 국새 상징은 새로운 시대의
    여명을 위한 신세계의 소망과 열망을 표현한다. "Novus ordo seclorum(신세기의
    질서)는 황금시대의 귀환에 대한 베르질리우스(Virgil)의 예언을 암시하며, 다른
    라틴 표어 Annuit Coeptis, 즉 '그(신)는 (우리의) 시작을 지지하시느니라'도 마
    찬가지이다. 하지만 [영국 골동품 전문가인 존 프레스트위치(John Prestwich) 경
    의 충고를 따라 이루어진] 전체 디자인에 실현을 앞둔 고대 신탁의 특징을 부여
    하는 것은 하늘을 향해 치솟는 미완의 피라미드와 섭리의 눈이라는 고대적 상

드와 함께 인쇄되어 있고, 앞면에는 내세의 통치자이자 고대적 전통에서 현세 황제에 상응하는 지옥신의 초상화와 휘장이 조판되어 있었다.[29]

이러한 혼종적인 돌라 지전의 "앞면과 뒷면"은 궁극적인 권위를 창조하려는 시도이다. 돈의 한쪽 면은 삶과 죽음의 순환을 결정하는 인간 운명의 최고 권위자를 소개한다. 그 뒷면은 오늘날의 세계에서 지배적인 금융기관인 미국연방준비은행을 소개한다. 이 지전은 평행하는 두 우주의 지배적인 권위를 통일체로 융합하고, 그렇게 통일된 궁극적인 권위를 통해 표상되는 엄청난 가치를 담보한다. 돌라 지전은 또한 고대의 종교적 믿음과 현대의 경제 이데올로기 사이에 존재하는 거리를 기능적으로 분리 불가능할 정도로 망각해버린다. 지옥은행은 혼령과 망자들을 위한 화폐의 사용가치를 보장하는 반면, 미국재무성은 지옥은행이 규정하는 타당성의 특정한 영역 내에서 화폐의 특수한 교환가치를 보증한다.

이들 두 기관은 화폐를 인증하는 데 공조하지만 어느 한쪽도 독자적으로 통제력을 발휘하지는 못한다. 돌라 지전은 지옥은행이 인증하지 않으면 "위폐"가 되고, 1990년대에 아프가니스탄 통화가 그랬던 것처럼 달러의 뒷받침이 없으면 쓸모없는 돈이 될 것이다. 이 지점에서 미국 달러가 전례 없는 엄청난 힘을 통해 망자들을 포함

정이다." E. H. Gombrich, *The image and the eye: further studies in the psychology of pictorial representation* (Oxford: Phaidon, 1982), pp. 152-3.

29) 다낭의 시장에서 내가 구입한 최근 모델은 미국이 발행하지만 지옥은행이 인증하는 1996년판 100달러짜리 미국 법정화폐의 근사한 복사본이다. 그 후 의례용 화폐를 생산하는 예술가와 제조업자들은 혁신적인 방식으로 실험을 해오고 있는데 이는 환상과 현실의 구분선을 훨씬 더 흐리게 만들고 있다. 보다 최근의 판본에는 지옥은행의 건물이 중국의 고전적인 정자에서 마천루로 바뀌었으며, 도시의 시장에서는 아메리칸 익스프레스 같은 신용카드의 모사품도 등장했다.

한 인류 전체의 재정적인 문제를 장악해버린 것으로 상상할 수도
있을 것이다. 하지만 베트남의 돌라는 모호하게 작동하고 어느 쪽
이 더 신뢰할 만한 쪽인지 결코 밝히지 않는다. 따라서 사람들은 돌
라 지폐 속 고대 지옥은행이 통치권을 강화하고 인류의 운명의 빚
에 관여하는 사업을 현대화하기 위해 그 작동방식에 외국의 한 재
정 권력을 끌어들였다고 상상할 수도 있을 것이다.

돈의 두 목적지

베트남의 돌라는 보통의 돈과 마찬가지로 권위의 표식이자 가치
의 담지자이다. 하지만 그것은 두 종류의 양립 불가능한 권위를 동
시에 표상한다는 점에서 독특하다. 이 의례용 돈에 두 개의 면이 있
다면, 의례의 조직도 마찬가지이다. 봉헌용 지전을 포함한 돈은 "앞
면과 뒷면"으로 구성된 물건이다. 앞서 논의한 바(1장을 보라)와 같
이, 의례 행위는 유령들을 위한 도로 쪽 그리고 신과 조상들을 위한
안쪽을 아우르고, 양쪽 모두에 돈을 전한다. 이제 이 장의 도입부에
서 소개한 명사수와의 대화로 다시 돌아가, 의례용 화폐가 형태와
목적지 면에서 갖는 이중성이라는 측면에서 그 오래된 신위의 새
로운 봉헌용 화폐에 대한 우려를 탐구할 것이다.

명사수가 염려한 돈은 특별한 통화로, 우리 대부분에게 미국 달
러의 조야한 모사본으로 보일 것이다. 명사수는 새로운 통화에 반
대하는 유일한 신위가 아니었다. 호랑이 사원의 사건을 통해 설명
한 바와 같이, 이 외국 돈이 전통적인 공동체 신위와 기존의 수호
정령들에게 적합하지 않다는 생각은 꽝남-다낭 지방의 농촌과 도
시 근교 공동체 전역에 널리 퍼져 있었다. 이들 돌라 지전은 베트남
의 의례 관행에 새로운 것으로서 여타 비교적 전통적인 종류의 의
례용 화폐들과 공존하면서 베트남 일부 지역의 가내 의례 활동에

서 지배적인 형태로 자리 잡고 있는 중이다. 명사수는 단순히 그 기원이 외국이기 때문에 돌라 지전에 반대하는 것인가? 아니면 그 통화가 여타 좀 더 익숙한 전통적이고 가내적인 가치의 상징물들을 합병하고 있기 때문에 반감을 가지는 것일까? 전 미국 대통령 클린턴은 하노이를 방문했을 때 당시 베트남 공산당 총서기였던 레 카 피에우(Le Kha Phieu)에게 "그것(지구화)을 두려워하지 말고 포용하세요!"라고 말했다. 이 말에 크게 감명을 받지 않은 레 카 피에우는 다음과 같이 말했다. "우리는 다른 나라의 선택, 생활방식, 그리고 정치체계를 존중합니다. 따라서 우리도 다른 나라가 우리 인민의 선택을 존중해주길 원합니다."[30] 베트남의 몇몇 오래된 신위들이 국가의 나이 든 당 지도자들처럼 외국의 관념을 의심하고 사회적 변화에 회의적일 수 있을까? 다른 한편으로, 공동체의 유능한 지도자라면 당연히 그러해야 하듯 이들 신위가 경제적 지구화의 리스크에 대해 신중한 태도를 보여주는 것이 가능할까? 더욱 중요한 질문으로, 왜 반(反)돌라 정서가 명사수처럼 이미 정립되어 있는 신위들에게만 나타나고, 떠도는 유령들처럼 범주적으로 보다 낮은 엄의 존재들에게는 거의 보이지 않는 것일까? 더욱이, 이 새로운 화폐에 대한 저항은 수많은 연구자와 비평가들을 사로잡아온 돈과 문화의 핵심적인 쟁점, 즉 도덕성의 화폐화(the monetization of morality)와 어떻게 연결되어 있는 것일까?[31]

---

30) *The Sunday Times*, 19 November 2000.

31) 이것은 사실 서구의 유령 이야기 전통에서 가장 계몽적인 측면 중 하나이다. 예를 들어 디킨스(Dickens)의 경우, 그의 작품 『크리스마스 캐럴』에 출현하는 유령은 돈에 관한 사회적 도덕성에서 발생한 난국을 표현하기 위한 문학적 장치였다. 에든버러에서 그 이야기를 들려준 후, 디킨스는 자신의 청자들을 "감옥과 밤의 도피처[잉글랜드 북부의 탄광]"로 데려가고 싶다고 말했다. 이들 장소는 "수많은 불멸의 피조물들이 대안이나 선택의 여지없이 우리의 위대한 시인

이들 질문에 대한 답은 단순하지 않다. 가상 경제에서 돈의 정체는 현실 경제에서의 돈과 마찬가지로 복잡하다. 하지만 전자는 후자의 가치에 관한 복잡한 문제들을 추가적인 왜곡과 함께 반영하여 그 복잡성이 배가될 수도 있을 것이다. 미국과 유럽의 통화를 모사해서 그린 그림을 예술작품으로 판매해서 논란을 야기한 보그스(J. Boggs)의 유명한 "예술 화폐"가 바로 그 경우에 해당한다.[32] 이어지는 논의에서는 당대 베트남 의례경제에서 나타나는 통화 관련 문제의 두 가지 주요 쟁점, 즉 가치의 전환성과 개인적 해방에 초점을 맞출 것이다. 이들 두 쟁점은 짐멜이 주목한 바와 같이 밀접하게 맞물려 있다. 짐멜은 "[현대의 돈은] 그 완벽한 이동성 덕분에 경제 영역의 최대 확장과 개인의 독립성 증가를 조합하는 강한 결속을

(Alexander Pope)이 '영원한 모닥불을 향한 달맞이꽃 오솔길'이라 부른 것이 아니라 잔인한 무지에 의해 여지저기 뿌려진 자갈과 돌 위를 걷는 저주받은 모습을 보면서 나의 심장이 내 안에서 식어버리는" 곳이다. Brian Sibley, "The ghosts of an idea," an introduction to *A Christmas carol: the nursing story* (Oxford: Lion Books, 1994), pp. 24-5에서 인용.

32) 보그스(Boggs)는 미국과 유럽의 지폐들을 그림으로 그려 그 액면가보다 높은 가격에 판매해왔다. 그는 또한 자신의 사인도 팔았고, 그의 화폐그림 가격은 점점 더 오르고 있다. 미국 재무성은 이 화가를 범죄적인 위폐 제작자로 보았고, 미국 비밀경호국은 그를 기소해서 그의 비정상적인 예술활동 중단시키기 위해 일련의 시도를 했었다. 로렌스 웨슐러(Lawrence Weschler)는 보그스에 관한 통찰력 있는 책에서 예술화폐를 진짜 화폐로 교환하는 아이디어는 "하나의 추상을 다른 추상"으로 교환하는 신비주의를 상기시키고, 따라서 돈의 현실성이라는 점에서 심원하게 전복적이며 예술세계에 대해서는 신랄한 유머일 수 있다고 주장한다. 웨슐러에 따르면, 보그스는 우리가 받아들이고 살고 있는 가치의 체계가 어떻게 결국 집단적 상상에 불과한 것인지, 또 우리가 일상 속에서 겸허하게 받아들이고 있는 엄숙한 가치의 게임이 이들 두 게임, 즉 예술작품에 가격을 매기는 게임과 화폐를 예술화폐로 바꾸는 교환가치의 게임을 하나의 놀이터에서 융합할 때 얼마나 우스꽝스러운 것으로 판명될 수 있을 것인가에 관해 탐구한다. Lawrence Weschler, *Boggs: a comedy of values* (Chicago: University of Chicago Press, 1999).

형성한다"라고 지적했다.[33] 짐멜은 경제에서 돈이 부상하는 현상
은 사회 내에서 개인적 자유가 증가하는 것과 뗄 수 없다고 주장한
다.[34] 화폐를 통한 교환은 이전에는 독립적이던 공동체들이 상호의
존적으로 변화하고 비독립적인 개인들은 전통적인 공동체적 속박
으로부터 독립적으로 변화하는 평행적인 과정을 촉진한다.[35] 이렇
게 이해하면, 돈은 전통적인 사회적 경계의 해체 그리고 인간관계
와 개인적 자유 확대의 강력한 도구이다.

나이지리아 북부 티브(Tiv)족의 교환체계에 관한 폴 보해넌(Paul
Bohannan)의 분석은 서구 화폐의 유입에 의해 초래된 경제영역의
확장에 초점을 맞추고 있다. 전통적인 티브 경제는 세 가지 미묘한
교환영역으로 구성되어 있다. 첫 번째 영역은 *이아그*(yiagh)라는 생
계식량 항목들을 다루는데, 이는 노예, 소, 의류, 금속 막대 등 귀중
품이 유통되는 *샤그바*(shagba) 영역과 구별된다. 세 번째 가장 현저
한 교환의 영역은 여성에 대한 권리와 같이 인간(노예를 제외하고)
에 대한 권리를 다룬다. 보해넌은 티브 사람들이 이들 교환영역을
차별적인 도덕적 가치에 입각해서 위계적으로 이해한다고 설명한
다.[36] 따라서 그들은 명예를 존중하는 사람이라면 노예를 식량과
교환하지 않고 돈을 지불하고 신부를 얻지 않는다고 믿었다. 대부
분의 교환은 보해넌이 "전달(conveyances)"이라 부르는 특정한 영역
내에서 발생하는 것이었고, 영역 간의 교환인 "전환(conversion)" 행

---

33) Simmel, *The Philosophy of money*, p. 349.

34) Gianfranco Poggy, *Money and the modern mind: Georg Simmel's philosophy of money*
    (Berkeley: University of California Press, 1993), pp. 62-8.

35) Jonathan Parry and Maurice Bloch (eds.), *Money and the morality of exchange*
    (Cambridge: Cambridge University Press, 1989), p. 4.

36) Paul Bohannan, "Some principles of exchange and investment among the Tiv,"
    American Anthropologist 57 (1955), pp. 61-3.

위는 강한 도덕적인 함의를 가지고 있었으며 고도로 통제되었다.[37]

보해넌은 현대 화폐, 즉 영국 식민지 통화가 티브족의 전통적 경제질서를 해체시켰다고 주장한다. 이 돈은 "공통분모"를 제공하고, 모든 항목을 공통의 척도를 통해 교환 가능하게 만들었으며, 그 결과 전통적인 교환 영역의 안정성을 파괴해버렸다.[38] 젊은 티브 남성들은 결혼교환 제도 내에서 자신들에게 신부를 주선해주었던 원로들에게 의존하는 대신 스스로 신부를 구매하고자 부를 축적하려고 했다. 원로들은 이러한 상황을 개탄했고, 돈이 전통적인 사회질서를 붕괴시켰다며 비난했다. 이러한 상황에서 돈은 마르크스가 "급진적 수평화 기구(radical leveler)"라고 부른 것, 즉 전통적인 사회적 구별을 종식시키는 것이었다.[39] 하지만 조나단 패리(Jonathan Parry)와 모리스 블로흐(Maurice Bloch)가 지적했던 것처럼, 화폐화에 대한 이러한 관점은 부분적인 것이다. 왜냐하면 더 이상 결혼을 위해 연장자들에게 의존하지 않아도 되는 젊은 티브족 남성과 여성들은 돈에 대해 원로들처럼 부정적으로 생각하지 않았을 가능성이 크기 때문이다.[40] 티브족 원로에게 위협적으로 보이는 경제영역의 확대가 화폐화의 전말은 아니다. 즉 짐멜이 제시하는 것처럼, 현대적 화폐는 이러한 현상을 개인적 자유의 증가와 통합시킨다.

이 마지막 논지는 돌라 화폐가 그것이 순환하는 곳이라고 여겨지는 두 가지 중요한 영역, 즉 장소에 안치된 조상 및 신위들로 구성되는 영역과 이탈된 유령들로 구성되는 영역에서 상이한 의미를

---

37) Paul Bohannan, "The impact of money on an African subsistence economy," *Journal of Economy History* 19 (1959), pp. 496-7.

38) Ibid., pp. 499-503.

39) Karl Marx, *Capital*, vol.1 (New York: Penguin, 1976 [1887]).

40) Parry and Bloch (eds.), *Money and morality of exchange*, p. 14.

가질 수 있다는 가능성으로 확장된다. 돈은 두 가지 측면, 즉 권위
의 상징과 가치의 상징이라는 측면을 동시에 가진다. 화폐주의자들
은 세계를 주로 돈의 뒷면을 통해 바라보는 데 반해, 비판가들은 대
안적인 경제이론을 탐색하면서 돈의 앞면을 바라본다. 따라서 키스
하트(Keith Hart)에 의하면, 돈의 세계에 대한 적절한 분석을 위해서
는 반드시 그 "앞면과 뒷면" 모두를 탐구해야 한다.[41] 돈이 두 면으
로 구성된다면, 경제의 화폐화 또한 양면적인 과정임에 틀림없다.
한쪽 면에서 보면 위협적일 수도 있지만, 그 동일한 과정이 개인적
자유를 성취할 수 있는 드문 기회로 경험될 수도 있을 것이다. 돈
의 힘을 전통적인 사회질서에 대한 위협으로 이해하는 것은, 실제
로 그 위협을 구성하는 것이 무엇인지 확인할 수 없는 경우, 그 힘
이 돈 자체에 내재한다고 간주하는 위험에 빠질 수 있다.

　힐 게이츠(Hill Gates)는 전통 중국 사회에서 관찰되는 "혼령의 돈"
에 관해 기술하면서 그것을 경제 영역에서의 소상품 자본주의가
종교적 상상의 영역으로 침투해 들어가는 현상의 물질적 상징으로
설명한다.[42] 메이페어 양(Mayfair Yang)은 경제관계에서 돈의 의미와
의례적 실천에서 돈의 의미를 동일한 것으로 상정하는 이러한 설
명방식을 거부하고, 현대의 화폐봉헌 관행을 참조해서 정반대의 해
석적인 전략을 취한다. 부의 상징적 파괴라는 바타이유(Bataille)의
관념에 입각해서, 그녀는 오늘날 중국에서 증가하는 의례적 낭비가
시장경제 내의 축적 이데올로기와 투자 윤리를 전복시킨다고 주장
한다.[43] 스테판 포이츠왕(Stephan Feuchtwang) 또한 망자를 위한 돈과

41) Keith Hart, "Heads or tails?: two sides of the coin," *Man* 21 (1986), 637-56.

42) Hill Gates, "Money for gods," *Modern China* 13 (1989), pp. 259-77.

43) Mayfair Yang, "Putting global capitalism in its place: economic hybridity, Bataille, and
ritual expenditure," *Current Anthropology* 23 (2000), pp. 540-60.

산 자를 위한 돈 사이의 불연속성을 탐구한다. 그는 망자의 정체성
이 돈을 소유한다는 점에서 산 자에 가깝게 보이는 반면, 의례적 실
천에서 망자에게 돈을 주는 것은 망자의 내세로의 여행을 위한 것
이고 따라서 망자와 산 자의 결속을 단절시키는 데 기여하는 역설
적인 상황에 관해 사유한다.[44]

　여러 차이에도 불구하고 이들 학자는 공통적으로 "혼령의 돈"을
단일한 범주로 간주한다. 사실 "혼령의 돈"이라는 개념 바로 그 자
체가 혼령 개념의 다양성을 간과한다. 이러한 상황은 본서의 논의
에서 유령과 조상의 분류에 관한 것이든, 이 쟁점에 관한 조르지오
아감벤(Georgio Agamben)의 연구처럼 정치적 주권의 현대적 개념화
에서 나타나는 "저주받은 혼령"과 "성스러운 혼령"의 중요한 구분
이든 마찬가지이다.[45] 바타이유의 상징경제라는 관념은 인간의 대
규모 고난과 죽음을 초래하는 상황을 현대 경제사에서 부의 창조
의 일부로 이해하는 데 유용하다. 반면 그 관념은 죽음을 단일한 범
주로 간주하는 오류를 범함으로써 현대의 몸의 정치학에서 삶과
삶에 대한 기억이 양극적인 도덕적 용어로 분류되고 그에 따라 정
치체계에 동화되거나 배제된다는 사실을 망각해버린다(본서의 결론
을 보라).[46]

---

44) Feuchtwang, *Popular religion in China*, pp. 19-22. 돈의 소유는 망자 또한 산 자와
　　마찬가지로 다양한 세속적인 필요와 욕구를 가지고 있는 것으로 보이도록 만든
　　다. 이러한 의미에서, 의례용 화폐는 한편으로는 화폐의 형태들 사이, 다른 한편
　　으로는 존재의 유형들 사이에 존재하는 유사성의 두 가지 관계를 환기시킨다고
　　주장할 수 있겠다. 돈의 모방적 관계는 산 자와 망자의 관계에 마우러(Maurer)
　　가 "유사성의 효과"라고 부르는 효과를 발휘한다. Bill Maurer, "Chrysography:
　　substance and effect," *The Asia-Pacific Journal of Anthropolgy* 3 (2002), p. 53.

45) Agamben, *Homo sacre*, pp. 75-9.

46) Ibid, pp. 136-43, 또한 Georgio Agamben, *State of exception* (Chicago Press,
　　2005), pp. 1-31.

　베트남의 의례 경제는 현실 경제와의 관계에서뿐만 아니라 그 자체 내에서도 불연속적인 양상을 보여준다. 비록 동일한 형태를 취할지라도, 의례용 화폐는 누구에게 제공되고 어디서 순환된다고 상상되는가에 따라 아주 다른 의미를 가질 수 있다. 전통적인 지옥 은행은 돈을 통해서 정치적 위계를 입증하는 정교한 체계를 가지고 있었다. 돈의 형태는 저세상의 사회적 위계에서 차지하는 상이한 위치를 나타냈다. 즉 금은 위계의 정상에 있는 신과 신위들이, 동선은 위계의 바닥에 있는 익명의 유령들이 받는 것이다.[47] 돈은 이러한 우주론에서 중심적이었지만 교환수단이나 교환가치의 상징이라기보다 주로 지위와 위세의 상징이었다. 유령의 동전은 신위의 귀금속 화폐로 변환될 수 없었고, 상이한 화폐 사이의 이러한 비변환성은 돈을 중심으로 한 종교적 상상력에서 핵심적이다.

　가상 경제에서와 달리, 현실 경제에서는 동전과 귀금속이 상호 변환될 수 있지만, 각기 분리된 기능을 가지고 있다. 토지재산의 거래와 황실로부터의 하사품은 금으로 이루어지는 경향이 있었던 반면, 프랑스의 식민지 농민에게 부과된 인두세와 노동세를 포함하는 세금은 전통적인 동전, 그리고 이후에는 식민지 지폐로 지불되었다. 따라서 전통적인 의례용 화폐는 전통적인 화폐의 기능적 다양성을 띠고 있었고, 화폐의 형식적 복수성을 기반으로 해서 내세에서의 사회적 위계, 그리고 현세와의 관계에서의 사회적 위계를 표현했다고 주장할 수 있을 것이다. 내세의 돈은 현세에서와 마찬가지로 사회적 불평등의 상징이었다. 하지만 전자는 사회적 불평등의 경제적 측면을 제거해버린다. 다시 말해, 신위는 더 많은 돈을 가졌기 때문이 아니라 다른 돈을 사용하기 때문에 유령보다 우월하다.

---

47) Seaman, "Spirit money," pp. 86-7.

레오폴드 카디에르(Léopold Cadière)는 베트남의 전통적 세계관에
서 신, 조상, 유령이 서로 다른 범주였고 이들 범주는 다시 가치의
엄격한 위계에 입각해 있었다고 주장한다.[48] 이 위계는 이러한 목
적으로 사용되는 돈의 특수한 형태뿐만 아니라 유령에게 돈을 주
는 행위의 의미에서도 분명하게 드러난다. 카디에르에 따르면, 음
식과 돈의 봉헌은 신과 조상을 위한 것이면 감사의 행위이고, 유령
을 위한 것이면 자선의 행위이다. 대중적인 옛날이야기에는 조상들
에게서 기대되는 점잖은 식사예법과 달리 유령들이 땅바닥에 던져
놓은 봉헌물을 차지하기 위해 나뒹굴고 싸우는 것을 묘사하는 내
용이 있다. 전통 베트남 사회에서 유령들은 주로 공포의 대상이었
고 그들을 위해 수행된 의례는 주로 "그들의 분노를 피하기 위한"
것이었다.[49]

앞서 언급했듯이 오늘날 베트남 중부 지방의 공동체들에서 유령
의 도덕적 정체성은 전통적으로 그들에게 부여되었던 이러한 부정
적인 가치로 쉽게 환원되지 않는다. 이 지방 대부분의 가족들에게
는 전쟁의 혼란으로 인해 유해가 실종상태에 있고 따라서 아직 가
내의 조상숭배 사당에 안치되지 못한 몇몇의 친척이 있다. 이들이
조상의례 영역으로 적절하게 통합되기 위해서는 유해가 가족묘지
혹은 여타 적합한 장소로 귀환하는 것이 필요하다고 여겨진다. 친
족관계상 연고가 없는 유해들이 뒤섞여 있는 민간인 학살 피해자
들의 대규모 무덤은 그들의 친척이 희망하는 재매장을 불가능하게
하고, 아직 유해를 찾지 못해 가족묘지에 매장되지 못한 수많은 군
인과 민간인들 또한 마찬가지의 상태에 놓여 있다(3장을 보라). 과

---

48) Cadière, *Croyances et pratiques religieuses des viêtnamiens*, vol. 2, pp. 60-5.
49) Hickey, *Village in Vietnam*, p. 121.

거 남베트남군에 소속되었던 수많은 전사자들은 심지어 그 유해가
적절하게 매장되었다 하더라도 조상숭배의 영역으로부터 배제되
어왔다. 가족들이 이들 비극적인 전쟁 사망자를 조상숭배 사당이
아니라 유령을 위한 제단에 모시고 기념하는 일이 드물지 않지만,
그들은 이러한 활동이 다른 사람들의 눈에 띄지 않도록 노력한다.
이 경우 *꼬 박*의 모든 이름 없는 유령을 초대하는 주문을 암송하지
만, 초대된 유령 집단에 실종된 배우자, 자녀, 혹은 형제자매가 포
함되어 있기를 희망하면서 그렇게 한다. 대규모 민간인 학살에 영
향을 받은 장소에서는 일부 사람들이 유령을 위한 사당에서 부모
나 조부모를 심지어 공개적으로 숭배하는데, 그들은 망자의 혼령이
꿈이나 유령 출현을 통해 나타나서 그렇게 하라고 말했다고 믿는
다.[50]

폭력적이고 장기적인 전쟁이라는 역사적 배경하에서 친족의 의
례적 기억은 조상을 위한 기억의 장소를 넘어선다. *옹 바*(조상과 신)
대 *꼬 박*(떠도는 유령)이라는 개념적 대립은 여전히 기념의례 경관
의 일부를 구성한다. 하지만 대규모 죽음과 이탈의 역사는 개념적
이중성의 공고함과 안정성을 파괴해왔다. 이러한 관찰은 세계대전
이후의 서유럽 사회사에 관한 저술과 다소간 공명하는데, 이 저술
은 기계로 인한 대규모 재난적인 죽음의 경험이 어떻게 애국적 전
사자에 대한 지배적인 정치적 기념의식에 의해 전용되었을 뿐만

---

50) Kwon, *After the massacre*, pp. 77-82, 95-102. 비극적으로 죽은 혼령들 중 일부
가 자신들이 조상을 위한 의례영역에 합류하는 것은 부적절하다는 자의식을 가
지고 있다는 생각은 이들 존재가 상징적 변환의 과정에 있다는 것을 의미한다.
유령의 변환은 동정적인 외부인(유령에게 기도와 제물을 봉헌하는 형태로 유
령의 불만족을 인정하는)의 개입뿐만 아니라 유령 측의 생생한 자의식의 성장
과 자유를 향한 의지도 수반한다. 이 과정은 산 자와 망자 사이의 상호협력적인
노력을 필요로 한다.

아니라 전사한 군인들의 유령에 관한 광범위한 대중적 관심을 포
함하는 비판적 문화운동 또한 초래했는지를 묘사하고 있다.[51] 제이
윈터(Jay Winter)에 따르면, 세계대전 이후 유령 신앙의 분출은 부분
적으로 집단적 애도의 표현이었고 부분적으로는 영웅적 전사자의
정신을 숭배하는 지배적인 정치적 기념의식에 대한 전복이었다.[52]
최근 베트남의 일부 지역에서 수행되는 가내의례는 조상 혹은 신
위와 동일한 방식으로 익명의 유령과 관계를 맺는 경향을 보여준
다. 많은 가족들이 집 밖의 유령사당에 조상의 위패를 모신 사당과
동등하게 봉헌물을 바치고, 유령사당을 조상사당을 수리할 때와 마
찬가지로 사치스럽게 꾸몄다.

이러한 상반되는 도덕적 상징의 공동번영은 명사수 같은 신위의
내밀한 삶에서도 표현된다. 이 신위는 꽝남-다낭 지역 여러 마을
영매들의 수호정령이다. 최근 이들 영매 중 일부는 전쟁 유령으로
부터 변환한 새로운 조력 혼령을 받아들였다. 필자가 명사수와 대
화를 나누었을 때 명사수로 빙의했던 껌레의 육손이 마을 영매는
수년 동안 명사수를 숭배했지만, 이제는 생전에 전쟁의 혼란으로
죽은 젊은 여성 혼령인 공평천국뿐만 아니라 공산군의 무명 군인
혼령인 붉은 씨앗과도 결합한다. 명사수는 현재 이들을 포함한 다
른 여러 혼령들, 즉 근래의 역사적 시기에 비극적으로 죽어서 이전
에 익명의 유령이었지만 최근 강력한 수호정령이나 사소한 공동체
신위들로 활발하게 변환하고 있는 혼령들과 마을의 종교적 구술사
를 공유하고 있다. 이들 승급하는 혼령은 이미 확고하게 자리 잡고
있는 신위의 추종자로서 자신의 경력을 시작하지만 결국에는 독립

---

51) Kern, *The culture of time and space, 1889-1918*, pp. 287-312; Winter, *Sites of memory, sites of mourning*.

52) Ibid, pp. 15-28.

적인 전문영역과 추종자 네트워크를 구축할 수도 있다. 또한 농촌
지역에서는 특별한 유령을 숭배하기 위해 새로운 사당을 건설하는
것을 흔히 볼 수 있고, 비록 겉모습은 보잘것없지만 이 유령사당이
실제로는 공동체의 고대적 사원보다 더 "강력하고 상서롭다"고 주
민들이 속삭이는 것을 흔히 들을 수 있다. 필립 테일러(Philip Taylor)
가 남부 지역에서 부상하는 대중 컬트운동과 관련해서 지적한 것
처럼, 어떤 영적 존재가 상징적 변환을 경험할 때 그 존재의 기원이
더 주변적이고 사회적 배제의 정도가 심할수록 더 강력하고 대중
적인 존재가 될 수 있다.[53] 앞서 살펴보았던 연꽃의 경우처럼, 유령
이 신위로 변환할 때 그 변환의 이야기는 때로 정체성의 변화를 촉
발시키는 "오해"의 에피소드, 즉 그 혼령이 유령 일반을 위해 바쳐
진 봉헌물을 특정한 조상이나 신을 위한 구체적인 감사의 선물로
오해하는 일을 포함한다.

　바로 이러한 정치적 역사와 종교적 상상력 사이의 복잡하고 역
동적인 상호작용의 맥락 내에서 돌라 지전의 번성이 갖는 의미, 즉
이 돈이 국가가 제도화한 지배적인 전쟁 기념의식뿐만 아니라 부
활한 가내 조상숭배 의례에도 동화되지 않는 비극적인 전쟁 사망
자의 흔적들이 활성화되는 것과 어떻게 상호작용할 수 있는지를
탐구해야 할 것이다. 앞서 지적했듯이, 돌라 지전은 1990년대 말까
지 베트남인들의 기념의례 경관에서 완전히 익숙한 대상으로 자리
매김하게 되었다. 베트남 가족들은 조상뿐만 아니라 가내 신위들에
게도 돈을 봉헌한다. 그러면서 그들은 호랑이 사원 같은 공동체 사
원에서 준수하는 것과 동일한 형태의 의례적 질서, 즉 신과 조상들
을 위한 내부의 사당과 유령들을 위한 외부의 사당으로 구성된 숭

53) Taylor, *Goddess on the rise*, p. 206.

배의 동심원적 이원구조 내에서 두 측면과 두 가지 방식으로 수행
되는 숭배행위의 질서를 따른다. 가내의례의 경우 점점 더 많은 사
람들이 수령자의 상이한 정체성과 지위에 상관없이 오직 돌라 지전
만을 태우는데, 이는 명사수를 모시는 육손이 영매도 마찬가지이다.

　이상의 논의를 통해, 돌라 지전의 번성을 신, 조상, 유령이라는
위계적 관념에 불확실성이 현저하게 증가하고 있다는 측면에서 생
각해볼 수 있을 것이다. 의례적 화려함을 (전시에 관한 정치학이 아니
라) 전시(展示)의 정치학으로 해석하는 것, 그리고 상징적 권력이라
는 연관된 개념을 돌이켜 보도록 하자.[54] 이와 유사하게 나는 전통
적인 질서 내에서 베트남의 의례용 화폐가 옹 바(신과 조상) 대 꼬
박(유령)의 도덕적인 상징적 위계를 확정하는 수단이었다고 주장했
다. 이전에는 돈이 위계적이고 동심원적인 질서를 지배했던 것처
럼, 이제는 돈이 이 질서를 교란하는 수단으로 보인다. 돌라 의례용
화폐는 위계적으로 제도화된 가치의 영역들을 포괄하고, 이전에는
분리되어 있던 이들 영역을 하나의 단일한 개념적 통일체로 통합
한다. 이러한 측면에서 보면, 의례용 지전의 달러화가 함축하는 의
미 하나가 명백해진다. 즉 달러화는 의례용 지전을 화폐화한다.

　전통적인 의례용 화폐의 운동을 한정했던 눈에 띄지 않는 (전환
불가능하고 내생적인) 가치의 영역들이 이제는 돌라의 초(超)영역적
순환에 취약한 상태에 처해 있다. 돌라는 내세의 재정경제를 단순
화하고 다중심적 체계를 확장된 단일 영역으로 통합시켜왔다. 한편
으로 기성의 신, 혹은 계보적으로 연결된 조상신, 그리고 다른 한편
으로 연고 없이 길거리에서 떠도는 주변적인 유령 사이의 차이는
불타는 돌라 화폐의 힘과 인기에 비례해서 점점 더 주변화되어가

54) Geertz, *Negara*, 121-3.

고 있다. 달러화는 이러한 범주들 사이의 전통적인 위계를 붕괴시키고 엄 세계 내 그들의 정치적 관계를 민주화하는 데 기여한다. 이화폐는 주변적인 유령들과 의례조직의 중앙에 위치하는 의례적으로 수용된 조상 및 기성 신위들을 차별하지 않는다. 이들 주변적인유령은 거리에서 많은 돈을 벌고, 그들이 번 돈은 초자연적인 세계에서 다른 보다 지위가 높은 사회 계급과 권력경쟁을 가능하게 한다는 점에서 전환 가능한 통화이다.

비록 개혁 후 베트남에서 엄 세계의 사람들이 사회계급과 상관없이 많은 돈을 벌고 있지만, 이러한 활기찬 경제생활 속에서 유령들이 돈을 버는 방식은 신이나 조상과 같지 않다. 베트남의 유령들, 특히 전쟁 유령들은 통상 정적이고 지역에 뿌리내린 존재인 신위및 조상들과 대조적으로 고도의 이동성을 가진 행위자들로 상상된다. 유령의 비참함은 사실 관계 맺을 특정한 장소, 즉 그들의 역사적 정체성이 기억되고 그들의 불만족이 달래질 수 있는 장소를 가지지 못했다는 사실과 전적으로 관련되어 있다. 대중들의 상상 속에서 이름 없고 가난하며 기억되지 않는 전쟁의 유령들은 이곳저곳을 떠돌도록 저주받았으며 어떤 식으로든 거리에서 생계를 해결해야 하는 존재이다. 이 상황은 아놀드 반 게넵에 따르면 항구적으로 임계적인 존재, 그리고 로버트 허츠에 따르면 사회로부터 영원히 추방된 상태를 의미한다.[55] 짐멜의 용어를 빌리면, 이러한 상황은 특정한 지역에 신체적으로는 가깝지만 동시에 관계상으로는 멀리 떨어진 "이방인"이라는 사회적 형태에 속한다.[56] 뒤르켐에 따르면, 유령은 "진정한 혼령"이라는 공동체의 영역에 외부자로 존재함

---

55) van Gennep, *The rites of passage*, pp. 164-5; Hertz, *Death and the right hand*, p. 86.
56) Simmel, "The strangers," *On individuality and social forms*.

으로써 산 자들의 공동체에 이방인이 된다.[57]

돈과 자유

이탈과 이동성은 *꼬 박*, 즉 떠도는 유령을 특징짓는다. 이런 특징
은 유령에게 봉헌하는 돈이 신에게 봉헌하는 돈보다 훨씬 더 돈다
운 돈이 되도록 만든다. 이는 심지어 이 두 종류의 거래가 동일한
유형의 돈을 채택하더라도 마찬가지이다. 보통의 베트남인들은 신
이나 조상보다 유령을 위해 더 많은 지전을, 그것도 더 자주 태우
는 경향이 있다. 유령과 돈의 이와 같은 친밀한 결합에는 많은 이
유가 있다. 한 가지 이유는 *자이 오안*(giai oan, "불만족으로부터의 해
방", 혹은 "비통한 역사에의 감금으로부터의 해방"을 뜻하는 *자이 웅옥giai
nguc*), 즉 비극적이고 폭력적인 죽음이 초래한 비통함을 해소하기
위해 산 자들이 망자들의 일에 실질적인 행동을 통해 개입해야 한
다는 관념과 연결되어 있다. 정의상 유령은 조상보다 불만이 더 많
은 존재이며, 폭력적인 전쟁의 기억을 간직하는 베트남인들의 인지
적 환경 내에는 이처럼 불만이 가득한 유령들이 수없이 많다. 가정
에서 짤막한 기도와 함께 돈을 태우는 대중적인 행동은 유령들의
불만을 줄이는 데 기여한다고 믿어진다. 앞서 논의했듯이(6장을 보
라), 유령들의 불만은 사회적 인정의 부재로 인해 초래된다는 점에
서 근원적으로 관계적인 개념이며, 그들의 존재에 대한 산 자들의
무관심에 비례해서 강화되기 때문에 사회적 기억의 문제이기도 하
다. 이러한 맥락에서 화폐 제물은 역사적 지평 내에서 유령의 존재
를 인정하고 짧은 순간이라도 그 역사적 정체성을 기억하는 상징
적 행위이다. 이 행위의 반복이 불만을 감소시키고 그 결과 영혼을

---

57) Durkheim, *The elementary forms of religious life*, pp. 276-80.

자유롭게 하는 데 도움이 된다고 여겨지기 때문에, 유령을 위한 돈은 해방의 가능성이 된다. 이론적으로 유령은 더 부유해질수록 강요된 이동성과 기억을 뿌리내릴 장소의 결핍으로부터 자유로워진다.

따라서 유령의 복지에 있어 돈은 진정한 화폐, 혹은 짐멜이 인간관계와 자유의 "순수한 도구"라 부르는 것이 되기 때문에 꽤나 마술적으로 작동한다.[58] 인간과 유령 사이의 돈거래는 영속적인 유대에 속박되지 않고 익명적으로 이루어진다. 이러한 거래에서의 돈은 신위의 지위와 관련된 돈처럼 명목적이거나 환유적일 뿐만 아니라, 축적과 교환가능성의 강력한 의미도 획득한다. 유령이 돈과 맺는 관계는 부(기억)를 자기해방의 가능성으로 전환하는 것에 관한 것이다. 전쟁 유령들에게 봉헌되는 돌라 지전 하나하나는 인정행위의 점진적 증가로서 폭력적 죽음이라는 감금의 역사로부터의 진정한 자유를 향해 한 걸음 더 나아가는 것을 의미한다.[59]

---

58) Simmel, *The philosophy of money*, p. 211.

59) *자이 오안(giai oan)*의 분명한 목적은 유령의 해방에 참여하는 것이다. 하지만 이 관념은 실제로 이 목적을 실행에 옮기는 사람들 측의 행운 증대 같은 다른 목적들과 뒤섞여 있을 수 있다. 짐멜은 "돈은 여러 목적들의 상호 뒤얽힘 속에서 효과를 발휘한다"라고 적고 있다(Simmel, *The philosophy of money*, p. 210). 로렐 켄달(Laurel Kendall)이 제시하는 바처럼, 상업사회에서 행운의 관념은 물질적 부를 증대시킬 기회를 포함하기 때문에, 아마 우리는 부를 창출하는 주술적인 능력과 명백하게 연결되는 신과 여신들에게 바치는 돈은 차치하더라도, 유령에게 봉헌하는 돈이 산 자들에게 의미 있는 현실 화폐에 관한 사고를 표상한다고 말할 수 있을 것이다. 또한 여러 목적들이 뒤얽혀 있는 이러한 상황을 모스(Mauss)의 선물교환 이론에 입각해서 의무의 창출로서 이해하고, 유령에게 바치는 돈이 부분적으로는 유령에게 이 선물을 현실 화폐의 형태로 증여자에게 되갚을 의무를 지우려는 의도가 있다고 생각해볼 수도 있을 것이다. Laurel Kendall, "Korean shamans and the spirits of capitalism," *American Anthropologist* 98 (1996), pp. 512-27. 베트남의 재신(deities of wealth creation)에 대해서는 Taylor, *Goddess on the rise*와 Le Hong Ly, "Praying for profit: the cult of the Lady

명사수는 과거의 전환 불가능하고 특정 영역 내에서만 유통되는 통화를 복원하기를 원한다. 나는 왜 그런지 질문해보았다. 내가 제시한 설명은 두 겹으로 구성된다. 첫째, 나는 의례용 달러 화폐가 내세의 위계질서를 붕괴시키고 있다고 주장했다. 티브족 경제에 식민지 통화가 도입된 사례처럼, 베트남 의례경제에 돌라의 도입은 기존의 분리된 가치영역들 사이의 경계를 흐리게 만들었고, 결과적으로 이들 경계의 유지를 부분적인 기반으로 하는 사회적 위계도 약화시켰다. 따라서 의례용 화폐들의 경쟁은 대중과 엘리트 사이의 권력경쟁을 드러내고, 초자연적 정치체계의 의미심장한 재구성을 나타내는데, 이는 현재 돈을 벌고 소유하게 된 대중이 특권적 엘리트에 저항해서 일으킨 부르주아 혁명과 유사해 보인다. 앞서 논의한 껌레 전쟁 유령들의 권력 획득을 부분적으로 이러한 관점에서 접근할 수 있을 것이다. 초자연의 위계질서에 대항한 그들의 환상적인 정치적 행동주의는 껌레 인민들이 경험한 혁명적 행동주의의 내밀한 역사가 발현된 것일 수도 있다. 이 영적 행위자들의 이야기는 바로 껌레 주민들의 일상적인 공동체 생활 속에 착근해 있다. 그러나 내 생각에 이 현상은 대규모 죽음 및 이탈의 역사와 관련해서 죽음의 도덕적 위계에서 나타나는 현저한 불안정성(1장을 보라), 그

---

of the Treasury"를 보라 (www.holycross.edu/departments/socant/aleshkow/vnsem/lehongly.htm). 만약 현상을 설명하는 이러한 방식이 적절하고 유령에게 바치는 돈이 부분적으로 진짜 돈을 버는 수단이라는 생각이 유효하다면, 짐멜의 돈의 사회학보다는 상품과 화폐 물신숭배에 대한 마르크스의 철학적 비판이 논의에 포함되어야 할 것이지만, 이 책에서는 그렇게 하지 않는다. 왜냐하면 마르크스의 물신숭배 이론은 유령을 위한 돈을 짐멜이 인간 관계와 자유의 순수한 수단이라 부르는 것이 아니라 화폐물신숭배로 환원시켜버릴 것이기 때문이다. 화폐물신숭배에 관해서는 Michael Taussig, "The genesis of capitalism amongst a South American peasantry: devil's labor and the baptism of money," *Comparative Studies in Society and History* 19 (1977), pp. 138-45를 보라.

리고 변화하는 상황이 돌라 화폐처럼 새로운 의례 도구에 발현되는 것 또한 반영한다. 둘째, 나는 돈 태우기 관행이 유령에게는 어떻게 기억과 연관되는지를 묘사했다. 하위계층(subaltern) 유령들에게, 돈은 전환할 수 있든 없든 사회질서를 위협하는 것으로 보이지는 않는다. 반대로, 유령을 위한 돈은 자아의 해방이라는 매우 긍정적이고 궁극적인 가치를 가진다. 돌라 화폐는 권위의 상징으로서의 돈, 혹은 가치의 상징으로서의 돈이라는 불일치하는 두 관점 사이에 위치해 있으며, 이들 두 관점의 갈등이라는 맥락 속에서 의미를 가지게 된다.

죽음의 기념에 관계하는 의례 행위자의 몸, 즉 숭배의 이항대립적 공간구조 속에서 안이 밖이 되고 밖이 안이 되는 정반대의 정향 사이를 이동하는 몸보다 이 갈등이 더 분명하게 드러나는 곳은 없다. 죽음의 기억이 도덕적 위계의 제약으로부터 자유로워지고 더 나아가 그것이 발생하는 구조가 보다 비대칭적으로 될 수 있는 것은 일차적으로 이러한 몸의 의례화된 양능적 이동과 이와 같은 이동을 수반하는 변화하는 관점을 통해서이다. 심리학자 깁슨(J. J. Gibson)은 환경에 대한 인간의 인식에 관해 다음과 같은 유명한 말을 남겼다. "당신의 위치를 변화시켜라. 그러면 당신은 이미지를 바꾸게 된다."[60] 인류학자 매릴린 스트래선(Marilyn Strathern)에 따르면, "하나의 관점에서 다른 관점으로의 이동은 설명의 전 영역을 바꾸는 것이다."[61] 다음 장의 결론에서 필자는 이들 두 가지 방식의 기념행위로 되돌아가 그것의 보다 광범위한 윤리적이고 정치적인 함의를 재검토할 것이다.

---

60) Gombrich, *The image and the eye*, p. 197에서 인용.
61) Strathern, *Reproducing the future*, p. 107.

이 장을 마치기 전에 명사수에 관한 논의가 조금 더 필요할 것 같다. 경제의 화폐화에 대한 이해를 위해서 그 과정이 구체화되는 토착적인 도덕적 갈등 내에 돈을 위치시켜야 한다는 이 장의 주장은 화폐적 교환에 대한 도덕경제적 접근을 지지하는데, 이는 돈이 문화적 맥락에 속박되지 않는 초월적 대상이라는 가정에 의문을 던진다.[62] 경제의 화폐화가 문화로부터 자유로운 과정이 아닌 반면, 짐멜이 논증하는 바와 같이 현대의 돈은 그 문화적 세계를 비가역적으로 변화시킬 수도 있다. 이는 티브족 경제에서 진실이었으며, 프랑스 인도차이나 달러,[63] 그리고 다음으로 미국 달러가 전쟁, 혁명, 대규모 죽음을 향한 길을 열었던 인도차이나 현대사에서도 분명한 진실이다.[64] 이러한 배경에 비추어, 나는 명사수의 내러티브 속에 진정한 역사적 전망이 존재하는가라는 질문에 천착했다.

아마 이 고대의 전사-학자는 봉건적 위계질서의 붕괴가 어떻게 번영하는 민주주의 대신 재앙적인 폭력과 대규모 인간적 고통의 오랜 역사로 이어졌던가를 기억하기 때문에 달러 화폐에 반대하였을 것이다. 아마 그는 돌라를 모으느라 바쁜 유령들의 그림자 속에서 프랑스와 미국 달러의 폭력적인 역사를 볼 것이다. 아마 그는 일

62) Parry and Bloch (eds.), *Money and the morality of exchange*, pp. 1-32.

63) 프랑스가 관리한 동방회리은행(La Banque de l'Indo-Chine)은 1875년에 설립되었으며 1880년대에 식민지를 위해 달러/피아스터(piastre, 베트남의 옛 화폐 단위-역주) 지폐를 인쇄하기 시작했다. *100 years of Vietnamese currency* (Ho Chi Minh: Nha xuar ban re, 1994), pp. 22-9; Tien Viet Nam(베트남의 돈), (Hanoi: The National Bank of Viet Nam, 1991)을 보라.

64) Pierre Brocheux, *The Mekong Delta: ecology, economy, and revolution, 1860-1960* (Madison: Center for Southeast Asian Studies, University of Wisconsin-Madison, 1995), pp. 17-50, 173-186.; James C. Scott, *The moral economy of the peasant: rebellion and subsistence in Southeast Asia* (New Haven: Yale University Press, 1976), pp. 91-113을 보라.

군의 전쟁 유령의 현 상태가 부분적으로 달러권력에 의해 만들어
졌으며, 그들이 불만으로부터 자유로워지기 위해 현재 쫓고 있는
돈이 이미 그 불만의 역사의 일부임을 인식하고 있을 것이다.

만약 그가 현재의 상황을 이런 식으로 본다면, 이 고대적인 문화
영웅은 자기 세계의 돈과 그 반대편 세계의 돈, 즉 가상적 의례경제
의 달러화와 현실적 정치경제의 달러화를 혼동하고 있는 셈이다.[65]
베트남인들은 엄과 즈엉을 모방적 타자성의 관계로 개념화한다. 그
들에게는 그 두 세계를 동일하고 서로를 반영하는 것으로 묘사하
는 표현이 많이 있지만, 동시에 그것들의 모순적인 관계에 관한 신
랄한 은유도 마찬가지로 많이 있다. 전쟁 이데올로기에 관한 필자
의 질문에 답하면서, 명사수 또한 망자는 산 자와 동일한 방식으로
전쟁을 기억하지 않는다는 말로 이 논지를 확인했다. 명사수는 자
기 세계의 사람들이 산 자의 세계에 있는 우리와 달리 과거에 그들
이 싸웠던 전쟁의 의도와 목적을 망각해버린다고 했다. 명사수가
이러한 의미심장한 정보를 알려준 데 대한 감사의 표시로, 나는 돈
문제에 대한 그의 혼동 이면에 어떤 이유가 있음을 덧붙이고 싶다.
즉 그가 보여주는 현실과 가상 사이의 혼동은 이미 돌라의 물질성
의 일부이고 지옥은행이 발행한 이 새로운 화폐의 "앞면과 뒷면"이
라는 것이다.

---

65) Neil L. Jamieson, *Understanding Vietnam* (Berkeley: University of California Press, 1993)을 보라.

결론

• • •

결론

한나 아렌트(Hannah Arendt)는 자신의 정치적 입장이 좌파인지 우파인지를 묻는 질문을 받고 이렇게 답했다.

나는 진짜로 모르겠고 전에도 알았던 적이 없다. 그리고 나는 그와 같은 정치적 입장을 가져본 적이 전혀 없다고 생각한다. 당신이 알고 있는 바와 같이, 좌파는 나를 보수주의자라고 생각하고, 보수주의자들은 간혹 내가 좌파거나 독불장군이거나 오직 신만이 아는 무언가라고 생각한다. 그리고 나는 이에 대해 전혀 신경 쓰지 않는다고 말할 수밖에 없다. 이런 걸 통해서는 금세기의 진정한 질문들에 대해 어떠한 해명의 실마리도 찾을 수 없을 것이라고 생각한다.[1]

제프리 아이작(Jeffrey Isaac)에 따르면, 냉전이라는 용어를 철저하게 거부하는 정치 사상가를 한 명 꼽는다면 『인간의 조건(The human condition)』의 저자 한나 아렌트라고 할 수 있다. 그녀는 "주체를 넘어서는 투사가 불가능한 독백의 정치, (⋯) 타자가 단순히 자

---

1) Hannah Arendt, "On Hannah Arendt," *Hannah Arendt: the recovery of the public world*, ed. M. A. Hill (New York: St. Martin's, 1979), p. 334. Jeffrey C. Isaac, "Hannah Arendt as disssenting intellctual," A. Hunter (ed.), *Rethinking the cold war* (Philadelphia: Temple University Press, 1998), p. 272에서 인용.

기 자신의 강박과 공포를 투사하는 대상이 되고, 테러와 순응의 상
호균형에 의해 압축적으로 표현되는 양극적 정치"²⁾를 넘어서는 인
간 창조성의 힘을 믿었다. 아렌트에게 정치는 무엇보다 차이와 불
일치, 정치적 각축장 내에 대안적 이해와 경쟁적 프로젝트를 가진
행위자들의 현전, 그리고 "누구도 회피할 수 없고 세계를 같이 공유
해야 하는 타자"의 존재에 관한 것이다. 또한 그녀는 이러한 타자성
을 인정하고 존중하는 것이 진정한 정치와 자유로운 정치적 삶에
핵심석이라고 믿었다.³⁾

　비록 현대 정치이론과는 상이한 사고의 프레임에 위치하지만,
좌와 우의 양극성은 인류학적 연구의 전통에서도 하나의 중요한
주제였다. 죽음의 재현에 존재하는 이중의 종교적 상징주의에 관한
고전적인 논문에서, 로버트 허츠(Robert Hertz)는 어떻게 사회가 오
른손과 왼손 그리고 "좋은 죽음"과 "나쁜 죽음"같이 명백하게 동일
한 상징에 기초해서 개념적인 도덕적 위서체계를 구성하는지를 탐
구했다.⁴⁾ 그는 왜 유럽의 언어를 위시한 여러 언어들에서 오른편
이 힘, 능란함, 신뢰, 법과 순수성—여기에는 허츠가 인용하는 민족
지 자료에서 의례적·은유적으로 오른손과 연결되는 "좋은 죽음"
이 포함된다—등 긍정적인 가치들을 재현하는 반면, 왼쪽은 이에
반대되는 모든 가치와 불길한 의미들—이는 그 "불안하고 악의적
인 영혼"에 대해 사회가 배제의 태도를 견지한다고 여겨지는 "나쁜
죽음"을 포함한다—을 상징하는가에 대해 의문을 던졌다.⁵⁾ 허츠는

2) Ibid, p. 284.
3) Ibid, p. 283.
4) Hertz, *Death and the right hand*.
5) Ibid, p. 78, 86. 존 미들턴(John Middleton) 또한 "나쁜 것으로 간주되는 죽
　음은 혼란과 무질서의 상황으로 이어지지만 그것을 제거하거나 해결하기 위
　한 수단은 없다"라고 주장한다. Middleton, "Lugbara death," p.142, 그리고 John

왼손과 오른손의 상징적 대조를 생정치적(bio-political) 현상, 즉 사
회가 "도덕적 세계의 가치 대립과 폭력적인 대조"를 각인하는 인간
신체의 조건으로 개념화하였다.[6]

허츠는 좌와 우의 반정립이 보완적인 양극성임과 동시에 비대
칭적인 관계라고 보았는데, 전자는 이중적 인간(*homo duplex*)의 자
연적인 조건이고 후자는 집합적이고 위계적인 규범을 개인의 몸에
부과함으로써 비롯된다. 더욱이 그는 상징적 양극성이 원시 사회
혹은 평등주의 사회에서는 "역전될 수 있는 이원성"이라고 주장했
는데, 이는 이들 사회가 산 자의 삶과 관련해서 고정된 도덕적 위계
를 가정하지 않기 때문에, 마찬가지로 망자의 삶에 관해서도 그러
한 개념이 부재하다는 것을 의미한다. 상징적 역전성(reversibility)의
이러한 측면은 왜 평등주의 사회에서의 죽음의례(혹은 그것의 부재)
가 위계적인 사회의 관찰에 입각해 있는 도덕적 위계와 상징적 정
복의 이론에 충격적일 정도로 부합하지 않아 보이는가를 설명한다
(1장을 보라).[7] 그것은 또한 에반스 프리차드(Evans-Pritchard)가 수단
남부의 비교적 평등주의적 사회인 누어(Nuer)의 종교적 개념을 논
하면서 왜 죽은 친족에 대한 누어인들의 개념을—아프라카학계 내
에 대륙의 여타 문화집단들에서 관찰되는 동일한 범주를 지배적으
로 "조상"이라고 묘사하는 경향이 있음에도 불구하고—"유령"으로

Middleton, "Some categories of dual classification among the Lugbara of Uganda,"
R. Needaham (ed.), *Right and left: essays on dual symbolic classification* (Chicago:
University of Chicago Press, 1960), p. 369-90. 또한 Fox, "On bad death and the
left hand," pp. 342-68을 보라.

6) Hertz, "The pre-eminence of the right hand," p. 21.

7) Maurice Bloch, "Death, women, and power," M. Bloch and J. Parry, *Death and the
regeneration of life* (Cambridge: Cambridge University Press, 1982), pp. 229-30.

묘사하는지를 설명하기도 한다.[8]

죽음의 개념적 양극성이 보편적이었다는 위의 가정에 기초해서, 허츠는 사회적 진보에서 양능적 인간 신체의 중요성을 강조한다. 그는 "사회의 진화는 이러한 역전 가능한 이원성을 공고한 위계구조로 대체한다"고 지적하며 다음과 같이 적고 있다: "우와 좌의 반정립과 오랫동안 함께해온 선과 악의 구분은 우리의 의식에서 사라지지 않을 것이다. 신화적 이상의 한계가 몇 세기 동안 인간을 일방적인 존재로 만들 수 있었다."[9] 허츠는 사회적·정치적 질서의 원칙들이 인간의 신체를 통해 표현된다고 주장하면서, 자신의 진보에 대한 비전을 새로운 신체언어를 통해 표현했다: "해방된 통찰력 있는 사회는 우리의 좌뇌와 우뇌에 잠재하는 에너지를 계발하기 위해 노력할 것이고, 적절한 훈련을 통해 신체조직의 보다 조화로운 발달을 보장하려고 할 것이다."[10] 따라서 오른손의 우위에서 해방된 양능적 인간 신체는 우파와 좌파라는 도덕적인 상징적 위계로부터 자유로운 민주적인 사회적 신체를 표상한다.

좌와 우에 대한 이 두 가지 담론, 즉 전통 사회의 도덕적인 상징적 양극성에 관한 담론과 현대 정치의 이데올로기적 양극화에 관한 담론은 냉전에서 발생한 대규모 죽음의 역사에 있어 중요한 연결점을 만들어낼 수 있다. 만약 냉전의 역사를 주로 서구의 갈등 경험을 대변하는 방식으로, 전쟁을 방지하기 위해 전쟁을 상상하는

---

8) E. E. Evans-Pritchard, *Nuer religion* (Oxford: Oxford University Press, 1956), pp. 144-76.

9) Hertz, "The pre-eminence of the right hand," pp. 8, 21-2. 또한 Hertz, *Death and the right hand*, p.113. 프랑스어 원본은 Robert Hertz, "La prééminence de la main droite," *Sociologie religieuse et folklore* (Paris: Presses Universitaires de France, 1970), pp. 108-9를 보라.

10) Ibid.

것을 억제하는 원칙에 비추어 본다면,[11] 정치의 역사와 죽음의 도
덕성 사이에는 의미 있는 관계가 없는 것으로 보인다. 만약 우리가
역사의 영역을 확장해서 그 안에 국가적·지역적 공동체 내에서
발생한 폭력적인 이데올로기 대립과 봉쇄의 경험—이는 지난 세기
동안 대부분의 비서구 세계에서 냉전이 실제로 의미하는 바였다—
을 포함시킨다면, 인간 공동체의 정치적 양극화와 죽음의 도덕적
양극화는 밀접하게 맞물려 있는 현상이 될 것이다. 후자적 의미의
전 지구적 갈등의 역사 속에서, 공동체들은 대규모의 여타 전쟁 죽
음으로부터 정치적으로 좋은 죽음을 선택하고, 이데올로기적 경계
를 가로질러 뒤얽힌 폭력의 역사로부터 이데올로기적으로 응집력
있는 계보를 도출하도록 강요당해왔다. 만약 좌와 우가 역사적으로
뿐만 아니라 계보적으로도 사회적 자아를 구성한다면, 이러한 정체
성이 어떻게 국가사회 내의 시민권과 화합할 수 있을까? 시민권은
정치적 공동체가 정의하는 "잘못된 쪽"과 자신의 관계를 부인하는
것을 바탕으로 하는데 말이다.

　폭력적 내전의 형태로 경험된 냉전은 친족의 도덕적 공동체 내
에 정치적인 위기를 초래했다. 그것은 헤겔(Hegel)이 죽은 친족에
대해 기억해야 할 의무를 부과하는 "친족법(law of kinship)"과 시민
들이 국가의 적으로 죽은 사람을 기념하는 것을 금지하는 "국가
법(law of the state)" 사이의 충돌로 특징지었던 상황을 야기했다. 정
치적 위기는 기본적으로 사회적 기억에서 발생하는 재현의 위기
에 관한 것이었다. 이러한 상황 속에서 가족-조상 정체성의 대부
분은 그 역사적 존재가 친밀한 사회적 삶에서 느껴지지만 그럼에
도 불구하고 공공의 기억에서는 흔적을 찾을 수 없는 지위, 즉 내

---

11) Kaldor, *The imaginary war*를 보라.

320   베트남 전쟁의 유령들

가 앞서 정치적 유령이라고 부른 지위로 격하된다. 헤겔은 부분적
으로 소포클레스(Sophocles)의 서사시적 테베 연극에 등장하는 "안
티고네(Antigone)"의 전설에 입각해서 전몰자를 기억하는 것과 연관
된 윤리적 질문을 통해 근대 국가의 철학적 토대를 탐구했다.[12] 안
티고네는 한편으로는 친족의 "신의 법"에 따라 전쟁으로 죽은 형제
들의 시신을 묻어줘야 할 의무와 다른 한편으로는 도시국가의 적
에게 장례를 치러주는 것을 금하는 국가의 "인간의 법"이라는 현실
사이에서 고뇌한다.[13] 그녀는 도시의 영웅으로 사망한 형제의 장례
를 치러준 다음, 도시의 적으로 사망한 다른 형제를 묻어주려고 했
다. 후자의 행위는 그 도시 통치자의 칙령을 위반하는 것이었고, 결
국 그녀는 처벌로 사형을 선고받는다. 이러한 고대 그리스의 강력
한 비극적 서사를 인용하면서, 헤겔은 근대 국가의 윤리적 토대는
국가법과 친족법 사이의 충돌을 변증법적으로 해결하는 데 뿌리를
두고 있다고 추론한다.[14] 주디스 버틀러(Judith Butler)에게 이 문제는
친족의 규범과 국가에 대한 복종 중 하나를 선택해야 하는 임계적
인 상황으로 강제로 휘말려 들어가게 되는, 삶과 죽음 사이에서 방

---

12) Robert Stern, *Hegel and phenomenology of spirit* (New York: Routledge, 2002), pp. 135-45; George Steiner, *Antigones: how the Antigone legend has endured in Western literature, art, and thought* (Oxford: Oxford University Press, 1984), pp. 19-42; Judith Butler, *Antigone's claim: kinship between life and death* (New York: Columbia University Press, 2000), pp. 1-25.

13) Stern, *Hegel and phenomenology of spirit*, p. 140.

14) 친족의 도덕적 요구와 국가의 도덕적 요구 사이의 갈등, 그리고 이와 관련된 관념으로 이들 두 개의 분리된 도덕적 주체 사이에서 이루어지는 서로의 요구에 대한 호혜적 인정에 관해서는 Shlomo Avineri, *Hegel's theory of the modern state* (Cambridge: Cambridge University Press, 1972), pp. 132-54; Robert R. Williams, *Hegel's ethics of recognition* (Berkeley: University of California Press, 1997), pp. 52-9를 보라.

황하는 인간 관계성의 운명에 관한 것이다.[15]

내가 이 책에서 기술했던 내용 중 일부는 헤겔 철학이 제시하는
윤리에 대한 질문과 관련해서 고려해볼 수 있을 것이다. 남부와 중
부 베트남의 수많은 개인과 가족들은 친족 관계가 있는 전몰자를
기억해야 하는 가족의 의무와 혁명국가에 대항해서 싸웠던 사람들
을 기억하지 말아야 하는 정치적 의무 사이에서 고뇌해왔다. 오늘
날 이들 가족은 지금까지 "저편(ben kia, 미국 편)"으로 오명화된 조상
의 기억을 위해 적절한 보금자리를 마련해주기 위해 고심하고 있
고, 따라서 이 기억을 가족과 공동체의 의례공간 내에 있는 "이편
(bent ta, 혁명의 편)"의 죽음에 대한 기억과 함께 명시적으로 공존하
도록 하기 위해 노력하고 있다. 혁명전쟁의 반대편에서 죽은 형제
의 혼령을 가내 의례로 초대하는 행위는 도덕적임과 동시에 정치
적인 실천이다. 그것은 그 행위가 국가의 기억의 정치학에 내재하
는 죽음의 거대한 도덕적 위계에 반작용하는 한에서, 그리고 아렌
트가 "정치적 고향을 가질 권리"로 묘사한 권리를 가질 수 있는 권
리를 회복한다는 의미에서 정치적이다.[16] 가내 의례 공간 내에서
형제의 정체성은 내전의 반대편에서 사망한 "미국의 꼭두각시 군
대" 군인들을 배척하고 오로지 혁명애국에 공로를 가진 자들에게
만 허용되는 국가적 기억의 조직으로부터 제거된다. 가내 의례로
의 초대는 또한 기억의 민주화가 망자 기념에 관한 전통적 규범의
영향력 강화, 그리고 그와 관련된 가족 의례활동의 재활성화에 토
대를 두고 있다는 점에서 도덕적 행동이기도 한다. 정치적 실천으
로서 그 행동의 유효성은 그것이 문화적으로 익숙하고 도덕적으로

15) Butler, *Antigone's claim*, p. 5.

16) Dana R. Villa, *Politics, philosophy, terror: essays on the thought of Hannah Arendt*
    (Princeton: Princeton University Press, 1999), p. 36.

정당한 형태를 취한다는 사실에 기초해 있다.

위와 같은 사회적 발전을 관례적인 좌우 대립을 초월하는 정치적 발전에 관한 최근의 제안과 비교해보는 것은 흥미로운 일이다. 탈냉전 세계의 사회민주주의의 윤곽을 그리면서 앤서니 기든스(Anthony Giddens)는 자신이 전통적인 가부장적 가족질서의 "우파적" 이상화라고 부르는 것과 가족을 비민주적인 정치적 질서의 소우주로 바라보는 "좌파적" 관점 양자 모두를 거부한다. 그 대신 기든스는 공동체적인 도덕적 결속의 의무와 개인의 선택의 자유를 융합할 수 있는 새로운 가족관계의 모델을, 개별 구성원들 사이의 계약적 상호헌신에 기반한 통합성으로 제안한다. 기든스에 따르면, 이러한 민주적 가족관계의 사회적 형태는 "평등, 상호존중, 자율성, 폭력으로부터의 자유와 소통을 통한 의사결정"의 규범을 존중한다.[17]

기든스는 양극 이데올로기의 정치사에 방점을 둔 한 연구에서 가족과 친족 관계에 관한 논의에 많은 지면을 할애하고 있다. 왜냐하면 그는 가족이 시민사회의 기본적인 제도이며, 강한 시민사회는 좌우대립의 유산을 넘어서는 성공적인 사회발전에 핵심적인 중요성을 가진다고 믿기 때문이다.[18] 그의 "제3의 길"이라는 의제는 냉전의 종식 이후에는 새로운 사회학적 사고가 요구된다는 관점에 기초해 있다. 기든스에 따르면, 냉전 이후의 정치적 발전은 사회가 좌우의 이데올로기적 유산에서 긍정적인 요소를 어떻게 창조적으로 계승할 것인가에 달려 있고, 그러한 정치적 발전의 주된 구성요소는 (양극적 적대의 전선을 따라 조직되는 국가들에 반대되는) "적이 없

17) Anthony Giddens, *The third way: renewal of social democracy* (Cambridge: Cambridge Polity Press, 1998), pp. 90-3.
18) Ibid., p. 89.

는 국가", (민족주의를 추구하는 옛 국가에 반대되는) "코스모폴리탄 국
가", (자본주의와 사회주의 사이의) "혼합 경제", "활동적인 시민사회"
등이 될 것이다.[19] 기든스는 이러한 접목의 창조적인 과정에서 핵
심적 중요성을 가지는 것이 개인적·집단적 삶의 "탈전통적인" 환
경이며, 이에 대한 이해는 개인의 자유와 공동체의 결속을 상반되
는 가치로 설정하는 전통적인 사회학적 상상력을 초월하는 것을
필요로 한다고 주장한다.[20] 기든스에 따르면 "탈전통인" 사회는 민
주적 가족과 "새로운 친족"의 사회적 삶 속에서 가장 분명하게 드
러난다.

   하지만 기든스가 제시하는 "새로운 친족"의 구성에는 베트남의
경우처럼 폭력적인 근대사의 배경에서 출현한 친족관행을 담아낼
수 있는 공간이 거의 없다. 좌와 우에 대한 그의 설명은 마치 이러
한 정치적 반정립이 인간의 대규모 고통과 이탈을 수반하지 않는,
주로 학문적인 패러다임 혹은 의회조직의 쟁점이었던 것처럼 전개
된다. 냉전 후 사회질서에 대한 기든스의 논의는 주로 서유럽의 특
수한 역사적 맥락에 기초해 있다. 그의 논의 내에서 좌파와 우파
의 입장은 주로 모더니티의 추상적인 판본들과 사회질서의 도식들
에 관한 입장들로 드러난다. 이탈리아의 철학자인 노르베르토 보비
오(Norberto Bobbio)에 따르면, 좌와 우는 동전의 양면처럼 상관적인
입장으로서, "하나의 존재가 다른 존재를 전제로 하고, 반대쪽을 무
효화하는 유일한 길은 스스로를 무효화하는 것이다."[21] 하지만 특
권적인 위치에서 좌우대립을 특정한 정치체제의 통합적인 부분으

---

19) Ibid., pp. 69-86.
20) Giddens, *Beyond left and right*, pp. 13, 124-33.
21) Norberto Bobbio, *Left and right: the significance of a political distinction* (Chicago: University of Chicago Press, 1996), p. 14.

로 경험하는 것은 냉전의 또 다른 역사적 현실로 확장되기 힘들다. 후자의 경험에서는, 정치적 장에서 한쪽의 입장을 취하는 것이 다른 쪽의 존재이유를 부정하는 것이라는 의미에서 좌와 우는 상관적이라기보다 상호 배타적인 입장이었다.

보다 넓은 맥락에서 보면, 우리는 대규모 죽음의 역사에 대한 고려 없이 좌우의 역사를 생각할 수 없다. 좌와 우는 민족해방과 민족자결이라는 이상을 향해 서로 다른 길을 선택했지만 양자 모두 반식민적 민족주의의 일부였다.[22] 이어진 양극 시대에 이와 같은 민족주의는 민족적 통일을 성취하는 것이 상대편을 정치적 통일체로부터 절멸시키는 것을 의미하게 된 내적 분쟁과 전쟁의 이데올로기로 변환했다.[23] 이러한 맥락에서 좌와 우의 정치적 역사는 인간적 삶의 역사 및 그것에 의해 분열된 사회제도로부터 분리해서 고려할 수 없으며, 냉전 이후의 "새로운 친족"도 마찬가지로 이러한 역사 속에서 사망한 유해의 기억으로부터 분리해서 고려할 수 없다. 가족관계는 양극적 세계 질서의 해체를 이해하는 데 중요한 벡터이다. 이것은 기든스가 생각하는 바처럼 단순히 가족관계가 시민사회의 기본적인 구성요소이기 때문만이 아니라, 그것이 실제로 냉전기 동안 정치적 투쟁과 이데올로기적 갈등의 핵심적인 장이었기 때문이기도 하다. 이러한 역사적 배경에 비추어 볼 때, 탈냉전 세계에서의 국가를 단순히 외부적인 적이 없는 실체로 정의하는 것은 오류이다. 오히려 헤겔이 친족·국가·법의 "철학적 인류학"에서 견지했던 바와 마찬가지로, 국가를 내적인 적대에 대처하고 (적지 않은 부분에 국가가 불법적 지위를 부여한) 사회와도 화해해야 하는 실

22) Pelley, *Postcolonial Vietnam: Hue-Tam Ho Tai, Radicalism and the origins of the Vietnamese revolution* (Cambridge MA: Harvard University Press, 1992).

23) Duiker, *Sacred war*.

체로 간주해야 한다.[24] 1990년대 초 이래 베트남에서 발생한 일들
은 이러한 화해의 희망적인 궤적을 따라 이루어졌고, 망자를 기억
하고 달랠 수 있는 권리의 강화는 좌우를 초월한 이와 같은 중요한
사회적 진보에 중심적인 요소였다.

베트남의 공동체들은 좌우의 정치학을 넘어서 있고, 사회적 화
해라는 중요한 과정의 한가운데에 있다. 1990년대의 조상숭배 부
활은 "잘못된 편"에 있는 망자의 오명화된 기억을 "옳은 편"에 있는
망자의 지배적인 기억과 함께할 수 있는 계보적 공통성의 영역으
로 끌어들이는 데 기여했다. 이러한 맥락에서, 전통적인 계보적 패
러다임에 따라 망자와 관계 맺는 것은 부분적으로 근대적인 죽음
의 정치적 위계를 초월하는 하나의 방법이었다. 더욱이, 필자는 오
늘날 베트남에서 친족 기억의 관행이 좀 더 근본적인 의미에서 국
가의 영웅적 기억의 정치학에 대한 강력한 대안이라는 것을 제시
했다. 영웅적인 죽음의 숭배가 친족 기억의 복수성을 국민이라는
통일된 의례 공동체로 중앙화시켰던 반면, 조상숭배는 정치적 유
산의 복수성을 통일된 계보적 공동체로 통합시킨다. 하지만 망자
를 기억하려는 이러한 움직임의 과정에서, 망자를 기억하는 관행
에 중요한 변화가 발생했다. 친족 기억의 관행에서는 (계보적 측면에
서) "우리 편"의 죽음에 대한 기억이 이 영속적 결속의 영역을 벗어
난 죽음에 대한 기억을 지워버리는 것이 아니라 동심원적 이원론
의 보다 광범위한 틀 내에서 그것과 관계 맺는다.

이러한 진보적인 발전은 사회에 나쁜 죽음의 흔적을 정복하는
불가사의한 성향을 투사하는 관점을 지지하지 않는다. 또한 이미

---

24) "철학적 인류학(Philosophical anthropology)"은 Avineri, *Hegel's theory of the modern state*,
   p. 135에서 인용.

구축되어 있는 조상숭배의 특권적 사회영역에서 배제된 영적 정체성뿐만 아니라 그러한 도덕적 위계를 생성한 역사적 조건과 정치적 역학을 무시한 채 기성의 조상 영혼과의 의례적 관계에만 배타적으로 특권을 부여하는 사회통합 이론도 지지하지 않는다. 허츠가 주목한 바처럼, "오른편은 *안쪽*, 유한한 것, 보장된 복지, 확고한 평화이고, 왼편은 *바깥쪽*, 무한한 것, 적대, 악의 항구적인 위협이다." 이러한 좌와 우의 대조는 베트남을 포함한 수많은 문화적 실천에서 주로 바깥쪽과 안쪽의 공간적 차별의 형태를 띤다.[25] 이러한 구조와 실천의 체계 내에서, 베트남 중부의 의례 행위자의 신체는 계보학적 기억의 내부와 익명적 죽음의 외부적 공간 사이를 이동하고, 도덕적 양극성을 가로질러 상반되는 죽음의 기억들과 결합한다. 통합적 실천을 통하여 개념적으로 분리된 가치의 영역을 통일하는 이 *양능적인* 사회적 행위는 나쁜 죽음의 맥락을 배제하지 않을 뿐만 아니라 그것을 상징적 폐쇄성 속에 가두지도 않는다. 하지만 양능적인 사회적 행위는 나쁜 죽음에게 역사의 지평에서 주권적인 지위를 부여한다. 이러한 나쁜 죽음의 배타적인 포함이 베트남의 대중적인 기억 관행을 관습으로부터 결정적으로 벗어나게 만들고, 전쟁에 관한 사회적 기억을 정치적 통제로부터 실질적으로 해방시키는 것이다.

헤겔의 친족법으로 다시 돌아가 보자, 소포클레스 희곡의 서사적 영웅에게는 두 명의 형제가 있는데 그중 한 명은 테베의 전쟁 영웅으로 죽고, 다른 한 명은 도시의 적으로 죽었다. 영웅이 된 형제의 시신은 적절한 의식에 따라 매장되고 그의 이름이 도시의 애

---

25) Hertz, "The pre-eminence of the right hand," p. 13에서 인용. 또한 Fox, "On bad death and the left hand," pp. 346-53을 보라.

국적 영웅으로서 성전에 새겨지는 데 반해, "반역자" 형제의 시신
은 성벽의 바깥에 버려져 장례식이 금지되고 그의 이름은 대중의
애도식에서 언급조차 되지 않는다. 필자의 생각에 헤겔은 서사시
적 내러티브의 핵심 요소를 구성하는 이러한 죽음의 이중 동심원
적 상징에 많은 주의를 기울이지 않았고, 버틀러를 포함한 여타 당
대의 "안티고네" 비평가들도 마찬가지이다. 버틀러는 죽은 형제에
대한 안티고네의 사랑 속에 숨겨져 있다고 생각하는 근친상간적
요소에 천착한다.[26] 이러한 요소를 고려해보면(각주 26의 시를 보라),

---

26) Butler, *Antigone's claims*, pp. 12-25.
   570-90절에서 안티고네는 일련의 진술을 통해 형제인 폴리네이케스
   (Polyneices), 즉 도시의 "적"에게 장례를 치러준 자신의 행동을 변호하는데, 이
   진술들은 여러 차례의 시점 이동을 수반한다(처음에는 영웅이 된 그녀의 형
   제 에테오클레스Eteocles의 시점에서 지하 세계의 신인 하데스Hades의 시점으
   로, 그다음에는 헤겔이 가족애 혹은 여성적 정서와 연결시키는 시점으로 이동
   한다).

   크레온: 그(폴리네이케스)에게 대항해서 칼로 벤 에테오클레스 또한 형제 아
       닌가?
   안티고네: 그렇다. 같은 어머니와 같은 아버지에게서 태어난 형제이다.
   크레온: 그렇다면 너는 어떻게 그의 적에게 그러한 영예를 제공해 그의 눈에 그
       렇게 불경하게 보이는 짓을 할 수 있느냐?
   안티고네: 죽어서 묻힌 에티오클레스는 절대 그렇게 증언하지 않을 것이다.
   크레온: 만약 네가 그 반역자를 그와 똑같이 예우한다면, 그는 반드시 그렇게
       증언할 것이다.
   안티고네: 하지만 죽은 건 어느 노예가 아니라 바로 그의 형제이다.
   크레온: 그는 우리 나라를 파괴하는 자였다! 하지만 에테오클레스는 우리를 위
       해 싸우다 죽었다.
   안티고네: 상관없다. 죽은 자는 모두 동일한 장례를 열망한다.
   크레온: 애국자와 반역자에게 동일한 장례를 치러줄 수는 절대 없다.
   안티고네: 크레온! 누가 도대체 저 아래에 있는 자가 이것을 순수하고 올바르다
       고 보지 않을 거라고 말할 수 있는가?
   크레온: 절대로. 한 번 적은 결코 친구가 될 수 없다. 심지어 죽은 후에도.
   안티고네: 나는 증오가 아니라 사랑을 위해 태어났다. 그것이 나의 본성이다.

안티고네의 곤경은 헤겔이 묘사한 바처럼 단순히 친족 규범과 국가의 도덕적 요구의 충돌과 관련되어 있을 뿐만 아니라, 보다 구체적으로 친족의무가 도덕적 상징의 동심원적 이원구조 내에서 왼쪽과 오른쪽, 그리고 안과 밖으로 분지되는 것과도 연결된다. 버틀러는 "안티고네가 이념적인 형태의 친족관계가 아니라 그것의 변형과 이탈을 재현한다"고 주장한다.[27] 나는 이탈의 조건이 전형적으로 내전의 사회적 결과인 안과 밖 그리고 좋은 죽음과 나쁜 죽음의 전통적인 도덕적 경계를 가로지르는 망자에 대한 기억의 분산과 주요하게 연관되어 있다고 주장한 것이다.

"안티고네"의 전설(570-90절)에서, 도시의 지배자 크레온(Creon)은 안티고네를 심문하면서 하나는 영웅이고 다른 하나는 반역자인 두 형제를 어떻게 구별하지 못했는지 설명하라고 요구한다. 크레온에 따르면 영웅인 그녀의 형제의 시각에서 볼 때 그의 적에게 매장의 명예를 제공하는 것은 확실히 불손한 행위일 것이다(575절). 안티고네는 다음과 같이 호소하면서 자신의 행위를 변호한다(580-5절): "죽은 자는 모두 동일한 장례를 열망한다. 크레온! 도대체 누가 저 아래에 있는 자(하데스Hades, 지하세계의 신)가 이것을 순수하고 올바르다고 보지 않을 것이라 말할 수 있는가?"[28](1185-95절) 이야기가 더 전개된 후에, 도시의 맹인 예언가 티레시아스(Tiresias)가 신의 법(divine law)은 진정으로 모든 망자를 매장하도록 규정하고 있

크레온: 사랑을 해야 한다면 지하세계로 내려가서 하라. 죽은 자를 사랑하라! 내가 살아 있는 한 어떤 여자도 내게 큰소리칠 수 없다.

Sophocles, *The three Theban plays*, trans. by R. Fagles (New York: Penguin, 1984), pp. 84-6에서 인용.

27) Butler, *Antigone's claim*, p.24.
28) Sophocles, *The three Theban plays*, p. 85

다며 안티고네의 주장을 지지한다. 안티고네는 망자의 권리가 보
편적이며, "위대한 불문법이자 확고부동한 전통"의 일부라고 선언
한다(505절). 이러한 측면에서 보면, 안티고네의 주장은 단순히 헤
겔이 이해하는 바처럼 "가족애"와 혈연관계의 표현도 아니고, 반드
시 버틀러가 묘사하는 바와 같은 근친상간적 애착 및 불법적인 사
랑과 연관되는 "친족관계의 한계"에 대한 알레고리도 아니다.[29] 오
히려 우리는 안티고네의 주장을 적절하게 매장되고 애도를 받아
야 하는 망자의 양도할 수 없는 권리와 관련된 특수한 기억의 윤리
를 확언하는 것으로도 간주해야 한다. 이러한 종교적 책무는 내전
의 특수한 경험을 통해 친족법을 주장하는 행위의 일부가 되는데,
이는 정치적인 관계로부터 가족을 분리시킨다. 다시 말해, 내전의
배경하에서 망자를 기억할 친족의 권리를 주장하는 행위는 동시에
추모의 보편적인 윤리를 강화하는 행위가 된다.

  이 책은 베트남인들의 대규모 전쟁 죽음의 역사와 그들의 기념
문화를 이상의 관점에서 조명했다. 이 과정에서 전쟁 유령과 관련
된 의례의 맥락이 친족 규범 그리고 보편적 윤리 및 종교적 가치
모두와 연관되어 있는 것으로 접근했다. 베트남인들의 *쩻 드엉*(chet
duong, 길거리에서의 폭력적 죽음) 범주는 죽음과 사후의 삶이 삶의 집
으로부터 이탈하여 발생하는 계보적 기억에서의 재현의 위기를 지
칭한다. 최근의 전쟁은 "객사"를 고립된 사건이 아니라 일반화된
현상으로 만들었고, 전후 영웅적 죽음에 대한 국가의 정치는 사후
삶의 이탈에 정치화된 조건을 추가했다. 따라서 죽음에서의 이탈은
헤겔이 정의하는 친족의 법과 도덕적인 힘에 대한 도전에 관해 말

---

29) "가족애"는 G. W. F. Hegel, *Lectures on the philosophy of religion*, trans. E. B. Speirs
    and J. B. Sanderson (New York: Humanities Press, 1962), p. 264에서 인용했다.
    "친족관계의 한계"는 Butler, *Antigone's claim*, p. 23에서 인용했다.

한다. 하지만 문화적 실천에서 쩻 드엉 범주는 친족관계의 도덕적인 힘과 관련되고 친족관계의 도덕성 그 이상의 도덕적이고 윤리적인 차원을 함축한다. 안과 밖(오른쪽과 왼쪽; 집과 거리)이라는 상징적 영역을 아우르는 베트남 기념의례의 이원적 구조와 쌍방향적 실천 내에서, 길거리 쪽에 있는 망자의 이탈된 유령은 집 쪽에 안치된 조상의 혼령들과 마찬가지로 자신의 살아 있는 이웃으로부터 사회적 인정의 행위를 기대할 자격을 가진다. 이러한 의례적 경관의 구성은 (집 쪽에서 조상숭배의 형태로 표현되는) 친족법이 (길거리 쪽에 있는 무명의 이탈된 혼령들을 위한) 환대의 원칙과 공존할 수 있음을 수반한다. 일반화된 대규모 이탈의 역사적 배경하에서, 그것은 더 나아가 (죽은 친척을 기억하는) 친족의 권리가 친족의 협소한 영역을 벗어나는 망자의 권리—기억될 권리—를 보증하려는 노력과 함께 상관적으로 이루어지는 한에서만 보장될 수 있다는 것을 수반한다.

오늘날 베트남의 촌락 주민들은 일상생활에서 망자의 다양한 혼령들과 비교적 자유롭게 상호작용하고, 중부 지방에서는 점점 더 조상을 위한 내부의 사당과 유령을 위한 외부의 맥락으로 구성된 동심원적 공간조직 내에서 그렇게 하고 있다. 마지막 장에서 논의한, 전쟁 사망자는 전쟁의 이데올로기를 *망각*한다는 관념은 산 자들이 안과 밖 그리고 좋은 죽음과 나쁜 죽음의 정치적·도덕적 경계를 가로질러 전쟁 사망자들의 기억을 적극적으로 책임지는 현실의 표현임에 틀림없다. 만약 타자를 기억하는 실천이 타자 측에서 망각의 효과를 발휘한다면, 이는 (산 자에게) 망자의 기억과 (망자의) 비극적 죽음에 대한 기억이 상호 연관된 현상이라는 점을 수반한다. 그리고 이러한 구도 속에서 그들이 더 광범위하게 기억될수록, 전쟁 사망자들은 자신의 비극적 죽음의 역사로부터 점점 더 멀어지게 된다. 전쟁의 유령은 인간 행위자 및 공동체와의 의례적 친밀성을 통해 이러한 *자이 오안*(giai oan, 불만으로부터의 해방) 과정을 겪을 때 중요한 수호정령으로 변환할 수도 있다. 대중적인 상상력에 따르면, 변환하는 유령들은 이러한 궤적 속에서 연고가 없고 이탈된 개인들 사이에서 강력한 사회적 네트워크를 만들어낸다. 혼령들의 이러한 네트워크는 흔히 광범위한 역사적 정체성에 개방되어 있고, 자신의 개인적 불만족을 점점 확장되는 행위자 모임을 수반하는 상상력 풍부하고 집단적인 드라마에 동원한다.

나는 베트남의 이러한 변환하는 전쟁유령 현상을 두 가지 배경 속에 위치시켰다. 한편으로, 그들의 활력에 대한 상상이 추모의 특수한 구조와 실천에서 파생된 현상이라는 점을 제안했다. 기념의 쌍방향적 조직, 그리고 조상의 장소와 유령을 위한 공간 사이에서 관점을 이동하는 실천이 없었다면, 죽음의 두 범주 사이의 거리는 창조적인 융합의 지점까지 좁혀지지 않았을 것이다. 이러한 추도의 관행은 껌레의 사건들을 통해 드러난 바와 같이 무명의 외부인 전몰자의 혼령과 친밀한 수양적 친족 유대를 형성하는 환상적인 드라마로 발전하거나, 고대의 문화적 영웅인 명사수와의 대화와 관련해서 논의했던 바와 같이 화폐처럼 사회적 익명성의 강력한 상징적 도구를 끌어들일 수도 있다. 여하튼 유령의 변환은 인간 공동체 내에서의 생성적인 도덕적 결속에 기초해 있는데, 오직 이것만이 하나의 지위에서 다른 지위로의 이행을 가능하게 한다.[30] 이러한 맥락에서, 환대의 의례와 그것을 이탈된 이방의 혼령들에게 개방하는 것은 양능적이고 현실적인 인간 행위 속에서 친숙한 조상혼령들을 위한 의례와 공존할 수 있다. 만약 비극적으로 사망한 유령

---

30) Teiser, *The ghost festival in medieval China*, p. 219.

들이 도덕적 대립의 양극성을 도덕적 연대의 양능성으로 통합시키
는 이러한 인간행위를 통해 불만족스러운 감금의 역사에서 진정으
로 해방될 수 있다면, 허츠가 예견했듯이 오직 이러한 연대만이 인
간의 신체를 진정으로 해방시킬 수 있다. 상징적 위계의 세속적 정
치로부터 그들 각각의 개인적 해방은 사회적 결속이라는 협소하게
한정된 경계 내에 구속되어 있는 상태에서 스스로를 해방시킬 수
있는 인간적 결속의 힘을 확인하는 행동이다.[31]

　다른 한편으로, 나는 유령의 역동적인 상징적 변환을 가능하게
하는 이탈된 혼령들과의 사회적 친밀성이 폭력적인 전쟁의 생생
한 경험을 통해 사회성의 역사와 연결된다고 제안했다. 응우옌 주
(Nguyen Du)의 시 세계를 인용하며 논의했듯이, 사회적 실천에서
관찰되는 망자의 이탈된 혼령과의 친밀성은 역사적 경험에서 터득
한 대규모 이탈에 대한 익숙함의 표현이다. 그렇다면 유령의 존재
는 조상의 존재만큼이나 의례 행위자의 역사적 자아정체성에 필수
적인 일부이다. 이런 의미에서, 전쟁의 유령은 버틀러가 "이탈에서
의 친족관계"라 부르는 지속적인 상황과 그러한 이탈을 초래한 폭
력적인 정치사에 대해 증언한다. 주어져 있는 친족관계에서의 이러
한 난국과 병행해서, 나는 친족 만들기라는 적극적인 지평 또한 강
조했다. 베트남 전쟁의 사회사에는 인간의 삶이 자신의 사회적 토
대로부터 급진적으로 이탈되는 것과 대규모 이탈의 상황에 반작용
하는 활발한 일상적 행위들이 공존한다. 이탈된 개인들과 그들 사

---

31) 이러한 상황은 마르크스의 초기 저작에서 나타나는 "사회 밖의 사회"라는 개념
　과 연결될 수 있을 것이다. 마르크스는 이 개념을 "어떠한 전통적 지위도 아닌
　오직 인간의 지위"를 주장하며, 자기소외의 극단적인 상태로부터 부상하는 인
　간의 유적(類的) 존재의 드러남으로 설명한다. Karl Löwith, *Max Weber and Karl
　Marx* (New York: Routledge, 1993), pp. 109-11을 보라.

이 수많은 공감과 신뢰로 형성된 인간적 네트워크는 급진적인 사회적 분열과 내전이라는 파괴적인 배경과 함께, 그리고 그 위에서 출현했다. 그리고 나는 이것이 아직 기록되지 않고 인정받지 못한 베트남-미국 전쟁의 역사로서 전쟁 유령에 관한 사회적 상상력에도 반영된다고 생각한다. 베트남에서 "불만으로부터의 해방"은 장소 없는 기억과 장소의 기억을 분리시키는 거주지의 구조 내에서 인간의 신체가 단순히 습관적으로 이 두 종류의 기억 사이를 이동하는 형태를 취한다. 또한 그 민활하고 양능적인 신체는 이탈된 이방인들과 그들 사이에서 친족관계를 형성하는 미상의 수많은 인간 행동과 관련된 고유한 습관화의 역사를 가지고 있을 것이다.

이러한 역사적으로 성찰적이고 도덕적으로 포괄적인 사회적 실천의 맥락을 점유하고 있는 전쟁의 유령은 이 책의 서론에서 본 "집단적 망상" 혹은 과거 갈등의 "망령"과 동일한 것이 아니다. 이 과거의 망령은 현재의 시간으로 압박해 들어오고 새로운 위기의 형태로 그 위협적인 현전을 드러내는 것으로 추정된다.[32] 베트남의 전쟁 유령은 미국인들의 기억 속에 끊임없이 출몰한다고 주장하는 베트남 전쟁의 망령과 동일한 관념 및 가치의 틀 속에서 고려될 수 없다. 하지만 이 둘이 전적으로 무관하다고 생각하는 것 또한 불가능하다. 사실 그 망령은 좌와 우, 선과 악을 초월한 사유라는 인류 공동체의 힘을 노골적으로 부정한 데서 비롯되었다. 베트남에서 전쟁의 유령들을 번성하게 만드는 바로 그 힘 말이다.

32) 이 책의 1장을 보라. 베트남 전쟁의 "망령(specter)"은 Appy, "The ghosts of war," p.12에서, 베트남 전쟁의 "집단적 망상(phantom)"은 Schmitt, *Ghosts in the middle ages*, p. 227에서 인용했다.

이 책은 영국 캠브리지대학교 인류학과에 재직 중인 권헌익 교수의 『Ghosts of War in Vietnam』(2008)을 번역한 것이다. 권헌익 교수는 『After the Massacre: Commemoration and Consolation in Ha My and My Lai』(『학살, 그 이후: 1968년 베트남전 희생자들에 대한 추모의 인류학』, 아카이브, 2012)로 인류학의 최고 상 중 하나인 클리포드 기어츠(Clifford Geertz) 상을 수상한 세계적인 석학이다. 권헌익 교수는 베트남 전쟁에 관한 일련의 저술을 통해 냉전 시대 베트남에서 발생한 잔혹하고 비인간적인 폭력과 그것이 초래한 대규모 죽음의 비극적인 역사를 인류학자의 치밀하면서도 따뜻한 인간적 시선으로 조명해왔다. 이 책은 도이 머이 정책 이후 베트남 사회에서 매우 뚜렷한 문화현상으로 부각된 전쟁유령에 관한 베트남인들의 의례적 담론과 실천에 초점을 맞추어, 베트남 전쟁의 비극적 경험, 그리고 그 희생자들에 대한 기억과 기념행위가 갖는 사회적, 정치경제적, 종교적 함의를 입체적으로 조명하고 있다.

베트남 공산당은 1986년 제6차 전당대회를 통해 시장 지향적 경제개혁을 주요 내용으로 하는 도이 머이 정책을 발표했다. 이는 국내적으로 1975년 통일 이후 시행해온 사회주의적 계획경제 및 국가재분배 체계의 실패와 부작용을 수습하기 위한 고육책이었지만, 국제적으로는 1978년 중국의 시장 지향적 개혁개방, 1989년 소련의 해체에 이은 동유럽 사회주의 국가들의 붕괴, 1990년 독일의 통일 등 냉전의 한 축을 구성했던 사회주의권에서 발생한 급진적 변

화의 물결을 반영한 것이기도 했다. 도이 머이와 함께 상대적으로
짧았던 베트남의 국가 사회주의적 실험이 종언을 고하자 베트남인
들의 사회적 삶에도 전면적인 변화가 일어나게 된다. 이 책의 주제
인 베트남 전쟁유령 이야기와 그것을 둘러싼 의례적 실천들은 바
로 이러한 거시적인 정치경제적 변혁과 사회변동이라는 맥락에서
부상하고 있는 의미심장한 문화현상으로서, 좁게는 도이 머이 이후
의 베트남 사회를, 넓게는 중국과 러시아를 비롯한 탈사회주의 사
회 일반에서 발생한 사회적, 정치경제적, 종교적 변화를 이해하는
데 매우 중요한 창을 제공해준다.

　이 책에 등장하는 '유령의 삶' 혹은 '유령의 생명력'이라는 표현
은 전형적인 형용모순이다. 하지만 당대 베트남인들에게 이 형용모
순은 허튼 말장난이나 그럴듯한 문학적 수사가 아니라 엄연한 사
회적 현실의 재현이다. 이 책에 따르면 최근 베트남에서 관찰되는
전쟁유령 현상은 도이 머이 이후 급변하는 물질적·상징적 질서
하에서 발생하는 '집단적 망상' 혹은 '문화적 상징'에 불과한 것이
아니라, 대다수 베트남인들에게 일종의 자연적 현상으로 인지되는
존재론적 힘을 가진다. 따라서 권헌익 교수는 베트남의 전쟁유령들
이 "구체적인 역사적 정체성을 가진 실체로서, 비록 과거에 속하지
만 비유적인 방식이 아니라 경험적인 방식으로 현재에도 지속된다
고 믿어지는 존재"(16쪽)로서 일종의 '사회적 사실(social fact)'을 구
성한다고 주장한다.

　하지만 유령 이야기나 귀신 이야기만큼 중대하면서도 진지한 학
술적 연구의 대상이 되기 어려운 주제도 없을 것이다. 대부분의 인
문사회과학자들이 유령이나 귀신은 인류의 사회적 세계를 구성하
는 사회적 사실의 범주에 포함되지 않는다고 생각하기 때문이다.
권헌익 교수는 학계의 이러한 지적 전통에 정면으로 도전하며, 베

트남에서는 유령과 유령을 둘러싼 문화적 담론과 실천이 매우 대
중적이고 일반적인 현상일 뿐만 아니라, 베트남인들의 역사적 성
찰과 자아정체성 표현의 효과적인 수단으로서 인류학적 · 사회학
적 · 역사학적, 심지어 정치경제학적 연구의 중요한 대상이 될 수
있다고 주장한다. 따라서 그는 베트남의 유령 관련 문화가 비합리
성이나 무지몽매의 표현이 아니라 베트남인들의 역사적 경험, 도
덕적 가치, 규범, 삶의 물질적 조건 등과 복잡하게 연동되어 사회적
현실의 중요한 축을 구성하는 것으로 접근한다.

　이 책은, 비록 베트남 사회에서 유령이 조상신이나 여타 사회적
으로 인정받는 영적 존재에 비해 이데올로기적으로 주변적인 위
치를 점하고는 있지만 베트남인들의 사회적 삶에 구성적인 성격
을 가지고, 그와 관련된 관념과 실천이 보다 광범위한 도덕적 · 정
치적 쟁점을 이해하는 데 의미심장한 창을 제공해 줄 수 있다는 사
실을 치밀하면서도 생생한 민족지적 기술을 통해 감동적으로 논증
해내고 있다. 권헌익 교수의 이러한 인류학적 논증은 조상신에게만
배타적으로 초점을 맞추고 유령을 사회구조의 영역과 사회적 상상
력의 영성으로부터 배제해온 에밀 뒤르켐의 종교사회학적 전통을
설득력 있게 논박 및 비판하고 있다는 점에서 중대한 이론적 의의
를 가진다. 권헌익 교수는 "사회이론 내에서 유령의 부재는 기능적
가치와 구조적 질서에 대한 이론적 선입견의 산물"(59쪽)이라고 주
장하면서 뒤르켐의 종교사회학과 성스러운 것에 관한 개념화에 반
론을 제기한다. 이를 바탕으로 "사회적 중심성의 상징적 구성이라는
뒤르켐의 개념적 도식이 사회적으로 주변적인 실체까지 포함하는
광범위한 상관적 프레임 속에서 재고되어야 한다"(18쪽)고 제안한다.

　이러한 이론적 프레임하에서 권헌익 교수가 묘사하고 있는 베트
남인들의 친족관념과 친족의례체계는 계보적 관계와 혈통적 위계

에 주로 방점을 두는 기존의 친족이론에 대해서도 유의미한 반론을 제공한다. 즉 그는 전쟁유령 현상을 통해 구체화되는 베트남인들의 친족관계 및 친족의례체계가 우리와 그들, 그리고 안과 밖을 이분법적으로 구분해서 차별적이고 배타적인 질서를 구축하는 것이 아니라, 계보적, 규범적, 정치적 이방인을 이중동심원적 구조 내에서 적극적으로 포용할 수 있는 지극히 생성적이고 창조적이며 개방적인 체계임을 보여준다. 베트남 친족과 친족의례체계의 이러한 이중동심원적 구조는 베트남 전쟁의 지극히 혼란스럽고 교란된 전선으로 인해 이탈된 상태에서 '객사'한 수많은 영혼들의 상처를 치유하고 원혼을 달랠 수 있도록 해준다. 이를 통해 도이 머이 이후 베트남 사회는 냉전의 양극적 질서가 초래한 역사적 비극을 넘어 보다 성숙하고 진일보한 사회로 나아갈 수 있는 터전을 마련하고 있는 것으로 보인다.

이 책의 결론에서 권헌익 교수는 베트남인들이 전쟁유령을 위해 수행하는 포용적이고 치유적인 의례행위가 "역사의 상처와 고통을 넘어 인류의 연대라는 윤리적 지평을 지향하는 창조적인 문화적 실천"(28쪽)임을 보여주고 있다. 한국은 냉전의 오래된 질서가 여전히 대다수 사회구성원들의 삶을 양극적 대치상황으로 내몰고 있는 지구상 거의 유일한 사회이다. 베트남 전쟁유령 현상에서 관찰되는 이러한 화해와 연대의 가능성은 아직도 냉전의 유령에 사로잡혀 있는 한국 사회에 중대하면서도 의미심장한 윤리적·실천적 교훈을 남기고 있음에 틀림없다. 이는 또한 세월호 참사 2주기를 맞이한 한국 사회가 꽃다운 나이에 쓰러져간 304명의 희생자들을 기억하고 기념해야만 하는 이유를 분명하게 웅변하고 있기도 하다.

본문의 서론 및 1~3장은 박충환, 4~5장은 홍석준, 6~7장 및 결론 부분은 이창호 선생이 번역하였으며, 수차례의 윤독을 거친 후

박충환 선생이 다시 전체를 수합하여 총괄 검토 및 수정 작업을 하였다. 역자들은 베트남 사회의 역사적·문화적 맥락에 입각해서 가능한 한 원문의 의미를 최대한 살리는 방향으로 이 책을 번역하고자 많은 노력을 기울였다. 하지만 번역 과정에서 오역이나 오타가 발생했을 가능성을 배제할 수 없으며, 그 책임은 오롯이 역자들에게 있음을 밝힌다. 이 책의 번역 기획에서부터 출판 작업의 모든 부분에 이르기까지 친절한 관심과 배려 및 지원을 아끼지 않은 산지니출판사의 강수걸 대표 그리고 문장과 단어 하나하나까지 세심하게 검토해준 문호영 편집자께 진심으로 감사하는 마음을 전한다. 모쪼록 이 책이 베트남뿐만 아니라 동남아시아와 한국을 포함한 동아시아 전체의 역사와 문화를 올바르게 인식하고 비판적으로 성찰하고자 하는 모든 분들에게 조금이나마 도움이 되기를 바란다.

2016년 4월
역자 일동

참고문헌

Addiss, Stephen, "Introduction" in Pham Duy, *Musics of Vietnam*, edited by Dale R. Whiteside (Carbondale IL: Southern Illinois University Press, 1975)

Adorno, Theodor W. and Horkheimer, Max, *Dialectic of Enlightenment* (New York: Verso, 1979)

Agamben, Giorgio, *Homo sacer: sovereign power and bare life*, trans. by D. Heller-Roazen (Stanford: Stanford University Press, 1998)

   State of exception (Chicago: University of Chicago Press, 2005)

Allen, Michael J., "Help us tell the truth about Vietnam: POW/MIA politics and the end of the American War," in M. P. Bradley and M. B. Young (eds.), *Making sense of the Vietnam Wars: local, national, and transnational perspectives* (New York: Oxford University Press, 2007)

Anderson, Benedict, *Imagined communities: reflections on the origin and spread of nationalism* (New York: Verso, 1991)

Appadurai, Arjun, *Modernity at large: cultural dimensions of globalization* (Minneapolis: University of Wisconsin Press, 1996)

Appy, Christian G., "The ghosts of war," *The Chronicle Review* 50 (2004), p. B 12–13. Also available online at http://chronicle.com/free/v50/i44/44b01201.htm

Appy, Christian G. (ed.), *Cold war constructions* (Amherst MA: University of Massachusetts Press, 2000)

Arendt, Hannah, *Hannah Arendt: the recovery of the public world*, ed. M. A. Hill (New York: St. Martin's, 1979)

Ariès, Philippe, *The hour of our death*, trans. Helen Weaver (New York: Peregrine, 1983)

Arquilla, John and Ronfeldt, David, *Networks and netwars: the future of terror, crime, and militancy* (Santa Monica CA: RAND, 2001)

Avineri, Shlomo, *Hegel's theory of the modern state* (Cambridge: Cambridge University Press, 1972)

Bao Ninh, *The sorrow of war* (London: Martin Secker and Warburg, 1993)

Bauman, Zygmunt, *Modernity and ambivalence* (Ithaca NY: Cornell University Press, 1991)

Bayly, Susan, "Vietnamese intellectuals in revolutionary and postcolonial times," *Critique of Anthropology* 24 (2004), pp. 320–44

Benjamin, Walter, *One way street and other writings*, trans. by E. Jephcott and K. Shorter (New York: Verso, 1979)

Bernstein, Richard, "Hannah Arendt on the stateless," *Parallax* 11 (2005), pp. 46–60

Bertrand, Didier, "The thay: masters in Hue, Vietnam," *Asian Folklore Studies* 55 (1996), pp. 271–86

Bettleheim, Bruno, *Freud and man's soul* (New York: Penguin, 1989)

Bibby, Michael, "The post-Vietnam condition," in M. Bibby (ed.), *The Vietnam War and postmodernity* (Amherst MA: University of Massachusetts Press, 2000), pp. 143–72

Bloch, Maurice, *Placing the dead: tombs, ancestral villages, and kinship organization in Madagascar* (New York: Seminar Press, 1971)

"The past and the present in the present," *Man* 12 (1977), pp. 278–92

"Death, women, and power," in M. Bloch and J. Parry (eds.), *Death and the regeneration of life* (Cambridge: Cambridge University Press, 1982)

Prey into hunter: the politics of religious experience (Cambridge: Cambridge University Press, 1992)

Bloch, Maurice and Parry, Jonathan (eds.), *Death and the regeneration of life* (Cambridge: Cambridge University Press, 1982)

Bobbio, Norberto, *Left and right: the significance of a political distinction* (Chicago: University of Chicago Press, 1996)

Bohannan, Paul, "Some principles of exchange and investment among the Tiv," *American Anthropologist* 57 (1955), pp. 60–70

"The impact of money on an African subsistence economy," *The Journal of Economic History* 19 (1959), pp. 491–503

Borneman, John, *Subversions of international order: studies in the political anthropology of culture* (Albany: SUNY Press, 1998)

Bradley, Mark P., *Imagining Vietnam and America: the making of postcolonial Vietnam, 1919–1950* (Chapel Hill NC: University of North Carolina Press, 2000)

Bradley, Mark P. and Young, Marilyn B. (eds.), *Making sense of the Vietnam Wars: local, national, and transnational perspectives* (New York: Oxford University Press, 2007)

Brigham, Robert K., *ARVN: life and death in the South Vietnamese army* (Lawrence: University Press of Kansas, 2006)

Is Iraq another Vietnam? (New York: PublicAffairs, 2006)

Brocheux, Pierre, *The Mekong Delta: ecology, economy, and revolution, 1860–1960* (Madison: Center for Southeast Asian Studies, University of Wisconsin–Madison, 1995)

Buchli, Victor and Lucas, Gavin (eds.), *Archaeologies of the contemporary past* (New York: Routledge, 2001)

Butler, Judith, *Precarious life: the powers of mourning and violence* (New York: Verso, 2004)

Antigone's claim: kinship between life and death (New York: Columbia University Press, 2000)

Cadière, Léopold, *Croyances et pratiques religieuses des viêtnamiens*, vols. 2 and 3 (Paris: Ecole Française d'Extrême-Orient, 1957)

Carsten, Janet, *The heat of the hearth: the process of kinship in a Malay fishing community* (Oxford: Clarendon, 1997)

Cultures of relatedness: new approaches to the study of kinship (Cambridge: Cambridge University Press, 2001)

After kinship (Cambridge: Cambridge University Press, 2004)

Carsten, Janet and Hugh-Jones, Stephen (eds.), *About the house: Lévi-Strauss and beyond* (Cambridge: Cambridge University Press, 1995)

Casey, Edward S., *Getting back into place: toward a renewed understanding of the place-world* (Bloomington: Indiana University Press, 1993)

Castells, Manuel, (ed.), *The network society: a cross-cultural perspective* (Cheltenham: Edward Elgar, 2004)

Clinton, Bill, *My life* (London: Hutchinson, 2004)

Codere, Helen, *Fighting with property: a study of Kwakiutl potlatching and warfare, 1792-1930* (New York: J.J. Augustin, 1950)

Comaroff, Jean, "Defying disenchantment: reflections on ritual, power, and history," in C. F. Keyes, L. Kendall, and H. Hardacre (eds.), *Asian visions of authority: religion and the modern states of East and Southeast Asia* (Honolulu: University of Hawaii Press, 1994), pp. 301–14

Comaroff, Jean and Comaroff, John, *Modernity and its malcontents: ritual and power in postcolonial Africa* (Chicago: University of Chicago Press, 1993)

Condominas, George, *We have eaten the forest: the story of a montagnard village in the central highlands of Vietnam* (New York: Kodansha, 1994)

"La guerilla viet: trait culturel majeur et pérenne de l'espace social vietnamien," *L'Homme* 164 (2000), pp. 17–36

Cooper, Nicola, *France in Indochina: colonial encounters* (New York: Berg, 2001)

Cumings, Bruce, *War and television* (New York: Verso, 1992)

"The wicked witch of the West is dead. Long live the wicked witch of the East," in Michael J. Hogan (ed.), *The end of the cold war: its meaning and implications* (Cambridge: Cambridge University Press, 1992), pp. 87–101

Denish, Bette, "Dismembering Yugoslavia: nationalist ideologies and the symbolic revival of genocide," *American Ethnologist* 21 (1992), pp. 367–90

Don Lam, "A brief account of the cult of female deities in Vietnam," *Vietnamese Studies* 131 (1999), pp. 5–19

Dong Vinh, "The cult of Holy Mothers in central Vietam," *Vietnamese Studies* 131 (1999), pp. 73–82

Dror, Olga, *Cult, culture and authority: Princess Lieu Hanh in Vietnamese history* (Honolulu: University of Hawaii Press, 2007)

Duiker, William J., *Sacred war: nationalism and revolution in a divided Vietnam* (New York: McGraw-Hill, 1995)

Vietnam: revolution in transition (Boulder CO: Westview, 1995)

Duong Thu Huong, *Novel without a name* (New York: Penguin, 1996)

Durand, Maurice M., *Technique et pantheon des mediums viêtnamiens (dong)*, Publications de l'Ecole Française d'Extrême-Orient 45 (Paris: Ecole Française d'Extrême-Orient, 1944)

Durand, Maurice M. and Nguyen Tran Huan, *Introduction à la literature vietnamienne* (Paris: G. P. Maisonneuve et Larose, 1969)

Durkheim, Emile, *The elementary forms of religious life*, trans. K. E. Fields, original edition in 1915 (New York: The Free Press, 1995)

Dwyer, Leslie and Santikarma, Degung, "'When the world turned to chaos': 1965 and its aftermath in Bali, Indonesia," in R. Gellately and B. Kiernan (eds.), *The specter of genocide: mass murder in historical perspective* (New York: Cambridge University Press, 2003), pp. 289–306

Eades, Jeremy S., *Stranger and traders: Yoruba migrants, markets and the state in Northern Ghana* (Edinburgh: Edinburgh University Press, 1993)

Eliade, Mircea, *Shamanism: archaic techniques of ecstasy* (London: Arkana, 1989)

Endres, Kirsten W., "Spirited modernities: mediumship and ritual performativity in late socialist Vietnam," in P. Taylor (ed.), *Modernity and re-enchantment: religion in post-revolutionary Vietnam* (Singapore: Institute of Southeast Asian Studies, in press)

Esbenshade, Richard S., "Remembering to forget: memory, history, national identity in postwar east-central Europe," *Representations* 49 (1995), pp. 72–96

Evans-Pritchard, E. E. *Nuer religion* (Oxford: Oxford University Press, 1956)
Theories of primitive religion (Oxford: Oxford University Press, 1965)

Fall, B. B., "Viet cong: the unseen enemy in Viet-Nam," in M. G. Raskin and B. B. Fall (eds.), *The Viet-Nam reader* (New York: Random House, 1965), pp. 252–61

Farrell, Kirby, "The Berserk style in post-Vietnam America," *Etnofoor* 13 (2000), pp. 7–31

Feuchtwang, Stephan, *Popular religion in China: the imperial metaphor* (Surrey: RoutledgeCurzon, 2001)
"Kinship and history: disruption, commemoration, and family repair," paper presented at the conference, Chinese Kinship and Relatedness, University of Manchester, April 21–23, 2006

Fforde, Adam and de Vylder, Stafan, *From plan to market* (Boulder CO: Westview, 1996)

Field, Douglas (ed.), *American cold war culture* (Edinburgh: Edinburgh University Press, 2005)

Finucane, Ronald C., *Appearances of the dead: a cultural history of ghosts* (Buffalo NY: Prometheus Books, 1984)

Fischer, Michael M. J., "Ethnicity and the arts of memory," in J. Clifford and G. M. Marcus (eds.), *Writing culture: the poetics and politics of ethnography* (Berkeley: University of California Press, 1986), pp. 194–233

Fish, Lydia M., "General Edward G. Lansdale and the folksongs of Americans in the Vietnam War," *The Journal of American Folklore* 102 (1989), pp. 390–411

Fleischacker, Samuel, *On Adam Smith's wealth of nations: a philosophical companion* (Princeton: Princeton University Press, 2004)

Fortes, Meyer, "Strangers," in M. Fortes and S. Patterson (eds.), *Studies in African social anthropology* (London: Academic Press, 1975), pp. 229–53

Fox, James J., "On bad death and the left hand: a study of Rotinese symbolic inversions," in R. Needham (ed.), *Right and left: essays on dual symbolic classification* (Chicago: University of Chicago Press, 1973), pp. 342–68

Franklin, Bruce H., *M. I. A. or mythmaking in America* (New Brunswick NJ: Rutgers University Press, 1993)

Fussell, Paul, *The Great War and modern memory* (London: Oxford University Press, 1975)

Gaddis, John L., *The long peace: inquiries into the history of the cold war* (New York: Oxford University Press, 1987)

Gates, Hill, "Money for gods," *Modern China* 13 (1989), pp. 259–77

Geerz, Clifford, *The interpretation of cultures* (New York: Basic Books, 1973)
    Negara: the theatre state in nineteenth-century Bali (Princeton: Princeton University Press, 1980)

Geschiere, Peter and Rowlands, Michael, "The domestication of modernity: different trajectories," *Africa: Journal of the International African Institute* 66 (1996), pp. 552–4

Gibson, James W., *Warrior dreams: paramilitary culture in post-Vietnam America* (New York: Hill and Wang, 1994)

Giddens, Anthony, *Beyond left and right: the future of radical politics* (Cambridge: Polity Press, 1994)
    The third way: renewal of social democracy (Cambridge: Polity Press, 1998)

Giebel, Christopher, "Museum-shrine: revolution and its tutelary spirit in the village of My Hoa Hung," in Hue-Tam H. Tai (ed.), *The country of memory: remaking the past in late socialist Vietnam* (Berkeley: University of California Press, 2001), pp. 77–105

Gillis, John R., (ed.), *Commemorations: the politics of national identity* (Princeton: Princeton University Press, 1994)

Giran, Paul, *Magie et religion annamites* (Paris: Librairie Maritime et Coloniale, 1912)

Gluckman, Max, *Custom and conflict in Africa* (Oxford: Blackwell, 1973)

Gombrich, E. H., *The image and the eye: further studies in the psychology of pictorial representation* (Oxford: Phaidon, 1982)

Grandin, Greg, *The last colonial massacre: Latin America in the cold war* (Chicago: University of Chicago Press, 2004)

Green, Sarah F., *Notes from the Balkans: locating marginality and ambiguity on the Greek–Albanian border* (Princeton: Princeton University Press, 2005)

Habermas, Jürgen, *The philosophical discourse of modernity* (Cambridge: Polity Press, 1985)

Hann, Chris M., "Farewell to the socialist 'other'," in C. M. Hann (ed.), *Postsocialism: ideals, ideologies, and practices in Eurasia* (New York: Routledge, 2002), pp. 1–11
    "Postsocialism as a topic of anthropological investigation," in C. M. Hann (ed.), *Postsocialism: ideals, ideologies, and practice in Eurasia* (New York: Routledge, 2002), pp. 1–28

Hann, Chris M., (ed.), *Socialism: ideals, ideologies, local practice* (New York: Routledge, 1993)

Hardy, Andrew, *Red hills: migrants and the state in the highlands of Vietnam* (Singapore: Institute of Southeast Asian Studies, 2003)

Harrell, Stevan, "When a ghost becomes a god," in Arthur P. Wolf (ed.), *Religion and ritual in Chinese society* (Stanford: Stanford University Press, 1974), pp. 193–206
    "Men, women, and ghosts in Taiwanese folk religion," in C. Bynum, S. Harrell, and P. Richman (eds.), *Gender and religion: complexity of symbols* (Boston: Beacon Press, 1986), pp. 97–116

Harrison, Simon, *The mask of war: violence, ritual, and the self in Melanesia* (Manchester: Manchester University Press, 1993)

Hart, Keith, "Heads or tails?: two sides of the coin," *Man* 21 (1986), pp. 637–56

The memory bank: money in an unequal world (London: Profile Books, 2000)

Hartingh, Bertrand de, (ed.), *Viet Nam: arts plastiques et visuels de 1925 à nos jours* (Brussels: Commission Européene, 1998)

Hassard, John and Law, John (eds.), *Actor network theory and after* (Oxford: Blackwell, 1999)

Hastrup, Kirsten, "Native anthropology: a contradiction in terms?" *American Anthropologist* 95 (1993), pp. 147–61

Hawley, Thomas A., *The remains of war: bodies, politics, and the search for American soldiers unaccounted for in Southeast Asia* (Durham NC: Duke University Press, 2005)

Hayden, Robert M., "Recounting the dead: the rediscovery and redefinition of wartime massacres in late- and post-communist Yugoslavia," in Rubic S. Watson (ed.), *Memory, history, and opposition under state socialism* (Santa Fe: School of American Research Press, 1994), pp. 167–201

Hefner, Robert W. (ed.), *Market cultures: society and morality in the new Asian capitalisms* (Boulder CO: Westview, 1998)

Hegel, G. W. F., *Lectures on the philosophy of religion*, trans. by E. B. Speirs and J. B. Sanderson (New York: Humanities Press, 1962)

Hellmann, John, "The Vietnam film and American memory," in M. Evans and K. Lunn (eds.), *War and memory in the twentieth century* (New York: Berg, 1997), pp. 177–89

Hertz, Robert, *Death and the right hand*, trans. by R. Needham and C. Needham (Aberdeen: Cohen and West, 1960)

"The pre-eminence of the right hand: a study in religious polarity", in R. Needham (ed.), *Right and left: essays on dual symbolic classification* (Chicago: University of Chicago Press, 1973), pp. 3–22

"La prééminence de la main droite," in *Sociologie religieuse et folklore* (Paris: Presses Universitaires de France, 1970)

Hickey, Gerald, *Village in Vietnam* (New Haven: Yale University Press, 1964)

Hiebert, Murray, *Vietnam notebook* (Singapore: Charles E. Tuttle, 1995)

Ho Si Hiep, "Bac Ho voi hoc sinh mien Nam tap ket," in *Truong hoc sinh mien Nam tren dat Bac* (The school for southern students in north Vietnam), (Hanoi: Nha xuat ban thinh tu quoc gia, 2000)

Hobsbawm, Eric, "Mass-producing traditions," in E. Hobsbawm and T. Ranger (eds.,) *The invention of tradition* (Cambridge: Cambridge University Press, 1983), pp. 263–308

Hochschild, Adam, *The unquiet ghost: Russians remember Stalin* (New York: Penguin, 1995)

Hoi An thi xa anh hung (The heroes of Hoi An), (Da Nang: Nha xuat ban Da Nang, 1999)

Honig, Bonnie, *Democracy and the foreigner* (Princeton: Princeton University Press, 2003)

Hoopes, Townsend, *The limits of intervention* (New York: David McKay, 1969)

Hou Ching-lang, *Monnaies d'offrande et la notion de Trésorerie dans la religion chinoise* (Paris: Collège de France, 1975)

Humphrey, Caroline, "Remembering an 'enemy': the Bogd Khaan in twentieth-century Mongolia," in Rubie S. Watson (ed.), *Memory, history, and opposition under state socialism* (Santa Fe: School of American Research Press, 1994)

Hunter, Allen (ed.), *Rethinking the cold war* (Philadelphia: Temple University Press, 1998)

Hutton, Will and Giddens, Anthony, "Anthony Giddens and Will Hutton in conversation," in W. Hutton and A. Giddens (eds.), *Global capitalism* (New York: New Press, 2000), pp. 1–51

Hutton, Will and Giddens, Anthony, (eds.), *Global capitalism* (New York: The New Press, 2000)

Huu Ngoc, *Dictionnaire de la culture traditionnelle du Vietnam* (Hanoi: The Gioi, 1997)

Huynh Lua, *Lich su khai pha vung dat Nam bo* (History of the opening of the southern land), (Ho Chi Minh: Nha xuat ban thanh pho Ho Chi Minh, 1993)

Huynh Sanh Thong (ed.), *An anthology of Vietnamese poems from the eleventh through the twentieth century* (New Haven: Yale University Press, 1996)

The heritage of Vietnamese poetry (New Haven: Yale University Press, 1979)

International Herald Tribune, 29 November 2001

Ingold, Tim, *The perception of the environment: essays in livelihood, dwelling, and skill* (New York: Routledge, 2000)

Isaac, Jeffrey C., *Arendt, Camus, and modern rebellion* (New Haven: Yale University Press, 1993)

"Hannah Arendt as dissenting intellectual," in A. Hunter (ed.), *Rethinking the cold war* (Philadelphia: Temple University Press, 1998), pp. 271–87

Isaacs, Arnold R., *Vietnam shadows: the war, its ghosts, and its legacy* (Baltimore: Johns Hopkins University Press, 2000)

Jackson, Michael, *Paths toward a clearing: radical empiricism and ethnographic inquiry* (Bloomington: Indiana University Press, 1989)

Jacobs, Seth, *America's miracle man in Vietnam: Ngo Dinh Diem, religion, race, and US intervention in Southeast Asia, 1950–1957* (Durham NC: Duke University Press, 2004)

Jamieson, Neil L., *Understanding Vietnam* (Berkeley: University of California Press, 1993)

Jason, Philip K., *Acts and shadows: the Vietnam War in American literary culture* (Boston: Rowman and Littlefield, 2000)

Jing, Jun, *The temple of memories: history, power, and morality in a Chinese village* (Stanford: Stanford University Press, 1997)

Jouin, Bernard Y., *La mort et la tombe: l'abandon de la tombe* (Paris: Institut d'Ethnologie, 1949)

Just, Ward, "The American blues," in W. Karlin, Le M. Khue and Trung Vu (eds.), *The other side of heaven: post-war fiction by Vietnamese and American writers* (New York: Curbstone, 1995), pp. 5–14

Kaldor, Mary, *The imaginary war: interpretation of East–West conflict in Europe* (Oxford: Basil Blackwell, 1990)

New and old wars: organized violence in a global era (Stanford: Standford University Press, 1999)

Kamenka, Eugene, (ed.) *The portable Karl Marx* (New York: Penguin, 1983)

Kellner, Douglas, "From Vietnam to the Gulf: postmodern wars?" in M. Bibby (ed.), *The Vietnam War and postmodernity* (Amherst MA: University of Massachusetts Press, 1999), pp. 199–235

Kendall, Laurel, "Korean shamans and the spirits of capitalism," *American Anthropologist* 98 (1996), pp. 512–27

Kerkvliet, Benedict J. Tria, *The power of everyday politics: how Vietnamese peasants transformed national policy* (Ithaca NY: Cornell University Press, 2005)

Kern, Stephen, *The culture of time and space, 1880–1918* (Cambridge MA: Harvard University Press, 1983)

Kim Dong-Chun, *War and society: what the Korean War meant for us*, in Korean (Seoul: Dolbege, 2000)

Klein, Christina, *Cold war orientalism: Asia in the middlebrow imagination, 1945–1961* (Berkeley: University of California Press, 2003)

Kolko, Gabriel, *Vietnam: anatomy of a peace* (New York: Routledge, 1997)

Kundera, Milan, *The book of laughter and forgetting* (New York: HarperCollins, 1996)

Kwon, Heonik, *After the massacre: commemoration and consolation in Ha My and My Lai* (Berkeley: University of California Press, 2006)

La Fontaine, J. S., "Person and individual: some anthropological reflections," in M. Carrithers, S. Collins, and S. Lukes (eds.), *The category of the person: anthropology, philosophy, history* (Cambridge: Cambridge University Press, 1985), pp. 123–40

LaFeber, Walter, "An end to which cold war?" in Michael J. Hogan (ed.), *The end of the cold war: its meaning and implications* (Cambridge: Cambridge University Press, 1992), pp. 13–19

Lambek, Michael, "Spirits and spouses: possession as a system of communication among the Malagasy speakers of Mayotte," *American Ethnologist* 7 (1980), pp. 318–32

Laqueur, Thomas W., "Memory and naming in the Great War," in J. R. Gillis (ed.), *Commemorations: the politics of national identity* (Princeton: Princeton University Press, 1994), pp. 150–67

Latour, Bruno, *Reassembling the social: an introduction to actor-network theory* (Oxford: Clarendon, 2005)

Le Huu Khoa, "Manger et nourrir les relations: alimentation et transmission d'identité collective," *Ethnologie française* 27 (1997), pp 51–63

Le Hong Ly, "Praying for profit: the cult of the Lady of the Treasury" (available online: www.holycross.edu/departments/socant/aleshkow/vnsem/lehongly.html)

Leach, Edmund, *Political systems of highland Burma* (London: Bell, 1954)

Leffler, Melvyn P., *The specter of communism: the United States and the origins of the cold war, 1917–1953* (New York: Hill and Wang, 1994)

Lendon, J. E., *Soldiers and ghosts: a history of battle in classical antiquity* (New Haven: Yale University Press, 2005)

Lessnoff, Michael H., *The spirit of capitalism and the protestant ethic* (Cheltenham, England: Edward Elgar, 1994)

Lévi-Strauss, Claude, *Structural anthropology*, vol. 2 (New York: Basic Books, 1963)

Levinas, Emmanuel, *The Levinas reader*, edited by S. Hand (Oxford: Blackwell, 2000)

Lévy-Bruhl, Lucian, *How natives think*, original edition in 1910 (Princeton: Princeton University Press, 1985)

Lewis, Belinda, "Protestantism, pragmatism and popular religion: a case study of early modern ghosts," in J. Newton and J. Bath (eds.), *Early modern ghosts*, proceedings of the Early Modern Ghosts conference held at St John's College, Durham University, 24 March 2001 (Centre for Seventeenth-Century Studies, University of Durham, 2002), pp. 79–91

Lich su dang bo thi xa Hoi An, 1930–1947 (History of the Communist Party in Hoi An, 1930–1947), (Da Nang: Nha xuat ban tong hop Da Nang, 1996)

Löwith, Karl, *Max Weber and Karl Marx* (New York: Routledge, 1993)

Luong, Hy Van, "Vietnamese kinship: structural principles and the socialist trans-formations in northern Vietnam," *Journal of Asian Studies* 48 (1989), pp. 741–56

Discursive practices and linguistic meanings: the Vietnamese system of person reference (Amsterdam: John Benjamins, 1990)

Revolution in the village: tradition and transformation in North Vietnam, 1925–1988 (Honolulu: University of Hawaii Press, 1992)

"Economic reform and the intensification of rituals in two north Vietnamese villages, 1980–1990," in B. Lyunggren (ed.), *The challenge of reform in Indochina* (Cambridge MA: Harvard Institute for International Development, 1993), pp. 259–91

"Postwar Vietnamese society: an overview of transformational dynamics," in Hy V. Luong (ed.), *Postwar Vietnam: dynamics of a transforming society* (Lanham MD: Rowman and Littlefield, 2003)

Macfarlane, Alan, "On individualism," *Proceedings of the British Academy* 82 (1992), pp. 171–99

Mackay, Charles, *Extraordinary popular delusions and the madness of crowds* (New York: L. C. Page, 1958), original edition in 1852

Malarney, Shaun K., "The limits of state functionalism and the reconstruction of funerary ritual in contemporary northern Vietnam," *American Ethnologist* 23 (1996), pp. 540–60.

"The emerging cult of Ho Chi Minh?: A report on religious innovation in contemporary northern Viet Nam," *Asian Cultural Studies* 22 (1996), pp. 121–31

"'The fatherland remembers your sacrifice,' commemorating war dead in north Vietnam," in H. H. Tai (ed.), *The country of memory: remaking the past in late socialist Vietnam* (Berkeley: University of California Press, 2001), pp. 46–76

"The realities and consequences of war in a northern Vietnamese commune," in M. B. Young and R. Buzzanco (eds.), *A companion to the Vietnam War* (Malden MA: Blackwell, 2002), pp. 65–78

Culture, ritual, and revolution in Vietnam (New York: RoutledgeCurzon, 2002)

"Return to the past?: the dynamics of contemporary religious and ritual transformation," in Hy V. Luong (ed.), *Postwar Vietnam: dynamics of a transforming society* (Lanham MD: Rowman and Littlefield, 2003), pp. 225–56

Malinowski, Bronislow, *Argonauts of the western Pacific* (New York: E. P. Dutton, 1922)

Marx, Karl, *Capital*, vol. 1, original edition in 1887 (New York: Penguin, 1976)

Maurer, Bill, "Chrysography: substance and effect," *The Asia-Pacific Journal of Anthropology* 3 (2002), p. 49–74

McMahon, Robert, "Contested memory; the Vietnam War and American society, 1975–2001," *Diplomatic History* 26 (2002), pp. 159–84

Manyin, Mark E., "The Vietnam–US normalization process," *Congressional Research Service issue brief for Congress*, 17 June 2005. Available online at www.fas.org/sgp/crs/row/IB98033.pdf

Marr, David G., *Vietnamese tradition on trial, 1920–1945* (Berkeley: University of California Press, 1981)

Mauss, Marcel, *The gift: the form and the reason for exchange in archaic societies*, trans. W. D. Halls, original edition in 1925 (London: Routledge, 1990)

Mazower, Mark, (ed.), *After the war was over: reconstructing the family, nation, and state in Greece, 1943–1960* (Princeton: Princeton University Press, 2000)

McCreery, John, "Why don't we see some real money here?: offerings in Chinese religion," *Journal of Chinese Religions* 18 (1990), pp. 1–24

Mendel, Ruth and Humphrey, Caroline (eds.), *Markets and moralities: ethnographies of postsocialism* (Oxford: Berg, 2002)

Merleau-Ponty, M., *Phenomenology of perception*, trans. C. Smith (London: Routledge, 1962)

Michnik, Adam, *Letters from freedom: post cold war realities and freedom* (Berkeley: University of California Press, 1998)

Middleton, John, "On bad death and the left hand: a study of Rotinese symbolic inversions," in R. Needham (ed.), *Right and left: essays on dual symbolic classification* (Chicago: University of Chicago Press, 1960)

   "Lugbara death", in M. Bloch and J. Parry (eds.), *Death and the regeneration of life* (Cambridge: Cambridge University Press, 1982), pp. 134–54

Moore, Henrietta L. and Sanders, Todd, (eds.), *Magical interpretations, material realities: modernity, witchcraft, and the occult in postcolonial Africa* (New York: Routledge, 2000)

Mosse, George, *Fallen soldiers: reshaping the memory of the World Wars* (Oxford: Oxford University Press, 1990)

Mueggler, Erik, *The age of wild ghosts: memory, violence, and place in southwest China* (Berkeley: University of California Press, 2001)

Mydans, Seth, "Of soldiers lost, but not forgotten, in Vietnam," *The New York Times*, 19 April 1999

Narayan, Kirin, "How native is a 'native' anthropologist?" *American Anthropologist* 95 (1993), pp. 671–87

Nashel, Jonathan, "The road to Vietnam: modernization theory in fact and fiction," in C. G. Appy (ed.), *Cold war constructions: the political culture of United States imperialism, 1945–1966* (Amherst MA: University of Massachusetts Press, 2000), pp. 132–54

Neale, Jonathan, *The American War, Vietnam 1960–1975* (Chicago: Bookmarks, 2001)

Neu, Charles E., "The Vietnam War and the transformation of America," in C. E. Neu (ed.), *After Vietnam: legacies of a lost war* (Baltimore: Johns Hopkins University Press, 2000), pp. 1–23

Ngo Duc Thinh, *Dao Mau o Viet Nam* (The worship of mother goddesses in Vietnam) (Hanoi: Nha xuat ban khoa hoc xa hoi, 2002)

"Len dong: spirits' journeys," in Nguyen Van Huy and L. Kendall, *Vietnam: journeys of body, mind, and spirit* (Berkeley: University of California Press, 2003), pp. 252–72

Ngo Duc Thinh (ed.), *Dao mau va cac hinh thuc shaman trong cac toc nguoi o Viet Nam va Chau A* (The religion of mother goddess and forms of shamanism among ethnic groups in Vietnam and Asia), (Hanoi: Nha xuat ban khoa hoc xa hoi, 2004)

Nguyen Dang Thuc, "Vietnamese humanism," *Philosophy East and West* 9 (1960), pp. 129–43

Nguyen Du, *Vaste recueil de legends merveilleuses*, trans. by Nguyen Tran Huan (Paris: Gallimard, 1962)

Nguyen Duy Hinh, "Thu ban ve quan he Viet Cham trong lich su," (A discussion of the Viet–Cham relations in history), *Tap Chi Dan Toc Hoc*, No. 2 (1980)

Nguyen Khac Vien, *Vietnam: a long history* (Hanoi: The Gioi, 1993)

Nguyen Khac Vien and Huu Ngoc (eds.), *Anthologie de la literature vietnamienne*, book 3 (Paris: L'Harmattan, 2004)

Nguyen Khac Vien, Nguyen Van Hoan, and Huu Ngoc (eds.), *Anthologie de la literature vietnamienne*, book 1, original edition published in Hanoi, 1972 (Paris: L'Harmattan, 2000)

Anthologie de la literature vietnamienne, book 2 (Paris: L'Harmattan, 2000)

Nguyen Kien, *The unwanted* (New York: Little and Brown, 2001)

Nguyen Minh San, "The Holy Mother of mounts and forests and Bac Le festival," *Vietnamese Studies* 131 (1999), pp. 89–98

Nguyen Thach Giang and Truong Chinh, *Nguyen Du: tac pham va lich su van ban* (Nguyen Du: his works and their history), (Ho Chi Minh: Nha xuat ban Thanh Pho Ho Chi Minh, 2000)

Nguyen Thang, *Quang Nam: dat nuoc nhan vat* (Quang Nam: land and people), (Da Nang: Nha Xuat Ban Ban Hoc, 1996)

Nguyen Van Huyen, *Le culte des immortels en Annam* (Hanoi: Imprimerie d'Extrême Orient, 1944)

The ancient civilization of Vietnam (Hanoi: The Gioi, 1995)

Nguyen Van Ky, "Les enjeux des cultes villageois au Vietnam (1945–1997)," in J. Kleinen (ed.), *Vietnamese society in transition: the daily politics of reform and change* (Amsterdam: Het Spinhuis, 2001), pp. 183–201

Norton, Barley, "Vietnamese mediumship rituals: the musical construction of the spirits," *The World of Music* 42 (2000), pp. 75–97

100 years of Vietnamese currency (Ho Chi Minh: Nha xuat ban tre, 1994)

Ortner, Sherry B., "Patterns of history: cultural schemas in the foundings of Sherpa religious institutions," in E. Ohnuki-Tierney (ed.), *Culture through time: anthropological approaches* (Stanford: Stanford University Press, 1990), pp. 57–93

Parry, Jonathan, "Sacrificial death and the necrophagous ascetic," in M. Bloch and J. Parry (eds.), *Death and the regeneration of life* (Cambridge: Cambridge University Press, 1982), pp. 74–110

Parry, Jonathan and Bloch, Maurice (eds.), *Money and the morality of exchange* (Cambridge: Cambridge University Press, 1989)

Pelley, Patricia M., *Postcolonial Vietnam: new histories of the national past* (Durham NC: Duke University Press, 2002)

Peters, Ralph, "The culture of future conflict," *Parameters* 25 (1995–1996), pp. 18–27

   Beyond terror: strategy in a changing world (Mechanicsburg PA: Stackpole Books, 2002)

Pham Con Son, *Thin than gia toc* (the spirit of the family), (Hanoi: Nha xuat ban van hoa dan toc, 1998)

Pham Duy, *Musics of Vietnam*, edited by Dale R. Whiteside (Carbondale, IL: Southern Illinois University Press, 1975)

Pham Ngo Minh and Le Duy Anh, *Nhan vat Ho Le trong lich su Viet Nam* (The character of the Le family in Vietnamese history), (Da Nang: Nha xuat ban Da Nang, 2001)

Pham Thi Hoai, "The machinery of Vietnamese art and literature in the post-renovation, post-communist (and post-modern) period," UCLA Southeastern Studies Occasional Papers (2004) posted at the eScholarship Repository, University of California (available online at http://repositories. cdlib.org/cgi/viewcontent.cgi?article=1001context=international.uclacseas

Phan Cam Thuong and Nguyen Tan Cu, *Dieu khac nha mo Tay Nguyen* (The sculpture of funeral houses in Central Highlands), (Hanoi: Nha xuat ban my thuat, 1995)

Phan Huy Duong, "The billion dollar skeleton," in W. Karlin, Le M. Khue, and Truong Vu (eds.), *The other side of heaven: post-war fiction by Vietnamese and American writers* (New York: Curbstone, 1995)

Phan Ke Binh, *Viêt-Nam phong-tuc (Moeurs et coutumes du Vietnam)*, books 1–2, trans. N. Nouis-Hénard (Paris: Ecole Française d'Extrême-Orient, 1980)

Pike, Douglas E., *Viet cong: the organization and techniques of the National Liberation Front of South Vietnam* (Cambridge MA: MIT Press, 1966)

Pitt-Rivers, Julian, "The stranger, the guest, and the hostile host: introduction to the study of the laws of hospitality," in J. G. Peristiany (ed.), *Contributions to Mediterranean sociology: Mediterranean rural communities and social change* (The Hague: Mouton, 1968), pp. 13–30

Poggi, Gianfranco, *Money and the modern mind: Georg Simmel's philosophy of money* (Berkeley: University of California Press, 1993)

Porter, Gareth, *Vietnam: the politics of bureaucratic socialism* (Ithaca NY: Cornell University Press, 1993)

POW/MIAs: Report of the Select Committee on POW/MIA Affairs, United States Senate (United States Senate, 1993), available at www.aiipowmia.com/ssc/ssc6.html

Powell, Colin, *A soldier's way: an autobiography* (London: Hutchinson, 1995)

Prickett, Stephen, "Christmas at Scrooge's," in M. Hollington (ed.), *Charles Dickens: critical assessments*, vol. 2 (East Sussex: Helm, 1995), pp. 537–64

Rev, Istvan, *Retroactive justice: prehistory of post-communism* (Stanford: Stanford University Press, 2005)

Rich, Frank, "The Vietnamization of Bush's vacation," *International Herald Tribune*, 29 August 2005

Roberts, Nancy, *Civil War ghost stories and legends* (Columbia SC: University of South Carolina Press, 1992)

Robin, Ron, *The making of the cold war enemy: culture and politics in the military–intellectual complex* (Princeton: Princeton University Press, 2001)

Robinson, Geoffrey, *The dark side of paradise: political violence in Bali* (Ithaca NY: Cornell University Press, 1995)

Roseberry, William, "Marx and anthropology," *Annual Review of Anthropology* 26 (1997), pp. 25–46

Rowlands, Michael, "Remembering to forget: sublimation as sacrifice in war memorials," in A. Forty and S. Küchler (eds.), *The art of forgetting* (Oxford: Berg, 1999), pp. 129–45

Roxborough, Ian, "The ghost of Vietnam," in D. Davis and A. Pereira (eds.), *Beyond warmaking: rethinking armed forces and their role in politics and state formation* (Cambridge: Cambridge University Press, 2002), pp. 346–86

Ruddick, Sara, *Maternal thinking: towards a politics of peace* (London: Women's Press, 1990)

Sahlins, Marshall, *Stone age economics* (New York: Routledge, 1974)

Schell, Jonathan, *The military half: an account of destruction in Quang Ngai and Quang Tin* (New York: Alfred A. Knopf, 1968)

The real war (New York: Pantheon, 1988)

Schlecker, Markus, "Going back a long way: 'home place,' thrift, and temporal orientations in northern Vietnam," *Journal of the Royal Anthropological Association* 11 (2005), pp. 509–26

Schmitt, Jean-Claude, *Ghosts in the Middle Ages: the living and the dead in medieval society* (Chicago: University of Chicago Press, 1998)

Schneider, Mark A., *Culture and enchantment* (Chicago: University of Chicago Press, 1993)

Scott, James C., *The moral economy of the peasant: rebellion and subsistence in Southeast Asia* (New Haven: Yale University Press, 1976)

Seeing like a state: how certain schemes to improve the human condition have failed (New Haven: Yale University Press, 1998)

Scott, James M. (ed.), *After the end: making US foreign policy in the post-cold war world* (Durham, NC: Duke University Press, 1998)

Seaman, Gary, "Chinese spirit money: an interpretation," *Journal of Chinese Religions* 10 (1982), pp. 81–90

Shannon, Christopher, *A world made safe for differences: cold war intellectuals and the politics of identity* (New York: Rowman and Littlefield, 2001)

Sheehan, Neil, *After the war was over, Hanoi and Saigon* (London: Picador, 1992)

Shryock, Andrew, *Nationalism and the genealogical imagination: oral history and textual authority in tribal Jordan* (Berkeley: University of California Press, 1997)

Sibley, Brian, "The ghost of an idea," an introduction to Charles Dickens, *A Christmas carol: the unsung story* (Oxford: Lion Books, 1994), pp. 21–5

Simmel, Georg, *On individuality and social forms*, edited by Donald N. Levine (Chicago: University of Chicago Press, 1971)

The philosophy of money, trans. by T. Bottomore and D. Frisby (New York: Routledge and Kegan Paul, 1978)

Simon, Pierre J. and Simon-Barouh, Ida, *Hau bong: un culte viêtnamien de possession transplanté en France* (Paris: Mouton, 1973)

Smith, Adam, *The wealth of nations*, books 1–3, original edition in 1776 (New York: Penguin, 1982)

Sophocles, *The three Theban plays*, trans. by R. Fagles (New York: Penguin, 1984)

Steiner, George, *Antigones: how the Antigone legend has endured in Western literature, art, and thought* (Oxford: Oxford University Press, 1984)

Stannard, David E. *The puritan way of death: a study in religion, culture, and social change* (New York: Oxford University Press, 1977)

Stern, Lewis M., *The Vietnamese communist party's agenda for reform: a study of the eighth national party congress* (Jefferson NC: McFarland, 1998)

Stern, Robert, *Hegel and the phenomenology of spirit* (New York: Routledge, 2002)

Stern, Steve J., *Remembering Pinochet's Chile* (Durham NC: Duke University Press, 2004)

Stewart, Charles, *Demons and the devil: moral imagination in modern Greek culture* (Princeton: Princeton University Press, 1991)

Strathern, Marilyn, *Women in between: female roles in a male world, Mount Hagen, New Guinea* (New York: Seminar Press, 1972)

　The gender of the gift: problems with women and problems with society in Melanesia (Berkeley: University of California Press, 1988)

　Reproducing the future: anthropology, kinship and the new reproductive technologies (Manchester: Manchester University Press, 1992)

　"Qualified value: the perspective of gift exchange," in C. Humphrey and S. Hugh-Jones (eds.), *Barter, exchange and value* (Cambridge: Cambridge University Press, 1992), pp. 169–91

Summerfield, Derek. "The social experience of war and some issues for the humanitarian field," in P. J. Bracken and C. Petty (eds.), *Rethinking the trauma of war* (New York: Free Association Books, 1998), pp. 9–37

Tai, Hue-Tam Ho, *Radicalism and the origins of the Vietnamese revolution* (Cambridge MA: Harvard University Press, 1992)

　"Monumental ambiguity: the state commemoration of Ho Chi Minh," in K. W. Taylor and J. K. Whitmore (eds.), *Essays into Vietnamese pasts* (Ithaca NY: Cornell Southeast Asia Program, 1995), pp. 272–88

　"Faces of remembrance and forgetting," in Hue-Tam H. Tai (ed.), *The country of memory: remaking the past in late socialist Vietnam* (Berkeley: University of California Press, 2001), pp. 167–95

Tai, Hue-Tam Ho (ed.), *The country of memory: remaking the past in late socialist Vietnam* (Berkeley: University of California Press, 2001)

Tan Viet, *Tap van cung gia tien* (Prayer book for ancestor worship), (Hanoi: Nha xuat ban van hoa dan toc, 1994)

　Viec ho (the work of the family), (Hanoi: Nha xuat ban van hoa dan toc, 2000)

Taussig, Michael, "The genesis of capitalism amongst a South American peasantry: devil's labor and the baptism of money," *Comparative Studies in Society and History* 19 (1977), pp. 138–45

　Shamanism, colonialism, and the wild man: a study in terror and healing (Chicago: University of Chicago Press, 1987)

　Mimesis and alterity: a popular history of senses (New York: Routledge, 1993)

　The nervous system (New York: Routledge, 2001)

Taylor, Keith W., "Surface orientations in Vietnam: beyond histories of nation and religion," *The Journal of Asian Studies* 57 (1998), p. 949–78

Taylor, Philip, *Fragments of the present: searching for modernity in Vietnam's south* (Honolulu: University of Hawaii Press, 2001)

    Goddess on the rise: pilgrimage and popular religion in Vietnam (Honolulu: University of Hawaii Press, 2004)

Teiser, Stephen F., *The ghost festival in medieval China* (Princeton: Princeton University Press, 1988)

Thai Thi Bich Lien, *Le hoi Ba Chu Xu nui sam chau doc* (The festival of Ba Chua Xu), (Ho Chi Minh: Nha xuat ban van hoa dan toc, 1998)

The Quartermaster Review, September–October 1963

The Sunday Times, 19 November 2000

Thien Do, "Unjust-death deification and burnt offering: towards an integrative view of popular religion in contemporary southern Vietnam," in P. Taylor (ed.), *Modernity and re-enchantment: religion in post-revolutionary Vietnam* (Singapore: Institute of Southeast Asian Studies, in press)

Thompson, E. P., "Ends and histories," in M. Kaldor (ed.), *Europe from below: an East-West dialogue* (New York: Verso, 1991), pp. 7–25

Tien Viet Nam (Vietnamese money), (Hanoi: The National Bank of Viet Nam, 1991)

Tieu doan bo binh 72 anh hung (The heroic infantry battalion 72), (Tam Ky: Nha xuat ban Tam Ky, 1998)

Tran Bach Dang, *Bui Thi Me, ke chuyen doi ninh* (Bui Thi Me, a story of her life), (Ho Chi Minh: Nha xuat ban tre, 2001)

Tran Ngoc Them, *Co so van hoa Viet Nam* (The foundation of Vietnamese culture), (Ho Chi Minh City: Nha xuat ban tre, 1998)

Trullinger, James W., *Village at war: an account of conflict in Vietnam* (Stanford: Stanford University Press, 1994)

Trung Chinh, *Primer for revolt* (New York: Praeger, 1963)

Turner, Karen and Phan Thanh Hao, *Even the women must fight: memories of war from North Vietnam* (New York: Willey, 1998)

Turner, Victor, *Dramas, fields, and metaphors: symbolic action in human society* (Ithaca NY: Cornell University Press, 1974)

"US-Vietnam POW/MIA progress: lifting the embargo," *US Department of State Dispatch*, vol. 5, no. 9 (28 February 1994). Available online at http://dosfan.lib.uic.edu/erc/briefing/dispatch/1994/html/Dispatchv5no09.html

Unger, Ann H. and Walter Unger, Walter, *Pagodas, gods, and spirits of Vietnam* (London: Thames and Hudson, 1997)

Van Alphen, Ernst, "The other within," In R. Corbey and J. Th. Leerssen (eds.), *Alterity, identity, image: selves and others in society and scholarship* (Amsterdam: Rodopi, 1991), pp. 1–16

Van Gennep, Arnold, *The rites of passage* (Chicago: University of Chicago Press, 1960)

Van Le, *Neu anh con duoc song* (If you were still here), (Nha xuat ban van nghe Ho Chi Minh, 1995)

Verdery, Katherine, *The political lives of dead bodies: reburial and postsocialist change* (New York: Columbia University Press, 1999)

Verdery, Katherine, "Whither postsocialism?" in C. M. Hann (ed.), *Postsocialism: ideals, ideologies and practices in Eurasia* (New York: Routledge, 2002), pp. 15–21

Vietnam World Bank, *Attacking poverty* (Hanoi: Vietnam World Bank, 1999); also available online at www.worldbank.org.un/data/e-indicator.htm

Villa, Dana R., *Politics, philosophy, terror: essays on the thought of Hannah Arendt* (Princeton: Princeton University Press, 1999)

Voisé, Waldemar, "La Renaissance et les sources des sciences politiques," *Diogène* 23 (1958), pp. 41–63

Volcker, Paul A., "The sea of global finance," in W. Hutton and A. Giddens (eds.), *Global capitalism* (New York: The New Press, 2000), pp. 75–85

Vu Ngoc Khanh, *Lieu Hanh Cong Chua* (Princess Lieu Hanh), (Hanoi: Nha xuat ban van hoa, 1991)

    Van hoa gia dinh Viet Nam (Family culture in Vietnam), (Hanoi: Nha Xuat Ban Van Hoa Dan Toc, 1998)

Wagner, Roy, *Symbols that stand for themselves* (Chicago: University of Chicago Press, 1986)

Weber, Max, *The protestant ethic and the spirit of capitalism*, original edition in 1930 (London: Routledge, 1990)

Werbner, Richard, "Smoke from the barrel of a gun: postwars of the dead, memory, and reinscription in Zimbabwe," in R. Werbner (ed.), *Memory and the postcolony: African anthropology and the critique of power* (New York: Zed Books, 1998), pp. 71–102

Weschler, Lawrence, *Boggs: a comedy of values* (Chicago: University of Chicago Press, 1999)

Westad, Odd Arne, *The global cold war: third world interventions and the making of our times* (Cambridge: Cambridge University Press, 2005)

Whitfield, Stephen J., *The culture of the cold war*, second edition (Baltimore: Johns Hopkins University Press, 1996)

Williams, Robert R., *Hegel's ethics of recognition* (Berkeley: University of California Press, 1997)

Williams, Tony, "Missing in action: the Vietnam construction of the movie star," in L. Dittmar and G. Michaud (eds.), *From Hanoi to Hollywood: the Vietnam War in American film* (New Brunswick NJ: Rutgers University Press, 1990), pp. 129–44

Winter, Jay, *Sites of memory, sites of mourning: the Great War in European cultural history* (Cambridge: Cambridge University Press, 1995)

    "Forms of kinship and remembrance in the aftermath of the Great War," in J. Winter and E. Sivan (eds.), *War and remembrance in the twentieth century* (Cambridge: Cambridge University Press, 1999), pp. 40–60

Wolf, Arthur P., "Gods, ghosts, and ancestors," in A. P. Wolf (ed.), *Religion and ritual in Chinese society* (Stanford: Stanford University Press, 1974), pp. 131–82

Woodside, Alexander B., *Community and revolution in modern Vietnam* (Boston: Houghton Mifflin, 1976)

Yang, Mayfair, "Putting global capitalism in its place: economic hybridity, Bataille, and ritual expenditure," *Current Anthropology* 23 (2000), pp. 540–60

Young, John W., *Cold war Europe, 1945–1991: a political history*, second edition (London: Edward Arnold, 1996)

Young, Marilyn B., *The Vietnam Wars, 1945–1990* (New York: Harperperennial, 1991)

"The Vietnam War in American memory," in M. E. Gettleman, J. Franklin, M. B. Young and H. B. Franklin (eds.), *Vietnam and America: a documented history* (New York: Grove, 1995), pp. 515–22

"In the combat zone," *Radical History Review* 85 (2003), pp. 253–64

Zamora, Lois P. and Faris, Wendy B. (eds.), *Magical realism: theory, history, community* (Durham NC: Duke University Press, 1995)

Zipes, Jack, *Fairy tales and the art of subversion* (New York: Routledge, 1991)

Zizek, Slavoj (ed.), *Mapping ideology* (London: Verso, 1995)

Zwerdling, Daniel, "Vietnam's MIAs," special broadcast from American Radio Works, April 2000. Available at http://americanradioworks.publicradio.org/features/vietnam/vnation/mias.html